FÉ CRISTÃ
e pensamento evolucionista

Coleção Alternativas

- Concílio Vaticano II: análise e prospectivas –
  Paulo Sérgio Lopes Gonçalves e Vera Ivanise Bombonatto (orgs.)
- Fé cristã e pensamento evolucionista –
  Alfonso García Rubio e Joel Portella Amado (orgs.)
- Revelação e história: uma abordagem a partir da Gaudim et Spes e
  da Dei Verbum – *Nilo Agostini*
- Temas de Teologia Latino-Americana – *Ney de Souza (org.)*

Alfonso García Rubio
Joel Portella Amado
(organizadores)

FÉ CRISTÃ
e pensamento evolucionista

Aproximações teológico-pastorais
a um tema desafiador

Dados Internacionais de Catalogação na Publicação (CIP)
(Câmara Brasileira do Livro, SP, Brasil)

Fé cristã e pensamento evolucionista : aproximações teológico-pastorais
a um tema desafiador / Alfonso García Rubio & Joel Portella
Amado, (organizadores). – São Paulo : Paulinas, 2012. – (Coleção
alternativas)

Vários autores.
ISBN 978-85-356-3095-4

1. Criação 2. Criacionismo   3. Deus (Cristianismo)   4. Evolução
- Aspectos religiosos   5. Fé   6. Religião e ciência   I. García Rubio,
Alfonso .   II. Amado, Joel Portella.   III. Série.

12-02815	CDD-231.7

Índice para catálogo sistemático:

1. Fé em Deus criador e o pensamento evolucionista : Teologia e ciência : Cristianismo 231.7

1ª edição – 2012
1ª reimpressão – 2012

Direção-geral: *Bernadete Boff*
Editores responsáveis: *Vera Ivanise Bombonatto e*
Afonso Maria Ligorio Soares
Copidesque: *Amália Ursi*
Coordenação de revisão: *Marina Mendonça*
Revisão: *Equipe Paulinas*
Assistente de arte: *Ana Karina Rodrigues Caetano*
Gerente de produção: *Felício Calegaro Neto*
Capa e diagramação: *Manuel Rebelato Miramontes*

Nenhuma parte desta obra poderá ser reproduzida ou transmitida
por qualquer forma e/ou quaisquer meios (eletrônico ou mecânico,
incluindo fotocópia e gravação) ou arquivada em qualquer sistema ou
banco de dados sem permissão escrita da Editora. Direitos reservados.

Paulinas
Rua Dona Inácia Uchoa, 62
04110-020 – São Paulo – SP (Brasil)
Tel.: (11) 2125-3500
http://www.paulinas.com.br – editora@paulinas.com.br
Telemarketing e SAC: 0800-7010081
© Pia Sociedade Filhas de São Paulo – São Paulo, 2012

Sumário

Introdução 7

1. A teologia da criação desafiada pela visão evolucionista da vida e do cosmo
Alfonso García Rubio 15

2. A visão místico-evolutiva de Teilhard de Chardin: novas bases
para o pensar científico e teológico
André da Conceição Botelho 55

3. Entre Deus e Darwin: contenda ou envolvimento? A respeito dos desafios
que o pensamento evolucionista apresenta para a compreensão
de Deus e vice-versa
Joel Portella Amado 83

4. Del Dios omnipotente a "la humildad de Dios". Una reflexión sobre
la evolución en perspectiva kenótica
Olga Consuelo Vélez Caro 107

5. Por uma teologia da criação que supere os fundamentalismos
Cláudio Ribeiro de Oliveira 133

6. Pessoa humana: liberdade em processo de evolução dinamizado pela graça
Marco Antônio Gusmão Bonelli 155

7. Janelas abertas para o mistério: um estudo dos ritos
à luz da visão evolucionista
Maria Carmen Castanheira Avelar 189

8. Evolucionismo e espiritualidade: contribuições da mística
para uma revisão da imagem de Deus
Lúcia Pedrosa-Pádua 221

9. Farinha pouca? Meu pirão primeiro! Ética cristã
e visão evolucionista: desafios
Maria Joaquina Fernandes Pinto 255

10. O futuro que se abre ao presente em evolução:
encontro entre teologia e teoria da evolução no discurso escatológico
Celso Pinto Carias 287

11. Uma Igreja em *kénose*: o lugar da humildade como condição
para o diálogo com o pensamento evolucionista
Ana Maria de Azeredo Lopes Tepedino 307

Introdução

A relação entre teologia e ciências naturais continua estremecida. Trata-se de uma tensão que vem de longa data e que se revela especialmente sensível quando se procura relacionar a visão científica evolucionista e a fé em Deus criador.[1] Muito se tem escrito sobre esse assunto, mas não parece inútil voltar mais uma vez sobre ele. Pois, quando começa a reinar um pouco mais de serenidade, nessas relações, surge uma nova publicação ávida de pôr novo material inflamável na fogueira. É o caso, por exemplo, da recente obra do biólogo inglês Richard Dawkins, publicada no Brasil,[2] que investe irônica, sarcástica e furiosamente contra a fé em Deus, tida por ele como ilusória, inútil e nociva para a maturidade do ser humano.

Para enfrentar esse conflito, procurando uma fecunda superação dele, a reflexão teológica é chamada, antes de tudo, a escutar com atenção e respeito aquilo que as ciências afirmam sobre o tema da evolução. Sabemos que a explicação evolucionista da vida é aceita hoje, entre os cientistas, de maneira quase universal. Para o diálogo crítico com a visão científica evolucionista, seria de desejar que o teólogo fosse também cientista. E, de fato, há bons cientistas que são também teólogos. Os autores deste livro não são cientistas e, assim, a investigação sobre a evolução está fora da competência deles. A abordagem dos temas é teológica. São utilizados, a respeito da evolução, aqueles conhecimentos acessíveis às pessoas não especialistas, interessadas no assunto.

É também necessária, por parte dos teólogos, a revisão e a superação de pressupostos sobre o universo, sobre a vida e sobre o ser humano que a reflexão teológica utilizou durante longos séculos como mediação para expressar a fé em Deus criador. Pressupostos que a ciência moderna tem invalidado.

Por parte dos cientistas, é indispensável superar o horizonte fechado do cientismo ou cientificismo, segundo o qual só a ciência é capaz de

---

[1] Limitamo-nos, neste trabalho, a refletir sobre a fé no Deus criador, conforme a tradição bíblico-cristã, pois a afirmação de Deus como criador existe também em outras tradições religiosas.

[2] Cf. DAWKINS, R. *Deus, um delírio*. São Paulo, Companhia das Letras, 2007.

conhecer a verdade, sendo rejeitada a validade de outras aproximações à verdade, tais como as apresentadas pela estética, pela ética ou pela teologia. Constatamos, com satisfação, o surgimento, no interior da ciência, de orientações que estão desbloqueando o rígido dogmatismo defendido por tantos e tantos cientistas. É o que está acontecendo com a chamada "nova física", ou física quântica, ou subatômica. O pensamento complexo, a visão holística e sistêmica colaboram também na superação da ideologia cientificista.

Neste livro, tomamos nota dos desdobramentos e das críticas feitas à ciência mecanicista, no interior mesmo da ciência atual, mas procuramos evitar todo tipo de concordismo. Temos consciência de que a fé em Deus criador não depende de nenhuma prova científica. Não há dúvida de que esses descobrimentos e novas perspectivas tornam menos rarefeito o ar que se respira nos ambientes científicos e culturais, influenciados pela visão evolucionista, quando se trata da aceitação de um Deus criador. Descobrimentos e perspectivas que também influenciam na reflexão teológica, pois a interpelam a partir de novos pressupostos, possibilitando a correção de eventuais expressões equivocadas da fé e estimulando o desenvolvimento de novas expressões culturais da mensagem cristã. E, decerto, contribuem para tornar mais fácil o diálogo entre fé e ciência.

Que pretendem os autores deste livro? Duas coisas, fundamentalmente.

Primeiramente, reiterar que, quando são eliminadas as extrapolações tanto na abordagem científica como nas reflexões teológicas, não haverá contradição entre a visão científica evolucionista da vida e do cosmo e a fé bíblico-cristã em Deus criador. Temos consciência de que o fenômeno da extrapolação pode existir tanto do lado do cientista quanto da parte do teólogo ou da pessoa de fé, em geral. O cientista, ultrapassando os limites do seu método de investigação, pode fazer afirmações no campo filosófico, ético ou teológico que não pertencem ao domínio científico e que são apresentadas, equivocadamente, como sendo exigidas pela ciência. E o teólogo, por sua vez, pode fazer afirmações, no campo científico, que não são da sua competência, apresentando como exigências da fé cristã elementos que pertencem ao domínio do saber científico. O conflito, assim, é inevitável.

Quando se trata das afirmações da fé cristã sobre o Deus criador, é indispensável prestar muita atenção ao desafio hermenêutico. Evidentemente, uma leitura literal dos relatos bíblicos sobre a criação só poderá gerar conflito com os dados conhecidos pela ciência atual sobre a origem do cosmo e da vida. Frequentemente, o cientista que rejeita a fé num Deus criador entende, como sendo a fé cristã, precisamente essa visão literal. Daqui, a importância de identificar qual é mesmo o conteúdo dessa fé, distinguindo cuidadosamente esse conteúdo das distintas formas culturais mediante as quais se tem expressado até agora.

E convém acrescentar que o cientista tem igualmente necessidade da ajuda hermenêutica, pois também ele corre o risco de cair na tentação do fundamentalismo e do reducionismo naturalista, incapacitando-o, assim, para perceber a rica complexidade do real.

Em segundo lugar, este livro deseja mostrar alguns caminhos possíveis que a teologia atual está percorrendo para utilizar a visão evolucionista da vida e do cosmo como mediação da expressão cultural da fé no Deus criador. Pois não basta ressaltar que não existe contradição entre fé cristã e ciência evolutiva. De maneira positiva, é necessário mostrar que há compatibilidade entre as duas visões. Para isso, contudo, apresenta-se o ingente desafio de repensar toda a teologia de tal maneira que, guardando fidelidade à intencionalidade profunda da fé cristã, possa esta se expressar significativamente nos ambientes em que a visão evolutiva está presente. E não é difícil perceber o quanto a cultura atual está influenciada pela perspectiva evolutiva. Nota-se, aí, um grande desafio para o trabalho eclesial de inculturação da fé.

Nessa tentativa de repensar o conteúdo da fé em Deus criador no horizonte da visão evolucionista do cosmo e da vida, o tema da imagem de Deus ocupa um lugar central. De que Deus estão falando o cientista, o teólogo ou os cristãos em geral? Qual é mesmo a identidade do Deus cristão? Repensar a imagem de Deus exige, naturalmente, repensar a visão cristã do ser humano. Esses dois temas perpassam praticamente todos os capítulos deste livro. Outros temas também são abordados, mas sempre em decorrência da mudança na imagem de Deus e do ser humano. Assim, são revistos, à luz da visão evolucionista, alguns itens fundamentais da teologia.

Procedemos da seguinte maneira: no capítulo 1, de índole programática, é apresentado, de maneira sumária, o estado atual do conflito entre fé em Deus e visão evolucionista. O desafio hermenêutico, de importância fundamental, é apresentado logo a seguir. E a parte central do capítulo é destinada a visitar alguns temas principais que a reflexão teológica atual está desenvolvendo na tentativa de expressar a fé utilizando a mediação cultural da visão evolucionista. O capítulo é da autoria do Prof. *Alfonso García Rubio.*

No capítulo 2, o Prof. *André da Conceição Botelho*, ao revisitar o pensamento e a obra de Teillhard de Chardin, apresenta as dificuldades enfrentadas por esse jesuíta francês e indica algumas das indispensáveis questões de natureza metodológica, as quais, se não forem efetivamente respondidas, não permitirão que se estabeleça o desejado diálogo-confronto entre a Fé e o Pensamento Evolucionista.

O capítulo 3, do Prof. *Joel Portella Amado*, retoma a questão de Deus em sua vertente filosófico-antropológica, acentuando a importância de se passar da lógica de exclusão para a de inclusão, única capaz de possibilitar o diálogo entre a Fé Cristã no Deus criador e o Pensamento Evolucionista. Trata do objeto próprio da teologia e das implicações do pensamento evolucionista sobre ele. Ratifica a importância da concepção ontológica como, ao mesmo tempo, ponto de conflito e base para o tão desejado diálogo motivador de todo este livro.

A Profª *Olga Consuelo Vélez Caro* aprofunda, no capítulo 4, o conceito e a realidade da *kénose* aplicada à realidade divina. Essa perspectiva permite falar de um Deus humilde, autolimitado, solidário com o sofrimento inerente à evolução. Recolhe o pensamento de diversos autores, mostrando como o caminho kenótico responde ao plano divino para recapitular tudo em Cristo.

O capítulo 5, de autoria do Prof. *Cláudio Ribeiro de Oliveira*, trata da complexa relação entre a visão evolucionista da vida e o que se convencionou chamar de fundamentalismo. Esboça um roteiro de curso de teologia da criação que ultrapasse a visão fundamentalista. Busca articular os temas da criação e da espiritualidade, uma vez que ambos reforçam o compromisso com a dignidade humana e com a sustentabilidade da vida.

O capítulo 6 lembra que o desenvolvimento do ser humano pode ser visto como elevação de suas potencialidades naturais, num processo que envolve o empenho da pessoa na liberdade que lhe é própria. De autoria do Prof. *Marco Antônio Gusmão Bonelli*, o capítulo mostra que, longe de anular ou dificultar o processo de viver a liberdade, a atuação da graça divina o potencializa e eleva, interagindo com essa mesma liberdade humana, no sentido de a orientar para a plena realização da pessoa, na comunhão com Deus.

No capítulo 7, a Profª *Maria Carmen Castanheira Avelar* enfoca os ritos no viés antropológico, simbólico e religioso. Resgata a virtualidade relacional, mediadora dos ritos e sua abertura ao transcendente, abertura que capacita articular passado, presente e futuro. Ressalta a função escatológico-profética como forma de ressignificação dos ritos, os quais, uma vez ressignificados em seu dinamismo interno pelo primado da esperança, projetam para o futuro, para a ressurreição.

Numa perspectiva teológica integral, é impossível assumir o diálogo com o Pensamento Evolucionista sem que se passe pela espiritualidade. Esta é a finalidade do capítulo 8, de autoria da Profª *Lúcia Pedrosa-Pádua*, que estuda dois autores de tradição mística cristã, Santa Teresa de Ávila (séc. XVI) e Ernesto Cardenal (séc. XX), para aprofundar especialmente aquelas experiências que reforçam sentidos contrários à noção estática de Deus. Coloca, ao final, os dois místicos em diálogo com o Pensamento Evolucionista.

A relação com o Pensamento Evolucionista transborda também para a ética, pois, quando se trata de repensar questões como o mal e todos os seus desdobramentos, a fé cristã nos interpela a agir tendo como modelo a postura de Jesus de Nazaré. É o que nos mostra, no capítulo 9, a Profª *Maria Joaquina Fernandes Pinto*. Diferentemente de uma ética em que predomina a vitória do mais forte, Jesus socorre os mais fracos, busca os perdidos, resgata os menos adaptados; sofre e morre pelos pecadores e excluídos, convida à misericórdia, convoca a amar os inimigos. Essa ética desafia os modelos éticos contemporâneos que se instalaram nas relações interpessoais e propõe o cuidado, a misericórdia e a compaixão como experiências da alteridade.

O capítulo 10, de autoria do Prof. *Celso Pinto Carias*, coloca em diálogo o Pensamento Evolucionista e a escatologia cristã. Toma como referência a mudança conceitual que hoje se faz necessária para refletir sobre o futuro. Diante do processo evolutivo, no qual o tempo, para o aparecimento da vida, depende de uma série de fatores naturais, incluindo o surgimento do próprio universo, não se pode pensar as categorias escatológicas como simples continuidade do tempo histórico. Para a abertura ao futuro, é necessário englobar todo o processo evolutivo.

Por fim, o capítulo 11, de autoria da Profª *Ana Maria de Azeredo Lopes Tepedino*, reflete sobre as configurações eclesiais diante do Pensamento Evolucionista, cuja presença, assumida em espírito de diálogo-confronto, traz implicações até mesmo para o modo de ser Igreja. Partindo do fato teológico de que a mesma Igreja se concretiza de diversos modos no tempo e no espaço, traça breve perfil histórico e suscita inquietantes perguntas acerca do ser Igreja num contexto de mutação, evolução, entropia e aceleradas transformações.

Uma vez que os autores optaram por indicar por extenso a bibliografia nas notas, não nos pareceu necessário apresentar, ao final do livro, uma bibliografia geral.

Como se vê, os artigos, embora autônomos entre si, foram elencados a partir de uma ótica que os autores consideram viável para o avanço na reflexão. A relação entre o Pensamento Evolucionista e a Fé Cristã, notadamente no que diz respeito ao Deus criador, não permite nem escapismos nem concordismos. Exige articulação. Esta, por sua vez, implica compreensão do problema (capítulo 1) e elementos metodológicos (capítulo 2), tendo como base a transformação nos aspectos mais profundos da compreensão humana para a vida em sua totalidade (capítulo 3).

Nesse processo, muito haverá de contribuir a compreensão kenótica de Deus, do ser humano e mesmo de toda a criação, conforme revelado em e por Jesus de Nazaré (capítulo 4). Para isso, é necessário superar o entrave causado pelo fundamentalismo (capítulo 5), postura que atinge não apenas a dimensão religiosa, mas também a científica, ocasionando fechamento de ambas as vertentes ao verdadeiro diálogo e permitindo soluções apenas parciais e, por isso mesmo, insatisfatórias.

Em todo esse processo, emerge uma compreensão de ser humano, sempre chamado a articular liberdade com ação divina (capítulo 6), num contínuo acolher o passado, reconhecer o presente e se abrir ao futuro. Embora vital, esse processo esbarra na dificuldade dos ritos, em geral vistos como estáticos, entediantes e ultrapassados, quando, na verdade, representam um dos mais vigorosos caminhos para a articulação entre passado, presente e futuro, sob a ótica da esperança (capítulo 7).

Na medida em que não se faz teologia sem o efetivo encontro com Deus e com os irmãos, a tentativa de um pensar teológico em chave evolucionista deve necessariamente passar pela espiritualidade (capítulo 8) e pela ética (capítulo 9). Ambas emergem, então, impregnadas de sedenta abertura ao futuro, que não pode ser visto de modo descomprometido, como abuso do presente, entrega passiva à entropia nem confiança jansenista na graça de Deus (capítulo 10).

Em tudo isso, emerge a Igreja (capítulo 11), sempre convidada a traduzir, no seu jeito de ser, as expectativas dos tempos e espaços nos quais está inserida. Um novo pensar teológico deve, reafirmamos, estar profundamente articulado com a espiritualidade e com a ética. Deve também ligar-se a uma experiência de Igreja que, em suas concretizações históricas, permita sempre mais o convívio de irmãos, que, juntos, aceitam o Dom de Deus e se comprometem por um mundo cada vez mais próximo daquilo que, em seu núcleo, afirma a Teologia da Criação.

Essas reflexões são guiadas pela convicção de que a resposta à pergunta pelo sentido possível da vida humana requer a colaboração aberta e leal de todos quantos se interessam pelo ser humano e pelo seu futuro, intimamente vinculado ao futuro do seu meio ambiente e do cosmo. Compartilhamos da convicção de todos aqueles que defendem que os diferentes saberes podem e devem colaborar na procura dessa resposta ou de respostas. E acreditamos firmemente que a teologia tem também uma palavra significativa a dizer nessa procura. É sobre essa palavra que os autores desta obra desejam refletir, com humildade e coragem.

Prof. Alfonso García Rubio
Prof. Joel Portella Amado

A teologia da criação desafiada pela visão evolucionista da vida e do cosmo

Alfonso García Rubio*

Introdução

N o meu tempo de criança e de adolescente, costumava passar as férias de verão na casa dos meus tios Ginés e Gala, numa aldeia chamada El Berro, situada entre montanhas, em Sierra Espuña, no sudeste espanhol. O meu primo Sebastião, o mais velho de cinco irmãos, tinha aproximadamente a minha idade. Ele era encarregado de cuidar do rebanho de ovelhas. Eu gostava de acompanhá-lo, quando ficava na alta montanha, com as ovelhas, vivendo o dia inteiro ao ar livre e pernoitando numa pequena cabana. Nas noites de verão, quando a lua não estava presente, costumávamos ficar, em silêncio, deitados sobre velhos cobertores, contemplando o céu estrelado. Lembro-me da sensação de estupor e de enorme admiração que essa contemplação despertava no meu interior. Nada sabia sobre a origem do universo nem sobre os questionamentos que a visão científica do mundo levantavam a respeito da existência de um Deus criador. Mal podia imaginar que, muitos anos depois, eu olharia para esse céu, com um olhar teológico, procurando encontrar um caminho que tornasse possível o diálogo entre a ciência e a visão cristã do mundo e do ser humano.

---

* Padre diocesano. Doutor em Teologia Sistemático-Pastoral pela Pontifícia Universidade Gregoriana de Roma. Professor de Antropologia Teológica e Cristologia na PUC-Rio. Desde 2009, Professor Emérito na PUC-Rio.

Neste capítulo, é esse caminho que, com humildade e abertura de coração, desejo partilhar com as pessoas de fé cristã e também, quem sabe, com cientistas que tenham a coragem de se abrir a uma realidade que transcende a mera ciência, sem negá-la nem contradizê-la. Ao contrário, espero que fique claro que essa abertura pode enriquecer o olhar do cientista, se bem que se trate de um saber de ordem diferente do científico.

De antemão, algo deve ficar muito claro: de maneira alguma me coloco como inimigo do progresso científico. Junto com J. F. Haught, um dos teólogos que mais têm aprofundado a relação entre teologia e ciência especialmente a perspectiva evolutiva,[1] também eu expresso sentimentos de admiração e de gratidão diante dos fantásticos descobrimentos da ciência e da sua aplicação técnica. Fico estupefato, hoje como nos tempos de criança, diante da imensidão do universo. De fato, os conhecimentos atuais obtidos pela astrofísica deixam estarrecida e assombrada a pessoa não especialista.[2] Começando pela idade do universo, calculada em cerca de 14 bilhões de anos.[3] Continuando com a explicação da origem do universo mediante a famosa teoria da *Grande explosão* (*Big Bang*), defendida, hoje, pela maioria dos especialistas. Como imaginar a enorme concentração da matéria contida no núcleo inicial a partir do qual se teria dado a grande explosão? E a incrível temperatura existente nesse núcleo primitivo bem como a tremenda energia liberada pela explosão originária, energia que ainda estaria atuando na expansão atual do universo? E as perguntas, ou melhor, as exclamações de estupor e de admiração só fazem aumentar.

Fico igualmente surpreso diante do microcosmo, infinitamente pequeno. E, ainda, profundamente admirado pela complexidade da vida com sua riquíssima rede de relações e inter-relações.

---

[1] Cf. HAUGHT, J. F. *Cristianismo e ciência:* para uma teologia da natureza. São Paulo, Paulinas, 2010, p. 8-10.

[2] Para uma breve explicação, dirigida aos não especialistas, sobre a visão atualmente predominante entre os astrofísicos a respeito da origem do universo, podem ser consultados, entre outros textos, COLLINS, F. S. A *linguagem de Deus.* 4. ed. São Paulo, Ed. Gente, 2007, p. 65s; TREVIJANO, E. M. *Fe y ciencia.* Antropología. Salamanca, Sígueme, 1997, p. 101-129.

[3] Para dar uma ideia da magnitude do universo, em extensão e em tempo, HAUGHT, J., op. cit., p. 9, utiliza a seguinte imagem gráfica: podemos imaginar a história do nosso universo, iniciada a partir do "Big Bang", resumida em 30 volumes, com 450 páginas cada um. A história da terra só começaria no volume 21. A vida teria início no volume 22. A vida mais complexa e diversificada, no final do volume 29. Já os seres humanos só aparecem nas últimas linhas do último volume.

É tomado por esses sentimentos que pergunto: como se situa a fé cristã e a reflexão teológica diante dessa visão do mundo tão diversa daquela que possuíam nossos antepassados? Como vou proceder para responder a esse questionamento?

Primeiramente, será apresentado o estado atual da questão a respeito da relação entre visão evolucionista e fé cristã em Deus criador. Isto será feito de maneira muito sucinta, porque se trata de um tema já bastante estudado e debatido. Por isso, contentar-me-ei com uma visão rápida. Contudo, nesse item, prestarei atenção especial ao exame das diferenças existentes entre o conhecimento científico e o saber teológico bem como entre o método próprio de ambos os saberes. Situando-me no campo teológico, será necessário, depois, focalizar diretamente a distinção hermenêutica entre fé e expressão cultural da fé, básica para a superação do conflito entre fé e ciência. Na parte central do trabalho, na tentativa de responder ao desafio da visão evolucionista, apontarei algumas pistas que a teologia atual está desenvolvendo para repensar a fé em Deus criador e no ser humano criado à imagem deste Deus.

I. A complicada relação entre a fé e a ciência evolutiva: panorama atual[4]

Os cientistas, de maneira quase universal, nos falam, hoje, da origem da vida e do universo, numa perspectiva evolucionista. Ora, a evolução, conforme a visão neodarwiniana, implica: 1. Grande quantidade de *acidentes*, de mudanças aleatórias, não dirigidas (o acaso); 2. O mecanismo da *seleção natural*, cego, cruel, brutal, desapiedado (a necessidade); 3. A exigência de uma enorme quantidade de tempo, para tornar possível o processo evolutivo, o chamado 'Tempo Profundo".[5]

---

[4]   Para uma boa introdução sobre as relações entre ciência e teologia, ver o trabalho do físico e teólogo J. POLKINGHORNE. *Ciencia y Teologia*. Una introducción. Santander, Sal Terrae, 2000. A complexa natureza da realidade, com seus distintos estratos, que podem e devem ser integrados, é estudada por esse mesmo autor na procura de um diálogo fecundo entre teologia e ciência: Idem, *Explorar la realidad*. La interrelación de ciencia y religión. Santander, Sal Terrae, 2007. Pode também ser consultada com proveito a obra do bioquímico e teólogo A. PEACOCKE. *Los caminos de la ciencia hacia Dios*. El final de toda nuestra exploración. Santander, Sal Terrae, 2008.

[5]   Nestes três pontos resume J. F. HAUGHT a teoria evolucionista tal como defendida atualmente. Cf. Idem. *Cristianismo e ciência*, op. cit., p. 125-127.

Isto suposto, surge a pergunta: como se posicionam os cientistas que defendem o evolucionismo em relação à fé em Deus criador? Vejamos de maneira muito resumida.

São numerosos aqueles cientistas que rejeitam a existência de um Deus criador. Levados por um forte reducionismo, defendem que o universo e a vida não têm sentido nem finalidade. Assim, o surgimento da vida, como a evolução cósmica no seu conjunto, seria um mero fruto do acaso ou, então, do acaso e da necessidade. Para esses cientistas, só é aceito como verdadeiro aquilo que pode ser comprovado cientificamente (cientismo). Só merece confiança a verdade que se fundamente nas ciências naturais. Na atualidade, esta perspectiva está unida, em alguns cientistas, a um posicionamento agressivo e raivoso contra a religião.[6] Também é frequente, entre os defensores do evolucionismo, a opção pelo agnosticismo: não podemos saber se existe ou não um Deus criador.

Há cientistas abertos à possibilidade de outros conhecimentos sobre o mundo e sobre o ser humano, conhecimentos que vão além da ciência empírica e que estão dotados de um método próprio. Obviamente, esses cientistas, que não parecem constituir a maioria, aceitam um pluralismo epistemológico, ou seja, a existência de diferentes níveis explicativos da realidade.

E qual é a atitude dos teólogos em face das explicações científicas evolucionistas? Nas épocas patrística e medieval, encontramos, em geral, uma abertura dialógico-crítica ao mundo filosófico grego. A fé em Deus criador foi expressa mediante categorias próprias, sobretudo do neoplatonismo e do aristotelismo.[7] Nessa abertura crítica ao mundo cultural greco-romano, prevaleceu, em termos gerais, o dinamismo que articula a coragem (para se abrir e acolher o mundo cultural dos outros) e o discernimento (para saber distinguir o que pode ser assimilado da outra

---

[6]   Os defensores mais conhecidos dessa corrente ateísta são: R. Dawkins, D. Dennett, S. Harris e C. Hitchens. Para uma crítica lúcida desse ateísmo mais recente, ver, entre outros; ARMSTRONG, K. The Case for God. Nova York, Knopf, 2009. Para uma breve descrição do cientismo (e do agnosticismo), cf. COLLINS, F. S. A linguagem de Deus, op. cit., p. 165-175. E convém lembrar que o cientismo é conhecido também por outros nomes: cientificismo, naturalismo, fisicalismo, materialismo científico etc. Para a crítica ao fisicalismo e ao naturalismo, cf. HAUGHT, J., F. Cristianismo e ciência, op. cit., p. 32-33. Para uma visão das deficiências, do ponto de vista filosófico, do positivismo/ cientificismo, ver SEGUNDO, J. L. Que mundo? Que homem? Que Deus? Aproximações entre Ciência, Filosofia e Teologia. São Paulo, Paulinas, 1995, p. 11-27.

[7]   Cf. BONÉ, E. ¿Es Dios una hipótesis inútil? Evolución y Bioética. Ciencia y fe. Santander, Sal Terrae, 2000, p. 15s.

cultura e o que deve ser rejeitado, em nome da identidade profunda da fé cristã).[8]

Infelizmente, esse dinamismo falhou, em grande parte, quando a reflexão teológica se defrontou com o mundo da Modernidade. Aconteceu que, no decurso dos séculos, a fé em Deus criador ficou *quase* identificada com a visão antiga e medieval do mundo e do ser humano, visão obviamente pré-científica.

E, assim, a Modernidade causou um fortíssimo impacto na tranquila "possessão" da verdade tradicional sobre Deus, sobre o mundo e sobre o ser humano, expressada mediante categorias desenvolvidas no mundo cultural clássico e medieval. Ao invés de se abrir, de maneira crítica, ao novo mundo descortinado pela ciência e pela cultura moderna, a teologia ficou fechada na repetição das teses do passado e procurou se defender, mediante atitudes agressivas e condenatórias, da penetração, na Igreja, da nova visão do mundo e do ser humano. O resultado era de se esperar: um duro conflito foi vivido entre teólogos e magistério eclesial, por um lado, e cientistas e pensadores modernos, por outro.

São bem conhecidas as características dessa irrupção da Modernidade que contrastam diretamente com a visão antiga e medieval que serviu de suporte filosófico e cultural para a expressão da fé em Deus criador e no ser humano criado à imagem desse Deus. Aqui, desejo chamar a atenção, de modo especial, para a relevância que teve a *diferenciação* desenvolvida pela Modernidade entre as esferas da ciência, da arte, da ética e da religião. Certamente essas esferas existiam na pré-modernidade, mas se encontravam ainda bastante indiferenciadas, observa, entre outros, Ken Wilber.[9] No âmbito da Igreja ocidental, basta lembrar a Bula "Unam Sanctam" de Bonifácio VIII,[10] defendendo o predomínio do poder espiritual sobre qualquer poder terreno e, no início da Modernidade, o caso de G. Galilei, que nos mostra a esfera religiosa invadindo o campo científico. A diferenciação é um grande valor da Modernidade, lembra K. Wilber. O problema é que a diferenciação, acrescenta esse autor, virou *dissociação*, o lado negativo da Modernidade.

---

[8] Cf. GARCÍA RUBIO, A. *Unidade na pluralidade*. O ser humano à luz da fé e da reflexão cristãs. 5. ed. São Paulo, Paulus, 2011, p. 241-265.

[9] Cf. WILBER, K. *A união da alma e dos sentidos*. Integrando ciência e religião. São Paulo, Cultix, 2007, p. 17.

[10] Cf. BONIFÁCIO VIII, Bula "Unam Sanctam". In: DENZINGER-HUNERMANN. *Compêndio dos símbolos, definições e declarações de fé e moral*. São Paulo, Paulinas/Loyola, 2007, n. 870-875. Aqui: n. 873.

E como reação pendular, típica da mentalidade dualista, o predomínio da esfera religiosa foi substituído pela ciência, cada vez mais poderosa. Ela foi dominando as outras esferas, desprezadas como não científicas e, assim, destituídas de um significado real. O materialismo científico foi tomando conta da Modernidade.[11]

E na atualidade? Como se posicionam os teólogos e/ou as pessoas de fé cristã diante do desafio que a visão evolucionista do universo e da vida tem significado para a fé em Deus criador? Os autores que tratam dessa questão apresentam várias tipologias na maneira de relacionar-se ciência e religião.[12] Aqui escolho a seguinte divisão, para caracterizar as atitudes dos teólogos e de outras pessoas crentes: a rejeição da ciência evolucionista, as tendências concordistas, a rigorosa delimitação de campos de conhecimento entre ciência e teologia e a procura de uma articulação de sentido entre ambas. Vejamos a seguir.

a) Rejeição dos resultados da ciência evolutiva atual

Aqui merece destaque o *criacionismo*: leitura literal dos relatos bíblicos sobre a criação do mundo e do ser humano e, como resultado, oposição à explicação evolucionista da vida e do cosmo. É uma tese defendida especialmente nos Estados Unidos da América, com uma forte carga política. Mas, certamente, não só lá. A versão atual mais extrema encontra-se no chamado *Criacionismo da Terra Jovem* (Young Earth Criationism – YEC).[13]

---

[11]   Cf. K. Wilber. *A união da alma e dos sentidos*, op. cit., p. 18.

[12]   O físico e teólogo IAN G. BARBOUR, *When Science Meets Religion. Enemy, Strangers, or Partners?*, NY, Harper Collins Publishers Inc., 2000, divide as distintas maneiras de relacionar-se a ciência com a religião mediante as categorias de *conflito, independência, diálogo e integração*. Essas quatro formas de relação são aplicadas pelo autor aos problemas mais conflitantes entre ciência e fé tais como a origem do universo, da vida, do ser humano etc. Já J. F. HAUGHT, *Cristianismo e ciência*, op. cit., p. 168-188, estabelece a seguinte tipologia: *fusão* (confusão de métodos), *conflito, contraste* (perguntas distintas que não interferem mutuamente), *contato* (implicações da ciência para a teologia) e *confirmação* (a teologia pode justificar a confiança no trabalho científico).

[13]   Ver a crítica feita, recentemente, pelo Papa Bento XVI ao "*literalismo* propugnado pela leitura fundamenralista" da Sagrada Escritura: Idem. *Exortação Apostólica* Pós-Sinodal "Verbum Domini", Roma, Libreria Editrice Vaticana, 2010, n. 44. Para um resumo das teses básicas do "Criacionismo da Terra Jovem", cf. COLLINS, F. S. *A linguagem de Deus*, op. cit., p. 178-185. Sobre o criacionismo, cf. também HAUGHT, J. F. *Cristianismo e evolucionismo em 101 perguntas e respostas*. Lisboa, Gradiva, 2009, p. 125-146.

Pode ser colocada aqui também a explicação *fixista* que defende a criação de cada espécie viva, no início, por separado e de maneira imutável.

b) As atitudes e tendências mais ou menos concordistas

Caracterizam-se, grosso modo, pela procura de compatibilizar os resultados das investigações científicas com a aceitação de um Deus criador. Deixando de lado tendências antigas hoje superadas, citarei aqui as versões mais recentes e sofisticadas. Primeiramente, encontramos o chamado *Intelligent Design* (ID), na versão atual. Em contraposição a um "evolucionismo" agnóstico ou até confessadamente ateu, os partidários do *Intelligent Design* aceitam a visão evolucionista, defendendo, ao mesmo tempo, a existência de um princípio organizador, de uma Mente inteligente, atuando no universo desde o seu início e dotando-o de sentido.[14]

Em segundo lugar, importa citar também, na perspectiva concordista, o chamado *Princípio antrópico*. Há cientistas que defendem ser o puro acaso incapaz de explicar a série fantástica de coincidências requeridas para o aparecimento da vida. Aqui se dá uma divisão entre esses cientistas. Uns defendem um "princípio antrópico" em sentido débil: tudo parece ter sido feito *como se* uma Mente tivesse dirigido a evolução para o aparecimento da vida e do ser humano. Já para os defensores do "princípio antrópico" em sentido forte, o universo existe precisamente para tornar possível a existência de seres humanos, capazes de decisão, de gratidão, de amor...[15]

Tanto a perspectiva defendida pelo ID como a explicação do "princípio antrópico" têm sido acolhidas com entusiasmo em alguns ambientes teológicos. O que pensar dessas tentativas mais ou menos concordistas? Convém manter prudência em relação a elas, pois há o perigo bem real de colocar Deus para "explicar" as lacunas do conhecimento humano. É fácil esquecer que Deus é transcendente a qualquer explicação cien-

---

[14] Para uma crítica do "Intelligent Design", cf. HAUGHT, J. F. *Deus após Darwin*. Uma teologia evolucionista. Rio de Janeiro, José Olympio, 2002, p. 15-25; COLLINS. *A linguagem de Deus*, op. cit., p. 187-202. Conforme este cientista, a versão mais recente do ID surge em 1991. E, sempre de acordo com ele, tratar-se-ia de uma teoria com escassa aceitação na comunidade científica. Cf. ibidem.

[15] Sobre o "princípio antrópico", cf. BARROW, J. e TIPLER, F. *The Anthropic Cosmological Principle*. Oxford, Clarendon Press, 1986; COLLINS. *A linguagem de Deus*, op. cit., p. 79ss. Sobre a origem da vida na Terra, cf. ibidem, p. 91ss.

tífica e nunca deveria ser colocado como mais uma entre as causas intramundanas.[16]

Também em relação à explicação científica da origem do universo mediante a teoria do *Big Bang*, nota-se em certos círculos religiosos, inclusos os teológicos, uma euforia que não parece justificada. A fé em Deus criador não depende de nenhuma prova científica.[17] Algo semelhante deve ser dito do entusiasmo suscitado, entre alguns teólogos, com os descobrimentos da física quântica, com a visão holística e sistêmica, com o pensamento complexo etc. Sem dúvida facilitam o diálogo entre cientistas e teólogos. E, de fato, alguns teólogos estão utilizando a mediação dessas novas perspectivas científicas para expressar a fé em Deus criador. Isto é perfeitamente legítimo. Sempre que fique claro que se trata de uma mediação cultural, pois nenhum descobrimento científico possui, metodologicamente, a capacidade de "provar" a existência de um Deus criador, amoroso e providente. Isto nos leva ao subitem seguinte.

c) Delimitar os campos em conflito

Os defensores dessa atitude procuram manter uma total separação entre os mundos da ciência e da fé. Conforme essa perspectiva, cientistas e teólogos devem defender a autonomia nos seus domínios próprios de investigação, mas devem também respeitar os seus limites. Tanto uns quanto outros deveriam estar muito atentos para evitar todo tipo de extrapolação.

De fato, grande parte do conflito entre ciências e teologia surge da confusão entre os modos de conhecimento desenvolvidos por uma e outra e pelos distintos métodos que elas utilizam. Essa confusão está presente, desde o início do conflito, que, como é sabido, começou no campo da astronomia. Apoiado na matemática, G. Galilei realizou experiências que o levaram a contradizer o sistema de Ptolomeu, segundo o qual todos os astros giravam em torno da Terra. A verdade, concluiu G. Galilei, é o contrário: a Terra é que gira em torno do Sol. A onda de protestos não se fez esperar, por parte de amplos setores da Igreja Católica e das Igrejas da Reforma. As peripécias da controvérsia são bastante conhecidas e não vale a pena repeti-las aqui. As evidências tiradas das experimentações deram a razão a G. Galilei: o heliocentrismo suplantou a antiga visão do sistema ptolomeico.

---

[16] Cf. COLLINS, F. S. *A linguagem de Deus*, op. cit., p. 99.

[17] Cf. BONÉ, E. *¿Es Dios una hipótesis inútil?*, op. cit., p. 47.

Mas como compreender a forte reação por parte da teologia e da autoridade eclesiástica diante das evidências mostradas por G. Galilei? Qual o motivo básico que levou a Igreja a uma oposição agressiva em relação às novas afirmações de cientistas sobre a realidade do mundo, do universo e, especialmente, da vida?

Certamente, a tensão entre o cientista e o teólogo já começa quando se presta atenção ao tipo de conhecimento utilizado na ciência e na teologia. A linguagem da ciência, o conhecimento científico, é bem distinto da linguagem e do conhecimento próprios do teólogo. E, decerto, o método é também muito diferente.

O cientista trabalha as realidades deste mundo, de maneira indutiva, realizando reiteradas experiências, verificações e comprovações empíricas. Trabalha no âmbito da evidência empírica. A preocupação com o transcendente não faz parte da investigação científica (ateísmo metodológico). O objetivo do cientista é explicar o *como* e o *quando* dos eventos naturais.

Já o teólogo trabalha sobre a fé, no nosso caso a fé cristã, sobre os enunciados da fé e sobre a experiência da fé. O objeto da teologia é transcendente, no sentido forte do termo. Em definitivo, esse objeto é Deus. É verdade que também o ser humano e as realidades do mundo são objeto da reflexão teológica, mas na medida em que são referidas a Deus. A linguagem teológica, como consequência, trata dos enunciados e da experiência de fé, não de afirmações ou enunciados que podem ser constatados pela evidência empírica. Este é trabalho do cientista.

A fé não é conhecimento empírico, embora seja *razoável*. A experiência da fé, na ótica cristã, é um dom, é revelação de Deus, é graça acolhida pelo ser humano. Certamente, há conhecimento na experiência de fé, mas um tipo de conhecimento de outra ordem, distinto do conhecimento das realidades deste mundo, obtido pela experimentação e pela verificação. É verdade que a teologia utiliza a razão crítica: é uma linguagem crítica e sistematicamente ordenada. Mas, mesmo assim, está muito distante das verificações e comprovações que constituem o núcleo do método da pesquisa do cientista. O teólogo procura, à luz da fé cristã, o *porquê* e o *para que* da vida humana e do cosmo, o Sentido Último e mais profundo da realidade.

É compreensível que a mesma natureza do conhecimento e do método próprios da ciência e da teologia faça surgir uma tensão entre as afirmações de uma e de outra.[18]

Certamente, a delimitação dos campos e dos métodos de cada saber é muito necessária e elimina muitos falsos problemas; mostra, positivamente, que a investigação científica e o trabalho teológico não têm por que entrar em conflito. Entretanto, essa delimitação não parece suficiente para responder ao desafio da relação entre teologia e ciência moderna. E se for levada longe demais, pode facilmente estabelecer um novo tipo de dualismo. Será que ciência e fé são duas linhas paralelas que nunca se encontram?[19]

d) Procura de uma "articulação de sentido" entre ciência evolutiva e fé em Deus criador

Há também aqueles cientistas e teólogos que, conscientes do perigo do dualismo entre ciência e fé, procuram "uma articulação de sentido", colaborando ambas na humanização do ser humano, que inclui a defesa e a preservação do meio ambiente. Elas podem se complementar e se enriquecer mutuamente. Mas, para que isso aconteça, é necessário aceitar que existem diferentes níveis no conhecimento da realidade (ciência, arte, ética, religião). Em cada nível se dá um conhecimento verdadeiro e tem sentido cada explicação. Assim, é necessário superar o literalismo bíblico e científico bem como a tentação da extrapolação.[20]

Convém, então, perguntar: não será necessária a articulação desses níveis, na unidade que é o sujeito, a pessoa? A complexidade do real não exige que cada saber específico esteja aberto dialogicamente aos outros saberes e que todos eles estejam inter-relacionados? Há necessidade de desenvolver a interdisciplinaridade e a transdisciplinaridade.

A presente reflexão situa-se no interior desta quarta perspectiva. Antes, contudo, de desenvolvê-la, convém focalizar bem, dentro já do campo da teologia, o desafio hermenêutico que perpassa a questão toda da relação entre ciência e fé.

---

[18] Cf. GARCÍA RUBIO, A. *Unidade na pluralidade*, op. cit., p. 362-366.
[19] Cf. ibidem, p. 365-366.
[20] Cf. Ibidem, p. 363.

II. O problema hermenêutico: distinção entre fé e expressões da fé

Conforme exposto acima, o recurso às distintas linguagens e aos distintos métodos utilizados pelo cientista e pelo teólogo não é suficiente para explicar o duro conflito vivido entre os homens da Igreja e os representantes das ciências naturais, nos últimos séculos. Para ir até a raiz do conflito, é necessário recorrer ao campo da hermenêutica. Hoje é sabido que a teologia utiliza o método hermenêutico: os enunciados da revelação bíblica e da grande tradição eclesial são interpretados de maneira que possam ter uma significação real para cada cultura e, no nosso caso, para a cultura contemporânea.

Pois bem, no campo da hermenêutica, há uma distinção básica, que pode ser apresentada de duas maneiras: a distinção entre *afirmar* e *dizer* e a distinção entre *fé cristã* e *expressão cultural da fé*. Comecemos pela primeira modalidade: sempre que nos defrontamos com um texto elaborado em uma cultura distinta da nossa, impõe-se a necessidade de distinguir entre aquilo que o autor do texto quer apresentar como verdade que solicita o nosso assentimento (*afirmar*) e o modo, os recursos e mediações culturais utilizados para expressar essa determinada afirmação ou verdade (*dizer*).[21] Assim, por exemplo, nos textos bíblicos que tratam da criação do mundo e do ser humano, é indispensável identificar o que é *afirmado*, ou seja, a mensagem, a verdade a ser aceita. *Dizer* refere-se ao instrumental cultural utilizado (visão do mundo, gêneros literários etc.) para a comunicação da mensagem.[22]

A outra modalidade da mesma distinção fundamental se dá entre *fé e expressão cultural* dessa fé. Ou entre *fé e crença*, conforme R. Haight.[23] Como foi visto anteriormente, o objeto da fé é sempre transcendente. Mas a fé, dom de Deus e resposta que compromete a existência toda do ser humano, não existe pairando no ar, desvinculada das expressões culturais (incluídas as expressões religiosas) dessa fé. Crenças são, precisamente, essas expressões. A fé, necessariamente, existe expressada e formulada em conceitos, linguagens, imagens e interpretações próprias das diversas culturas. Só assim, a fé pode ser significativa para as pes-

---

[21]   Cf. FLICK, M. – ALSZEGHY, Z. *Antropología teológica*. Salamanca, Sígueme, 1970, p. 147-149.

[22]   Cf. GARCÍA RUBIO, A. *Elementos de antropologia teológica*. Salvação cristã: salvos de quê e para quê?. Petrópolis, Vozes, 2004, p. 56-58.

[23]   Cf. HAIGHT, R. *Dinâmica da teologia*. São Paulo, Paulinas, 2004, p. 46-49.

soas que falam essa linguagem determinada e que vivem nesse concreto contexto cultural.

Assim sendo, qual é a função das crenças? Sabemos que a fé cristã tem uma dimensão individual, sem dúvida, mas possui também uma dimensão comunitária e social. As crenças expressam comunitária e coletivamente o conteúdo da fé. Mais ainda, elas estruturam a identidade da comunidade, possuindo, assim, uma importante função social. É fácil perceber o grave problema que surge quando se confunde a fé com as crenças e quando estas tendem a ocupar o lugar da própria fé.

O que foi dito sobre a crença aplica-se, igualmente, às expressões religiosas. Na realidade, estas fazem parte das crenças, das expressões culturais da fé. As expressões religiosas são legítimas e necessárias quando estão a serviço da expressão da fé.[24] O problema surge, aqui também, quando a expressão religiosa fica desvinculada da fé ou, pior ainda, se constitui em negação da fé. Abre-se, assim, a porta para a idolatria. Convém lembrar as críticas dos profetas contra formas deturpadas de religiosidade. Ou, então, a crítica dos evangelhos contra a religiosidade farisaica.

É verdade que o ato religioso, como a crença, quando está a serviço da expressão da fé, não é apenas expressão, pois contém a fé. Só que esta não se esgota numa determinada expressão religiosa ou numa determinada crença. As expressões religiosas como as crenças são construções humanas, culturais, limitadas e imperfeitas, como tudo quanto é humano. Elas não podem ter um valor absoluto e definitivo, uma vez que são historicamente condicionadas, expressões relativas e provisórias da fé.[25] Por isso, podem e devem mudar, quando exigido pelo dinamismo evangelizador (inculturação). Já a intencionalidade profunda da fé não tem por que mudar. E não deve mudar.

Isso é fácil de falar e de escrever. Na prática, no entanto, a mudança de uma crença para outra não costuma ser fácil, dado o papel que a crença exerce, no sentido de ajudar na coesão da comunidade. Acontece como se, mudada a crença, falhasse o chão da fé, pois com ela a crença pode estar identificada. Explica-se a reação furiosa da comunidade e do indivíduo que veem ameaçado o seu mundo de significados religiosos.

---

[24] Ver o tema da relação entre fé e religião in: GARCÍA RUBIO, A., *Unidade na pluralidade*, op. cit., cap. 15.

[25] Cf. HAIGHT, R. *Dinâmica da teologia*, op. cit., p.56. Evidentemente, não estão incluídas aqui expressões da fé que fazem parte da revelação cristã, como é o caso, por exemplo, do batismo ou da eucaristia.

Esse é um forte desafio para a pedagogia pastoral e também para a reflexão teológica. As crenças, sempre incluindo as expressões religiosas, não são mudadas por decreto. É necessário um lento e progressivo trabalho de conscientização, desenvolvido normalmente em pequenas comunidades, para ajudar o cristão a perceber e assumir a eventual necessidade de mudança na expressão da fé, precisamente para guardar fidelidade à intencionalidade profunda dela.

Com essas breves indicações, é fácil compreender o problema suscitado pela explicação científica evolucionista em face do ensinamento tradicional sobre a criação do mundo e do ser humano. A fé no Deus criador foi expressa numa determinada cosmovisão tomada do pensamento neoplatônico e aristotélico. E, no decurso dos séculos, essas interpretações (crenças) foram ficando quase identificadas com a fé na criação. Quando a nova visão do mundo desautorizou a cosmovisão antiga, pareceu ao crente que ficava também rejeitada a fé cristã tão intimamente vinculada à expressão cultural clássica e medieval. Daí, a forte oposição em relação à nova visão do mundo.

Não é que a fé seja contra a razão ou vice-versa. A razão está incluída na fé. Claro está: não se trata de uma razão unidimensional. A razão crítica, na medida em que é dialógica e aberta a todas as dimensões da racionalidade humana, tem uma importante função positiva em relação à fé, sobretudo às interpretações e expressões da fé. Se, por um lado, critica crenças que não expressam, hoje, numa determinada cultura, o objeto da fé, ajuda, por outro lado, o desenvolvimento de novas interpretações da fé comunicativas para novos contextos culturais. A razão crítica pode e deve ajudar nesse empreendimento interpretativo, próprio da reflexão teológica. A pergunta surge imediatamente: como será possível "dar razão" da própria fé, em ambientes que falam a linguagem científica atual, sem expressar a fé, utilizando a linguagem da razão, neste caso, razão científica?[26]

Voltando à distinção entre fé e expressão cultural da fé aplicada aos relatos bíblicos sobre a criação, o que vem afirmado, a *mensagem* contida neles, pode ser assim resumida: o fundamento último de tudo quanto existe, especialmente do ser humano, está na ação criativa amorosa de Deus. Obviamente, a fé em Deus criador é expressa mediante a visão do mundo e do ser humano própria da época em que esses relatos foram

---

[26]   Cf. ibidem, p. 252.

elaborados e redigidos (*dizer ou expressão cultural*). Eles não apresentam uma explicação do *como* se realiza a ação criadora divina.[27]

III. Pistas para repensar a expressão cultural da fé, no contexto da visão evolutiva

Sem dúvida, aceitar a explicação científica sobre a origem do mundo e da vida leva consigo um ingente trabalho de reinterpretação da teologia da criação e da salvação. Na realidade, mudada a cosmovisão, toda a teologia deveria ser repensada. Esse é um difícil e longo trabalho que está em andamento e dista muito de estar terminado.

É superficial a atitude de não poucos cristãos e também de teólogos em relação à evolução. Falam o seguinte: a ciência atual explica a origem do cosmo, da vida e do ser humano mediante a evolução. Qual é o problema?[28] Por que Deus não poderia criar mediante a evolução? E, à continuação, passam a utilizar, calmamente, na reflexão teológica e na pastoral, uma comunicação própria ainda de um universo pré--científico... Não percebem a necessidade de repensar a expressão da fé, atualmente, no contexto de uma perspectiva evolutiva. Entretanto, vale a pena perguntar: como poderá ser autêntico o crente que aceita duas verdades que parecem opostas ou, então, que evita toda confrontação entre elas?[29] Trata-se de mais uma variante do dualismo.

Aqui, vou apontar algumas pistas que estão sendo desenvolvidas, hoje, na reinterpretação da teologia da criação-salvação, na tentativa de desenvolver um diálogo crítico com os cientistas que defendem o evolucionismo. Trata-se apenas de pistas apresentadas muito sumariamente. Cada uma delas exige um desenvolvimento e um aprofundamento que não é possível realizar neste capítulo. Mais ainda: a apresentação não é completa. Nos capítulos deste livro que vêm a seguir, meus colegas irão aprofundar algumas dessas pistas e acrescentarão outras igualmente importantes. Elas são suficientes para que apareçam, com bastante

---

[27] Em conexão com essa afirmação fundamental, a mensagem dos relatos bíblicos da criação contém outras afirmações sobre Deus e sobre o ser humano de grande relevância. A bibliografia sobre este tema é muito extensa. Eu mesmo já fiz uma ampla explicitação desse conteúdo, cf. GARCÍA RUBIO, A. *Unidade na pluralidade*, op. cit., p. 149-168. No presente livro, ver também o capítulo 5.

[28] Ver a crítica de J. F. HAUGHT a esta atitude: Idem, *Deus após Darwin*, op. cit., p. 15ss.

[29] Cf. MOINGT, J. *Dios que viene al hombre, I*. Del duelo al desvelamiento de Dios. Salamanca, Sígueme, 2007, p. 313.

clareza, as linhas mestras da reflexão teológica atual sobre a abrangente temática do evolucionismo, em relação à fé em Deus criador.

Antes de iniciar a apresentação dessas abordagens, considero oportuno fazer duas observações.

Primeiramente, como foi indicado anteriormente, são muitos os cientistas que sustentam que as características básicas da evolução (a grande quantidade de mudanças aleatórias, a seleção natural e a enorme quantidade de tempo necessária para o processo evolutivo)[30] tornam supérflua a ação de Deus. Esse posicionamento leva a teologia atual a repensar a imagem de Deus. E, inseparavelmente, a repensar o ser humano, criado à imagem de Deus. Por isso, escolho aqui, principalmente, aquelas pistas teológicas que se referem mais diretamente à imagem de Deus e ao significado da humanização do ser humano.

Em segundo lugar, na reflexão que vou desenvolver, é necessário ressaltar bem o suporte antropológico que estou utilizando, a saber, uma estrutura mental, uma lógica e uma linguagem que relaciona as dimensões do real de maneira *inclusiva* e não *excludente*. Para tratar da possível articulação entre visão evolucionista e fé em Deus criador, a perspectiva excludente é totalmente improcedente. Ela inviabiliza, na raiz, toda tentativa de diálogo.[31]

1. Do Deus "conhecido" por todos ao Deus revelado por Jesus Cristo

À pergunta: por que é frequente entre os cientistas e filósofos a rejeição da existência de Deus criador, especialmente um Deus pessoal? O teólogo responde com outra pergunta: de que Deus se trata? Que Deus é rejeitado pelo filósofo ou pelo cientista? Para responder a essa pergunta, o teólogo J. Moingt, por exemplo, percorre um detalhado itinerário através da filosofia moderna, a partir de Descartes, para chegar à conclusão de que é negado, pelo ateísmo, o Deus da razão e o Deus da religião, ambos tributários de uma noção geral e comum de Deus, do Deus *conhecido* por todos (*bien-connu*, conforme a expressão do autor), da noção de Deus existente em todo ser humano (tanto se o aceita como se o rejeita).[32] Mas, será que esse Deus *comum* se identifica com o Deus de Jesus?

---

[30] Cf. no início do item I.
[31] Ver no presente livro, o capítulo 3.
[32] Cf. MOINGT, J. *Dios que viene al hombre*, op. cit., p. 31-248.

É sabido que o desejo de autonomia e de liberdade em relação a toda tutela ou interferência da teologia ou da Revelação está fortemente presente na filosofia moderna. É defendida a liberdade para pensar, e liberdade também para pensar Deus.[33] É verdade que a intenção, no início da Modernidade, era defender a existência de Deus unicamente mediante os argumentos da razão. Entretanto, aos poucos, na medida em que esse Deus onipotente, dominador absoluto do mundo e da história, parecia negar a liberdade e a autonomia humana, ele foi sendo abandonado. É o mesmo Deus rejeitado pelo cientista porque não respeita a autonomia do cosmo. Mas será esse o Deus revelado por Jesus?

Algo semelhante, acrescenta J. Moingt, acontece com o Deus das religiões. Também esse Deus faz parte da noção geral de Deus, do Deus conhecido por todos. Também ele, junto com o Deus da razão, é rejeitado por muitos modernos. Pelo mesmo motivo que é negado o Deus dos filósofos: em nome da liberdade e da autonomia do ser humano e da autonomia das leis da natureza.

O cristianismo, no seu início, não apresentava características próprias de uma religião. Entretanto, com relativa rapidez, foi incorporando muitos elementos religiosos tomados, primeiramente, do judaísmo e, depois, de outras religiões que foi encontrando no decurso da sua caminhada histórica.[34]

Mas, o que a noção do Deus da razão tem em comum com a noção do Deus das religiões? Embora por caminhos distintos, responde J. Moingt, ambas o apresentam como o Onipotente, Ser Supremo, Soberano absoluto diante do qual o ser humano se sente reduzido a nada.[35] Essa noção de Deus, primeiramente pelo influxo da religião e depois pela razão filosófica, penetrou na visão cristã de Deus, foi aceita e transmitida pela jovem Igreja, não para negar a fé no Deus revelado por Jesus, mas como pano de fundo dessa fé.

Não se trata de julgar o passado a partir das experiências e conhecimentos atuais. Essa noção de Deus aceita pela Igreja foi uma mediação tomada de outras religiões e da razão filosófica e como tal deve ser considerada. Isso é compreensível. O problema é que essa noção de Deus

---

[33] Cf. ibidem, p. 51.

[34] J. Moingt assinala que já no início do século III o cristianismo aparece claramente como uma religião, dotada de rituais minuciosos, normas e leis. Este autor cita, como comprovação, o texto de *A tradição apostólica*, atribuído a Hipólito de Roma. Cf. ibidem, p. 390.

[35] Cf. ibidem, p. 416.

acabou quase se identificando com o Deus revelado mediante Jesus Cristo. E quando, na Modernidade, por causa da mudança da visão do mundo e do ser humano, muitos rejeitaram esse Deus comum, a teologia não teve suficiente discernimento e coragem para rever a expressão cultural da fé cristã em Deus, separando-a da imagem desenvolvida em conexão com a razão e com a religião.[36]

No que se refere ao pensar filosófico, o cristianismo aceitou o enorme desafio que representava a racionalidade filosófica grega, algo necessário ao dinamismo evangelizador. Mas, na medida em que a teologia foi aceitando o terreno do *Ser* para expressar a fé em Deus criador-salvador, foi-se afastando da perspectiva histórica própria da revelação bíblica. Os atributos aplicados ao Ser divino – onipotência, onisciência, eternidade, imutabilidade etc. – tornam difícil perceber e aceitar a presença reveladora, criadora e salvadora no interior do nosso mundo e da nossa história. Deve-se reconhecer que essa imagem apresenta uma grande dificuldade para ser relacionada com o Deus que se revela na história humana e no cosmo. O Deus comum dificilmente se articula com o *Deus-conosco e para-nós*, próprio da revelação mediante Jesus Cristo.[37]

Não é que a teologia tenha descuidado a apresentação da encarnação de Deus, a ação criadora e salvadora, a realidade relacional de Deus (Trindade), não. De fato, na Patrística, é focalizado, por um lado, o Deus da razão com seus atributos e, por outro lado, é defendida a realidade do Deus que se revela na história e no cosmo. No diálogo com a filosofia, predomina a linguagem da razão. Quando se trata da orientação do povo cristão, é privilegiada a apresentação do Deus da Revelação. Quer dizer, na Patrística, coexistem a linguagem do Ser e a linguagem da história da revelação/salvação.

Convém ressaltar o seguinte: utilizar a noção de Ser para expressar culturalmente a fé em Deus não é algo que deva ser criticado, em princípio. A crítica, contudo, é procedente na medida em que essa utilização levou, com frequência, em épocas posteriores à Patrística, a descuidar da dimensão histórica da revelação e da salvação cristãs. A lógica e a linguagem do Ser, em conexão com a lógica e a linguagem excludente, acabaram predominando sobre a linguagem da revelação/salvação mediante Jesus Cristo.[38] O dualismo teve aqui considerável influxo.

---

[36] Cf. ibidem, p. 409-410.
[37] Cf. ibidem, p. 257.
[38] Cf. ibidem, p. 414.

Os teólogos que estão repensando a imagem de Deus na perspectiva da visão evolucionista da vida e do cosmo procuram desvincular a fé no Deus criador-salvador da noção geral/comum de Deus, ou seja, do Deus da filosofia e das religiões. Para isso, ressaltam a originalidade do Deus revelado por Jesus Cristo. Quem é o Deus cristão (cf. Jo 1,18) só pode ser percebido a partir da história de Jesus de Nazaré, a partir do *sentido* que este deu à sua existência.[39]

2. Do Deus visto prioritariamente como "natureza" divina ao Deus relacional, Trindade, um Deus que em si mesmo é Amor

Aprofundando as considerações feitas anteriormente, outra pista teológica lembra que a fé cristã em Deus introduziu na noção do Ser uma novidade surpreendente: a partir da fé na Trindade, a "relação" passa a ser considerada tão divina quanto a substância ou natureza. Aceitar que em Deus a relação é tão divina quanto a substância, nos lembrava J. Ratzinger, significou uma verdadeira revolução para o pensamento grego. Com a revelação cristã, o *Ser*, único soberano entre os gregos, deve deixar espaço para a *relação*, sendo esta tão importante em Deus quanto aquela. Na realidade, o ser mesmo de Deus é relacional. Isto vem a significar a afirmação de que Deus em si mesmo é Trindade.[40]

Trata-se de uma perspectiva muito distinta da visão predominante entre os gregos segundo a qual só a essência, a substância ou natureza teriam consistência própria. Só elas pertencem à ordem do Ser.[41] O conhecimento verdadeiro, como consequência, só pode estar referido àquilo que é *necessário*. Conhecer Deus é conhecer sua natureza divina, conhecer o Ser absolutamente *necessário*. A liberdade não passa de um acidente, como as relações. Estas não possuem entidade própria. Não passam de acidentes (*ens in alio*). Aceitar a liberdade e as relações em Deus, aceitar um Deus em si mesmo livre e relacional só podia apresentar uma enorme dificuldade, nesse contexto cultural. Mais ainda, esse Deus só podia suscitar escândalo para o pensamento grego predominante.

Na teologia cristã, a dificuldade tampouco foi pequena. Como articular o Deus entendido como natureza divina, o único Deus, com

---

[39] Cf. SEGUNDO, J. S. *Que Mundo? Que Homem? Que Deus?*, op. cit., p. 420ss.
[40] Cf. RATZINGER, J. *Introdução ao cristianismo*. Preleções sobre o Símbolo Apostólico. São Paulo, Herder, 1970, p. 141.
[41] Cf. SEGUNDO, J. L. *Que Mundo? Que Homem? Que Deus?*, op. cit., p. 412ss. Sobre o conceito de *pessoa* como fonte de sentido, cf. ibidem, p. 408-416. E sobre o conceito de *natureza*, pertencente à ordem do ser, cf. ibidem, p. 416-433.

a realidade da liberdade e das relações em Deus? E como a teologia utilizou o instrumental conceitual grego, neoplatônico e aristotélico, a ambivalência entre a *natureza* e a realidade *relacional-pessoal* em Deus perpassa toda a reflexão teológica ocidental. Ambivalência que na escolástica desembocará na divisão, quando da reflexão sobre Deus, em dois tratados: o tratado "De Deo Uno", reflexão predominantemente filosófica com algumas indicações bíblicas, e o tratado "De Deo Trino".[42]

Ora, na perspectiva teológica e espiritual que apresenta Deus prioritariamente como "natureza" divina, fica bem difícil o diálogo com a visão da vida entendida evolutivamente. O dinamismo evolutivo bem como o dinamismo da história humana, que sentido poderiam ter para um Deus *imutável, impassível* etc. (natureza divina)? Muito diferente resulta a visão, quando se valoriza a liberdade e o caráter pessoal-relacional de Deus. A esse respeito, assinala J. L. Segundo, não há por que fazer da natureza divina uma limitação que obrigaria Deus a *não mudar* a fim de evitar a contradição com a imutabilidade. É verdade que Deus não está obrigado a mudar, como acontece com os seres limitados. Mas tampouco está impedido de mudar, se decide mudar. Com total liberdade, Deus, por amor, decide *mudar*, como decide *sofrer* junto com suas criaturas. Sabemos, pela fé cristã, que ele decide, sempre por amor, se "esvaziar" deixando a criatura ser, decidir, "depender" de outro ser, uma vez que opta, livremente, por amá-lo.[43] Convém aqui reiterar: a perspectiva excludente não é capaz de aceitar que imutável e relacional coexistam em Deus.

A reflexão teológica que privilegia a visão de Deus-relação constitui outro caminho que está sendo percorrido para o diálogo crítico com a perspectiva científica evolutiva. A Teologia atual recupera a percepção de que o Deus criador é o Deus-Relação, o Deus-Comunidade, o Deus--Amor, o Deus–Trindade. Supera-se, assim, a velha separação dualista entre o Criador e o Salvador. Na ótica cristã, o Deus Salvador é o mesmo Deus que cria. A fé em Deus criador é repensada a partir das relações trinitárias, relações mútuas de amizade e de comunhão. É verdade que, na relação com as criaturas, o amor de Deus é, certamente, gratuito, amor de doação (ágape). Contudo, essa dimensão não esgota a riqueza do amor de Deus e, como consequência, do amor humano. Com efeito, o amor de Deus, gratuito sem dúvida, em se tratando do ser humano,

---

[42]   Cf. RAHNER, K. *Escritos de teología*, tomo IV. Madrid, Taurus, 1962, p. 105-136.
[43]   Cf. SEGUNDO, J. L., op. cit., p. 422-425.

interpela e solicita uma resposta acolhedora, resposta de filho e de amigo. *Eros e ágape* não se encontram tão separados quanto tem sido apresentado, tradicionalmente (influxo do dualismo). No amor humano amadurecido, a dimensão de gratuidade (ágape) não elimina, antes inclui o amor de necessidade (*eros*).

Analogicamente falando, o amor de Deus, totalmente gratuito, não exclui, mas quer a resposta positiva da criatura, não porque essa resposta complemente algo que estaria faltando ao ser de Deus, mas porque constitui a verdadeira realização do ser humano e, simultaneamente, responde ao *desejo* divino de encontrar comunhão e reciprocidade nas criaturas. O Deus, incondicionado, que não depende de nenhum outro ser para existir, pode, livremente, escolher ser *afetado* pela resposta da criatura. Ao tratar do "esvaziamento" divino na criação, aprofundaremos essa questão.

O que importa aqui ressaltar é que a perspectiva relacional do Deus criador se presta para o diálogo com a ciência biológica evolutiva atual, que tanto ressalta a inter-relação, a cooperação e a interdependência entre os seres vivos. E isso sem negar a realidade da presença do caos e da violência na caminhada evolutiva. Pode-se dizer que um dinamismo relacional preside o lento caminhar da evolução. Nesse horizonte amplo, entende-se bem que um Deus relacional crie um mundo de mútuas relações. Não é de estranhar que o cosmo todo em evolução, criado por esse Deus relacional, esteja penetrado pelo dinamismo das relações, das inter-relações e múltiplas conexões.[44]

3. Do Deus que age na criação "a partir de fora" ao Deus que age incessantemente no mais íntimo da criatura e do processo evolutivo

Na perspectiva evolucionista, é necessário, igualmente, superar a imagem de um Deus que age a partir de *fora* da criação/evolução, de um Deus *intervencionista*, conforme repete André T. Queiruga, em suas obras.[45] Trata-se de uma imagem inaceitável para o cientista e que também deveria ser rejeitada pelo teólogo, pois o Deus criador-salvador

---

[44] Cf. EDWARDS, D. *El Dios de la evolución*, op. cit., p. 22-38; FIDDES, P. S. "Creación por amor", in: J. POLKINGHORME (ed.). *La obra del amor*. La creación como *kénosis*. Estella (Navarra), Verbo Divino, 2008, p.217-245.

[45] Ver, entre outras obras, QUEIRUGA, A. T. *Recuperar la creación*. Por una religión humanizadora. Santander, Sal Terrae, 1996, p. 93ss.: Id., *Fin del cristianismo premoderno*. Retos hacia un nuevo horizonte. Santander, Sal Terrae, 2000, p. 30ss. Existe tradução em português destas obras.

está presente e age incessantemente no interior de cada criatura e do processo evolutivo. E atua não de maneira *categorial* (como se fosse uma causa intramundana), mas de maneira *transcendental*. Não se trata de uma ação junto a outras ações, mas do fundamento transcendental de toda causalidade criada, sem nenhuma interrupção na concatenação das causas intramundanas. Convém aqui lembrar que, na perspectiva includente, entre imanência e transcendência divinas não há oposição, mas uma relação fecunda de inclusão.

A ação criadora divina está sempre interagindo com a criação. Os teólogos que dialogam com a visão evolucionista preferem chamar a essa ação de "criação contínua". E não se trata propriamente de uma *intervenção* (o termo pode dar a impressão de que se está falando de uma ação externa e arbitrária), mas de um verdadeiro interagir com as leis evolutivas e com cada criatura.[46] Entretanto, esse agir de Deus na evolução é sempre transcendental e, assim, não pode ser objeto de verificação científica, pois esta trabalha apenas em conformidade com seu método próprio, com causas e relações intramundanas.

O que é próprio desse influxo transcendental e não categorial de Deus, no interior do processo evolutivo? Possibilita e fundamenta a *autotranscendência* e a *autossuperação* presentes no devir evolutivo (K. Ranher)[47] bem como sua capacidade interna de *auto-organização*. A ação de Deus realiza-se sempre de maneira transcendental, no interior mesmo da causalidade finita. Nada é tirado da autonomia própria da criatura ou das leis evolutivas. Ao contrário, a ação divina torna possível essa autossuperação, bem como o dinamismo evolutivo como um todo. Sim, para a pessoa de fé, a explicação última do processo evolutivo é a criação divina. Mas isso não desautoriza a verdade contida nos níveis científicos (físico-químico, herança genética, seleção natural...).[48]

Mas será que isso não constitui um recuo ou fuga da teologia diante das pesquisas científicas? Depende da imagem de Deus que está em jogo. A imagem infantil de um Deus "tapa-buraco" ou "quebra-galho" só pode ser criticada e superada pelos resultados das pesquisas cosmológi-

---

[46] Cf. POLKINGHORME, J. "Creación kenótica y acción divina", in: POLKINGHORME, J. (Ed.). *La obra del amor*, op. cit., p. 125-146. Aqui: p. 131ss.

[47] Cf. RANHER, K. *Teología y ciencias naturales*. Madrid, Taurus, 1967, p. 130-131; Idem, *Curso fundamental da fé*. Introdução ao conceito de cristianismo. São Paulo, Paulinas, 1989, p. 222-226.

[48] Neste aspecto, mostra-se muito interessante a analogia que J. F. HAUGHT estabelece entre o aspecto *informacional* da vida e a atuação do Espírito na evolução. Cf. Idem. *Cristianismo e ciência*, op. cit., p. 207-209.

cas e biológicas, e da ciência e da cultura atuais em geral. Infelizmente, é uma imagem de Deus ainda frequente em ambientes de Igreja. Mas entra em crise, igualmente, a imagem de um Deus que intervém na natureza e na história humana a partir de "fora", a imagem de um Deus que atua pontualmente no mundo criado, na história humana e de cada ser humano concreto. Numa concepção pré-científica do mundo, essa visão era a norma. A Sagrada Escritura, é bom recordar, apresenta também dessa maneira as intervenções de Deus na natureza e na história humana, pessoal e social. Certamente, a maior parte do povo cristão continua interpretando as intervenções de Deus nesse esquema intervencionista. Então, deve ser reafirmado novamente: trata-se de uma visão do mundo mediante a qual foi expressa a fé em Deus criador e providente. Superada essa visão do mundo, se faz necessário desenvolver outra maneira de expressar essa mesma fé.

Tudo isso tem uma aplicação especial quando se trata de compreender, na perspectiva evolutiva, o significado da Revelação de Deus e da providência divina, bem como o início da humanidade, a origem de cada pessoa humana e o sentido do milagre.[49]

No processo evolutivo no seu todo bem como em cada criatura, está agindo o Deus relacional, intimamente unido ao dinamismo e às leis que os cientistas percebem na evolução. Trata-se de um Deus relacional

---

[49] Na impossibilidade de tratar aqui de cada um destes temas, limitar-me-ei a sugerir uma breve indicação bibliográfica: A) Sobre a revelação, ver, entre outros, HAUGHT, J., F. *Cristianismo e ciência*, op. cit., p. 59-80 e 260-261; QUEIRUGA, A., T. *Fin del cristianismo premoderno*, op. cit., p. 42-47; Idem, *A revelação de Deus na realização humana*, São Paulo, Paulus, 1995; PEACOCKE A. *Los caminos de la ciencia hacia Dios*, op. cit., p. 176-186. B) A respeito da reinterpretação do significado da providência divina, merecem destaque as ponderações feitas por de J. L. SEGUNDO, Q*ue mundo? Que Homem? Que Deus?*, op. cit., p. 176-194 e 459-489. Chamo a atenção aqui para a importante reflexão que este teólogo desenvolve sobre o *acaso* em relação com a evolução, com a providência divina e com a liberdade humana. Cf. ibidem, p. 459-489. Sobre o mesmo tema cf. também: HAUGHT, J. F. *Cristianismo e ciência*, op. cit., p. 123-156; PEACOCKE, *Los caminos de la ciência hacia Dios*, op. cit., p. 147-175; GARCÍA RUBIO, A. *Unidade na pluralidade*, op. cit., cap. 5. C) Sobre o começo da humanidade (hominização) e a respeito da origem de cada pessoa humana, cf. KÜNG, H. *O princípio de todas as coisas*. Ciências naturais e religião. Petrópolis, Vozes, 2007, p. 219-268; SEGUNDO, J. L., op. cit., p. 220-226; GARCÍA RUBIO, A., op. cit., p. 373-378; EDWARDS, D. *El Dios de la evolución*, op. cit., p. 90-95. D) Entendida a ação de Deus de maneira contínua e não intervencionista, se faz necessário compreender o milagre de tal maneira que não seja apresentado como interrupção das leis da natureza. Cf. KÜNG, H., op. cit., p. 208ss.; HAUGHT, J. F. *Cristianismo e ciência*, op. cit., p. 35-38 e 227; POLKINGHORNE, J, *Ciencia y Teología*, op. cit., p. 133-135.

que respeita a autonomia da criatura, autonomia limitada, porém real. Isso nos leva à quarta pista.

4. Do Deus onipotente, dominador universal, ao Deus do amor kenótico que "se esvazia" para dar espaço à criatura, respeitando sempre a autonomia do ser humano e do processo evolutivo

A realidade da *kénose* divina constitui o eixo central da reflexão teológica desenvolvida pelos teólogos que procuram dialogar com a visão evolucionista. Entende-se facilmente: por um lado, esses teólogos partilham da convicção dos cientistas quando afirmam que, do ponto de vista do método científico, as leis evolutivas são suficientes para explicar o processo evolutivo. Por outro lado, devem afirmar a fé na ação criadora divina bem como a realidade da liberdade humana. Com a utilização da teologia da *kénose* procuram, igualmente, uma iluminação para o desafio do mal e do sofrimento.

O termo *kénose* é empregado com significações diferentes: o significado originário cristológico expressado em Fl 2,5-11, o sentido trinitário e o significado do termo quando aplicado à ação criadora divina. Evidentemente, é a terceira significação a que é desenvolvida no diálogo com a visão evolucionista.[50]

Com a acentuação da importância da *kénose* divina, não se pretende rejeitar a onipotência de Deus. A onipotência é uma característica do ser, da natureza divina.[51] Entretanto, quando prevalece a consideração da natureza divina e se descuida a liberdade do Deus relacional (dimensão pessoal de Deus), fica praticamente impossível defender a autonomia real da criatura. Convém aqui lembrar que é contra essa visão unilateral de Deus como natureza divina que se insurge o ateísmo moderno: Ele é tudo e eu sou nada!

---

[50] Sobre estes vários significados, cf. COAKLEY, S. "Kénosis: significados teológicos y connotaciones de gênero", in: J. POLKINGHORME (Ed.). *La obra del amor*, op. cit., p. 247-267. Aqui: p. 249-260; MOLTMANN, J. "La *kénosis* divina en la creación y consumación del mundo", in: ibidem, p. 181-196. Aqui: p. 182-193. Moltmann acrescenta o significado dado pela teologia judaica da "Shekinah" de Deus: ibidem, p. 186-188. O capítulo 4 deste livro aprofunda o significado da *kénose*.

[51] Nos Símbolos e nas Profissões de fé afirma-se a onipotência de Deus com a expressão: *Pai onipotente*. Cf. Símbolos da fé, in: DENZINGER-HÜNERMANN, op. cit., p. 17-42. O Concílio Vaticano I afirma que a Igreja "crê e confessa que há um só Deus verdadeiro e vivo, criador e senhor do céu e da terra, onipotente, eterno, incomensurável, infinito em intelecto, vontade e toda perfeição". Ibidem, n. 3001, p. 644.

38 A teologia da criação desafiada pela visão evolucionista da vida e do cosmo

Muito diferente se apresenta o problema da onipotência divina face à autonomia da criatura, na perspectiva do Deus relacional que se "esvazia" por amor. Com efeito, quando prevalece a visão do Deus da *kénose*, do Deus da liberdade e da criatividade, do Deus que é em si mesmo Amor, não é difícil aceitar que, por amor, esse Deus, que é onipotente pela sua natureza divina, *pode*, com total liberdade, "retirar-se" para deixar espaço real para a autonomia da criatura e do dinamismo evolutivo. Podemos afirmar: Deus Amor é tão onipotente que pode até "esvaziar-se" para permitir que o outro seja por ele mesmo! Sabemos que é isso o que acontece na encarnação (cf. Fl 2,6-11). Um Deus que é amor *se esvazia* (certamente, não da condição divina), para assumir a condição humana. Condição humana de servidor, não de dominador ou prepotente. Tal é a dinâmica admirável e desconcertante do Amor: ir ao encontro do outro, ficando ao nível dele, para ajudá-lo a crescer. O rico se faz pobre, voluntariamente, *por amor*, para que o outro possa se enriquecer (cf. 2Cor 8,9). Esse é o Deus revelado por Jesus Cristo (cf. Jo 1,18). Essa é a grande Boa-Nova cristã.

Ora, o Deus da encarnação é o mesmo Deus da criação. A criação já é o começo da salvação.[52] Na criação, encontramos já o movimento *kenótico* em Deus. Livremente, o Deus criador-salvador faz espaço para a criatura, "deixa ser" a criatura.[53] A criação encontra sua fonte no amor divino, a primeira *kénose*.[54] Na realidade, pode-se afirmar que a *kénose* faz parte da realidade de um Deus criador que entrega à liberdade humana a corresponsabilidade pelo mundo criado. Com imenso respeito, próprio do amor, a atuação divina não força, não obriga, não manipula nem instrumentaliza a criatura, não a invade dominadoramente. Evidentemente, isso se aplica de modo todo especial ao ser humano, chamado que é a viver a liberdade e a criatividade. Mas o respeito de Deus em relação às suas criaturas está presente também no caminhar da evolução. As leis evolutivas, dado que Deus decide criar um mundo em evolução, são sempre respeitadas por ele. Entende-se muito bem que o cientista não detecte essa presença nas investigações sobre a evolução e sobre a origem da vida. Com o instrumental científico é impossível analisar essa presença e essa atuação.

---

[52] Sobre a relação entre criação e salvação pode ser consultada minha obra: GARCÍA RUBIO, A. *Unidade na pluralidade*, op. cit., cap. 3.

[53] Cf. HAUGHT, F. *Deus após Darwin*, op. cit., p. 138-141. A *kénose* reaparece uma e outra vez nas obras deste teólogo, como um tema central. Cf. também, entre outros, EDWARDS, D. *El Dios de la evolución*, op. cit., p. 46-69.

[54] Cf. SEGUNDO, J. L. *Que Mundo? Que Homem? Que Deus*, op. cit., p. 327. 393.

Ainda em relação à *kénose*, convém ressaltar quão radical é a reviravolta que ela realiza na concepção do que seja o poder. Não o poder dominador, manipulador e controlador do outro. O que seja o verdadeiro poder é redefinido pelo Deus da *kénose* revelado mediante Jesus Cristo: é a capacidade de potencializar enriquecedoramente o outro, de influenciá-lo de maneira significativa, longe de toda dominação ou destruição da autonomia do outro. O verdadeiro poder é o poder do amor.[55] É assim que Deus é Todo-poderoso.[56]

Importa também acrescentar que a *kénose* tem um conteúdo bem mais rico do que a mera renúncia ou o autossacrifício. Estes só são kenóticos quando vividos a serviço do bem dos outros, da libertação deles.[57]

Nesta perspectiva da *kénose*, fica bem claro que a fé cristã em Deus é um *dom*, e como tal deve ser recebido, sem as garantias oferecidas pelo Deus comum da razão e da religião.[58]

É fácil concluir que o Deus de Jesus Cristo, o Deus que se "autoesvazia" por amor, no polo oposto de toda dominação e da negação da liberdade humana e da autonomia do processo evolutivo, de maneira alguma entra em contradição com a visão científica evolutiva da vida e do cosmo.

5. Do Deus que "permite" o mal ao Deus que é "afetado" pelo mal e luta contra ele

É frequente imaginar o processo evolutivo caminhando, de maneira harmoniosa, em linha reta, em direção a uma complexificação crescente da vida. Só que se trata de uma imagem falsa, nos diz a ciência. No caminhar da evolução, afirmam os cientistas, há êxitos e fracassos, harmonia e caos, avanços e recuos. Caos, violência e destruição estão presentes no processo evolutivo. Há um lado escuro na evolução.[59] O

---

[55] Cf. BARBOUR, I. G. "El poder divino: un enfoque procesual". In: POLKINGHORNE (Ed.). *La obra del amor*, op. cit., p. 31; HAUGHT, *Cristianismo e ciência*, op. cit., p. 69-73 e 260-261.

[56] Na liturgia e na pregação eclesial, encontra-se, com muita frequência a invocação: *Deus todo-poderoso*. O que fazer? Pessoalmente, procuro acrescentar: *Deus todo-poderoso no Amor*. E, sempre que possível, explico em que consiste esse poder de Deus, tão diferente da nossa compreensão comum do que seja o poder.

[57] Cf. ELLIS, G. E. R. "La kénosis como tema unificador de la vida y la cosmologia". In: POLKINGHORNE (Ed.).l *La obra del amor*, op. cit., p. 149-150.

[58] Cf. MOINGT. *Dios que viene al hombre, op. cit.*, p. 461.

[59] Cf. PEACOCKE, A. "El coste de la nueva vida". In: POLKINGHORNE (Ed.). *La obra del amor*, op. cit., p. 60ss.

custo do triunfo da vida é muito elevado. E, assim, o grito de revolta contra o sofrimento humano, especialmente dos inocentes, que se tem traduzido em revolta contra o Deus criador, bom e providente, reaparece quando se estuda o caminhar da evolução com seus custos, sofrimentos, depredações e destruições massivas. É sempre a mesma revolta: como um Deus bom pode criar um mundo onde a violência e a destruição estão tão fortemente presentes? Que desígnio sábio divino é esse que condena à destruição tantas e tantas criaturas? Quer dizer, a existência do mal no mundo humano, argumento reiterado pelos defensores do ateísmo, está unida, hoje, à constatação de que a falta de harmonia e ordem, junto com uma forte dose de violência, estão presentes também no desenrolar da evolução como um todo.

Como se situam os teólogos que dialogam com a evolução diante do sofrimento e da destruição da vida, tanto na natureza quanto na história humana? É também a partir do Deus da *kénose* que eles procuram lidar com esse tremendo desafio.

Com efeito, se Deus decide criar mediante a evolução, deixando que a criação "se faça a si mesma", é inevitável pagar o preço da existência também de fracassos, destruições, contradições e conflitos. Como sublinha J. Moltmann, em Deus, o que é onipotente é o amor! E, assim, o agir de Deus está presente de maneira paciente e silenciosa no caminhar da evolução e na história humana. O Deus da *kénose* não é violento nem precipitado, sabe esperar o tempo da criatura e age, continuamente, incentivando, potencializando, nunca violentando nem dominando as criaturas ou as leis evolutivas.[60]

Trata-se de uma ótica bem diferente da perspectiva racional com que era focalizado o problema do mal, na primeira Modernidade. Ainda hoje, a "explicação" racional tem defensores. É o caso, por exemplo, de A. T. Queiruga. Influenciado por Leibniz, pretende explicar o mal simplesmente fundamentando-se na finitude e na contingência do ser humano e do cosmo. A realidade criada só pode ser imperfeita, limi-tada e finita, pois Deus não poderia criar uma realidade perfeita. Isso seria criar outro Deus, o que é manifestamente impossível. Não é que a criação não seja boa, mas é imperfeita. É isso que torna inevitável o aparecimento do mal. Não há, assim, por que introduzir Deus na questão do mal. Trata-se de um problema que deve ser abordado de

---

[60] Cf. MOLTMANN, J. "La kénosis divina en la creación y la conservación del mundo". In: POLKINGHORNE (Ed.). *La obra del amor*, op. cit., p. 193s.

maneira secularizada, meramente racional. O recurso a Deus é desnecessário. Mais ainda, acrescenta Queiruga, é inconveniente, pois acaba embaralhando os dados do problema. O mal é em si mesmo inevitável e como tal deve ser aceito.[61]

Contudo, os resultados obtidos por essa e por outras explicações meramente racionais parecem insuficientes diante da realidade opressora do mal.[62] Não basta afirmar, racionalmente, que o mal é fruto da finitude, da limitação da criatura. Pois o problema é, sobretudo, existencial. O mal constitui uma forte objeção pessoal, social e evolutiva. Não deve ser encarado de maneira abstrata. E Queiruga, o cristão Queiruga, tem consciência disso. E, assim, diante da pergunta: que atitude assumir diante do desafio do mal?, ele responde, na perspectiva da fé cristã, apresentando o Deus que luta contra o mal, o Deus que é antimal. De fato, na visão bíblica, o Deus criador e salvador é contra o mal. Isso aparece claro, desde o início até o final da Bíblia. Deus luta contra o mal, é o Adversário do mal.[63]

Dando um novo passo, podemos nos perguntar, com A. Gesché: será que Deus está acima da questão do mal, será que o mal é uma questão "que não lhe diz respeito"?[64] Mas como é que um Deus salvador poderá deixar de estar implicado no mal?

A resposta dese teólogo pode ser resumida da seguinte maneira: depois de focalizar as tentativas de inocentar Deus da acusação de ser o autor do mal e do sofrimento (teodiceia tradicional e filósofos da primeira Modernidade), constata que, na segunda Modernidade, a Modernidade da *suspeita*, é o homem quem deve ser defendido da suposta onipotência de Deus. Com efeito, no primeiro momento dessa Modernidade, afirma-se a necessidade da morte de Deus para que o homem viva (Feuerbach, Marx, Nietzsche, Freud...). No segundo momento, os últimos mestres da suspeita (Foucault, Lévi-Strauss e outros), dando prosseguimento a essa caminhada, anunciam uma antropologia da morte do homem. Pois é, quando Deus desaparece, a objeção do mal se vira contra o homem! Este fica sozinho, carregando todo o enorme peso do mal! Ocupando

---

[61] Cf. QUEIRUGA, A. T. *Recuperar la salvación*, op. cit., p. 95ss.; Idem. *Fin del cristianismo premoderno*, op. cit., p. 32-36.

[62] Ver, por exemplo, a reflexão do também cristão J. A. Estrada, mostrando a insuficiência dos argumentos racionais para encarar o desafio do mal: Cf. ESTRADA, J. A. *A impossível teodiceia*. A crise da fé em Deus e o problema do mal. São Paulo, Paulinas, 2004.

[63] Cf. QUEIRUGA, A. T. *Recuperar la salvación*, op. cit., p. 121ss.

[64] GESCHÉ, A. "O Mal". In: idem. *Deus para pensar*. São Paulo, Paulinas, 2003, vol. 1, p. 20ss.

o lugar de Deus, o homem recebe uma pesadíssima herança. Agora é o homem quem é acusado pela existência do mal. Quer dizer, a morte de Deus não salva o homem como se pretendia. Bem ao contrário, o homem se torna um inferno para si mesmo. Está aberta a porta para a hiperculpabilização.[65]

Só que depois da morte de Deus e da morte do homem, acrescenta A. Gesché, parece despontar uma nova Modernidade que não quer mais a morte do homem nem a morte de Deus... "Volta-se a dizer hoje que é preciso que Deus viva para que o homem não morra."[66]

Há uma nova procura do divino, embora de maneira bastante confusa.

Diante dessa procura, ressalta esse teólogo, será necessário descobrir uma nova expressão cultural de Deus, na realidade, uma nova e desconcertante imagem de Deus. Então, onde encontrar o Deus verdadeiro? Na luminosidade racional antiga ou moderna ou no escândalo da cruz? No poder imperial ou na cruz-ressurreição de Jesus? Parece que esquecemos facilmente que o Verbo luminoso se faz "sarx" (limitação humana). Reaparece o tema da *kénose*. Na cruz de Jesus, como vimos, revela-se um Deus humilde e vulnerável. Um Deus "que participa completamente da luta e do sofrimento do mundo".[67] Admirados, temos de reconhecer: criando o ser humano livre, Deus aceitou e criou a possibilidade de ser objetado! O ser humano, certamente finito, possui a capacidade de rejeitar e de dizer "não" a Deus e de se opor a ele.[68]

Mas será que no Deus revelado na cruz de Jesus encontramos uma "explicação" para o sofrimento e o mal? O Deus da *kénose* não dá explicações sobre o sofrimento e sobre o mal. O Deus bíblico é antimal, nos lembrava acima Queiruga. A atitude de Deus em relação ao mal vem expressada em Jesus Cristo, Deus feito limitação humana (cf. Jo 1,14), submetido às limitações do mal (cf. Hb 4,15), mas sempre em oposição ao mal e do lado das vítimas. O mal é para ser combatido. O Filho encarnado na finitude humana rompe, desde dentro da finitude, a impotência. Assim, Jesus Cristo nos liberta da impotência que significa a escravidão do *pecado* (cf. Rm 6,11.18-23), da *lei* (cf. Rm 7,6ss.) e da *morte* (cf. Rm 6,23; 1Cor 15,26; 1Cor 15,58).[69] É, sobretudo, na cruz de

---

[65] Cf. Ibidem, p. 36.
[66] Ibidem, p. 38.
[67] HAUGHT, J. *Deus após Darwin*, op. cit., p. 66.
[68] Cf. GESCHÉ, *O Mal*, op. cit., p. 160ss.
[69] Cf. GARCÍA RUBIO, A. *O encontro com Jesus Cristo vivo*. Um ensaio de cristologia para nosso tempo. 14 ed. São Paulo, Paulinas, 2010, p. 102-104.

Jesus que aparece o quanto Deus é contrário ao mal. É um Deus que luta contra o mal não com discursos, mas assumindo-o em Jesus Cristo, com uma solidariedade total, e, assim, vencendo-o, desde dentro, abre o caminho para a esperança. Nessa luta, conta com a nossa liberdade, por ele sempre respeitada. O mal pode ser superado e vencido, de maneira ainda limitada, mas real, no hoje da história e do cosmo, mediante a prática da justiça, do amor efetivo e do cuidado responsável face ao meio ambiente.

O desejo de libertação total do mal é concretizado pelo dom do Deus que abre um futuro de plenitude para esse desejo (perspectiva escatológica), dom de um Deus que irrompe do futuro, que abre o futuro de uma criação nova.

6. Revisão do sentido do "pecado original" e da redenção

O "pecado original" é apresentado, pelos teólogos que dialogam com o evolucionismo, sobretudo em relação com a profunda ambiguidade em que todo ser humano se encontra imerso. Com efeito, todo ser humano que vem a este nosso mundo começa já a existir numa *condição negativa*, marcado pessoalmente pela rejeição humana ao apelo do Deus criador--salvador, que solicita a abertura ao dom do seu amor, a aceitação do convite para viver a liberdade, a criatividade e o amor. De fato, somos condicionados tanto pela abertura à vida e ao amor quanto pelo fechamento destruidor da vida, em todos os níveis. Condicionamento que nos afeta interiormente, pessoalmente. Amor e egoísmo andam juntos, na nossa vida. Acresce que o mal não está apenas na desordem destruidora da vida, mas encontra-se, igualmente, na monótona repetição dele, em deixar as coisas e as situações como estão, na omissão em face das injustiças, rejeitando o apelo para a liberdade criativa, para a luta a favor da justiça e para a responsabilidade em face da história e da evolução.[70]

Essa é uma situação que leva à experiência de que não somos capazes de nos libertar sozinhos, de que necessitamos da salvação de Deus.[71] O mundo, resultado da evolução, é um mundo inacabado, imperfeito, a caminho de maior perfeição. Certamente, essa é também a situação do

---

[70] Cf. SEGUNDO, J. L. *Que mundo? Que Homem? Que Deus?*, op. cit., p. 491-529. Sobre a reinterpretação do conteúdo do "pecado original", numa perspectiva evolucionista, pode ser consultada também a obra: GARCÍA RUBIO, A. *Unidade na pluralidade*, op. cit., cap. 16, especialmente, p. 636-662.

[71] Sobre a relação entre liberdade e graça, ver neste livro o capítulo 6.

ser humano. E, assim, a *redenção* é vista, sobretudo, como libertação da nossa liberdade e da criatividade para, na ambiguidade da história, ir inventando soluções mais humanas e mais ecológicas para os desafios e os problemas que a história humana e a história da evolução suscitam. A redenção, sem esquecer a dimensão de libertação do pecado, aponta, sobretudo, para a "nova criação", para a reconciliação do universo, para a superação do mal e para a plenitude da vida e do amor.[72] Redenção não apenas referida aos seres humanos, mas, igualmente, ao conjunto da criação, redenção realmente universal, posto que atuando no universo desde o primeiro instante da evolução.[73]

Reconciliação e plenitude prometidas pelo Deus que irrompe do futuro, mas que estão já atuando, em germe, no meio da ambiguidade e nas contradições do mundo atual. Na fé cristã, se *aposta* no futuro do ser humano e do universo.

7. Do Jesus Cristo unilateralmente divinizado ao Jesus Cristo, Logos feito "limitação humana" (cf. Jo 1,14)

Em sintonia com as cristologias recentes,[74] os teólogos que procuram o diálogo com a visão evolucionista focalizam a figura histórica de Jesus de Nazaré, o dinamismo por ele vivido, decididamente aberto ao futuro escatológico, anunciador incansável da chegada do Reino de Deus, fiel ao caminho do serviço, assumido, desde o início de sua vida de pregador itinerante (batismo), culminando na morte-ressurreição. Fidelidade expressada também na rejeição do messianismo de poder dominador (tentação). De maneira especial, é sublinhada a importância da ressurreição, primícias da "nova criação", da abertura a um futuro de plena reconciliação para o ser humano e para o cosmo, transformados.

Em Jesus Cristo, encontramos a revelação de um Deus que não se impõe pela força dominadora, que não violenta, porque é amor. Por isso, o caminho de Jesus é o serviço, até as últimas consequências (cf. Mc 10,45).

Nessa história, ressalta-se, sobretudo, a revelação desconcertante de Deus no sofrimento e na cruz. Trata-se de um Deus Amor que não se impõe pela força, antes realiza um movimento de "esvaziamento"

---

[72]   Cf. SEGUNDO, J. L. *Que mundo? Que Homem? Que Deus?*, op. cit., p. 491-529.
[73]   Cf. HAUGHT, J. F. *Cristianismo e ciência*, op. cit., p. 155-156.
[74]   Para citar apenas um exemplo: cf. SCHILLEBEECKX, E. *Jesus: a história de um vivente*. São Paulo, Paulus, 2008. Tradução feita a partir da 10ª edição do original holandês.

(*kénose*), se faz um de nós, participando da fragilidade humana e nos comunicando seu perdão, sua paz e seu amor. É verdade que, na Igreja, sempre houve a pregação da cruz, mas não se tiravam as consequências da revelação de Deus na cruz de Jesus: um Deus que se revela como fraqueza e pequenez, um Deus "afetado" pelo sofrimento! Um Deus tão desconcertante e original! É o Deus da "loucura" da cruz (cf. 1Cor 1,18-2,16).

Recupera-se, igualmente, a cristologia cósmica. Jesus Cristo, depois da Páscoa, é confessado pela Igreja do século I como Senhor universal, não só da humanidade, mas do cosmo em sua totalidade. Ele tem uma significação cósmica. Assim, Col 1,15-20 ressalta a dimensão universal e cósmica da mediação criadora e salvadora do Senhor Jesus. Ele está atuando desde o início da criação e na continuação dela, encontrando-se presente, igualmente, na meta final da história e do cosmo. Ele é Princípio e Fim, Alfa e Ômega (cf. Ap 21,6; 22,13). Ele é a plenitude e a recapitulação do universo (cf. Ef 1,10). Desde o primeiro instante da criação até a consumação escatológica, o mundo criado encontra em Jesus Cristo sua mais íntima consistência e fundamentação. Mas, note-se bem, trata-se de um senhorio muito original: o Senhor é quem lava os pés dos discípulos! (cf. Jo 13,12-17).[75]

O caminho vivido por Jesus de Nazaré e a proclamação do seu senhorio cósmico são inseparáveis da presença e da atuação do Espírito. É guiado pelo Espírito que Jesus vive o messianismo de serviço. É no Espírito que ele é exaltado e vem afirmado o seu senhorio. É esse mesmo Espírito vivificador e potencializador quem age no interior de cada ser humano, de cada criatura e do processo evolutivo.[76] É no Espírito que se relacionam a fé na criação e na salvação.

---

[75] A respeito do significado de Jesus Cristo, no horizonte de uma visão evolucionista, merecem destaque especial as reflexões de Teilhard de Chardin, K. Rahner e J. Moltmann. O teólogo D. Edwards faz uma breve apresentação crítica da cristologia evolucionista de cada um deles para propor, depois, um esboço de cristologia sapiencial: Jesus como Sabedoria de Deus atuando na criação. Cf. EDWARDS, D. *El Dios de la evolución*, op. cit., p. 122-148.

[76] Cf. MOLTMANN, J. *Deus na criação*. Doutrina ecológica da criação. Petrópolis, Vozes, 1992, p. 27-41 e 150-157; Idem. *El Espíritu de la vida*: una pneumatología íntegra. Salamanca, Sígueme, 1998; EDWARDS, D. *El Dios de la evolución*, op. cit., p. 96-121.

8. Da Igreja poderosa voltada para o passado para a Igreja humilde aberta ao futuro

A recuperação da imagem do Deus da *kénose*, a partir da sua revelação mediante Jesus Cristo, repercute diretamente na revisão do ser e da missão da Igreja. Em geral, os teólogos que procuram dialogar com a visão evolucionista não focalizam diretamente problemas eclesiológicos. Mas é fácil concluir que as reflexões sobre o Deus kenótico interpelam diretamente a Igreja. Ela é chamada, continuamente, à conversão a fim de tornar-se mais fiel ao Deus original e desconcertante da *kénose*, o Deus que age sempre com amor, no polo oposto de toda dominação e de toda imposição. É chamada a tornar-se mais fiel ao caminho de serviço vivido pelo Senhor Jesus. E, assim, não faltam críticas ao cristianismo atual, especialmente no que se refere à predominância concedida ao passado, à forte tendência restauradora, à nostalgia de uma época imaginária de perfeição junto com a escassa importância concedida ao futuro.[77]

O empenho pela renovação eclesial certamente foi colocado, especialmente a partir do Vaticano II (com não poucas resistências internas), na Igreja Católica. Trata-se de uma profunda conversão eclesial: uma Igreja vista, sobretudo, como povo de Deus itinerante, Igreja ágil, humilde como seu Deus e seu Senhor Jesus. Igreja realmente servidora e que aprende, de fato (não apenas nas pessoas, mas, igualmente, nas suas instituições e estruturas), a colocar o amor e a misericórdia acima da lei e do direito. Uma Igreja sinal vivo do Reino de Deus, reinado e senhorio universal, cósmico, e não apenas humano. Uma Igreja realmente aberta ao futuro, à Promessa, uma Igreja que vive a esperança ativa. Na Igreja, é urgente recuperar o horizonte bíblico da promessa e da esperança, sacudindo a letargia, a instalação e o marasmo e caminhando para um futuro de plenitude.

Todo isso tem, obviamente, uma aplicação direta na revisão do trabalho pastoral, pois o autoritarismo e a fixação no passado impedem, com frequência, a vivência do dinamismo evangélico e sua abertura ao futuro.[78]

---

[77] Ver, como exemplo, HAUGHT, J. F. *Cristianismo e ciência*, op. cit., p. 151-153.

[78] Sobre as interpelações da visão evolucionista a respeito da renovação da Igreja, ver neste livro o capítulo 11.

9. Do Deus do passado ao Deus da Promessa e do Futuro de plenitude, fundamento da nossa esperança

A ênfase colocada na abertura ao futuro constitui outro ponto básico da reflexão teológica que dialoga com o evolucionismo. Deus é situado, sobretudo, no futuro, atraindo e polarizando o processo evolutivo, a caminhada da humanidade e de cada ser humano. Essa acentuação da prioridade concedida ao futuro, vimos anteriormente, questiona a tendência predominante nas Igrejas de olhar principalmente para o passado.

De fato, influenciado pela visão grega do Ser e da ordem, o cristão tende a colocar Deus sobretudo no passado, em contraste com a expectativa entusiasmada de Jesus em relação à chegada do Reino de Deus. Esquece-se que o Deus da Bíblia vai sempre adiante de seu povo. E podemos acrescentar, com os teólogos da evolução, vai adiante da evolução. O mundo e a história não estão prisioneiros da repetição incessante. Na perspectiva bíblica, a lembrança do passado, certamente necessária, não constitui uma regressão, antes significa um impulso e uma força para poder viver o momento atual com coragem, audácia e confiança, um presente aberto ao futuro, um presente que preanuncia o futuro de plenitude. A perspectiva escatológica supera a "miragem" do paraíso perdido, a nostalgia de uma época de ouro no passado. A perfeição não está no passado, mas no futuro. Convém lembrar que no AT, na visão profética, a realização do "paraíso" é situada, preferentemente, no futuro.[79]

A nova visão evolucionista do mundo e do ser humano pode ser ocasião e estímulo para a necessária recuperação da condição peregrinante da vida pessoal, comunitária, social etc. E, certamente, eclesial. Somos chamados, não a restaurar um passado de perfeição, que nunca existiu, mas a viver a abertura a um futuro de criação nova.[80]

Quando o cristão está aberto ao horizonte bíblico da promessa e da esperança, aceitando ao mesmo tempo a realidade de um universo e de uma história humana em evolução, inacabada e ambígua, vai deixando de procurar vítimas e bodes expiatórios, diante do mal, da imperfeição e da falta de harmonia. Vai sendo superada, concomitantemente, a ênfase na necessidade de expiação, tão presente na tradição eclesial ocidental.[81] Uma "metafísica do futuro" se faz necessária, defende J. F. Haught, em

---

[79]   Cf. GARCÍA RUBIO, A. *Unidade na pluralidade*, op. cit., p. 148.
[80]   Sobre a perspectiva escatológica e a visão evolucionista, ver, neste livro, o cap. 10.
[81]   Cf. HAUGHT, J. F. *Deus após Darwin*, op. cit., p. 170s.

sintonia com a promessa bíblica de um Futuro de Plenitude. Ou, então, conforme J. Moltmann, uma "metafísica da possibilidade". É a metafísica do futuro e da possibilidade que pode oferecer uma base plausível para o diálogo com os cientistas a respeito da evolução.[82]

10. Repensar o sentido da humanização do ser humano

O ser humano, como os outros seres vivos, é resultado de evolução, afirma a ciência atual. Aceita essa visão científica, o cristão percebe, pela fé, a ação delicada, sempre transcendental, do Deus criador, no interior do processo evolutivo. O ser humano faz parte de um mundo em evolução. Então, qual é a peculiaridade dele, entre todos os seres do universo? Responde a fé bíblico-cristã: ele é criado à imagem de Deus! Aqui aparece a importância básica de ressaltar de *que* Deus o ser humano é imagem. Isso é o que procurei assinalar nos itens anteriores. Vejamos agora a aplicação ao ser humano.

Comecemos pelo caráter relacional de Deus. O que significa afirmar que somos criados à imagem de Deus (cf. Gn 1,26s.) quando aceitamos que Deus em si mesmo é relação? Simplesmente, que o ser humano é relacional e não uma espécie de átomo solitário colidindo pela vida afora com outros átomos igualmente solitários! A estrutura dialógico-relacional do ser humano fica, assim, fortemente ressaltada.

Em segundo lugar, se o decisivo em Deus é o Amor, a Criatividade e a Liberdade, o ser humano deverá ser valorizado, sobretudo, pela capacidade de se decidir com liberdade (finita e condicionada, é verdade, mas real), de amar e de criar algo novo na história e no cosmo. Quer dizer, a criatura humana é chamada a ser *criadora*, pois Deus cria criadores![83]

A relevância dessa afirmação para a antropologia cristã nunca será acentuada demais, tamanha é sua importância. Como vimos acima, o Ser é entendido pelos gregos como natureza. A verdadeira realidade é produzida pela natureza. E, assim, a atividade humana só pode ser exercida sobre a realidade existente produzida pela natureza. Tratar-se-ia, assim, simplesmente, de *contemplar* e de *imitar* a verdadeira realidade.

Na perspectiva bíblica, ressalta A. Gesché, a situação do ser humano é muito distinta. Ele não está "condenado" a imitar a natureza. E não

---

[82] Cf. ibidem, p. 108-129; MOLTMANN, J. "La *kénosis* divina en la creación y consumación del mundo". In: POLKINGHORNE (Ed.). *La obra del amor*, op. cit., p. 195.

[83] Cf. QUEIRUGA, A. T. *Recuperar la creación*, op. cit., p. 109-160.

tem por que sentir-se culpado quando inventa algo novo. Nada está roubando aos deuses (mito de Prometeu). Muito ao contrário, desenvolver a própria criatividade é o caminho para realizar sua vocação mais profunda, criado por um Deus que é Liberdade, Amor e Invenção. O ser humano é chamado *a se fazer*, a tornar-se alguém capaz de viver a liberdade criativa e amorosa. Não, a última palavra não é da natureza, do acaso e da necessidade. Estes fazem parte do processo evolutivo, ensina a ciência. Mas, no início de tudo, está a liberdade amorosa de Deus, afirma a fé. Assim, não é a fatalidade a governar a vida humana e o cosmo. Que afirmação tão libertadora: o cosmo é criação de Deus e de que Deus! O ser humano é salvo do domínio da fatalidade e da repetição monótona e asfixiante da necessidade (natureza).[84]

Devemos reconhecer que a valorização do ser humano como liberdade e criatividade ficou comprometida pela utilização do pensamento grego na reflexão cristã. Para esse pensamento, o fundamental é o universal, o intemporal e imutável. Assim, no ser humano, o prioritário será o que permanece sempre o mesmo, isto é, a "natureza humana". Como consequência, a liberdade será considerada algo acidental. Ora, na medida em que o instrumental grego foi sendo cada vez mais utilizado pela teologia cristã, foi privilegiada a perspectiva determinista própria da ordem natural e da chamada lei natural, sobre a perspectiva da liberdade. Certamente, esta foi defendida sempre pela teologia, mas, na prática, foi o determinismo do "natural" que acabou sendo privilegiado.[85] Deve ser reconhecida, na história das Igrejas, a presença da tentação de eliminar a liberdade para que possa triunfar a ordem do "natural".

Na perspectiva bíblico-cristã, emerge uma visão do ser humano profundamente rica em implicações libertadoras: um ser humano que se relaciona com Deus, na liberdade e na alteridade, longe de toda escravidão ou opressão religiosa; chamado a viver na alteridade e na liberdade criadora a relação com os outros seres humanos (subjetividade aberta); que se relaciona de maneira responsável com o cosmo, assumindo que a ação criadora divina é confiada ao ser humano e por ele continuada, sempre em conexão com o agir transcendente e simultaneamente imanente de Deus. Trata-se de um cosmo digno da nossa admiração e contemplação (encantamento, ação de graças...), mas que também deve ser trabalhado e aperfeiçoado, pois está em evolução, inacabado, com

---

[84] Cf. GESCHÉ, A. "O ser humano". In: Idem. *Deus para pensar*. São Paulo, Paulinas, 2003, vol. 2, p. 53-89.

[85] Cf. SEGUNDO, J. L. *Que Mundo? Que Homem? Que Deus?*, op. cit., p. 542s.

tanta coisa para se fazer e inventar! Concomitantemente, o ser humano é consciente de que ele mesmo, imperfeito e inacabado, profundamente ambíguo, está em evolução para níveis mais ricos de consciência, de liberdade e de amor. Consciente de que é chamado a lutar contra o mal – dentro e fora dele – em sintonia com o Deus que luta contra o mal, na história humana e no cosmo, abrindo, assim, a esperança de um futuro de plenitude.

Certamente, não se trata de desprezar o *natural*, que continua sendo o alicerce necessário para que a dimensão relacional possa se desenvolver. Entre o natural e o pessoal é necessário também estabelecer relações de inclusão e não de exclusão.

Algo semelhante acontece com a relação entre dependência e liberdade. Parece-me oportuno aqui assinalar que, nos autores que dialogam com a visão evolucionista, nem sempre fica suficientemente esclarecido que a liberdade do ser humano está fundamentada na radical *dependência* em relação ao Deus criador-salvador. A ideia de uma liberdade totalmente independente dos outros seres humanos, do cosmo e de Deus é um engano. Dependemos os humanos uns dos outros e dependemos do nosso ecossistema. E, no nível mais profundo, dependemos de Deus. O ser humano é criatura e como tal a dependência de Deus é constitutiva do seu ser e do seu existir. Só que se trata de uma *dependência no amor*, fonte de liberdade e de criatividade. Isso nada tem a ver com a dependência castradora e destruidora da autonomia humana, tão temida pelos ateus. Na realidade, somos criados *"na* liberdade".[86] Aqui, igualmente, se dá uma relação de inclusão entre dependência e liberdade. Nesse ponto, a grande tradição eclesial, concretizada especialmente na vida dos santos, poderia nos guiar: somos mais livres precisamente quando mais abertos à vontade amorosa de Deus! Por isso, a perspectiva da liberdade apresentada aqui nada tem *de relativismo*.

Conclusões

1. Depois de apresentar o estado da questão sobre as relações entre a visão científica evolutiva e a fé em Deus criador e de abordar o problema hermenêutico (a necessária distinção entre fé e expressão

---

[86] Cf. COAKLEY, S. *"Kénosis*: significados teológicos y connotaciones de género". In: POLKINGHORNE (Ed.). *La obra del amor*, op. cit., p. 261-263.

cultural da fé), deve ter ficado esclarecido que não tem por que haver contradição entre a fé em Deus criador e os resultados da ciência. Pode existir complementação, mutuamente enriquecedora. Para isso, é indispensável evitar toda extrapolação do método científico ou do método teológico, bem como é indispensável o reconhecimento de outros níveis de saber e a abertura a eles.

2. De maneira muito resumida, foram expostas, neste capítulo, algumas pistas ou aproximações que a teologia atual está seguindo na tentativa de repensar a fé em Deus criador, utilizando como mediação a visão científica evolucionista. Junto com a imagem de Deus, procuro tirar consequências para o significado da humanização integral do ser humano. Na realidade, toda a teologia deveria ser repensada. Neste capítulo, acenei apenas para algumas implicações teológicas, decorrentes da prioridade concedida ao Deus da *kénose*. Trata-se, é claro, de pistas sujeitas a revisões, correções e aprofundamentos. Todavia, o que foi apresentado aqui, brevemente, é suficiente para que possa ser percebida a importância do empreendimento.

3. O diálogo crítico com a visão evolucionista pode alargar e aprofundar a visão cristã de Deus. O Deus "pessoal" é o mesmo Deus da natureza e da evolução! O Deus da história é o mesmo Deus que continua criando! Deus criador e salvador, dois aspectos da única realidade divina, realidade relacional: Deus, que é Amor em si mesmo, é também amor na relação com o ser humano, com cada uma das criaturas e com o universo inteiro. Deus todo-poderoso, sim, mas onipotente no amor, nunca na coerção e na imposição! Não se trata de negar a onipotência de Deus, mas de ressaltar a *maneira como ele exerce* esse poder. Trata-se do Deus da *kénose*, um Deus desconcertantemente humilde, que em Jesus Cristo se "esvazia" livremente; do Deus da *kénose* que, na criação, "deixa espaço" a fim de que cada criatura, as leis evolutivas e, especialmente, o ser humano possam ser eles mesmos. O Deus de Jesus Cristo não é um Deus solitário, que acabaria justificando a prepotência, a dominação e a discriminação entre os humanos bem como a morte e a destruição de outras criaturas. O Deus criador-salvador, confessado pela fé cristã, é um Deus que, nas palavras de J. F. Haugh, "nada tem a ver com os poderosos, que só sobrevivem a expensas do temor que incutem em seus súditos".[87]

---

[87] HAUGHT, J. F. *Cristianismo e ciência*, op. cit., p. 263.

4. O cosmo é criado livremente por Deus, com o dinamismo evolutivo, estudado pelos cientistas, e cuidadosamente respeitado pela ação criadora divina. No interior desse dinamismo é que está presente, incessantemente e de maneira transcendental, a ação criadora divina (criação contínua). E assim como no passado, quando a teologia utilizou a visão fixista do mundo para explicar a ação criadora divina, a teologia pode e deve, hoje, utilizar os descobrimentos científicos atuais para explicar essa ação criadora. Isso não significa trair a fé dos antepassados no Deus criador, como pensam os fundamentalistas. É precisamente o contrário: a fidelidade a essa fé herdada do passado é que exige a utilização das descobertas da ciência atual para tornar significativa essa fé para homens e mulheres que vivem e pensam no interior da nova visão do mundo.

5. Sim, a necessidade e o acaso bem como o caos fazem parte do processo evolutivo. Tanto o acaso como a necessidade podem ser utilizados pela ação criadora divina para o propósito de criar um ser limitado, mas capaz de liberdade, de criatividade e de amor. A ação criadora divina respeita o acaso, o caótico, a necessidade e a liberdade! Na evolução há certeza, necessária para que exista ordem, mas também há incerteza e insegurança, indispensáveis para que possa existir o novo, para que seja possível desenvolver a criatividade, a procura de novas possibilidades. Entretanto, como elas assustam, surge, como reação, a tentação do fundamentalismo, da rigidez e da fixação no passado. Todavia, a repetição do passado, visto em termos deterministas, torna impossível a liberdade e a criatividade reais.

6. O significado da humanização do ser humano fica, igualmente, enriquecido. São revalorizadas a liberdade e a criatividade, vividas na solidariedade e no amor concreto, não no fechamento manipulador e dominador dos outros humanos e destruidor do meio ambiente. O ser humano passa então a ser visto como inacabado a caminho de "ser mais", aberto ao futuro, chamado a criar algo novo na história e no cosmo, aprendendo a lidar com a insegurança. Ser humano chamado, hoje, a tomar consciência do perigo que significam a defesa de uma ordem absolutizada (no nível social, político, religioso...) e a repetição estéril do mesmo, sem a abertura esperançosa ao futuro. Ser humano chamado a superar o individualismo e o subjetivismo fechados, asfixiantes, porque cortados da íntima vinculação existente com a complexidade das inter-relações humanas, das interconexões com nosso ecossistema vital e com o processo evolutivo; e cortado, no nível mais profundo, do Deus da Vida e do Amor (pecado). Ser humano chamado a orientar "a vontade

de poder" para o serviço, a solidariedade e o amor efetivo concreto, superando a tentação (fortemente enraizada em todo ser humano) de viver o poder como controle e dominação.

7. Criado à imagem de um Deus que escolhe o caminho da evolução para sua ação criadora-salvadora, o ser humano é chamado a reconhecer a força dos determinismos e dos condicionamentos próprios do processo evolutivo, aprendendo a lidar com eles e assumindo, com humildade e coragem, o trabalhoso processo que o leva à vivência da liberdade. Num mundo e numa história humana em evolução, inacabados, sujeitos ao mal e ao sofrimento, o ser humano é chamado a se comprometer na luta contra as injustiças, na vivência da compaixão e da solidariedade ativas, sempre na defesa das vítimas, em sintonia com o caminho percorrido por Jesus de Nazaré, a máxima expressão da luta de Deus contra o mal, em suas múltiplas manifestações.

8. Um desafio especial para os institutos e as faculdades de teologia: é necessário aprofundar o diálogo crítico entre o mundo da fé e o mundo da ciência. É urgente desenvolver a teologia da natureza e da evolução, corrigindo a unilateralidade com que as dimensões pessoal, social e política têm sido estudadas. E algumas perguntas incômodas surgem aqui: não será a teologia, estudada em nossas faculdades e institutos, um tanto preguiçosa? Será que não é, em boa parte, uma teologia atrelada demais a questões e respostas do passado que não coincidem com as suscitadas pelo mundo científico e cultural atual? Não estará faltando relevância e sobrando medo?

9. E, pastoralmente, parece cada vez mais necessário que se explique, para o povo cristão, os resultados da hermenêutica bíblica a respeito dos relatos bíblicos sobre a criação do mundo e do ser humano. Naturalmente, com uma metodologia adequada.

10. Esse repensar a imagem de Deus e do ser humano possibilita o diálogo crítico com a ciência e a cultura atuais. Pode ajudar, concomitantemente, o cristão a não confundir a fé no Deus criador-salvador com as diversas expressões culturais dessa fé, bem como a distinguir as afirmações científicas sobre a evolução das possíveis extrapolações feitas por cientistas. E, quem sabe, pode também ser uma luz para aqueles cristãos que abandonam a Igreja devido à linguagem por ela utilizada, vista como incompatível com a visão científica do mundo e da vida.

"Não tenhais medo", nos fala hoje também o Senhor vivo, ressuscitado. O dom do Espírito supera o medo. Importa muito, para a credibilidade da mensagem da Igreja, enfrentar, com coragem e discernimento, os desafios da visão evolucionista do universo, da vida e do ser humano. Enfrentar os desafios com humildade, mas com a cabeça erguida, sem medo.

A visão místico-evolutiva de Teilhard de Chardin: novas bases para o pensar científico e teológico

André da Conceição Botelho*

> Quanto mais me examino, mais me convenço de que só a ciência de Cristo através de tudo, ou seja, a verdadeira ciência mística, é a única que importa. [...] Concretamente falando, não existem matéria e espírito. Tudo o que existe [no mundo criado] é matéria tornando-se espírito.
>
> *Teilhard de Chardin*

O presente capítulo, apresentando o pensamento de Teilhard de Chardin, expõe a sua crítica às bases dualistas e redutoras que marcam a cultura moderna e a sua proposta de integração entre evolução e fé como paradigma de melhor percepção da realidade.

Um novo horizonte se abre agora, com a releitura da obra *esquecida* do cientista e religioso: uma alternativa bastante equilibrada e otimista para um mundo carente de sentido. Especialista da ciência evolucionista e homem de fé, tinha consciência da necessidade de um cristianismo aberto, dialogal, capaz de contribuir efetivamente para o futuro do planeta e do ser humano. No cerne do seu pensamento está uma nova visão integradora da ciência, da fé e da vida: *o caráter divino de toda a matéria e a realidade de uma natureza em evolução*. Traçando a evolução

---

*   Pastor da Igreja Metodista na Barra da Tijuca – RJ. Doutor em Teologia Sistemático-Pastoral pela PUC-Rio.

da vida desde o seu momento primordial até o despertar da consciência humana sobre a Terra, Teilhard profetiza a integração futura de todo o pensamento em uma nova rede inteligente (a Noosfera), que concretizará o plano maior da Inteligência que age na matéria, orientando a evolução em direção a um ponto de convergência: o Deus-Ômega.

A certeza de que *Deus e o universo mantêm uma criativa e dinâmica relação de progressiva evolução para um futuro pleno da vida* responde à intenção de Teilhard em não apenas questionar o fechamento da fé à teoria de evolução e seus possíveis desdobramentos na teologia, mas, igualmente, questionar o fechamento da ciência ao Espírito Divino que dinamiza a própria realidade da vida. Não há no autor apenas uma *teologia da natureza*, mas uma *ciência não dissociada do sagrado*.

1. O problema em questão: a separação entre fé e ciência evolucionista

A Modernidade se impôs no mundo sem lançar mão de quaisquer fundamentos metafísicos ou teológicos tradicionais. Ela utilizou a ciência objetiva como base para o progresso técnico e sua relação entre sucesso e felicidade. A partir daí, a vida não mais esteve vinculada à religião, mas ao bem-estar proporcionado pela *ideologia do progresso*. Paradoxalmente, a *ideologia de salvação terrena* se mostrou um enorme contrassenso. Já em seus primórdios a Modernidade mostrou os seus limites, revelando-se incapaz de oferecer sentido à existência humana; na nova antropologia, o homem ganha *status* até então não visto; no entanto, é abandonado na margem dualista de uma compreensão materialista e estéril da vida, que lhe rouba todo e qualquer sentido de transcendência.[1]

Não é boa a resposta que a fé dá ao avanço da Modernidade: uma resistência total com ênfase em valores religiosos antimodernos como a alma religiosa, a eternidade, o céu. Não houve, da parte da Igreja, condição e flexibilidade para promover uma síntese entre os valores tradicionais do cristianismo e os novos valores que emergiam com o moderno. Ao contrário, tornou-se cada vez mais fechada e fundamentalista a um tipo de fé cada vez mais distante do diálogo aberto com o novo mundo e sua ciência. Se a situação já era difícil, piorou bastante após o *advento da teoria da evolução*.

---

[1] Cf. OLIVEIRA, M. A. *Diálogos entre razão e fé*. São Paulo, Paulinas, 2000.

Historicamente, muito antes de Charles Darwin, existiram atritos entre a doutrina eclesiástica e as ideias inovadoras da ciência. A partir do século XVII, tornou-se cada vez mais difícil a recepção, por parte da Igreja, das ideias da *nova razão*: a natureza dessacralizada (Galileu e nova física), o universo fora da alçada divina e eclesiástica. No entanto, apesar de colocarem em risco a veracidade dos fatos bíblicos e dos dogmas da fé, tais questões não significaram problemas incontornáveis para a Igreja. Até o fim desse século, foi possível equilibrar e conciliar bem o resultado das novas descobertas com a visão religiosa. Em 1762, o Santo Ofício incluiu no índex o *Da natureza*, de Pierre Louis de Maupertuis; ele afirmava que a natureza, em seu desenvolvimento, culminava no homem. Até essa data, a visão defendida pela Igreja não encontrou resistência de opositores poderosos.

O fator decisivo da crise está no século XIX, a partir de Lamarck, com sua *Filosofia zoológica*, que abalou os fundamentos da visão religiosa primária do mundo. Esse foi o momento em que a visão fixista da vida começou a sofrer seu mais duro golpe. As provas objetivas dos fósseis de espécies desaparecidas organizaram o discurso científico e lhe deram argumentos de difícil refutação. A ideia de extinção das espécies passou a significar, então, um problema difícil por seu questionamento à onipotência, à bondade e à justiça divinas. Mesmo assim, a ideia de Lamarck, apesar de inédita – a transformação das espécies e não a sua extinção –, não significou também um problema incontornável para a fé. Ela conservou a escala dos seres em ascendência de perfeição, o que afirmava a ordem da criação. A questão tornou-se dramática a partir de 30 de junho de 1831, quando a Igreja Católica na França, mergulhada em uma grande crise intelectual, viu Lamennais pregar o divórcio entre a ciência e o catolicismo. A Igreja conseguiu dar uma resposta ao discurso extremado do biólogo francês católico com publicações equilibradas como *Enciclopédia teológica*; todavia, o mundo já se dobrava à soberania das ciências. Foi em 1859, com o lançamento de *A origem das espécies*, que Charles Darwin desequilibrou a tensão entre as forças políticas e intelectuais de religiosos e cientistas. Tais ideias abalaram profundamente a até então *verdadeira visão bíblica e teológica do mundo.* Suas ideias apresentavam o homem como produto da evolução e destruíam definitivamente o caráter histórico de Adão e Eva e do relato bíblico da criação. Assim, em desigualdade e impotência, coube à Igreja retirar-se do cenário e tentar, estrategicamente, frear o avanço das ideias evolucionistas. O caminho para isso não foi outro que a manutenção do ingênuo fixismo bíblico e dogmático.[2]

Em 1860, com a condenação da obra de Darwin pelos bispos da Alemanha, que consideraram a teoria da evolução contraditória à verdade bíblica, a separação entre ciência e fé foi consolidada. Tal postura preparou o Concílio Vaticano I e acirrou a luta do Magistério Eclesiástico nas tentativas de construção de uma teologia dialogal com os rumos da ciência evolucionista.[3] No campo protestante, de visão fundamentalista ou liberal, a teologia não se diferenciou da postura católica, a não ser por uma dependência metodológica, hoje dada como praticamente ingênua, aos conteúdos de uma racionalidade lógica e excessivamente pessimista que não trouxe grandes resultados à fé – como é o caso da filosofia de tipo existencialista ou mesmo política, de tendência marxista. Esse é o cenário da *Teologia da Modernidade* e do século XX. Chegamos aos limites metodológicos do *fazer teológico*. Todo e qualquer fazer teológico, desvinculado da teoria da evolução, parece se tornar um esforço que abdica da maior descoberta científica de todos os tempos. Como, então, esquivar-se de tal grandeza no processo de construção de uma linguagem para um mundo que é resultado de uma evolução? Como negar a evolução num mundo que é evolução? Como resguardar a teologia de um processo evolucionista que, tudo indica, é levado à sua realização pelo próprio Espírito Divino?

2. Os caminhos, os limites e a crise da teologia

2.1. A metodologia teológica e seus limites[4]

Sabemos que o centro da doutrina cristã é a Revelação de Deus realizada plenamente em Jesus Cristo na história humana. Essa revelação é atualizada através da Igreja no decurso dos séculos. Foi no decorrer da história que o *discurso teológico* passou ao *status* de *ciência* da fé. Uma vez assumido o caráter de ciência, a teologia ganhou organização e rigor, sistematicidade e método que lhe conferiram credibilidade teórica. Isso, contudo, não isentou o processo teológico de determinados

---

[2]   Cf. HAUGHT, J. F. *Deus após Darwin.* Uma teologia evolucionista. Rio de Janeiro, José Olympio, 2002, p. 41-104.

[3]   Cf. ibidem.

[4]   BALTHASAR, Urs Von. *Ensayos teologico.* , Barcelona, 1972, vol. I. LONERGAN, B.J.F. *Method in Theology.* Londres, Logman &Todd, 1975.

limites como: o dinamismo das categorias filosóficas e dos saberes com os quais a teologia deve dialogar.

Sendo palavra aos homens, a teologia não pode deixar de prescindir da experiência histórica para ser sempre contemporânea e capaz de falar à vida. Recentemente, em seu processo histórico, a partir do uso da racionalidade moderna, ela vem encontrando dificuldades na articulação do *auditus fidei* com as mais recentes descobertas do campo científico: falamos especificamente da *teoria da evolução*. Esquivando-se de sua tarefa dialética e epistemológica, o fazer teológico mantém sua teorização longe do novo paradigma. No atual processo histórico, parece-nos que a teologia acabou tomando formas de uma inteligência fechada, caracterizada pelo diálogo com modelos possivelmente desatualizados, isto é, que não podem cumprir a exigência de superação dos limites da racionalidade moderna. Assim, as doutrinas cristãs podem perder seu sentido original de transmissão da verdade e correm o risco de passar a fórmulas inúteis, anacrônicas e dispensáveis para o homem de hoje. Freando-se as funções de especulação e atualização do *intellectus fidei*, é consequente que as formulações dogmáticas se tornem um descompasso com a cultura contemporânea e percam a sua condição humanizadora. Assim, para um mundo mergulhado na crise de sentido, se a teologia deixar de ser sentido, o que se fará? Diante da crise das ciências, da crise das ideias, das políticas, das autoridades, da crise das existências, particularmente assistimos à crise da teologia, e com ela à crise da Igreja e à crise da fé. Segundo Teilhard de Chardin, a teologia deve enfrentar uma tarefa irrenunciável: abrir-se ao paradigma evolucionista, ultrapassando os limites metodológicos de um tempo arcaico. Certamente, a solução para a superação dos limites da teologia, hoje, passa pela coragem de *não renunciar ao diálogo com a teoria da evolução*.

2.2. O desenvolvimento e os limites históricos da teologia

O teólogo reformado W. Pannenberg nos adverte que a necessidade de uma episteme para a teologia não é nova.[5] O pensamento cristão e os esforços de construção de uma *doutrina cristã*, desde os seus primórdios, assistiram a uma constante busca de base epistemológica para tal empreitada. Essa busca culminou na quase identificação e na consequente vinculação da tradição cristã com as ideias da filosofia grega, mais precisamente o platonismo, como sendo a primeira base para o

---

[5] Cf. PANNENBERG, W. *Teoria de la ciencia y teología.* Madrid, Cristiandad, 1981.

fazer teológico. Buscando demonstrar a verdade universal da fé cristã, os doutores da Igreja acabaram por quase identificar o Deus cristão com o Deus dos filósofos e a unidade da criação-salvação com o dualismo de Platão.[6] Esta conexão de uma tradição religiosa nascente, que buscava definir sua inteligência para manifestar sua *ratio*, pelo contato com o pensamento geral da filosofia grega, acabou por marcar profundamente e gerar as características fundamentais daquilo que no cristianismo se desenvolveu como *theologia*. Isso foi *necessário* para tornar a mensagem de uma religião de bases judaicas e local em algo de proporções universais. Esse movimento começou no século II e foi desenvolvido principalmente por Santo Agostinho. Todavia, a *episteme agostiniana* seria duramente questionada pelas modificações intelectuais operadas a partir do século XII. Isso significou um novo problema para a doutrina cristã, que novamente se viu diante da necessidade de adaptação conceitual e epistemológica para dizer sua verdade. Seria, então, novamente necessário adequar-se às exigências categoriais de um novo mundo que surgia. O pensamento aristotélico, já bastante difundido no mundo islâmico, que permanecia *desconhecido* por séculos na Europa ocidental, agora irrompia com imensa força nas recém-criadas universidades europeias, obrigando a teologia a acompanhar seu movimento. Santo Tomás de Aquino, padre dominicano e mente brilhante do corpo docente da Universidade de Paris, é o principal empreendedor dessa tarefa.[7] O grande doutor da Igreja buscou fundar uma *teologia* que, em seu conjunto, fosse definida como *ciência*. Tal concepção necessariamente precisava romper com o antigo estatuto teológico de até então, apresentando-se como um novo tipo de conhecimento. O caminho exigido de Santo Tomás era construir uma nova *doctrina christiana* concebida sobre as novas bases epistemológicas de sua época, a filosofia aristotélica. A nova doutrina não poderia deixar de ser, por isso, uma ciência rigorosa e objetiva. Era necessária uma ruptura com o modelo vigente, que geraria grandes conflitos no seio da Igreja.[8]

A partir, então, do século XIII, Santo Tomás buscou apresentar a teologia como uma ciência especulativa e teórica.[9] "Tomás de Aquino

---

[6]   Conferir com o exposto por Alfonso García Rubio no primeiro capítulo dessa obra: a gritante denúncia da confusão entre *o anúncio da fé* e o *anúncio da cultura como a própria fé.*

[7]   CONGAR, Y.M.J. *La foi et la théologie*. Tournai, 1962, primeira parte.

[8]   CHENU, D. *La foi dans l'intelligence*. Paris, 1964, p. 115-138 e p. 269-282.

[9]   LANG, A. "Die theologische Prinzipienlehre der mittelalterlichen Scholastik". 1964. In: PANNENBERG, W., op. cit., p. 236.

buscou esclarecer com exatidão o problema do caráter científico da teologia, interpretando a teologia como ciência derivada e reclamando assim ao mesmo tempo para ela o título de ciência no sentido pleno da palavra."[10] O Doutor Angélico buscou oferecer alternativas para que os artigos da fé fossem evidenciados através de um modelo de ciência aristotélica.

Mais tarde, um grupo de teólogos buscou analisar o uso da racionalidade aristotélica na teologia com pretensões de defini-la como uma *ciência prática*. Guilherme de Auxerre, Alexandre de Hales e Buenaventura, no século XIII, buscaram pôr fim à dúvida sobre o conhecimento especulativo e fixar as bases para uma nova orientação da teologia. Tomando como base a perfeita conjugação dos elementos teoréticos e práticos na via teológica sapiencial, acabaram tomando como desafio construir uma *theologia practica*. Ricardo de Mediavilla foi o primeiro a defender o conceito de *teologia* como *ciência prática*, afirmando que a teologia trata não apenas do ponto de vista do conhecimento de Deus, mas principalmente do ponto de vista do seu amor. Duns Scotus seguiu sua intuição e resolveu justificar a interpretação da teologia como uma ciência prática. O franciscano, antitomista por ser agostiniano, buscou anular a resistência que Santo Tomás mostrara com referência ao conceito de ciência prática como algo inferior e propôs uma compreensão inversa. "Segundo ele, pelo contrário, o conhecimento como *cognitio practica* é superior a todo conhecimento meramente especulativo."[11] O conceito de teologia como ciência prática, defendido por Scotus, possibilitou o desenvolvimento da teologia de um modo sistemático e coerente sobre bases antropológicas. No entanto, essa via não chegou ao seu auge em Scotus, mas significou as bases do que podemos afirmar como *Teologia Moderna*. O desenvolvimento do conceito de *teologia como ciência prática* libertou a própria teologia do esquema teológico tomista especulativo e proporcionou também uma transformação radical na ideia aristotélica acerca do conhecimento prático.

Alguns fatores determinaram o novo *modo teológico*. Mostrando-se esgotada, a escolástica, após produzir grandes obras, não tinha nada substancialmente novo a dizer. Os autores que continuavam fiéis ao modo teológico escolástico nada mais tinham a fazer do que repetir Santo Tomás. O impacto da crítica de Scoto e Occam sobre as bases

---

[10]   Ibidem.
[11]   Ibidem.

epistemológicas aristotélicas tornou impossível um retorno às sínteses do passado. A inquietude renascentista do homem e o nascente espírito da objetividade científica exigiam um novo modo de fazer teologia, em consonância com o mundo de então. Na Modernidade propriamente dita, a teologia segue dois caminhos. O primeiro, conforme a via que acabamos de apresentar, é o da *Teologia Antimoderna*. Uma teologia que se torna fechada, e que só poderia se apresentar como uma estrutura contra o mundo. Esta é a primeira característica da *teologia na Modernidade*, representada pelo *conservadorismo* ou pela *ortodoxia*, seja ela de cunho católico ou protestante. Essa linha perdura até hoje no fundamentalismo cristão sem dialogar com a inteligência da Modernidade.

A segunda corrente é a *teologia liberal* que não consegue cumprir o ideal fundamental da fé. Ela aparece mais cedo no protestantismo e tardiamente no catolicismo. Essa teologia utilizou, de fato, o instrumental científico – não que isso signifique um problema, e sim a unilateralidade do método. Derivaram daí as obras teológicas modernas como *Educação da raça humana* de Lessing, uma aproximação das filosofias positivas e da revelação bíblica; a *Crítica da razão pura* de Kant, que seguiu esse modelo e é resultado de uma teologia fundada sobre uma razão puramente dedutiva. Esse processo culmina em Schleiermacher e na construção de uma teologia a partir do dado científico, uma *teologia positiva* que compreende o cristianismo como um ideal determinado, uma grandeza histórica determinada pelas leis do desenvolvimento histórico. Assim, o racionalismo moderno ditou os rumos da teologia na escola alemã de Ritschl e Troeltsch, na escola simbólico-fideísta na França, na escola católica de Tubinga, todas elas modelos consagrados pelo uso do método histórico experimental e indutivo em detrimento do antigo método escolástico racional e dedutivo que suplantou o método agostiniano.[12]

É dessa forma que chegamos aos séculos XIX e XX com um enorme problema que persiste ainda, a fé é fé no sentido da história. A fé se resumiu na crença de uma razão que se revela progressivamente na história e a conduz. O cristianismo é a força religiosa e moral que confirma essa convicção. A história não é um caos, mas segue um determinismo demonstrado pela teologia histórica e indutiva que é uma filosofia da história de tipo idealista (Hegel). Todavia, logo se mostrariam extremamente frágeis todas as teologias desse tipo, construídas sobre o idealismo filosófico que suplantou o modelo agostiniano.

---

[12] Cf. DUBARLE, D. *Approches d`une théologie de la science*. Paris, Du Cerf, 1967.

Não é difícil entender por que a teologia entra em crise no século XX. Tal idealismo pregado foi se desfazendo em consonância com as barbáries assistidas por todos, que culminaram, principalmente, com as duas grandes guerras mundiais, fazendo milhões de vítimas. O determinismo que contagiou a teologia cristã logo se mostraria um absurdo.

No campo protestante, e por que não dizer também católico, a teologia de Karl Barth, a princípio, buscou ser o antídoto contra essa crise que domina a teologia. Barth propôs repensar a teologia em sua episteme, em suas condições de exercício. Inaugurou-se uma tentativa de retornar a teologia aos fundamentos da Palavra, tendo a Revelação concebida como uma Palavra-Evento que não pode deixar de interpelar uma nova vida ao homem. Barth, anselmiano e agostiniano, propõe na verdade um retorno à concepção *fides quaerens intellectum*. É necessário que a teologia retorne à lógica da fé, desprendida dos entraves escolásticos, racionalistas ou cientificistas. A *razão teológica* deve voltar à *iluminação*. Ele acreditou que, uma vez liberta dos entraves estrangeiros que lhe dominavam, a teologia pudesse se descobrir ela mesma espiritual e retornar às suas tradições bíblica e patrística. Mas como abdicar do *intellectus fidei* e não sacrificar o próprio discurso da fé?

2.3. A teologia e o seu que fazer hoje

Libertar-se das influências do racionalismo e do fundamentalismo ortodoxos, coisa aparentemente simples para a teologia, mostrou-se um desafio quase insuperável. Tais condicionantes são tão fortes que a própria Teologia da Revelação de Karl Barth e também a maioria das teologias do século XX acabaram recaindo num tipo frágil de racionalismo teológico, ou seja, se tornaram, por vezes, mais tributárias ainda de uma mentalidade tradicional que utiliza conceitos e categorias dualistas. As muitas teologias do século XX, esforços legítimos de comunicação teológica, quando não caem no anacronismo teológico, exprimindo-se por categorias culturais incapazes de interpelar o homem de hoje, muitas vezes não conseguem se desamarrar das lógicas do racionalismo ocidental. Por isso também se revelam, muitas vezes, incapazes de sentido para o mundo atual.

O caminho de uma nova episteme, de uma nova razão para a teologia, ainda está por se definir. A descoberta da evolução obriga-nos a refletir e corrigir as convicções mais fundamentais acerca da vida e do mundo. No século XX, recebemos a contribuição do francês Pierre

Teilhard de Chardin e sua visão evolutiva integradora e mística, que abre para nós novas possibilidades de avanço para o discurso da fé e da ciência. A busca por uma nova razão, que não seja redutora ou fundamentalista, é urgente para o *fazer teológico e científico*. Essa razão que vem reintegrar o mundo, a espiritualidade, não poderia reintegrar a teologia e a ciência num todo? Qual o tamanho da contribuição que as intuições profundas do pensamento de Teilhard de Chardin podem oferecer à teologia e à ciência na atualidade? Antes de ver quais são essas contribuições, é necessário entender o processo histórico do fazer científico, seus limites e sua crise.

3. Os caminhos, os limites e a crise da ciência

Não é necessário expor demasiadamente os fundamentos da crise da ciência moderna, que na verdade é a crise ou a agonia do mundo moderno com o paradoxo do seu progresso econômico de um lado e da miséria moral, social, mental e ecológica de outro.

Essa agonia, como já vimos, é, em grande aparte, resultado da Modernidade, que se construiu e se desenvolveu sob a *crença no determinismo materialista*, que passaria a controlar a história. Para alcançar seu fim – tal razão, que não está em busca da essência da realidade, mas de sua *lógica* –, vem trabalhando de forma mecânica e solitária, não dialogando com nenhum outro saber, culminando na forma do *absolutismo científico*.[13] Quais os resultados dessa postura?

Essa nova forma de absolutismo, tomando o lugar das instituições de sentido que até então estruturavam o mundo, gerou aquilo que Freud nomeou de *mal-estar na civilização*. As sociedades tradicionais, que recebiam sentido das religiões e dos mitos, deram lugar às sociedades pluralistas, e isso é bom, se não fosse o seu profundo desregramento. O novo modelo, que "desconstruiu os mitos" e destituiu as tradições religiosas de seu lugar, rebaixando-as à categoria da ignorância,[14] é o modelo que consolida o homem como centro autônomo da vida. Já afirmamos que esse antropocentrismo promoveu a perda da visão integral da vida,

---

[13] Cf. JAPIASSÚ, H. *A crise da razão e do saber objetivo.* As ondas do irracional. São Paulo, Letras & Letras, 1996.

[14] Cf. PINEAU, G., "O sentido dos Sentidos". In: VVAA. *Educação e transdisciplinaridade.* CETRANS-USP. São Paulo, Edições UNESCO, 1999.

exacerbou o dualismo homem-mundo, fé-ciência.[15] Tornou-se supremo como racionalismo simplificador e "reduziu" o mistério do mundo e seu sentido a leis precisas que devem ser decifradas pela matemática. Essas categorias racionais determinísticas que tornaram a ciência, agora, a nova rainha do sentido, não tardariam em desfigurar a natureza e desumanizar o homem, pois a verdade *produzida* pela ciência não é a totalidade da verdade humana nem a verdade da vida. Assim, esse modelo acabou por desqualificar todos os outros tipos de conhecimento. As demais formas de saber foram consideradas obscuras, principalmente a fé. Entender esse caráter absolutista da ciência moderna e sua crença num determinismo histórico ajuda-nos a entender esta era marcada pela *ausência do sentido* – a atualíssima tese de Heidegger –, o *sem-sentido* que domina para além da própria técnica, que domina todo o mundo.[16]

Em síntese, o abuso do moderno, de uma ciência técnica sem inteligência sistêmica, gera a massificação tecnológica com resultados negativos, que não são poucos. A técnica promoveu a multiplicação das fábricas, consequentemente se multiplicou a riqueza e o poder das nações, mas o desenvolvimento da indústria e das riquezas não são consonantes com o progresso humano. A verdade econômica difere radicalmente da verdade humana. A verdade econômica desenha-se como uma verdade contra o homem, sendo a *comunidade econômico-mundial* um fenômeno em si mesmo, desligado do todo. A devastação da indústria predatória alimentada pela lógica da economia da nova ordem tomou proporções descomedidas. A predação técnico-industrial da sociedade moderna é multiforme e imprevisível. O mundo moderno que se desenvolveu sob o impulso da técnica, com um corpo material, sente a ausência de um *suplemento de alma*. Desencantar o homem do econômico e reencantá-lo para as coisas do espírito foi a grande tarefa do francês Pierre Teilhard de Chardin, que estava profundamente consciente não apenas dos limites da teologia, mas também dos enormes limites do novo método científico.

Teilhard sabia que a ciência que nos conduziu ao espetáculo da descoberta do universo, responsável pelo fabuloso progresso de nossos conhecimentos, era a mesma ciência que produziria a ameaça de aniquilamento da humanidade.[17] Teilhard sabia que a mesma ciência que liberta pode também subjugar, e por isso fazia-se necessária a superação de uma visão unilateral e ingênua de ciência. Teilhard de Chardin sabia

---

[15]   Cf. MARITAIN, Jacques. *Por um humanismo integral*. São Paulo, Paulus, 1999.
[16]   Cf. HEIDEGGER, M. *Ensaios e conferências*. Petrópolis, Vozes, 2002.
[17]   Cf. MORIN, E. *Ciência com consciência*. Rio de Janeiro, Bertrand Brasil, 2002, p. 15ss.

que o caráter absolutista da ciência estava se justificando em si mesmo, uma vez que esta acreditava não precisar ser elucidada no diálogo. Ao mesmo tempo crente da ciência, percebia a grande dificuldade que ela tinha de pensar a si mesma criticamente. Sabia que, evocando de si mesma a imunidade ao olhar científico, a ciência declarava a si mesma como esse olhar. Certamente, por isso, precisou-lhe um novo caráter: sagrado, divino, espiritual. Em Teilhard de Chardin, a verdadeira ciência é divina, sagrada e espiritual.

4. Teilhard de Chardin e o pensamento integrador místico-evolutivo

Já é conhecido o trabalho e a intenção de alguns pensadores do século XX na conciliação das ideias entre ciência-evolutiva e verdades da fé, na busca de um novo caminho de integração da realidade.[18] O nome do teólogo e paleontólogo francês, Teilhard de Chardin, ocupa grande destaque nessa lista.

Teilhard de Chardin experimentou, em sua própria carne, o furor do dualismo do pensamento científico materialista e do religioso espiritualista e fundamentalista: ambos incorretos. Ele estava plenamente consciente dos limites de ambos os sistemas, como estavam presos a paradigmas mutiladores. Uma das maiores contribuições desse cientista crente foi lutar por manter reunidas essas dimensões naturalmente inseparáveis, mas separadas por métodos racionalistas. A fidelidade de Chardin às suas intuições lhe deu a graça de repensar o materialismo científico e a religião fundamentalista com uma nova visão integradora. Teilhard respondeu às pretensões de um modelo racionalista estéril, crente de um universo que é inicial, essencial e finalmente destituído de inteligência. Respondeu, também, a uma forma de religião que, para salvaguardar sua história e crença, fechou-se e se manteve sempre distante das descobertas científicas mais relevantes. Teilhard queria salvar-nos de uma ciência insana e arrogante e de uma fé ingênua e preconceituosa. No que cabe ao conhecimento, especialmente, "livrou-nos" da supremacia de um materialismo científico que insistia (e ainda insiste) em revelar a estrutura da vida pela análise isolada de partes da matéria. Livrou-nos da cegueira de uma ciência cega e de uma visão materialista e científica

---

[18] Sobre isso ver: RAHNER, K. *Encyclopedia of theology: a concise Sacramentum mundi*. Germany, Herder, 1975, p. 475-487. Ver também: http://www.innerexplorations.com/chtheomortext/human.ht.

míope, incapaz de ver a profundidade da natureza e o dinamismo divino nela contido. O apontar para as lacunas de uma ciência que pouco explica e que se mantém intolerante como uma religião fundamentalista é uma das grandes contribuições de Chardin.

Teilhard de Chardin revelou que a ciência precisa avançar para uma exposição científica mais profunda e completa sobre a verdade de uma natureza engendrada pela presença de uma *consciência maior*, uma *presença espiritual*. Precisa ir além das explicações do processo externo da complexidade da própria natureza, que não está dissociada de uma complexidade interior que desabrochou como pensamento e cultura. Contudo, antes da concepção integradora de Teilhard, convém apresentar, em breves palavras, a sua história.

4.1. Quem foi Teilhard de Chardin[19]

Pierre Marie Joseph Teilhard de Chardin, filho de família nobre de fazendeiros do sul da França, nasceu em Sarcenat, em 1º de maio de 1881. Licenciou-se em Filosofia em 1897 e em Matemática em 1898. Aos dezoito anos, em 1899, entrou no noviciado da Companhia de Jesus, em Aix-en-Provence. Formou-se em Letras em 1902. Entre 1905 e 1908, foi professor de física e química no colégio jesuíta da Sagrada Família do Cairo, no Egito. Foi ordenado sacerdote em 14 de agosto de 1911. Entre 1912 e 1914, cursou paleontologia no Museu de História Natural de Paris. Graduou-se também em Teologia em 1914, em Geologia em 1919 e em Zoologia em 1920. No mesmo ano, tornou-se professor de geologia no Instituto Católico de Paris, já apresentando ideias evolucionistas e realizando sínteses entre ciência e fé. Doutorou-se em Ciências no ano de 1922, na Sorbonne. Na Primeira Guerra Mundial, serviu no destacamento da saúde, quando a vida militar contribuiu consideravelmente em sua maturação intelectual e espiritual. Também em 1922, escreveu *Nota sobre algumas representações históricas possíveis do pecado original*, que gerou um dossiê pela Santa Sé acusando-o de negar o dogma do pecado original. Foi persuadido a assinar um texto que exprimia esse dogma do ponto de vista ortodoxo e foi obrigado a abandonar a cátedra em Paris e embarcar para Tianjin, na China. Esse fato marcou uma

---

[19] Cf. SPEAIGHT, R. *La vie de Pierre Teilhard de Chardin*. Paris, Du Seuil, 1970. MADAULE, J. *Initiation a Teilhard de Chardin*. Paris, Du Cerf, 1963. LUBAC, H. de. *La pensee religieuse du Pere Pierre Teilhard de Chardin*. Paris, Aubier, 1962. CUÉNOT, C. *Pierre Teilhard de Chardin.* Las grandes etapas de su evolución. Madrid, Taurus, 1967.

nova etapa em sua vida: o silêncio sobre temas eclesiais e teológicos que perduraria até seu último dia.

Embora proibido de escrever sobre temas teológicos, seus superiores imediatos estimularam suas pesquisas e escritos científicos, desde que sua ortodoxia fosse assegurada por uma séria revisão. Em 1923, foi-lhe permitido trabalhar em missão científica na China, onde obteve resultados excelentes nas escavações arqueológicas, descobrindo os famosos fósseis *Homo Erectus Pekinensis* em Ciu-Ku Tien, perto de Pequim. Em 1924, de volta à Europa, fez muitas conferências sobre sua visão cósmica a partir da evolução. Em 1926, as relações entre Teilhard e seus superiores se tornaram delicadas por sua defesa, envolvendo evolução e fé. Foi censurado por toda atividade intelectual que não fosse exclusivamente científica e suas publicações deveriam ser cuidadosamente revisadas. Em 1927, Teilhard tornou-se o representante da ciência francesa na China. Em 1929, participou da descoberta e estudo do *sinantropo* – o homem de Pequim. Também realizou pesquisas em diversos lugares do continente asiático, como o Turquestão, a Índia e a Birmânia. Durante a Segunda Guerra Mundial, produziu *O fenômeno humano*. Em 1946, foi novamente proibido de divulgar seus escritos filosóficos e teológicos. No campo científico, no entanto, ganhava reconhecimento, sendo inscrito como membro da Academia das Ciências do Instituto de França em 1950. Em 1951, transferiu-se para os Estados Unidos, onde viveu os últimos anos da sua existência dedicados a pesquisas científicas, falecendo aos setenta e quatro anos, em Nova Iorque, aos 10 de abril de 1955, no dia da ressurreição do Senhor.

4.2. Um cientista crente e a denúncia ao misticismo científico[20]

Teilhard de Chardin foi reconhecidamente, em sua época, um cientista brilhante. Sua geologia, no continente asiático, ocupou destaque, tendo alcançado descobertas importantes no campo científico. No entanto, após a sua morte e com a publicidade de seu pensamento místico, Teilhard não deixou de ser rechaçado por seus amigos de ciência. Em *O fenômemo humano*, sua grande obra, expõe claramente sua crítica a um modelo de ciência materialista e vazia de elementos espirituais. A crítica dos cientistas a Chardin se deve muito mais pela ruptura de

---

[20] Ver: VAZ, H. C. de Lima. *Universo científico e visão cristã em Teilhard de Chardin*. Petrópolis, Vozes, 1967; CORVEZ, M. *De la science a la foi:* Teilhard de Chardin. Tours, Mame,1964.

Teilhard com linhas ateístas que dominavam o conhecimento científico. Para ele, a evolução do universo é, certamente, mais bem entendida em chave metafísica do que materialista, isso porque o seu segredo está no futuro, e não no passado. O materialismo torna a evolução ininteligível, porque o passado simples é pobre e insuficiente para dar conta do mistério da vida. A realidade última revela-se no presente como futuro sempre em renovação. Assim, a crítica recebida por cientistas nada tem a ver com a produção científica teilhardiana, mas com sua visão de uma ciência sagrada, com sua tese de que a evolução está direcionada para um ponto maior. Teilhard difere radicalmente do *acaso* de Jacques Monod, que o acusa de ser um cientista místico ou de uma *mistificação científica*. Mas não apenas Monod, muitos outros como Stephen Jay Gould, Daniel Dennett e G. G. Simpson criticaram a crença de Teilhard e denunciaram-na de um ingênuo propósito. O famoso epistemologista e cientista, Ian Barbour, é, contudo, defensor da teologia da natureza teilhardiana. Vê em suas intuições a coerência pela denúncia dos limites da razão científica que, pelo seu zelo epistemológico, peca em impor uma "doutrina" sem bases científicas.[21] Segundo Teilhard, a ciência está de posse de elementos insuficientes para dar conta de explicar todo o fenômeno da evolução, redundando em misticismo científico e não objetividade neutra. Como entender isso?

Para Teilhard, a evolução obedece a um eixo de *complexidade--consciência*, que rege o ritmo do desenvolvimento da vida desde o microcosmos até o macrocosmos.[22] Cada progresso em um nível celular é correspondido num mesmo progresso estelar, ao nível da constituição planetária. Na obra *O fenômeno humano* isso está bem detalhado. O processamento, por etapas, da evolução organiza-se em leques que, por sua vez, produzem novos *galhos* para a árvore da vida. Cada leque é o resultado que forma um novo nó, criando, em sua potencialidade, a vida. Interiorizada nesse mesmo nó, um novo galho é organizado sob a forma de um novo leque o qual se expande lateralmente, em um movimento ascendente, até a máxima especialização de cada ramo e, quando alcança essa especialização última, tende, como todos os outros leques, a se inclinar sobre si mesmo, em um movimento em torno do eixo central, seguindo a direção geral de *um mundo que se inclina sobre si mesmo*.

---

[21] Cf. BARRAL, L. *Fundamentos científicos de Teilhard de Chardin*. Lisboa, Morais, 1965.

[22] Cf. TEILHARD DE CHARDIN, P. *Le phenomene humain*. Paris, Du Seuil, 1955.

A noosfera, com a evolução da vida e do homem, desenvolve-se em harmonia com o pensamento humano, seguindo a evolução do cérebro humano. O pensamento humano, cada vez mais especializado, desenvolve-se em consonância com a noosfera. Esse é o cerne do pensamento de Teilhard em relação a uma evolução que possui consciência, desde a geosfera, a biosfera, à noosfera – a rede de pessoas, sociedades, culturas e tecnologias coligadas pelo espírito (Teilhard, inclusive, não chegou a testemunhar o advento do espaço cibernético, a internet, o que confirmaria mais ainda o potencial da *noosfera*). Teilhard alegava que os cientistas estavam fechados para a verdade de que a noosfera é, até a presente realidade, o maior desenvolvimento da evolução. É nesse sentido que, para Teilhard, a ciência, e não apenas a teologia, é dualista, pois separa o pensamento da evolução e não o vê como parte constituinte desse grande movimento. A visão teilhardiana, ao contrário, não separa, mas busca unir o que naturalmente está unido: mente e natureza são uma só realidade, inseparáveis. É nesse sentido que o pensamento de Teilhard é uma dura crítica ao materialismo científico e à ideia proposta pela suposta objetividade científica de que o universo não possui sentido. Não existe o reino da matéria desprovido de inteligência, uma vez que a evolução é produto de uma mente inteligente. A afirmação de que o reino da matéria é desprovido de inteligência é um absurdo, segundo Teilhard, uma vez que toda matéria está impregnada de inteligência desde o início da evolução – caso contrário, não poderia ter havido desenvolvimento.[23]

Tal afirmação é recebida com fúria por parte da comunidade científica ateia, porque essa linha de pensamento resgata a possibilidade teológica de uma grande Inteligência agindo misteriosamente por detrás de toda a evolução. A matéria é viva e habitada-conformada com a realidade de uma presença sagrada imanente que não está sujeita aos instrumentos da análise "objetiva" da ciência. É a Inteligência e sua realidade misteriosa que dá qualidade à matéria, que dá consistência à matéria e ao cosmos. Teologicamente, Deus criador é o ponto alfa e ômega, início e fim da vida, deflagrando a existência, levando-a ao seu ápice através de um processo evolutivo inteligente em cooperação direta com a subjetividade da existência.

Isso, pois, expõe as fraquezas de uma ciência que se arvora suprema, mas que se fechou para a óbvia realidade da *consciência*. A postura

---

[23] Cf. Ibidem.

dogmática de uma ciência que prega, a todo tempo, que o universo é essencialmente inconsciente, esbarra gritantemente na verdade de um universo que é consciente. Como negar isso? Como afirmar a inconsciência de uma natureza que é consciente? Para Teilhard a questão é bem diferente: o humano e a vida estão em plena continuidade com uma natureza que se faz continuamente e que é plenamente dinamizada pela ação do Espírito Divino.

4.3. Um crente cientista que denuncia o fixismo religioso

O pensamento de Teilhard de Chardin não questiona apenas a ciência, mas é uma crítica duríssima ao fundamentalismo religioso, ao fixismo teológico e à visão dualista da fé. Segundo Chardin, a teologia não pode mais conceber a vida em duas realidades separadas: matéria e espírito, sagrado e profano. A ciência nos ajudou a compreender que o processo gradual e contínuo de uma evolução inteligente – e não mais devido ao mero acaso –, que chega à realidade de uma consciência vital, é, desde sempre e continuamente, dinamizada pela Inteligência e pelo Espírito Divino, já atuando nos primórdios dessa mesma evolução.

> O universo é fundamental e primariamente vivo, e em toda a sua história não é senão, em última instância, um imenso exercício psíquico. Desse ponto de vista, o homem não é senão o ponto de emergência na natureza, no qual essa profunda evolução cósmica culmina e se declara. Daí em diante, o homem cessa de ser fagulha que caiu na Terra por acaso, oriunda de algum outro lugar. Ele é a centelha de uma fermentação geral do universo que irrompe bruscamente na Terra.[24]

Em síntese, o universo jamais foi destituído de mente, de inteligência ou de espírito, isso porque, naturalmente, a tendência à existência da inteligência sempre esteve escrita na natureza, desde as etapas mais elementares do universo. Isso é tão claro para o *crente cientista*, que se tornou uma crítica poderosa à teologia fundamentalista e à religião que a mantém. A sabedoria, responsável por atualizar a Revelação, não pode fazê-lo com propriedade uma vez que se mantém fechada aos horizontes das novas e relevantes descobertas da ciência. Essa realidade é um preço muito alto a ser pago pela teologia que, negando-se a interagir com a cultura, deixa de dizer, com atualização própria, o Evangelho.

---

[24] Cf. TEILHARD DE CHARDIN, P. *L'activation de l'énergie*. Paris, Du Seuil, 1963, p. 25.

4.3.1. O distanciamento da Igreja do pensamento de Teilhard[25]

A defesa dessa visão místico-evolutiva, com toda a sua genialidade e evidências, não poupou Teilhard de Chardin da crítica de meios eclesiásticos fechados a todo possível questionamento da interpretação fixista da Bíblia e do dogma. Não é difícil entender isso. Em 1936, quando da formação da Pontifícia Academia de Ciências, o nome de Teilhard de Chardin vigorava como uma grande possibilidade. Tempos depois, seu nome foi acompanhado de um "não" gravemente destacado para significar séria advertência e rejeição. Teilhard não fez parte da Pontifícia Academia, uma vez que não se admitia debates acerca do evolucionismo nos átrios do Vaticano. O medo de que a presença de Chardin na Academia significasse a entrada das ideias evolucionistas na Igreja foi suficiente não apenas para que as portas da Academia se mantivessem fechadas para ele, mas também as portas da Igreja.

A negativa para a entrada de Teilhard na Pontifícia Academia estava construída desde 1922, quando escrevera a *Nota sobre algumas representações históricas possíveis do pecado original*, negando uma leitura literalista do Gênesis e questionando a forma como era apresentado o dogma do pecado original – isso no mesmo ano da defesa de sua tese de doutorado. Anteriormente, em 1916, recebeu uma recusa de publicação de um artigo seu na revista *Études*, em nome da prudência. Desde 1920, ensinava geologia no Instituto Católico de Paris e conscientizava-se das dificuldades na aproximação entre a fé e a evolução. Não tardaria a receber censuras do Santo Ofício, o que acabou gerando a sua transferência de Paris para a China, em 1926, sendo obrigado a assinar um documento de retratação em que aceitava o dogma do pecado original em termos ortodoxos e era demitido do Instituto de Paris.

Os últimos vinte e nove anos de Teilhard foram os mais difíceis, vividos em constante conflito, de 1926 a 1955. São anos marcados pela imposição de silêncio. Entre novembro de 1926 e março de 1927, estimulado pelo editor da coleção de espiritualidade *Museum Lessianum*, escreveu *O meio divino*, a partir de suas notas de retiro. Apesar de ter sido recebida com grande entusiasmo por seus superiores diretos e considerada aceitável por dois censores romanos, ao ser submetida ao *Imprimatur*, o cônego encarregado encaminhou a obra para análise de

---

[25] Cf. ARNOULD, J. *Darwin, Teilhard de Chardin e Cia*. A Igreja e a evolução. São Paulo, Paulus, 1999, p. 11-170; SMULDERS, P. F. *A visão de Teilhard de Chardin*: ensaio de reflexão teológica. Petrópolis, Vozes, 1965.

teólogos romanos, que a consideraram suspeita pela originalidade. Assim, durante anos fica proibida a sua publicação. Apesar disso, cópias inéditas da obra passaram a circular, datilografadas e copiadas – tendo sido impressa somente em 1957 pela Seuil, após a morte de Teilhard. Exatamente entre 1927 e 1928 as coisas ficaram muito difíceis para ele. Exilado na China, anteriormente, tinha agora como alternativa ser um religioso obediente ou um cristão excomungado. Deveria interromper totalmente a circulação de textos não autorizados oficialmente, bem como suspender suas conferências em vários lugares no mundo. Quando em Pequim, escrevera sua obra prima *O fenômeno humano*. Encaminhou-a a Roma em 1940, com a promessa de exame por teólogos competentes. Muitas revisões foram enviadas, sem a devida permissão, para impressão. Em 1946 Teilhard retornou a Paris. Muitos de seus textos mimeografados circulavam na cidade e suas conferências eram disputadas, quando convidado a lecionar no Collège de France. Diante de amplo descontentamento do clero, e por solicitação de seus superiores na Companhia, foi a Roma tentando amenizar o risco de graves sanções contra si e o perigo de condenação pública. No entanto, não conseguiu parecer favorável, sendo vetada qualquer oportunidade no magistério e ainda a censura de *O fenômeno humano*. Ainda em 1948, como se não bastassem todos os tipos de vetos e sansões às suas obras, perdeu a esperança de qualquer conciliação entre seu pensamento e a postura teológica que dominava setores da Igreja.

Entre 1949 e 1950 lecionou na Sorbonne. Em 1950 foi eleito membro da Academia de Ciências do Instituto de Paris, mesmo ano em que viu ser promulgada, pelo Papa Pio XII, a encíclica *Humani generis*, recebida por Teilhard como uma resposta negativa ao seu pensamento, uma vez que não contemplava sua visão místico-evolutiva, mas chocava-se com as bases de sua obra.[26] Em 1951, mudou-se para Nova Iorque, a convite da Fundação Wenner-Gren, que patrocinou duas expedições científicas na África, sob sua coordenação, para pesquisar sobre as origens do homem. Como dissemos, morreu na Páscoa de 1955.

No campo científico, Teilhard deixou uma obra vasta: mais de quatrocentos trabalhos em cerca de vinte revistas científicas.[27] No campo filosófico, seu pensamento foi editado por um comitê internacional somente porque deixou o direito de suas obras para um amigo e não

---

[26]   Cf. ARNOULD, J., op. cit., p. 72-92 e 127-171.
[27]   BARRAL, L. *Fundamentos científicos de Teilhard de Chardin*. Lisboa, Morais 1965; KOPP, J. V. *Teilhard de Chardin:* a new synthesis of evolution. Glen Rock, Paulist Press, 1967.

para a sua ordem religiosa. No mesmo ano de sua morte, as *Éditions du Seuil* lançaram o primeiro volume das *Ouevres de Teilhard de Chardin*. Foi solicitado ao Arcebispo de Paris que detivesse a publicação de suas obras. Em 1957, um decreto expedido ordenava a retirada de suas obras dos seminários e institutos religiosos e também que não fossem traduzidas, publicadas nem vendidas em livrarias católicas. Cinco anos depois, foi publicada advertência aos padres e superiores de institutos religiosos, seminários e reitores de universidades para que "protegessem os espíritos, principalmente o dos jovens, contra os perigos da obra de Teilhard de Chardin e de seus discípulos". Segundo essa advertência, "sem fazer nenhum juízo sobre o que se refere às ciências positivas, é bem manifesto que, no plano filosófico e teológico, estas obras regurgitam de ambiguidades tais e até de erros graves que ofendem a doutrina católica".[28]

Setores da Igreja, depositária da Revelação, sempre temeram que a evolução e, consequentemente, o pensamento de Teilhard de Chardin pudessem destruir o rebanho eclesial e aquilo que entendiam como fé verdadeira. Após sua morte, suas ideias permaneceram, durante muito tempo, em debate. Centenas de obras discutiram sua visão evolucionista da vida. Mesmo nos dias de hoje, em pleno século XXI, sua obra é lida e ainda, apesar da carência de atualizações, coopera com muitos estudiosos. É fato a importância e a contribuição de Teilhard no campo científico. No campo teológico, em grande parte, suas intuições profundas ainda são um tabu e um desafio. É preciso entender os fatores conscientes e inconscientes por detrás dessa rejeição eclesial ao paradigma evolucionista e à obra do pensador jesuíta.

4.3.2 O pensamento de Teilhard e suas implicações na teologia e na Igreja[29]

Teilhard era um profundo apaixonado pelo mundo natural. Estava convencido de que o fundamento do universo estava no futuro e não no passado. Esse "detalhe", aparentemente inofensivo, representou a grande diferença em relação ao que existia e significaria sérias implicações para a teologia. O sentido buscado para o cosmos, teológica ou cientificamente, na perspectiva de Teilhard, só pode ser encontrado

---

[28] http://pt.wikipedia.org/wiki/Teilhard_de_Chardin

[29] Cf. HAUGHT, J. F. *Cristianismo e evolucionismo em 101 perguntas e respostas*. Lisboa, Gradiva, 2009, p. 223-238; Idem. *Cristianismo e ciência. Para uma teologia da natureza.* São Paulo, Paulinas, 2010.

no futuro, e não no passado. Foi exatamente essa visão evolutiva que buscou partilhar com todos.

Seu pensamento tornou-se referência obrigatória para qualquer discussão envolvendo fé e evolução. Isso mostra a atualidade de sua obra. Possivelmente, a Igreja ainda não possui um pensador da envergadura do jesuíta francês, com tamanha capacidade multidisciplinar, quando se trata de transitar com conhecimento de causa entre áreas tão diferentes e ainda construir sínteses tão surpreendentes. Apesar da necessidade de atualização, sua obra é, ainda, bastante importante. Talvez não exista, na atualidade, nada tão profundo quanto as suas ideias envolvendo fé e evolução e a tarefa de reinterpretação dos dogmas. Mesmo hoje, em pleno século XXI, a temática da evolução suscita desconforto e temor em grande parte de cristãos e mesmo de teólogos profissionais. Estamos muito longe de uma abertura significativa às contribuições da evolução, mesmo que Teilhard tenha abordado o tema com grande clareza e insistido no diálogo há mais de meio século. Como já levantamos, quais são as questões subliminares que emperram o diálogo e a abertura nessa nova direção?

Não é difícil entender. As bases epistemológicas teilhardianas são claramente contrárias aos paradigmas usados para o pensar teológico. Abrir-se ao diálogo significa uma enorme revisão da expressão dos dogmas mais tradicionais e das verdades mais perenes. É bom que se esclareça que Teilhard não questiona as doutrinas fundamentais do cristianismo, mas quer iluminá-las à luz da evolução para que possam falar ao homem de hoje. As antigas concepções são todas mantidas por categorias dualistas, tomadas do ferramental filosófico antigo ou do paradigma racionalista moderno – como vimos detalhadamente em páginas anteriores. Teilhard de Chardin propõe novas bases, iluminadas por uma ciência da natureza radicalmente distinta daquelas que moldaram o cristianismo antigo, medieval, moderno e mesmo o contemporâneo – isso porque ultrapassa uma visão científica objetivista e meramente instrumental.

A obra de Chardin mostra como é necessário que a doutrina cristã seja revista à luz da evolução. Não fazê-lo é vetar o acesso das *gentes de bem* àquilo que é essencial para a construção de uma fé adulta e conectada com o mundo atual e com as demandas da vida: a própria função da teologia. A visão místico-evolutiva convenceu Teilhard da necessidade irremediável da reinterpretação e da atualização das doutrinas cristãs acerca de Deus, da vida, de Cristo, do Espírito, da redenção, da encarnação, da escatologia etc. Pensou assim porque estava convencido de que a evolução era o paradigma mais próprio para fazer emergir o significado de cada uma dessas verdades teológicas, não destruindo ou contradizendo a fé, mas dando visibilidade a ela. Isso é tão verdadeiro, uma vez que as bases correntes, pessimistas, como o existencialismo e a dialética marxista já mostravam grandes sinais de cansaço. O pensamento teilhardiano, otimista e leve, traz novamente à mente humana aquela esperança bíblica necessária para a vivência de uma fé humanizadora, superando uma visão fixista da vida e uma tendência de salvação religiosa escapista e ultraterrena. Teilhard visualizou na evolução a oportunidade de unir os separados e de construir o sentido escatológico da esperança bíblica.

8. A integração de todas as realidades no Cristo cósmico[30]

> Tenho sido repreendido por ser inovador. Na verdade, quanto mais penso nos magníficos atributos cósmicos prodigalizados por São Paulo acerca do Cristo ressurreto; quanto mais considero o significado magistral das virtudes cristãs, mais claramente me dou conta de que o cristianismo só recobra seu pleno valor quando se estende [...] às suas dimensões cósmicas.[31]

Durante sua vida, Teilhard foi se dando conta da contínua e crescente crise de credibilidade entre o cristianismo tradicional e o mundo moderno e sua ciência: "devemos, com tudo o que de humano existe em nós, repensar nossa religião [...] O cristianismo, por fim, deve aceitar incondicionalmente as novas dimensões (espacial, temporal e psicológica) do mundo que nos cerca".[32] Teilhard previa os limites e, consequentemente, a crise pelo ciclo final de um modelo de cristianismo em choque com a cultura atual. Visualizava a iminência de uma nova era cristã, capaz de expressar com maior clareza a sua verdade, com o auxílio de novos referenciais. Teilhard estava plenamente consciente da transição que experimentava o cristianismo e sabia que somente uma visão integradora das dimensões da vida poderia responder aos desafios

---

[30]   Cf. KING, U. *Cristo em todas as coisas:* a espiritualidade na visão de Teilhard de Chardin. São Paulo, Paulinas, 2002, p. 13-37; 99-128; BOFF, L. *Evangelho do Cristo Cósmico.* A busca da unidade do todo na ciência e na religião. Rio de Janeiro/São Paulo, Record, 2008, p. 30-104; SZEKERES, A. *Le Christ cosmique de Teilhard de Chardin.* Paris, Seuil, 1969.

[31]   Cf. TEILHARD DE CHARDIN, P. *Sciencie et Christ.* Paris, Du Seuil, 1965, p. 20.

[32]   Cf. Ibidem, p. 49.

que essa transição comportava. Para isso, era necessário redescobrir o Cristo cósmico da própria tradição cristã e amplificá-lo à luz do paradigma evolutivo.

Para Teilhard de Chardin, a cristologia tradicional não era capaz de explicar a realidade do cosmo como uma complexidade-consciência. Por isso buscou aproximar fé e evolução pela integração do Cristo e do cosmo em evolução. Com base no *Cristo cósmico* de Paulo e dos padres gregos, a cristologia de Teilhard não se desviou da ortodoxia da fé no Jesus histórico, morto e ressuscitado, revelado Cristo-Senhor, mas deu visibilidade à realidade do Ressuscitado para dentro do novo universo que a teoria da evolução desvenda ao mundo atual. É na perspectiva evolucionista que são revelados os plenos atributos de Cristo.

Para Chardin, em seu crescimento pleno o Cristo cósmico-místico articulará tudo o que ainda está separado: ele é a possibilidade de integração de todas as coisas. Não há separação entre Cristo e o universo, como não há separação entre ciência e fé. Cristo é o redentor do cosmo – e não apenas da humanidade. O processo evolutivo é tanto cósmico como crístico, no sentido de que a criação, desde o princípio, desenvolve-se na direção de seu perfeito cumprimento, o *Cristo-Ômega*. A criação-salvação é um processo contínuo que culminará na "pleromização", na plenitude, em que tudo será integrado, num processo cósmico que se desenrola em direção ao Pai, através do Filho, no Espírito. Essa pleromização é realidade trinitária, iniciada na cosmogênese e finalizada na cristogênese.

É importante diferenciar a concepção de Teilhard de tendências gnósticas que enaltecem o *Cristo cósmico* pela substituição do Jesus da história. Tais tendências não ampliam a ação do Cristo no mundo – como pretende Teilhard –, mas diluem-na, reduzindo a encarnação redentora a experiências de cunho pessoal e interior. Para ele, a Revelação cristã dá importância à matéria, ao corpo e ao universo, sem cair num panteísmo ou em neo-gnosticismos. Em Teilhard, apesar de todas as coisas estarem em Cristo e Cristo em todas as coisas, o Cristo não é o cosmo. É por sua humanidade que Deus se faz presente no cosmo. Teilhard rompe com uma postura dualista por meio da qual o mundo em que o homem vive o separa de Deus. Essa visão dualista tem marcado o cristianismo, ao contrário do que deve ser.

Para Teilhard, o cristianismo é, por excelência, a religião da evolução, e seu Deus é, consequentemente, o "Deus de evolução". No entanto, infelizmente, hoje a religião cristã permanece ligada a grupos de pessoas que se mantêm fechadas. Segundo Teilhard, o cristianismo precisa de um Deus de evolução, um Deus em consonância com a complexidade da vida. Daí a denúncia de uma visão de Deus fixista, em oposição a uma visão dinâmica de um Deus em profunda relação com o processo cósmico, encarnado na matéria, verdadeiramente vivo em todo o devir.

O mundo, como corpo de Deus, é uma rica metáfora para a teologia da atualidade. Assim pensam aqueles que estão dotados de uma visão da vida como complexidade-evolução-consciência. Para eles, o Cristo da teologia clássica é muito pequeno e incapaz de pleromizar o universo. Estão certos de que a visão teológica construída sobre antigos paradigmas – que já cumpriu sua função anteriormente –, jamais poderá afirmar o cristianismo como uma religião de ação, de evolução, de futuro. Exatamente são esses limites que Teilhard lutava por superar, estando interessado em expressar cada vez mais a onipresença e a influência universais de Deus, sustentando tudo o que existe em Cristo e através de Cristo.

Uma visão como essa convida o cristão a desenvolver uma consciência cada vez maior da onipresença de Deus, que leva a um desejo de continuar avançando, descobrindo e experienciando o mundo, a fim de penetrar, cada vez mais e mais, em Cristo e, através de Cristo, em Deus.[33] Ver Cristo em todas as coisas e todas as coisas em Cristo é o que Teilhard chamou de *pancristismo*,[34] uma transposição inteligente da visão inaciana do ver Deus em todas as coisas e todas as coisas em Deus. A *diafania* de Deus, em e através de todas as coisas, está ligada, para ele, à adoração e à proclamação do *Cristo sempre maior*, implicado no desenvolvimento evolutivo em direção a uma plenitude cada vez maior, como dissemos. Essa certamente é uma cristologia superior que fortalece e expande o pensamento cristológico tradicional.

Por fim, Teilhard de Chardin via a si próprio como um *apóstolo do Cristo cósmico*. Estava convencido de que, se fosse concedido um maior espaço ao Cristo universal, essa abertura acarretaria *uma nova era para o cristianismo*, uma era de libertação e expansão. Ao manifestar os esplendores do Cristo cósmico, o cristianismo adquire um novo valor. Em outras palavras, uma forma de fé e de religião mais adequada às necessidades modernas. Assim, a *cristologia clássica*, na visão de Teilhard, fechada, monolítica e exclusivista, não comporta o Cristo cósmico. Somente uma

---

[33] Cf. Idem. *L'Avenir de l'homme*. Paris, Seuil, 1959, p. 34ss.
[34] Cf. Idem. *Himno del universe*. Madrid, Taurus, 1967, p. 59-124.

nova interpretação teológica do cristianismo – um *neocristianismo* – poderá expressar o Cristo em consonância com os desafios do mundo atual.[35]

Conclusão

Começamos este capítulo apresentando a grande dificuldade de integração entre fé cristã e evolução. Vimos como a teologia, em seu processo histórico e método, é carente de urgente atualização. Apresentamos, por outro lado, os limites da ciência, de seu método, e sua dificuldade de autoexame e as consequências culturais resultantes daí. Tomamos o nome de Pierre Teilhard de Chardin e sua visão místico--evolutiva como proposta para um novo modelo de *pensar* e de *fazer teologia*. Conscientes das grandes resistências à sua obra e da necessidade de atualização e continuidade dela, estamos certos do quanto o seu pensamento se mostra iluminador no processo de renovação da tarefa teológica, científica e cultural.

Com a sua poderosa síntese integradora, Teilhard quer nos ajudar na superação dos dualismos entre *espírito e matéria*, *Deus e mundo*, *ciência e fé* estabelecidos e mantidos como verdadeiros. Sua visão é elemento indispensável para a transformação e integração das mentes de nosso tempo, sendo poderoso auxílio para a superação da crescente crise de credibilidade entre o cristianismo tradicional, a cultura moderna e sua razão científica. Isso porque Teilhard jamais deixou de nos conscientizar da profunda transição pela qual passa e deve passar o mundo e, principalmente, o cristianismo, com o fim de um ciclo natural de sua existência e seus limites culturais: "devemos, com tudo o que de humano existe em nós, repensar nossa religião [...]. O cristianismo, por fim, deve aceitar incondicionalmente as novas dimensões (espacial, temporal e psicológica) do mundo que nos cerca".[36]

Dentre os maiores legados de Teilhard para nosso tempo, está a sua contribuição ao diálogo entre a fé cristã e a ciência evolucionista. Não pelo fato de responder filosoficamente à acusação da *morte de Deus* ou aos *limites da religião*, mas por recuperar as possibilidades praticamente perdidas de *dizer Deus* dentro de categorias novas, verdadeiras, inteligentes e inteligíveis – não exclusivistas, não *sofismáticas*, não fechadas

---

[35] KING, U., *Cristo em todas as coisas*, op. cit., p. 102ss.
[36] Cf. TEILHARD DE CHARDIN, P. *Himno del universe*. Madrid, Taurus, 1967, p. 48.

no gueto da religião – e, por isso, grandemente atualizadas com o nosso tempo e cultura. Sem negar o Deus da História, mas afirmando-o no processo de criação-evolução-salvação, recupera, por sua visão místico--evolutiva, o valor dos relatos antigos sobre a criação e das tradições espirituais que afirmam a contínua, crescente e inseparável comunhão dinâmica e criativa entre Deus e todas as coisas.

Para concluir, destacamos alguns pontos, que julgamos serem mais relevantes, do pensamento de Teilhard e do seu legado para a teologia, para a ciência, para a vida cristã e para o mundo, hoje.

1. Que a obra de Teilhard deve ser relida e continuada, uma vez que possui intuições fundamentais para o pensamento das novas gerações e suas demandas culturais: a fé na vida e no Deus da vida é o grande legado testemunhal e intelectual de Teilhard de Chardin.

2. Que a redescoberta do sentido profundo dos dados de nossa fé pela nova visão integradora, o *panenteísmo cósmico teilhardiano* e seu *Cristo cósmico*, retomado da antiga tradição cristã, alimentam a nossa fé naqueles princípios que sempre foram e serão irrenunciáveis para as grandes tradições espirituais: comunhão, tolerância, diálogo, cooperação, amor e esperança, tão necessários ao mundo de hoje.

3. Que o pensamento de Teilhard é uma dádiva para a libertação dos ranços pessimistas que imobilizam parte da Igreja, parte da teologia, parte da comunidade científica, do pensamento atual e, lamentavelmente, da própria vida humana.

4. Que todos temos responsabilidade com a Criação, que é divina--humana, e que a criação-salvação, tema bíblico por excelência, só é possível pelo amadurecimento de uma consciência-complexa que se traduz como amor efetivo ao mundo e ao ser humano, no cumprimento do mistério do ser e da vida.

5. Que o seu caminho, a exemplo de um mestre espiritual, é o de poder tomar pela mão a seus discípulos e auxiliá-los a fazer também o caminho de liberdade com toda a liberdade que o caminho exige. Isto é, após ler Teilhard, com uma mente aberta e franca, não é possível, simplesmente, continuar pensando da mesma maneira como antes. Teilhard é um horizonte para novos horizontes, seja teológico, científico, filosófico ou cultural. Assim é que:

6. A ciência precisa compreender a verdade de uma natureza engendrada pela presença de uma *consciência maior*, uma *presença espiritual*. A afirmação "científica" de que a matéria é desprovida de inteligência

é um absurdo racionalista, uma vez que todo o reino da matéria está impregnado de inteligência desde o início da evolução, caso contrário, não poderia ter havido desenvolvimento. Correta está a *verdade teológica* que afirma a ação misteriosa do Espírito Divino na história e por detrás de toda a criação – hoje sabemos, evolutiva. A inteligência e sua presença misteriosa é que dá consistência e qualidade à matéria e ao cosmos. Ainda:

7. Que a necessidade de revisão da expressão da doutrina cristã é urgentíssima e deveria ser feita à luz de um pensamento evolucionista, não destituído de fé em Deus. Tal revisão é caminho para a fé adulta e o compromisso tão reclamados pela história e pelo planeta, que atualmente agonizam. A visão místico-evolutiva é um caminho integrador necessário para a reinterpretação e a atualização da fé.

8. Que foi, então, Teilhard, o notável precursor do aberto diálogo transdisciplinar entre ciência e religião. Se atualmente a relação entre fé e ciência melhorou bastante – note-se a integração entre ciência e religião em muitas universidades do mundo e entre religião e ciência nas muitas tradições espirituais do mundo –, devemos isso, em grande parte, a ele e à sua coragem.

9. Que a Igreja, humilde e serva de Nosso Senhor, tem construído sólida reconciliação e aproximação com o seu brilhante filho. Apesar da dificuldade da aceitação de suas *boas novas* que geraram conflitos no passado, atualmente as suas ideias vão sendo incorporadas ao discurso oficial da Igreja, o que revela a atualidade desse pensador, homem de fé e cientista a serviço da Igreja, da Ciência, da Fé e da Vida.

> Em tudo o que existe, encontra-se impresso, em certo sentido, o "nome" da Santíssima Trindade, pois todo o ser, até as últimas partículas, é ser em relação, e deste modo se transluz o Deus-relação; transluz-se, em última instância, o Amor criador. Tudo procede do amor, tende ao amor e se move empurrado pelo amor, naturalmente, segundo diferentes níveis de consciência e de liberdade. [...] Utilizando uma analogia sugerida pela biologia, diríamos que o ser humano tem no próprio "genoma" um profundo selo da Trindade, do Deus-Amor.[37]

---

[37] Pregação do Papa Bento XVI, em Roma, na Festa da Santíssima Trindade de 2009. Íntegra em http://www.zenit.org/article-21807?l=portuguese, 8 de junho de 2009.

Entre Deus e Darwin: contenda ou envolvimento? A respeito dos desafios que o pensamento evolucionista apresenta para a compreensão de Deus e vice-versa

Joel Portella Amado*

Uma das condições da reflexão teológica é poder falar sobre seu objeto de estudo a partir e dentro dos mais variados contextos, perpassando espaços, tempos e culturas. Essa condição é, na verdade, um desafio que se impõe não apenas à teologia em si, como intelecção da fé, mas à própria fé, sempre chamada a "dar as razões da esperança" (cf. 1Pd 3,15). Diferente, portanto, não poderia ser o desafio trazido pelo chamado pensamento evolucionista. Num processo de confronto e diálogo, isto é, de mútua interpelação, é preciso escutar e dizer, compreender e avançar, permanecer e mudar.

O presente texto preocupa-se com o *objeto mesmo da teologia*, ou seja, com Deus e as compreensões que temos dele. Desenvolve-se na clássica estrutura de, em primeiro lugar, estabelecer os parâmetros da reflexão, para, em seguida, indicar até onde se pode ir, qual a compreensão que se tem do Deus da Revelação e como essa compreensão afeta e é afetada pelo pensamento evolucionista. Finalmente, aponta algumas implicações para a compreensão de Deus, para o agir evangelizador e para a reflexão teológica.

---

* Padre da Arquidiocese do Rio de Janeiro, onde exerce as funções de pároco, coordenador de Pastoral e professor na PUC-Rio e no Instituto Arquidiocesano de Teologia. Doutor em Teologia Sistemático-Pastoral pela PUC-Rio.

84 Entre Deus e Darwin: contenda ou envolvimento?

Mais do que um texto completo, fruto de um pensamento acabado, quer apresentar algumas bases para uma reflexão que, por si, exige ser aprofundada, no diálogo sempre fecundo entre pontos que foram esquecidos ou excessivamente acentuados.

1. Fincando estacas

1.1. Nosso tempo, suas incertezas e seus desafios

A relação entre a vivência e a intelecção da fé, de um lado, e o pensamento evolucionista, de outro, faz parte de um desafio maior, experimentado desde as últimas décadas do século passado e o início do atual. Trata-se do que, independentemente de caracterizações mais detalhadas, podemos chamar de *mudança de época*. Por essa expressão, entende-se o fato de que as balizas norteadoras de etapas históricas anteriores, algumas até bem recentes, já não são capazes de responder às questões mais importantes do ser humano, quer em nível individual, quer em nível universal. Deixam a descoberto o caráter obsoleto de certos alicerces, mas abrem espaço para novas referências, capazes de dialogar com os novos desafios. Trata-se, portanto, de um momento histórico em que é preciso trabalhar pelo surgimento de novas referências. São períodos, ao mesmo tempo, desconcertantes, mas também profundamente férteis.

Com essa realidade, a ação evangelizadora deve interagir através da categoria de *inculturação*, pois se trata de falar do mesmo, único e eterno Mistério revelado em e por Jesus Cristo dentro de horizontes culturais distintos dos que, até então, se estava acostumado a fazer. Não se trata, pois, de pensar a inculturação apenas diante de culturas históricas, ancestrais e hoje resistentes ao caldo cultural consumista que toma conta de boa parcela do mundo em nossos dias. Trata-se de avançar na tarefa de fazer a Boa Nova relevante para um horizonte de compreensão que, em suas raízes, coloca a questão do pensamento evolucionista como referencial, ainda que a maioria das pessoas, mais voltadas para o imediato da vida, nem sempre elabore as questões como aqui se vai tratar.

Desse modo, o diálogo-confronto com o chamado pensamento evolucionista é condição indispensável para que se possa realizar a chamada *nova evangelização*, quer na relação com culturas que milenarmente acolheram e transmitiram a Boa Nova, mas que hoje se manifestam no mínimo indiferentes, quer para contextos como o brasileiro atual, em que a dimensão religiosa se faz presente, marcada por forte busca do sobrenatural, levada a efeito através de diversos caminhos. Esse mesmo mundo, tão pluralista, rico de possibilidades, é também globalizado, e a mais radical de todas as globalizações é a que diz respeito ao sentido da existência e suas implicações. Mais do que implicações econômicas e políticas, que são reais e não podem ser descartadas, a ação evangelizadora precisa, em nossos dias, ser capaz de dialogar com a globalização do sentido da existência, na medida em que se difundem determinadas compreensões da vida que interpelam fortemente o que os cristãos compreendem como fidelidade à Boa-Nova. Sem passar também pelo pensamento evolucionista, com todas as suas implicações, não há como se falar em efetiva inculturação. Tampouco se poderá falar em nova evangelização.

A atual consciência evangelizadora e teológica sabe que, entre o Evangelho e as culturas existe uma relação bastante peculiar. Por um lado, o Evangelho não se identifica com cultura alguma. Por outro, sem as culturas, ele não se encarna, não se faz palavra relevante, interpelação, chamado à conversão e consequentemente salvação. O ponto chave, para nossa reflexão, está no fato de que toda cultura possui, no seu núcleo mais profundo e resguardado, uma concepção de ser, à qual a ação evangelizadora necessita chegar e com a qual é indispensável dialogar.

Numa época histórica de passagem como a atual, em que referências de outras épocas já não se mostram suficientes, o pensamento evolucionista, com sua lógica interna bem articulada, com a possibilidade de respostas satisfatórias e com perguntas inquietantes, possui grande força atrativa. Por certo, não haveremos de lançar empreitadas antievolucionistas, assumindo posturas semelhantes à de quem fecha os olhos diante do perigo, imaginando seu mero desaparecimento. Tampouco, poderemos dar por tranquila a totalidade do pensamento evolucionista, assumindo-o como se fosse dado de fé, ou seja, com o caráter de absoluto e explicação única e última da existência. Trata-se, portanto, de diálogo-confronto, quer dizer, de inculturação.

1.2. Deus: de que estamos falando?

Em geral, quando falamos de *Deus*, temos a tendência a rapidamente passar para o âmbito das identificações religiosas. Trata-se de um fato bastante compreensível, pois, afinal, se toda a vida é assumida à luz de determinada concepção de Deus, como não pensar imediatamente nessas concepções ao simples uso do termo *deus*? Importa, no entanto, reconhecer que a questão de Deus não se restringe ao âmbito do especificamente religioso. Ela é antes uma questão antropológica, por isso mesmo sempre presente em todas as pessoas, povos e culturas. Trata-se da questão do Sentido Último da existência, questão a partir da qual se colocam todas as outras.[1] Deparamo-nos, assim, diante da inevitável necessidade antropológica de o ser humano estabelecer um sentido global a partir do qual organiza cada uma das parcelas da realidade com que vai tomando contato. Todo ser humano enfrenta necessariamente essa questão do sentido, ainda que com graus distintos de explicitação. Todo ser humano tem um sentido para a vida, um eixo articulador para a existência, ao passo que nem todos os seres humanos possuem o mesmo eixo articulador. Tal diversidade de eixos articuladores se tem tornado ainda mais clara em contextos de agudo pluralismo, no qual diversas opções de sentido são explicitamente produzidas e ofertadas. Como dimensão antropológica fundamental, a questão do sentido não pode estar ausente de uma pessoa ou de um grupo social. O que, na verdade, ocorre é uma diversidade de conteúdos.

Ora, as mudanças de época explicitam e direcionam a questão de Deus exatamente para esse horizonte filosófico-antropológico. Assim, a compreensão que se tem da palavra *deus* precisa adquirir também um cunho antropológico, anterior a qualquer conteúdo que lhe venha a ser dado por alguma proposta de sentido,[2] ultrapassando os âmbitos das confessionalidades. Aliás, são mudanças de época exatamente porque os Sentidos Últimos são abalados. Se assim não fosse, estaríamos passando apenas por turbulências ocasionais. Não haveria a possibilidade de surgimento do efetivamente novo.[3] Só através desse passo será possível estabelecer o diálogo com o pensamento científico e, mais ainda, o de cunho evolucionista. Sem que se atinja esse ponto nuclear, não se pode falar em efetiva evangelização. Foi esse o risco que o Papa Paulo VI apresentou

---

[1]   Cf. VAZ, H. C. L. "A experiência de Deus". In VV.AA. *Experimentar Deus hoje*. Petrópolis, Vozes, 1974, p. 74-89, de modo especial, p. 81-86.

[2]   Sobre a diferença entre a Experiência de Deus e a Experiência Religiosa, cf. por exemplo: Idem, op. cit., p. 81-86; MESLIN, M. *A experiência humana do divino*. Fundamentos de uma antropologia religiosa. Petrópolis, Vozes, 1992, de modo especial p. 55-112.

[3]   Cf. ALVES, A. "Fundamentação de um novo modelo de Ontologia: relação à Teologia". In: *Humanística e Teologia, Revista da Faculdade de Teologia*. 17 Porto, Universidade Católica Portuguesa, jan.-ago. 1996, p. 3-25.

através do termo *verniz superficial* na ação evangelizadora.[4] De fato, quando falamos em evangelização, devemos ter claro que estamos nos referindo a algo que visa a atingir o cerne da compreensão da vida de um indivíduo ou grupo social. Evangelizar não significa apenas a simples apresentação de afirmações doutrinais, em vista de uma compreensão intelectual e repetição ao estilo do catecismo de perguntas. Estas já são, em termos filosófico-antropológicos, respostas à questão do Sentido Radical.

1.3. Darwin: de que estamos falando?

Mais do que identificar a totalidade do pensamento evolucionista, tarefa já bastante elaborada alhures,[5] importa destacar quais as implicações que o pensamento evolucionista apresenta para a reflexão sobre Deus enquanto Sentido Último da existência e para a resposta que o cristianismo propõe a essa questão central. Darwin, na verdade, apresenta-se aqui mais como uma metonímia do que como única fonte de estudos. Reúne em torno de seu nome inúmeros questionamentos apresentados à crença em Deus e, mais ainda, ao Deus cristão.

Na verdade, estamos falando de um conjunto de interpelações que se foram construindo, ao longo da história humana, notadamente a partir do advento da Modernidade e dos avanços científicos, interpelações que atingem muito de perto a concepção cristã. O elemento mais conhecido dessa contenda refere-se ao confronto entre creacionismo e evolucionismo. Muitas são as obras que abordam o tema, seja na linha da exclusão de um dos polos, seja na linha do concordismo.[6] O problema consiste em parar no confronto entre creacionismo e evolucionismo. Embora importante no conjunto da reflexão, esse aspecto não pode ser considerado o único. É necessário ir adiante.

O pensamento evolucionista, como representante do mundo científico, apresenta questões bem mais ácidas para quem deseja viver e transmitir a experiência cristã do Sentido Último. O cerne da questão se encontra na afirmação de que o "universo é uma narrativa em desenvolvimento",[7] ainda em processo de formação, aberto ao porvir, com a possibilidade até

---

[4]   Cf. PAULO VI, Exortação Apostólica *Evangellii Nuntiandi* 20.
[5]   Cf. por exemplo: HAUGHT, J. F. *Cristianismo e ciência*. Para uma teologia da natureza. São Paulo, Paulinas, 2009. Idem. *Cristianismo e evolucionismo em 101 perguntas e respostas*. Lisboa, Gradiva, 2009. Também capítulo 1 deste livro.
[6]   Cf. capítulos 1, 2, 4 deste livro.
[7]   Cf. HAUGHT, J. F. *Cristianismo e ciência*, op. cit., p. 7.

mesmo de vir a não mais existir. Essa concepção, comprovada por pesquisas científicas de diversos calibres, atinge de cheio todas as concepções de sentido construídas a partir do estático, da repetição, da maior valorização do passado em detrimento do futuro, dentro de uma cosmologia que, para sustentar a perfeição divina, atribui a Deus características de eternidade, imutabilidade, atemporalidade e similares. Como, pois, não enxergar o conflito quando a proposta é a passagem do estático para o movimento, do acabado para o porvir, da plenificação para a entropia? O pensamento evolucionista tampouco traz quietude para a relação entre o Sentido Último e o futuro, na medida em que deixa aberta a possibilidade de a natureza vir a não existir. A pergunta então se torna: se foi para permitir acabar, para que criou?

A questão fica ainda mais complexa quando se percebe que esse processo de abertura ao porvir acontece num horizonte de liberdade. Em geral compreendida em seu sentido mais próprio, como atitude própria do ser humano, a liberdade assusta quando analogicamente estendemos sua abrangência aos mais diversos pontos da criação, mostrando uma natureza autônoma em todos os níveis, desde o inimaginavelmente menor ao infinito. Se a natureza experimenta uma boa dose de autonomia, como pensar um Deus que a administra?[8] O caráter de abertura livre ao porvir, num processo evolutivo, implicaria, então, a possibilidade até mesmo do desaparecimento da natureza, isto é, da criação? E a complexidade se amplifica quando se trata da sensibilidade religiosa para os milagres, concebidos como intervenção da autonomia radical de Deus nas leis naturais, intervenção em geral concebida de forma arbitrária ou meritocrática, isto é, milagres, em oposição a uma concepção de Deus como amante de todos por igual e respeitador das leis naturais.

Junto com a liberdade, emerge a questão do amor e do respeito ao outro. O pensamento evolucionista apresenta, entre suas teses principais, a seleção natural em que a primazia do mais forte é a regra de ouro para a vida. Se assumimos que a criação é perfeita, como justificar a vitória do mais forte, sem cair numa espécie de fatalismo e despreocupação com o mais frágil?

Por tudo isso, percebe-se que o pensamento evolucionista interpela as compreensões de Deus na medida em que apresenta, com bastante vigor, as categorias de *movimento* e *liberdade* na concepção do Sentido Radical, isto é, de Deus mesmo. Ao fazê-lo, coloca em cheque compreensões que

---

[8] Sobre este tema da autonomia da natureza, ver detalhamento no capítulo 6 deste livro.

muitas religiões têm de Deus, de modo especial no que diz respeito exatamente à sua deidade, isto é, à sua condição de Deus como tal, princípio sem princípio, onipotente, onipresente, onisciente, imutável e apático.

Essas questões se tornam ainda mais relevantes e urgentes na medida em que constatamos atualmente duas tendências predominantes em relação à experiência de Deus, isto é, para as buscas de respostas ao Sentido Radical da Vida, caminhos estes que tendem a não se encontrar. De um lado, percebemos o pensamento evolucionista, com todos os desafios até aqui descritos. De outro, deparamo-nos com a força de um pensamento de vertente mágica, que, sem o menor pudor científico e teológico, transita por horizontes e identidades, oscilando entre o físico e o metafísico, entre o natural e o sobrenatural, entre a transcendência e a imanência.

Esses dois caminhos, notadamente o segundo, revelam estarmos vivendo um momento histórico sedento de sínteses. As oscilações e os radicalismos podem ser compreendidos como tentativas de elaboração de discursos num período histórico em que os discursos até então existentes já não atraem mais. Daí a responsabilidade evangelizadora por interagir muito diretamente também com o pensamento evolucionista, de modo a que a nova época que está para surgir não seja marcada por rupturas entre o dado da fé e o dado da ciência, nem elabore sínteses discordantes da Boa Nova do Reino de Deus.

Dois são, portanto, os principais motivos a partir dos quais se faz necessário enfrentar o pensamento evolucionista do modo como ele se apresenta, em sua tendência majoritária. O primeiro motivo, mais facilmente percebido, diz respeito àquelas questões que atingem de modo visível o cristianismo. São questões ligadas ao conflito entre creacionismo e evolucionismo, às intervenções de Deus nas leis da natureza e, por fim, à clássica questão do mal e do sofrimento diante da afirmação de um Deus-Amor.

O segundo motivo, mais sutil e também mais estrutural, diz respeito aos fundamentos últimos de compreensão de toda a realidade, isto é, à *concepção de ser*, ao aspecto ontológico, motivo que coloca nossa reflexão num patamar de diálogo não apenas com as ciências exatas, mas também com a filosofia. Na verdade, os impasses que ocorrem no primeiro motivo têm sua origem no segundo. Por isso, não parece muito frutífero enfrentar, por exemplo, questões relativas ao conflito entre creacionismo e evolucionismo sem que antes se resolvam questões relacionadas à concepção de ser subjacente a este e outros conflitos.

Essas questões atingem, como vimos, muito diretamente a experiência cristã de Deus, levando, portanto, a teologia a se perguntar: que contributo a compreensão cristã de Deus como Uno e Trino, elaborada dentro de horizontes culturais de outras épocas, oferece para que se dialogue com um horizonte onde o pensamento evolucionista navega *pari passu* com as ondas do pensamento mágico?

Assim como em outros momentos da história da humanidade, também agora a questão do Sentido Último, isto é, a questão de Deus pode ser resumida através do modo como se articulam dois polos: Deus e o mundo. Poderemos, ao estilo panteísta, estabelecer de tal modo a ligação entre ambos, que já não teremos condições de identificar a *distinção*. Por outro lado, ao estilo de determinados deísmos, poderemos estabelecer de tal modo a distinção, que já não seremos mais capazes de imaginar qualquer tipo de *relação* entre Deus e o mundo. Consequentemente, a questão do Sentido Último passa necessariamente pelo modo como, neste mesmo sentido, se articulam distinção e relação.

2. Aproveitando tijolos

2.1. O Deus Uno-Trino e as implicações para a existência de pessoas e povos

Distinção e relação nos colocam de cheio no mistério trinitário. De fato, para o enfrentamento dos desafios emergentes na atual mudança de época, a experiência cristã de Deus não poderá utilizar outro ponto de partida que não seja a afirmação niceno-constantinopolitana acerca do Deus Uno e Trino. É aqui que a resposta cristã ao Sentido Último se diferencia das demais, até mesmo das que fazem parte da vertente monoteísta. A experiência cristã é essencialmente uma experiência trinitária. Passar ao largo dessa certeza significaria renunciar a uma identidade que, por séculos, vem alimentando pessoas e povos e pela qual muitos já deram a vida. Por certo, sempre nos depararemos com a tradicional acusação de que, da afirmação trinitária sobre *um Deus em três Pessoas*, nada de prático ou existencial se pode efetivamente usufruir.[9] Embora em si desprovida de razão, essa afirmativa historicamente se explica não apenas por determinados tipos de reflexão teológica, como também pela prática de alguns cristãos, cujo testemunho deixou a desejar.

---

[9]   Cf. KANT, I. *Il conflito delle facoltà*. Genova, 1953, p. 47.

Em consequência, a teologia trinitária das últimas décadas tem se voltado para a busca de um caráter mais existencial e integrativo. Passos importantes foram a superação da dicotomia entre os tratados *De Deo Uno* e *De Deo Trino*, a reflexão eclesiológica em chave de comunhão e a recuperação do papel do Espírito Santo na vida da Igreja. Esse caminhar vem inserindo, cada vez mais, a reflexão cristã sobre Deus ali onde ela deve efetivamente se encontrar: na questão do Sentido Último, vista como desafio de articulação entre a distinção e a relação.[10]

De fato, a experiência cristã afirma que o Sentido Último da existência de pessoas e povos chega até nós como dom, como iniciativa gratuita, cabendo-lhe, portanto, o primeiro passo no processo de encontro, acolhimento e salvação. O Sentido Último e, a partir dele, todos os demais sentidos parciais se constroem através destas categorias centrais: dom, acolhimento e relação. À teologia cabe refletir sobre esse encontro de cada ser humano e de toda a criação com um Sentido Último que é sempre e radicalmente Outro (*distinção*), mas um Outro que chama ao acolhimento livre, contínuo e responsável (*relação*). A essa dinâmica de distinção-relação podemos chamar de *lógica da inclusão*.

Ao contrário da lógica da exclusão, onde só existe o único, na lógica da inclusão, existe sempre um *outro*. É uma lógica inquieta, que possui um *plus* radical que não a deixa permanecer tranquila com os resultados obtidos e com os fundamentos apresentados. A lógica da inclusão sabe que há outros que se encontram fora. Por isso, vai diuturnamente ao encontro deles. Assim se manifestou Jesus Cristo que, não se fechando em sua condição divina, esvaziou-se plenamente, mergulhando no mais profundo abandono a que se pode chegar, isto é, a morte (cf. Fl 2,5ss;

---

[10] SALVATI, G.M. "La dottrina trinitaria nella teologia cattolica postconciliare. Autori e prospettive". In: AMATO, A. (Org.). *Trinità in contesto*. Roma, LAS, 1994; RAHNER, K. "O Deus trino, fundamento transcendente da história da salvação". In: *Mysterium Salutis* II/1, edição brasileira (Petrópolis,Vozes, 1978), 283-356, antecedido de uma espécie de ensaio sobre o tema, indicado pelo próprio autor na segunda nota ao texto de: *Bemerkingen zum dogmatischen Traktat "De Trinitate"*, Schriften IV (Einsiedeln 1964), 103-133.; FORTE, B. *La Chiesa icona della Trinità*. Brescia, Queriniana, 1984; SARTORI, L. "Trinità e chiesa". In: *Credere oggi*, 4 (1986) 71-81; RATZINGER, J.. *Das neue Volk Gottes. Enwürfe zur Ekklesiologie*. Düsseldorf, Patmos, Verlag, 1969; MOLTMANN, J. *Theologie der Hoffnung. Untersuchungen zu Begründung und zu den Konsequenzen einer christlichen Eschatologie*. Gütersloh, Kaiser, 13 1997, p. 35-38; JÜNGEL, E. *Gott als Geheimnis der Welt*. Tübingen, Mohr, 1977; VV.AA. "Credo in Spiritum Sanctum". *In: Atti del Congresso Teologico Internazionale di Pneumatologia*. Città del Vaticano, 1983; VV.AA. *El Espíritu Santo ayer y hoy*. Salamanca, Sígueme, 1975.

2Cor 8,9).[11] Nele, a presença do *outro* ultrapassa os limites dos outros *históricos, concretos*. Vai ao Outro Radical, assumindo conotações peculiares. Trata-se de uma intimidade distinta tanto do politeísmo quanto do monoteísmo rígido. Do politeísmo, ela se distingue porque são relações não de dependência ou de subordinação no sentido da lógica da exclusão. Do monoteísmo, porque afirma a alteridade no próprio ser divino e transborda essa alteridade para os outros.

Em termos cristãos, é preciso pensar Deus a partir das categorias da distinção e da relação. Para ocorrer a relação, é necessário haver também a distinção, não podendo acontecer distinção se esta não apontar para a relação. Uma não acontece sem a outra. Seja no caso de um absoluto fechado em si mesmo, que, de forma alguma, se relaciona, seja através dos múltiplos que tampouco entram em efetiva relação, o problema permanece, pois o Sentido Último trazido pela Revelação cristã é um sentido efetiva, fecunda e dinamicamente relacional. Para a experiência cristã de Deus, não há outro caminho.

Consequentemente, uma reflexão teológica que pretenda dialogar com o pensamento evolucionista no nível da experiência do Sentido Radical deve indispensavelmente buscar um instrumental filosófico apto para tal intento. O diálogo com o pensamento científico, notadamente o evolucionista, exige um diálogo também com a filosofia. A possibilidade de um falar em chave de relação includente sobre Deus exige um instrumental filosófico em que seja possível manter aberta a relação com o Ser. Se, por um lado, o acesso ao Ser ocorre através de encontros historicamente situados, por outro, encontro histórico algum esgota o Ser, existindo sempre a necessidade de se relativizar tais encontros em busca do Ser caracteristicamente assintótico. É nessa abertura ao futuro que se insere a experiência judaico-cristã.[12] Esta, podemos dizer, é uma das grandes características da experiência hebraica de Deus.[13] Assumi-la significa romper o círculo de uma concepção de ser fechada em si mesmo em uma filosofia de eterno retorno. Se, por um lado, a filosofia, desde as suas origens, é um esforço para pensar a unidade do Ser, por outro, essa unidade pode estar tanto no passado quanto no futuro.

---

[11] Sobre a importância da doutrina da *kénose* como distintiva da identidade Jesus, cf.: BALTHASAR, H. U. "Mysterium Paschale". In: FEINER, J. & LÖHRER, M. *Mysterium Salutis.* Compêndio de dogmática histórico-salvífica. Petrópolis, Vozes, 1974, volume III, tomo 6, p. 15-25.

[12] Cf.: SIMON, P. A. "Emmannuel Lèvinas: Lógica ocidental e Lógica judaica". In: *Presença Filosófica*, XIII (Rio de Janeiro, 1988) fascículos 1-4, 32-44.

[13] Cf.: MOLTMANN, J. *Theologie der Hoffnung...*, op. cit., p. 35-38.

Quando o peso é excessivo ou mesmo excludente no passado, a consequência é o surgimento de um processo filosófico e existencial em vista do retorno às origens, pois o fim e o começo se identificam no passado. Futuro significa então decrepitude. O Sentido Absoluto está na manutenção ou no retorno. Do lado oposto, quando o peso recai também de modo excessivo ou excludente no futuro, corre-se o risco de se imaginar uma história que não é dom, que não é endógena, que parte de si mesma, sem um *start-point* que não seja ela mesma. É preciso, pois, articular, de modo includente e sempre aberto, passado e futuro, de modo que a história seja dom, mas também tarefa. Nesse equilíbrio entre passado e futuro, percebe-se que o passado tem obtido certa primazia. A concepção de origem íntegra seguida de um processo degradativo tem sido uma das principais causas dessa primazia. Mas na medida em que, diante dos desafios trazidos pelo pensamento evolucionista, pelo momento histórico aberto a novas sínteses e pela sensibilidade ao novo, estamos diante da possibilidade de redescobrir o futuro como referência, será necessário articular essa referência sempre com o passado, de modo que entre ambos não exista o que tanto se tem repetido neste texto: exclusão, eliminação. Em termos da experiência cristã de Deus, assumir o futuro significa a imersão em um processo assintoticamente aberto ao Outro, num processo de eterna descoberta. São – repetindo – futuro e passado, articuladamente pensados. É futuro enquanto abertura ao Outro, sempre novo, surpreendente. É passado enquanto reconhecimento de que este processo relacional começou com este Outro.

Sempre fica a questão de se saber se essa compreensão do Sentido Radical é fiel à Revelação. Enquanto relacional, o Deus Uno-Trino deixa-se, de algum modo, *afetar* pelas respostas da criação. O problema é que termos como *deixar-se afetar* podem ser vistos como inserção da imperfeição no Ser Divino, definido como imutável e inafetável. Por isso, preocupa tanto a inserção no Ser Divino de atributos como o movimento e a relação livre e aberta, uma vez que trazem para dentro desse mesmo Ser Divino a possibilidade de transformação, o que pode significar imperfeição. Cabe aqui, porém, uma advertência a respeito da aplicação indiferenciada de alguns atributos divinos, os quais, uma vez descontextualizados, tornam-se predominantemente apáticos e não relacionais. Deus é perfeito. Não se nega. Mas, poder-se-á, com essa afirmação, afirmar a não relacionalidade radical, no sentido de que, de algum modo, ele não se deixe afetar pelas respostas ou não respostas?

A descontextualização, em geral, é acentuada quando os atributos da perfeição divina são assumidos a partir de uma lógica de exclusão. De fato, por ela, não se consegue assumir a possibilidade de que, em seu mistério, Deus, concomitantemente, seja imutabilidade e relação, pois ela sempre pensará a realidade em termos alternativos: ou imutabilidade ou relação; para ser imutável, não pode se relacionar; se estabelece relação, então é mutável. Ao contrário, se a lógica subjacente é a de inclusão, é possível pensar a concomitância de imutabilidade e relacionamento afetante. A peculiaridade desse pensar está no fato de que Deus se relaciona não por limitação ou carência, mas, exatamente ao contrário, porque é pleno e sua plenitude é o que a Revelação mostrou como *Amor*. Além do pressuposto ontológico excludente, a dificuldade para se articular a imutabilidade com a relacionalidade em Deus tem sua origem na descontextualização de cada um dos atributos divinos.[14] Aqueles relacionados à imutabilidade, à apatia e todos os outros iniciados com prefixos de negação destinam-se a manter a transcendência divina, exatamente o caráter de *outro*, a impossibilidade de ser captado integralmente e manipulado. Importa reconhecer que tais atributos divinos, indispensáveis no contexto em que foram elaborados, não significam que essa transcendência não seja relacional. Ao contrário, quando os atributos da transcendência divina são absolutizados e se perde, com isso, o aspecto relacional, os riscos tendem a ser maiores, na medida em que se acaba por inserir em Deus uma dose de imperfeição, pois o relacionar-se *ad extra* torna-se-ia, então, risco para ele enquanto possibilidade de perda da sua essência divina. A Revelação, ao contrário, sempre mostrou que o relacionar-se em Deus, exatamente em virtude de sua perfeição, não lhe retira nem diminui a essência. Realiza-a.

Se Jesus mostrou Deus como Amor e se o Amor, em sua essência, pressupõe relacionamento, não se pode tirar o relacionamento do Ser Divino. Esse é o princípio básico do axioma rahneriano: o visto e testemunhado na economia é o que ocorre na imanência.[15] Desse modo, Deus é visto como, ao mesmo tempo, imutável e relacional. Ele é imutável exatamente

---

[14] Sobre esta necessidade de contextualização e balizamento dos atributos divinos, cf.: PFAMMATTER, J. "Atributos e comportamentos divinos no Novo Testamento". In: FEINER, J. & LÖHRER, M. *Mysterium Salutis.* Compêndio de dogmática histórico-salvífica. Petrópolis, Vozes2, 1978, volume II, tomo 1, 278ss.

[15] RAHNER, K. "O Deus trino, fundamento transcendente da história da salvação". In FEINER, J. & LÖHRER, M. *Mysterium Salutis* II/1 (edição brasileira Petrópolis, Vozes, 1978) 283-356, antecedido de uma espécie de ensaio sobre o tema, indicado pelo próprio autor na segunda nota ao texto de Schriften, "Bemerkingen zum dogmatischen Traktat 'De Trinitate'". In: *Mysterium Salutis* IV (Einsiedeln 1964), 103-133.

em seu amor relacional, pois, na medida em que essa relacionalidade não é fruto de limitação ou imperfeição, não está condicionada a aspecto externo algum. É graça. É gratuidade. Tem em si mesma o fundamento do seu ser amoroso, kenótico e relacional. Tem sua origem no ser de Deus e por isso é plena, livre, gratuita. O amor ao diferente, se ficasse apenas em termos de distinção intratrinitária, não atingiria a radicalidade lógica própria de um Deus que se revela Amor. Se assim fosse, ele, em última análise, estaria amando a si mesmo. Só a criação, vocacionada a responder amorosamente, é capaz de dar uma genuína resposta de Amor a Deus, pois só ela é o absolutamente outro de Deus. Dessa forma, a divina autocomunicação amorosa tem uma certa *necessidade* do mundo e dos seres humanos, não no sentido de carência de ser ou imperfeição, mas no sentido de que busca uma resposta do radicalmente distinto. Jesus Cristo mostrou que, em Deus, amor e perfeição se identificam e, portanto, o amor, perfeição das perfeições, busca o Outro.

2.2. As implicações da teoria da evolução para a compreensão cristã de Deus e vice-versa

De muitos modos, vimos antes, a experiência cristã de Deus se vê afetada pelos questionamentos oriundos do pensamento científico de cunho evolucionista. A teologia trinitária, base para o diálogo, mostrou que o Sentido Absoluto para a existência, conforme revelado em e por Jesus Cristo, é um sentido radicalmente distinto e relacional (*distinção* e *relação*) e que essa relação implica a existência de um outro que seja efetivamente outro. A criação não é, portanto, obra da necessidade de Deus nem possui caráter instrumental. O problema nos é aqui colocado pelo pensamento evolucionista através do que os físicos chamam de *entropia*. Trata-se, *lato sensu*, da tendência de os sistemas todos passarem de uma situação de ordem à crescente desordem,[16] questionando certa concepção positiva em relação ao futuro visto como progresso, avanço e superação. A teoria vem sendo aplicada tanto no nível das ciências exatas e sociais quanto no da teologia,[17] fato que ocasiona impacto, uma vez que, em todas essas áreas, a identificação de futuro com progresso, aumento da

---

[16]   Cf. por exemplo: RIFKIN, J. *Entropia.* Milano, Baldini & Castoldi, 2000, de modo especial p. 171s; Idem. *Entropia:* uma visão nova do mundo. Algarve, C.A.G. Universidade do Algarve, 1992; BEN-NAIM, A. *Entropy Demystified:* The Second Law Reduced to Plain Common Sense. Singapore, WSP, 2007.

[17]   Cf.: HAUGHT, J. F. *Cristianismo e ciência:* para uma teologia da natureza, op. cit., p 82-86.

ordem e plenificação tende a ser vista como conatural. A partir da termodinâmica e com o olhar em todas as ciências – não se considerando aqui as discordâncias científicas –, percebe-se que a desordem, isto é, que a entropia de fato acontece. A mesma lei da degradação energética, elaborada pela termodinâmica, aplica-se a todos os sistemas, inclusive aos sociais, concebendo o futuro como degradação. Em lugar de um fecundo vir-a-ser, estamos diante da possibilidade de vir-a-não-ser.

a) O problema do quando?

Em termos teológicos, deparamo-nos com duas questões concomitantes. Primeiro, é a valorização do futuro, aspecto que a teologia das últimas décadas tanto esforço tem despendido para recuperar. As implicações da escatologia para a história agem como desinstaladoras dessa mesma história, chamando-a à plenificação. O passado sozinho, sem a abertura para o futuro – vimos – é insuficiente para possibilitar uma experiência de sentido que seja relacional, aberta e fecunda. Em segundo lugar, brota a angústia de que a criação venha a não existir e, com isso, o outro do Outro, isto é, o outro de Deus, já não seja mais presença possibilitadora de relacionamento efetivo. Dois aspectos se tornam, desse modo, centrais para a reflexão teológica dos próximos anos: 1. a reflexão sobre e a partir do futuro e 2. a possibilidade de a criação permanecer.

Essas duas questões podem ser enfrentadas em duas vertentes. De um lado, encontramos a mudança ética; de outro, uma possível recriação. A vertente ético-existencial leva-nos diretamente para o olho do furacão da mudança de época, na medida em que, mostrando-nos os resultados da degradação dos sistemas naturais e sociais, exige uma tal reformulação da vida que, em algumas situações, nem somos capazes de imaginar. Diante da tendência à degradação, uma primeira reação é a dos radicalismos excludentes. Fanatismos, fundamentalismos e outras formas de exclusão e mesmo destruição do outro, visto como ameaça, surgem aqui e acolá, falando-se até mesmo em uma possível guerra entre povos em virtude, por exemplo, da ausência de água.[18] Neste sentido, a experiência cristã tende a contribuir com algo que lhe é central, ou seja, a rejeição a todas as propostas que sigam a lógica da exclusão. Não se trata, para o mundo, do ingresso na exclusão dos diferentes, numa espécie de xenofóbica afirmação de identidades e defesa de interesses nem sempre muito claros.[19]

---

[18] Uma das obras mais radicais neste assunto: SHIVA, V. *Water Wars:* Privatization, Pollution, and Profit. Cambridge, South End Press, 2002.

[19] Ver a leitura que faz da guerra do Golfo YERGIN, D. *O Petróleo*. São Paulo, Escrita, 1994.

Para a experiência cristã, o desafio diante da entropia, como uma das condições de um sistema que, também no âmbito sociocultural, vai mostrando o esgotamento de suas energias, trata-se de uma mudança radical nos hábitos, nas atitudes e posturas. Mais do que destruição, a experiência cristã assume a dinâmica da *conversão*. A busca de novas formas de convivência harmoniosa e pacífica entre grupos e povos, a valorização de formas diferenciadas de energia, de preservação ecológica, tudo isso faz parte de um processo que podemos chamar de *conversão epocal*, a que a experiência cristã tem muito a dizer, em especial na medida em que coloca diferentes em atitude de encontro e diálogo. Desse modo, o futuro se torna, em primeiro lugar, um *desafio ético.*

b) A questão do quem?

Nesse sentido, há um dado que necessita ser aprofundado, indicando-se aqui alguns aspectos centrais. Trata-se do peso que o caminhar ao futuro poderá receber da chamada *lei do mais forte*, diretamente ligada ao processo da seleção natural. Estamos diante de outro dos questionamentos levantados pelo pensamento científico à existência de Deus e, ainda mais, um Deus amor. Parece-nos lógico compreender essa lei do mais forte como uma condição natural, semelhante às outras pelas quais toda a criação passa. As leis naturais, como já afirmado antes, possuem uma liberdade própria, cada uma inserida no processo maior de preservação e evolução de todo o criado rumo à resposta amorosa ao Criador. O problema específico com a seleção natural, à diferença, por exemplo, da lei da gravidade, é que ela diz respeito a algo que choca qualquer ser humano com um mínimo de sensibilidade diante do sofrimento, em especial o dos mais fracos. Quem, em sã consciência, torce para o predador nos diversos programas voltados para o mundo animal? A diferença, nos parece, está no fato de que o ser humano, mais do que instintos, é um ser de cultura, é um ser de ética, e todo o problema consiste na passagem de uma atitude natural ou instintiva para o exercício livre da opção de obedecer ou não à mesma lei do mais forte, como acontece, por exemplo, em certas lógicas de mercado. Se é possível apresentar uma explicação teológica para a lei do mais forte e a seleção natural,[20] mais importante nos parece distinguir o natural do ético, em que, para além do instintivo, atuam liberdade, opção e encontro. Essa é a grande diferença entre os seres humanos e o restante da criação. Impulsionados pela divina *ruah*,

---

[20] Cf. HAUGHT, J. *Cristianismo e evolucionismo em 101 perguntas e respostas*. Lisboa, Gradiva, 2009, p. 179-181.

os seres humanos são, à imagem e semelhança do Criador, chamados, sob o impulso do Espírito Santo, a exercer o amor-liberdade, na linha que Jesus Cristo viveu e mandou viver. A opção por preservar o mais fraco, a ele até mesmo se assemelhando, não é uma opção do instinto natural. É um *upgrade* ético-existencial, que só o ser humano, iluminado por Jesus Cristo, na força do Espírito, é capaz de fazer, rompendo com o horizonte estritamente instintivo, e, já no campo ético, assumindo a dinâmica da distinção-relação.

c) A questão do e se...

A questão se torna teologicamente mais complexa quando nos deparamos com a possibilidade de todos os esforços humanos virem a falhar e a criação, como um todo, deixar de existir. A questão se torna complexa porque, em si, ela se apresenta como excludente. De um lado, é a afirmação de que a criação recebeu de Deus a radical liberdade de existir de acordo com suas leis próprias. De outro, é a afirmação de que essas leis próprias podem levar a criação a não mais existir e, assim, desaparecer o outro capaz de dar a Deus a amorosa resposta à amorosa iniciativa. Não se trata, pois, de um dilema de fácil solução.

Sabemos por experiência que a incerteza em relação ao futuro é um fato. Mais do que progresso ou degradação, o futuro carrega em si forte e inevitável carga de ambiguidade. O diferencial cristão encontra-se no fato de que somos seres de esperança. Nossa fé – nossa compreensão da vida em sua totalidade, nosso conteúdo para o Sentido Último da existência – tudo isso brota da Ressurreição, ponto central do que somos e cremos. Embora reconhecendo a ambiguidade do futuro, o cristão olha para ele com maior dose de esperança do que de desespero, uma esperança, contudo, não passiva. Por um lado, é uma esperança ativa que, como dito antes, é empenho e atuação pelo surgimento de uma nova ética, capaz de fazer nascer, dos sistemas entropicamente degradados, novas relações universais, isto é, em todos os âmbitos da realidade. Por outro, é uma esperança que se reconhece também como dom. Por um lado, empenha-se contínua e intensamente. Por outro, reconhece seu limite e sabe que, em algum momento da história pessoal e mesmo universal, haverá de experimentar a entrega gratuita de si nas mãos do Outro Radical. Trata-se aqui da mesma lógica da Ressurreição: o Pai ressuscitou Jesus.[21] Num processo em que o reconhecimento do passado significa ter o primeiro passo sido o *dom*,

---

[21] Na linha de AT 2,24; 3,15; 10,40; 13,30; 13,34 ou Rm 10,9. Neste sentido, a Ressurreição foi, de algum modo, um ato trinitário.

também o futuro deve ser assumido como endógeno, isto é, com uma dimensão que procede de fora da história. "Muito embora toda a série de eventos cósmicos esteja sujeita a eventual perecimento temporal, seus momentos constituintes filtram-se a todo momento na refinaria da criativa transformação pelo Espírito de Deus. Em nossa concepção teológica desse mundo processual existe abundante morte e perecimento perpétuo, mas também existe redenção, conservação e nova criação."[22]

De fato, tudo é perecível, exceto o próprio Deus, e a possibilidade de um perecimento total não retira da criação o sentido de resposta a esse Deus que, por gratuito e radical amor, a criou. O conhecimento científico acerca da possibilidade de efetiva destruição da criação não pode gerar passividade em relação à vida. Somos seres de sentido e sentido relacional. A contribuição cristã deverá ser a de mostrar que este mundo tem um sentido, para o qual ruma, isto é, o caminho que aqui se chamou de *distinção-relação*. Só através de um mergulho profundo e fecundo no relacionamento, seremos capazes de encontrar respostas para os desafios da entropia. Essas respostas poderão ser técnicas, no sentido, por exemplo, de novas formas de energia, novos modelos econômicos ou novos estilos de vida, poderão ser também de redescoberta de sentidos concretos a partir do Sentido Radical, isto é, novas práticas, novas atitudes e novas perspectivas. "A eterna solicitude de Deus decerto pode impedir que o mundo como um todo pereça [...] preservando-o e reordenando-o continuamente em padrões mais abrangentes de beleza na visão da divina glória que esperamos desfrutar para sempre."[23] Assim como a criação é um gesto da mais profunda gratuidade de um Deus-Amor que se esvazia em direção ao outro, isto é, ao não deus, à criatura, sua ação permanece interpelando corações generosos, capazes de ultrapassar os limites do consumismo devastador e do individualismo hedonista gerador de conflitos e guerras, para suscitar novas formas de existência.

A fé na Ressurreição é realista, otimista e aberta ao futuro como plenificação. Sabe, com isso, que esse mesmo futuro será o que acontecer no presente em termos de relacionamento entre cada um – pessoal, grupal ou social – com seus outros e entre todos com o Outro Radical. Não parece insanidade, por fim, crer que, mesmo se, no exercício da liberdade, a humanidade vier a falhar no intento de caminhar em sentido

---

[22]   HAUGHT, J. F. *Cristianismo e ciência:...*, op. cit., p. 228.
[23]   Ibidem, p. 229-230.

oposto à entropia, o Outro Radical, o Amor que se esvazia para criar, salvar e santificar os outros, não venha a atuar de modo fascinante a fim de que sempre tenha, não por carência de ser, mas por amor, um outro, muitos outros, a amar. Nesse sentido, o futuro se torna também um desafio *místico*. A Escritura fornece inúmeros exemplos da não desistência divina. Nem precisa ir muito longe na leitura do texto sagrado. Basta ficar nos relatos creacionais: sempre permanece uma porta aberta.[24]

3. Meia parede construída?

Como se pode ver, a tarefa é grande, pois, mais do que responder a este ou àquele questionamento, trata-se de um processo de contribuição para o surgimento de uma nova época histórica, em meio a uma humanidade sedenta de sentido e sensível, de algum modo, às questões ligadas à natureza e à solidariedade. Por certo, o futuro da humanidade não dependerá exclusivamente do cristianismo. O mundo se tornou profundamente plural e somente através do diálogo e das parcerias seremos capazes de permitir o surgimento de algo efetivamente novo. Para os cristãos fica, entretanto, a responsabilidade irrenunciável de dizer sua proposta de sentido, fazendo-o por atitudes e palavras. Por atitudes, compreendem-se não apenas os testemunhos individuais, mas também as ações evangelizadoras, com suas prioridades, estratégias e planejamentos. Por palavras, compreende-se aqui o específico pensar teológico, significando os rumos de uma teologia que, entre outras tarefas, deseje ser relevante numa mudança de época, dialogando, entre outros, com o pensamento evolucionista. O ponto de partida neste mundo globalizado haverá de ser a questão do sentido com todas as suas implicações. Num mundo plural e globalizado, as questões se alargam, atingindo os aspectos basilares. Consequentemente, quer no agir evangelizador, quer na teologia – se é possível falar de ambos em separado! –, a questão do sentido haverá de ter a primazia.

3.1. Pistas para o agir evangelizador

Em termos evangelizadores, a primeira questão que a abordagem a partir do sentido coloca se dirige para os próprios cristãos, interpelando-os

---

[24] Por exemplo: cf. Gn 4,1-2: A vida continua apesar do pecado grave. Cf. Gn 4,13-16: Caim é preservado. Cf. Gn 6,11–7,24: O dilúvio não destruiu a criação.

a respeito das razões de sua esperança. Em outras épocas, argumentos como a tradição ou a fidelidade institucional possuíam plausibilidade suficiente para respaldar opções. A primazia no passado tende, de fato, a colocar o peso nestes dois elementos, tradição e instituição. Como o desafio agora é o futuro, fundamentos com maior alicerce no passado tendem a não ser facilmente reconhecidos. O problema consiste em perceber em qual futuro vamos efetivamente apostar: esperançosa abertura a um relacionamento crescentemente fecundo ou descrença em todas as possibilidades de ultrapassagem das entropias? Por certo, a solução desse conflito entre passado e futuro encontra-se no presente, e seu caminho passa pela recomposição ética, profundamente marcada pela sensibilidade aos mais fracos. Trata-se aqui de um dado histórico básico: diante das catástrofes, a solidariedade humana emerge com grande vigor. Podem surgir fanatismos e posturas vindicativas ou individualizantes, pois o futuro é aberto e as relações se constroem na liberdade. Importa, todavia, olhar a história e reconhecer o peso da solidariedade sempre tão presente nas horas da mais aguda dor. Em nossos dias, um cristianismo solidário encontrará, portanto, reconhecimento e aceitação, até porque esse aspecto faz parte nuclear da experiência cristã (DA 393). O problema é que o ser humano é um ser de sentido, de significado e, em determinados momentos da história da humanidade, além de suas práticas fiéis ao Evangelho, o cristão precisa também explicitar os motivos pelos quais age dessa maneira (EN 21). Este é um princípio evangelizador que percorreu toda a história da Igreja. Basta pensar nas controvérsias cristológicas e trinitárias, com as heresias e o empenho por um dizer ortodoxamente a experiência vivida.

Aos cristãos, num mundo a ser assumido na distinção-relação, cabe a tarefa de reconhecer que, por distinção, entende-se a identidade peculiar de cada um, inclusive de cada experiência de sentido. Não se trata, portanto, de fusão indistinta, em estilo panteísta. A *distinção* não o permite. Não se trata de fechamento ao convívio, ao diálogo e mesmo ao confronto, pois o outro polo, o da *relação*, sairia então lesionado. Este é, por conseguinte, um tempo de afirmação do sentido, tempo de firmar identidades, não, por certo, no campo estético e formal, porém muito mais no campo ético-existencial. Por suas atitudes, os cristãos haverão de testemunhar e anunciar Jesus Cristo, mas o Jesus Cristo da *distinção-relação*. Presentes nas dores dos seres humanos e nas dores de toda a criação, deverão ser capazes de justificar sua atitude através da manifestação clara de que o sentido é Jesus Cristo, kenótica e trinitariamente assumido, e o Reino de Deus.

É nesse aspecto que se pode compreender a afirmação que vem marcando a ação evangelizadora latino-americana e brasileira após a Conferência de Aparecida: *recomeçar a partir de Jesus Cristo*. Longe de se assumir essa expressão como guerra santa ou algo similar, trata-se de compreender que este é um tempo para se voltar às origens, ao cerne de toda a identidade. É um tempo para perceber que, entre outros aspectos, Jesus Cristo não significa mais nada para um grande número de pessoas e culturas, bem como seu significado vem sendo envolto em posturas que nem a partir do Antigo Testamento se justifica. Daqui decorrem todas as demais práticas, igualmente chanceladas pela Conferência de Aparecida: iniciação e reiniciação cristã (DA p. 286s), redes de comunidades (DA p. 170s; 304s), valorização da vida em todas as suas instâncias (DA p. 348s) etc.

Em tudo isso, o pensamento evolucionista interpela o alargamento do horizonte existencial para as dimensões ecológicas,[25] pedindo às comunidades cristãs que descubram caminhos para o que poderíamos chamar de uma *pastoral da ecologia*.[26] Ultrapassando os tão referidos conflitos entre creacionismo e evolucionismo, essa sensibilidade ecológica colocada em prática é chamada a despertar nos cristãos e, por meio deles, no mundo em geral, a sensibilidade para a criação como dom, dádiva recebida do Outro e com este Outro, através dos outros, entrar em relacionamento.

3.2. Pistas para a reflexão teológica

Esta reflexão se completa com algumas indicações a respeito do fazer teologia diante dos desafios oriundos do pensamento evolucionista. A partir do que foi aqui refletido, alguns aspectos se destacam. Não são,

---

[25] Interessante observar que, entre os desafios indicados pelo Papa João Paulo II para o Terceiro Milênio, o primeiro indicado é o ecológico: "E como ficar indiferentes diante das perspectivas dum *desequilíbrio ecológico*, que torna inabitáveis e hostis ao homem vastas áreas do planeta? Ou face aos *problemas da paz*, frequentemente ameaçada com o íncubo de guerras catastróficas? Ou frente ao *vilipêndio dos direitos humanos fundamentais* de tantas pessoas, especialmente das crianças? Muitas são as urgências, a que o espírito cristão não pode ficar insensível". Carta Apostólica *Novo Millennio Ineunte*, n. 51.

[26] Cf. SALINAS, J. M. F. "Pastoral ecológica. Recursos pedagógicos". In: *REB* 277 (Petrópolis, Vozes, 2010) 39-51.

por certo, os únicos. Outros poderão ser indicados alhures.[27] Importa aqui somente sintetizar os que foram mencionados ao longo do texto.

a) Uma teologia da alteridade

O empenho pela explicitação existencial do Sentido Último da existência haverá de ser uma das marcas distintivas da vivência cristã e da reflexão teológica nos próximos anos. Trata-se de uma teologia que se vai construindo exatamente a partir das duas categorias destacadas neste texto: *distinção* e *relação*. Ambas, bem sabemos, remetem à *alteridade*, que é sempre maior do que podemos imaginar, apontando incessantemente para aquele que é a Alteridade Radical. Os problemas resultantes desse caminho ligam-se ao fato que distinção, relação, movimento e liberdade são termos que desafiam o pensar teológico, correndo-se o risco de se inserir a imperfeição no ser divino, comprometendo-lhe a plena deidade. Esse comprometimento pode acontecer de diversos modos. Pode-se, por exemplo, retirar de Deus o caráter pessoal, inerente à Revelação, e, por consequência, transformá-lo em uma espécie de força motriz, presente em todas as realidades. Entretanto, só se recai em panteísmo ali quando desaparecem a *distinção* e a *relação*. Foi o que aconteceu com certo tipo de pensamento do processo. Não conseguiu ir adiante porque não ultrapassou a concepção ontológica de exclusão. Para afirmar a liberdade humana, acabou negando a onisciência (Deus não poderia prever o futuro totalmente) e a onipotência (Deus não poderia intervir diretamente na história nem no ser humano).[28]

b) Uma teologia do futuro

Para além desses impasses, será preciso realizar uma teologia com forte sentido de futuro, capaz de colaborar na busca comum de caminhos ético-existenciais para um futuro que, apesar do peso das afirmações entrópicas, permanece ambíguo. Não será, por certo, um futuro desconectado do passado, em que *dom* e *tarefa* não se articulam adequada-

---

[27] Entre algumas publicações bem recentes, podemos destacar: GEBELLINI, R. (Edt.). *Prospettive teologiche per il XXI secolo*. Brescia, Queriniana, 2003; KESHAVJEE, S. *Une théologie pour temps de crise:* Au carrefour de la raison et de la conviction. Genebra, Labor et Fides, 2010; STEPHEN B. B. E SCHROEDER, R. P. *Teologia per la missione oggi.* Costanti nel contesto. Bréscia, Querininana, 2010.

[28] O tema é, por si, bastante delicado e necessitaria de abordagem específica e bem mais ampla. Importa destacar que o caminho da reflexão teológica sobre Deus haverá de passar necessariamente pelo equilíbrio entre estes dois aspectos já por demais repetidos. Cf.: BRACKEN, J. A. & SUCHOCKI, M. H. *Trinity in Process.* A Relational Theology of God. New York, Continuum, 1997; HAUGHT, J. *Cristianismo e evolucionismo em 101 perguntas e respostas*, op. cit., 2009, p. 227s.

mente. Será um futuro que acolhe o presente como dom e a futuridade positiva como possibilidade aberta aos que acolherem esse mesmo dom.

c) Uma teologia predominantemente antropológica e cristológica

Para isso, necessitará ser uma teologia fortemente marcada pela antropologia e pela cristologia. Haverá de acentuar, de um lado, o caráter de busca de sentido presente em todo ser humano e, de outro, a dimensão kenótica manifestada em Jesus Cristo. Acreditamos ser esses dois pontos, o antropológico e o cristológico, que permitirão a ultrapassagem de um olhar pessimista em relação ao futuro para um olhar esperançoso e eticamente comprometido. Permitirão também a superação do panteísmo e do deísmo.

d) Uma teologia em globalização

Um mundo marcado pela globalização pede também uma *teologia em globalização*. Não se trata de uma teologia *da* globalização, no sentido de que se reflita *sobre* a globalização, seja para sustentá-la seja para questioná-la. Trata-se de reconhecer que o atual momento histórico traz a todas as pessoas, povos e culturas, num nível até então não experimentado, a consciência de que, em meio às diferenças, somos uma única humanidade. Os possíveis destinos do planeta nos colocam inevitavelmente face a face. O que faremos com esse face a face dependerá do exercício de nossa liberdade pessoal e social. Teologia em globalização é teologia em alteridade, exige busca e *kénose*.

e) Uma teologia da inclusão

Nesse sentido, a teologia haverá de ajudar a melhor compreender e articular o excessivo antropocentrismo próprio da Modernidade com o advento do que se poderia chamar de ecocentrismo, isto é, o advento da consciência ecológico-planetária. No horizonte de uma lógica de exclusão, trata-se de pensar teocentrismo, antropocentrismo e ecocentrismo como três realidades que se contrapõem. Falar, por exemplo, de antropo ou ecocentrismo significaria, em consequência, deixar de reconhecer a primazia de Deus. Ao contrário, este é um tempo para se realizar uma reflexão que necessariamente deve se construir em chave de inclusão, pensando Deus, o ser humano e toda a criação à luz da alteridade relacional, de modo que a afirmação de um não exclua o outro. A primazia será sempre de Deus. Isso é garantido pela categoria da *distinção*, uma primazia, contudo, não excludente. O Deus do dom é o mesmo Deus que, relacionalmente acompanhando na tarefa, aguarda no futuro. Cabe concretizar a tarefa em termos cada vez mais includentes.

f) Uma teologia do diálogo inter-religioso

Essa inclusão aponta diretamente para o diálogo inter-religioso, fazendo com que a teologia, de um lado, afirme a identidade que brota da Revelação, e, de outro, ausculte os sentidos presentes em outras experiências que não a cristã. Fazer teologia num período histórico em que a futuridade se apresenta no mínimo ambígua implica necessariamente voltar-se para a questão do Sentido Último, fazendo dela uma de suas bases. Isso significa assumir necessariamente o diálogo inter-religioso e, com ele e a partir dele, estabelecer o diálogo-confronto com o pensamento científico em geral e especialmente o de vertente evolucionista. Desse modo, a teologia deverá ser cada vez mais uma teologia em diálogo, reconhecedora de que a unidade plena é assintótica, escatológica e trans-histórica.

g) Uma teologia em diálogo com o ateísmo

Por certo, o ateísmo sempre foi um dos principais desafios à fé e à teologia. Em cada época histórica, ele assume aspectos próprios, de modo a se poder dizer que cada período tem sua vertente de ateísmo. Em nossos dias, assistimos a uma série de manifestações do mesmo fenômeno, com tendências que variam desde o combate frontal até a simples indiferença. No Brasil, dados censitários e pesquisas realizadas no início do século mostraram que não se trata tanto da descrença em Deus, mas de sua configuração institucional em uma proposta religiosa, notadamente as de cunho histórico mais antigo e tradicional. Importa, no entanto, reconhecer que, diante da aceleração dos ritmos de vida e da rapidez de comunicação, o pensamento teológico no Brasil deve se voltar não apenas para os crentes sem religião, mas também para a possibilidade de que estes e outros venham a se tornar também não crentes. Embora as mencionadas pesquisas tenham indicado oscilação entre instituições religiosas, fenômeno chamado de *trânsito* ou *mobilidade religiosa*, não se pode com certeza afirmar que os avanços ateístas dos últimos anos não venham a produzir seus frutos, até porque tendem a se manifestar exatamente a partir do patamar científico.[29] Tendo como base atitudes de intolerância, esse ateísmo militante e científico busca combater o que considera ignorância, fruto de mitos e superstições, num processo generalizante. O caminho da teologia é conhecido. Trata-se de se perguntar qual o Deus que os ateístas combatem e qual é o Deus

---

[29] Cf. as recentes obras de DENNET, Daniel, HITCHES, Christopher, HARRIS, Sam, DAWKINS, Richard, este último muito citado em diversos artigos deste livro.

que os cristãos estão, de fato, testemunhando. Em alguns casos, as duas realidades se identificarão. Em outras, ficarão bem distantes.

h) Teologia do sonho escatológico

Por fim, neste resumo de desafios, cabe à teologia, num ambiente marcado por individualismo, consumismo, hedonismo e imediatismo importados para o campo da experiência religiosa, refletir sobre a eficácia da ação divina e sobre a relação entre Deus e a criação, notadamente no que diz respeito aos milagres. Estamos num tempo de discursos brevíssimos, projetos milimétricos, sonhos menores que um átomo. Torna-se árduo falar em preservação do planeta, sociedade justa e fraterna, quando prodígios resolvem imediatamente problemas individuais. Esses processos de individualização excludente contradizem frontalmente uma experiência de sentido, que é *kénose*, alteridade, inclusão, comunidade, solidariedade e utopia. A fé na Ressurreição e a espera da Parusia fazem parte integrante de uma dinâmica que, em relação ao presente, ao imediato, é mergulho, encarnação, mas é também desprendimento, relativização, pois, embora pouco se fale desse assunto em nossos dias, o Reino de Deus é transistórico. A vida eterna não deixou de existir.

Del Dios omnipotente a "la humildad de Dios"[1]
Una reflexión sobre la evolución en perspectiva kenótica

Olga Consuelo Vélez Caro*

Introducción

La ciencia moderna nos está sorprendiendo con una concepción del universo que desestabiliza las nociones adquiridas. Más aún, para los creyentes, las conclusiones científicas cuestionan profundamente la fe en el Dios omnipotente artífice de esta creación y garante de su sustentabilidad y nos invitan a preguntarnos si todavía se puede creer en el Dios bíblico que hizo el mundo en siete días como relata el libro del Génesis (1,1–2,3).

Pero esa invitación es más que eso. Es un imperativo que se impone para poder mantener la significatividad del mensaje revelado en el momento actual y validar su pertinencia para los varones y mujeres de hoy. Es por eso que varios autores emprenden esa ingente tarea y los caminos abiertos por ellos nos convocan a continuarlos. Uno de esos caminos señalados por estos autores es la *humildad de Dios* o su *kénosis*

---

[1] Expresión tomada del libro de HAUGHT, J.F., *Cristianismo e ciência*: para uma teologia da natureza. São Paulo, Paulinas, 2010, p. 69.

* Doctora en Teología por la Pontifícia Universidade Católica de Rio de Janeiro, Profesora Titular de la Pontificia Universidad Javeriana de Bogotá, Colombia. E-mail: ocvelez@javeriana.edu.co.

divina.[2] Concebir a Dios desde esas características, advierten estos autores, puede llevarnos a articular correctamente la fe en el Dios creador del universo con la concepción moderna de la cosmología.[3]

En este capítulo pretendemos desarrollar esa argumentación, valiéndonos de los aportes de algunos de estos autores con el objetivo de explicitar esta realidad divina que, sin ser desconocida, posiblemente no ha sido suficientemente asumida, en la reflexión y en la experiencia cristiana. Nadie dudaría del valor de la humildad, como actitud humana, capaz de introducirnos en la dinámica del Reino. Sin embargo, a muchos les cuesta concebir a Dios desde esa perspectiva. Afirmar un Dios humilde, kenótico, es entender el poder de Dios como servicio, como amor, como humildad, muy diferente de entenderlo como poder de dominación. Esto lleva a que los atributos filosóficos de omnipotencia u omnisciencia no sean los únicos que se resalten en Dios sino que consideremos también al Dios débil y frágil, *demasiado* humano, encarnado – se podría decir irónicamente –, que nos resulta más difícil seguir, máxime si tenemos en cuenta tantas debilidades personales y sociales que a diario constatamos y de las que buscamos liberarnos desde un poder mayor que lo haga posible. Ahora bien, tenemos que anotar que este tema no está suficientemente estudiado, ni asumido, y lo que digamos aquí se sitúa más en la línea de hipótesis y propuestas, que en logros o certezas adquiridas. Al referirnos a los autores aquí estudiados, buscamos presentar su pensamiento y explicarlo lo más claramente posible, pero no nos comprometemos con todos los planteamientos por ellos expresados ya que estamos en este mismo horizonte de búsqueda y reflexión.

Desde este horizonte, en este texto nos referimos, en primer lugar, a las dificultades para el diálogo fe-ciencia que implican la imagen de Dios creador que tenemos en nuestra cosmovisión religiosa. En un segundo momento, valiéndonos de los aportes de distintos autores, mostraremos

---

[2]   La perspectiva de la humildad de Dios y la *kénosis* divina asumida en esta reflexión, es también trabajada en el capítulo introductorio a esta obra: GARCÍA, A. "A teologia da criação desafiada pela visão evolucionista da vida e do cosmo". Aunque esta perspectiva en ambos capítulos tiene su propia orientación, son inevitables algunas coincidencias que esperamos sirvan para reforzar y complementar lo expuesto en cada uno.

[3]   Cf., especialmente, HAUGHT, J.F., op. cit. Otros autores hacen planteamientos que corroborarían esa tesis al hablar de "la creación como *kénosis*". Una colección de artículos en esta línea los encontramos en la obra de POLKINGHORNE, J. (Ed.). *La obra del amor. La creación como kénosis*. Estella (Navarra), Verbo Divino, 2008. Estos artículos constituyen uno de los insumos fundamentales de esta reflexión.

cómo al recuperar la *kénosis* divina, nos introducimos en un diálogo posible entre fe y ciencia. Haremos una referencia a la perspectiva de género por ser ésta una instancia de análisis que se ha confrontado con la categoría *kénosis* por la realidad problemática que supone ésta última, frente al empoderamiento de las mujeres.[4] Finalmente esbozaremos algunas conclusiones que nos permitan seguir abriendo caminos al diálogo entre la autonomía del mundo y la fe en el Dios creador de cielo y tierra.

1. Dificultades para el diálogo fe-ciencia

La ciencia moderna afirma que el universo es "una narrativa en proceso".[5] No era ese, ni aún lo es, el pensamiento de la mayoría de los cristianos quienes al acercarse a leer los pasajes del Génesis donde se narra la creación del mundo, creen que ese acontecimiento maravilloso tuvo un tiempo determinado – siete días – los cuales, al finalizar, concluyeron con la creación. A partir de entonces, sólo cabe esperar el devenir de la historia de salvación en la cual cada ser humano se juega su futuro definitivo dependiendo de la capacidad de responder que tenga frente al Creador. Más aún, considerado el planeta Tierra como centro y sentido de toda la creación, costó "sangre"[6] la aceptación de un cosmos donde la Tierra no fuera el centro de la creación sino que girara alrededor del Sol junto con otros planetas situados en ese mismo sistema solar. Y, más aún, que éste no fuera el único sistema solar sino que existiera un multiuniverso que nuestras mentes, posiblemente, no alcanzan a imaginarlo en su concreción y magnitud.

Pero antes de indagar por las dificultades entre ciencia y fe hemos de tomar conciencia de un hecho decisivo. La ciencia nos puede decir el qué, cómo y cuándo de los acontecimientos naturales. Pero no puede aportarnos el sentido último de la realidad ni su origen como "obra

---

[4]   NOVOA, A. y VELEZ, C. "La categoría *kénosis*. Una lectura desde la perspectiva de género". In: *Theologica Xaveriana* (169) año 60/1, 2010, p. 159-190.

[5]   HAUGHT, J. *Cristianismo e ciência*, op. cit., p. 4. En la página 7, nota 1 de este mismo libro se encuentra bibliografía que corrobora esa afirmación.

[6]   Utilizo la expresión "sangre" porque los promotores del desarrollo científico fueron frecuentemente perseguidos, castigados e incluso matados por proponer nuevas concepciones científicas que afectaban, principalmente, las creencias religiosas vigentes hasta entonces.

del amor".[7] La fe, por el contrario, sólo puede hablarnos del para qué, del sentido último, de la razón de ser de la vida humana y de toda la creación. ¿Cómo entonces pretender que dos tipos de preguntas distintas entren en diálogo? De aquí surgen las diferentes posturas en boga actualmente.

Por una parte, tenemos aquellos que sólo admiten una de esas preguntas – bien sean las preguntas científicas o las preguntas religiosas – y no se interesan por las otras. Aunque esta postura evita el conflicto, no soluciona el problema frente al cual la mente humana exige un mínimo de respuestas y/o de articulación de los dos ámbitos. Por otra parte, encontramos los que también se colocan en uno de los dos horizontes pero no ignoran el contrario sino que, precisamente, se dedican a negarlo, con base en la postura que asumen. Esta postura provoca conflicto porque se ataca de frente la posición contraria. La teoría creacionista o el ateísmo científico responden a esta posibilidad. Aquí naturalmente se encuentran los orígenes de los enfrentamientos irreconciliables que sólo llevan a la violencia, a la intolerancia y al rechazo de unos frente a otros. Finalmente están los que buscando "un punto de vista superior"[8] posibilitan el diálogo y, sin pretender unificar, aspiran a ofrecer una respuesta más amplia, integradora, que contribuya decisivamente al bien y a la verdad humana. John Haught se refiere a esta postura como una "explicación escalonada"[9] que consiste en dar espacio a diferentes comprensiones de un mismo fenómeno. Así es posible dar una explicación desde la ciencia y otra desde la teología, reconociendo sus diferencias pero buscando sus puntos de articulación y complementación. Puede que algunos se resistan a admitir esa explicación escalonada pero estaría muy bien que, como personas creyentes, nos mostremos abiertos y receptivos a buscar caminos de respuesta, sabiendo que la explicación

---

[7] Sugestivo título del libro colectivo de John Polkinghorne al que ya hicimos referencia y nos ha servido de base para gran parte de nuestra reflexión.

[8] Lonergan al hablar de la cuarta especialización funcional del método teológico – la dialéctica – , distingue varios tipos de dialéctica: genética, complementaria y opuesta. Afirma que las dos primeras se resuelven al comprender que los polos distintos que se presentan son diferentes momentos de un proceso (genética) o puntos de vista complementarios de la misma realidad (complementaria). Pero la tercera, la dialéctica de opuestos, sólo puede superarse proponiendo "un punto de vista superior" que, sin dejar de tomar en cuenta los elementos opuestos, ofrezca una nueva síntesis que sea capaz de articular lo diferente, lo complejo, lo distinto. LONERGAN, B. *Método en Teología*. Salamanca, Sígueme, 1994, p. 229-231.

[9] HAUGHT, J. *Cristianismo e ciência*, op. cit., p. 200.

científica aporta elementos que pueden ser integrados por la fe y que es responsabilidad nuestra asumirlos y promoverlos.

Pero ¿qué es lo que en realidad se opone a la fe desde los descubrimientos modernos? Cabe anotar que no son los descubrimientos en sí sino las consecuencias que se derivan de ellos. Descubrimientos nuevos como la teoría del *Big Bang*, la evolución, el código genético, el campo profundo de Hubble o los aspectos químicos de la mente no deberían inhabilitar la dimensión trascendente del ser humano sino, por el contrario, profundizar en ellos y ver la iluminación que ofrecen a las preguntas sobre el origen y sentido del cosmos y de la vida, reconociendo que esos descubrimientos exigen más inteligencia y razonabilidad frente a todo lo creado. Sin embargo, muchos pretenden responder a estos interrogantes desde lo material, lo físico, lo natural. Es decir, no admiten otra realidad más que la naturaleza sin dejar ningún espacio a lo divino. A eso se le llama *naturalismo científico*. De aquí podemos afirmar con Haught: "no es la ciencia, sino un tipo de naturalismo materialista frecuentemente confundido con ciencia, lo que entra en conflicto con las creencias del cristianismo y de otras religiones".[10]

Pero precisamente aquí está la parcialidad de este planteamiento científico porque al no admitir otras causas más que las naturales para explicar la realidad, se deja de lado el mundo psíquico y afectivo de los seres humanos y, más aún, la pregunta religiosa que, como pregunta legítima, está inserta en el cuestionar humano.[11] Por eso una "teología de la naturaleza"[12] propone que hay más cosas en el mundo que lo que aparentemente se ve y la ciencia no puede abarcarlas todas. Este espacio es el que bien puede ocupar una teología, no porque se vayan a revelar cosas extraordinarias, sino porque, en ese devenir natural, Dios se manifiesta y es la fe la que puede descubrir esa presencia en los mismos elementos en los que la ciencia descubre una causalidad y una transformación natural. En otras palabras, la fe en el Dios creador no crece y madura negando los aportes de la ciencia sino descubriéndolo en el desarrollo y progreso científico.

La problemática que está en juego en esta dificultad de conciliar fe y ciencia radica en la imagen de Dios que tenemos. El relato bíblico entendido literalmente ha presentado un Dios todopoderoso capaz de

---

[10]   HAUGHT, J. *Cristianismo e ciência*, op. cit., p. 29.

[11]   LONERGAN, B. *Método*, op. cit., p. 103-105.

[12]   Es la respuesta teológica al naturalismo científico que presenta Haught en su libro. HAUGHT, J. *Cristianismo e ciência*, op. cit., p. 61.

separar las aguas y crear los cielos y los océanos, de hacer surgir la luz de la oscuridad, crear las estrellas y el firmamento y hacer brotar la vida en las diferentes especies. Y como sumo momento de su creación, capaz de crear al ser humano a su imagen, creación que siguiendo el texto de Génesis 2, es tan material y concreta, como *soplar con su espíritu divino el barro*, sacando de éste un ser humano inteligente. Todo es armonía y realización plena en esta creación y parece que Dios no tiene otro quehacer más que contemplarla, velando porque el ser humano no pretenda ser como Él. Viendo la creación de esta manera, se entiende por qué Dios les advierte a Adán y a Eva sobre el castigo que acarrea probar el fruto "del árbol de la ciencia del bien y del mal" (Gn 2,17). En otras palabras, es un Dios que hizo su creación de una vez para siempre y ahora está sentado viendo el devenir de ésta, esperando que la libertad humana secunde su plan de salvación hasta que él mismo decida terminarla y permita que los seres humanos compartan su misma vida.

Una lectura bíblica de ese estilo y una teología que respalde tal concepción de creación no pueden dialogar con los descubrimientos de la ciencia moderna sobre el origen del mundo y de la vida. No hay encuentro posible. Por eso, sólo quedan dos caminos: o se rechazan los planteamientos de la ciencia o se purifica la imagen que se tiene de Dios. Esta segunda opción es la más acertada si no se quiere caminar paralelo a la ciencia, limitando así la fe a la esfera personal sin articularla con todas las dimensiones humanas, especialmente, la científica.[13] Pero ¿acaso podemos cambiar de imagen divina para solucionar nuestras dificultades? Esta sería una objeción válida si no encontráramos en la misma revelación una respuesta a tal objeción.

La imagen de un Dios todopoderoso ha sido la tentación constante del pueblo elegido y sólo la conversión hacia el verdadero Dios de Israel le ha permitido continuar su historia hasta nuestros días. Veámoslo brevemente. La imagen del Dios que salvó al pueblo de Israel del poder de los egipcios entró en crisis con la experiencia del exilio. ¿Dónde está ese Dios fiel y bondadoso? ¿Qué pasó con sus promesas y su poder? Paradójicamente, es en el desierto donde el pueblo encuentra que el Dios que camina con ellos es el que acompaña su historia y se hace nuevamente presente en la experiencia del exilio. Desde ahí se puede

---

[13] Sobre el cambio en la imagen de Dios véase el capítulo 1 de esta obra.

suspirar por la *tierra prometida* y se encuentran las fuerzas para continuar caminando hacia ella.

Esa experiencia veterotestamentaria es también la vivencia de la primera comunidad cristiana. Los *signos y maravillas* realizadas por Jesús "los cojos caminan, los ciegos ven, los sordos escuchan" (Lc 4,16) – signos con los que Juan Bautista puede reconocer que Jesús es el Mesías esperado (cf. Lc 7,19-23) – pierden todo su valor cuando llega la crucifixión y la muerte. "Dios mío, Dios mío ¿por qué me has abandonado?" (Mt 27,46) es el grito que se repite en la experiencia cristiana desde aquel primer fracaso hasta nuestros días. Y solamente cuando lo frágil y lo pequeño, cuando la aceptación de la muerte se hace realidad, resurge la vida y la resurrección. Y ese reino que era la pequeña semilla que nadie veía (cf. Mt 13,31-32) comienza a crecer y brota en múltiples y variadas circunstancias. Pero la dinámica del reino continúa su curso y así como las tentaciones de Jesús en el desierto (cf. Lc 4,1-12) no fueron un único momento en su vida sino el desafío constante que acompañó su misión, la vida cristiana está impregnada de esa misma realidad en muchos y variados acontecimientos.

Los desafíos que hoy lanza la ciencia moderna a la fe nos invitan a instalarnos en esa dinámica para *salir bien librados* de esta dificultad. Pero no es de extrañar que nos sintamos en profunda crisis. ¿Cómo compaginar la fe en el Dios creador todopoderoso con la certeza de un cosmos y un desarrollo de la vida que está pudiendo ser develada y entendida? Las preguntas sobre el cómo y cuándo parecen responderse. Pero no coinciden con los datos bíblicos. No coinciden con la imagen de Dios que hizo el mundo de la nada y ahora simplemente acompaña su devenir. La crisis es legítima y es urgente encontrar el camino para responder de manera creíble y en sintonía con el mundo actual.

2. La *kénosis* como camino de encuentro entre fe y ciencia

Según describimos en el apartado anterior, los descubrimientos de la ciencia tropiezan con la imagen de Dios todopoderoso creador del cielo y de la tierra que profesamos en el credo. A este Dios no le cabe la posibilidad de un universo inacabado, de una evolución que supone "el accidente, la selección natural y un tiempo profundo"[14] como condi-

---

[14]   HAUGHT, J. *Cristianismo e ciência*, op. cit., p. 128.

ciones de desarrollo, ni una providencia divina que no puede intervenir directamente en su creación para arreglar las imperfecciones humanas. Pero acaso, ¿no es ese mismo Dios bíblico el Dios encarnado, histórico, capaz de salir de sí mismo, abajarse, vaciarse, de no retener su condición divina (cf. Fl 2,5)? Esta es la argumentación que pretendemos seguir aquí apoyándonos en algunos autores que ven este camino como una manera posible de establecer dicho diálogo. Una breve presentación de estos planteamientos nos permitirá realizar esta reflexión.

2.1. Teología de la *kénosis* de Cristo

No pretendemos aquí presentar esta teología de manera exhaustiva. Basta introducirnos en el tema siguiendo las propuestas de Jürgen Moltmann[15] referidas directamente a buscar una relación adecuada entre la fe y la ciencia. El texto bíblico para referirnos a la *kénosis* es Fl 2,5-11 en el que se habla de la condición divina del Hijo de Dios en el cielo de la que se *despojó* llegando a ser esclavo, crucificado en el Gólgota. No nos detendremos en los problemas exegéticos del texto[16] sino en las reflexiones teológicas sobre el mismo.

En primer lugar, algunas escuelas de teología protestante entendieron el texto referido a las dos naturalezas de Cristo. La *kénosis* significa en ese contexto que Cristo al hacerse hombre renuncia a sus atributos divinos – omnipotencia, omnipresencia, omnisciencia – haciéndose como cualquier ser humano, pero dejando claro que esa renuncia sólo afectaba a su naturaleza humana, no a la divina. Posteriormente, otras escuelas entendieron el texto referido a la misma condición divina, es decir, al Cristo en su hacerse humano, sustituyendo su naturaleza divina por la humana. Podemos imaginar la cantidad de problemas que estos planteamientos trajeron. Sí el Hijo de Dios se hace humano ¿cómo reconocerlo cómo Hijo de Dios? Los kenotistas luteranos del siglo XIX respondían haciendo una lista de los atributos divinos y afirmando que Jesús se había despojado de los atributos que tienen relación con el mundo pero mantenía los relacionados con la esencia de Dios: verdad, santidad y amor. Lo que es cierto es que esta división de atributos y

---

[15] MOLTMANN, J. "La kénosis divina en la creación y consumación del mundo". In: POLKINGHORNE, J., (Ed.), *La obra del amo.*, p. 181-196.

[16] Para una visión exegética Cf. FEE, G. D. (Ed.), *Paul's letter to the Philippians. The New International Commentary on the New Testament*. Grand Rapids (Mi), Wn.B. Eerdmans Publisching Co., 1995; GRELOT, A. "Deux notes critiques sur Philip 2, 6-11", In: *Bíblica* 54(1973) 169-186.

esta manera de explicar la *kénosis* no tuvo muchos seguidores y se necesitaba otra respuesta.

Hans Urs von Balthasar entendió la *kénosis* no en el marco de la doctrina de las dos naturalezas sino en el contexto de la doctrina trinitaria.[17] La naturaleza esencial del Hijo eterno es la del ser obediente al Padre, actitud que mantiene en su encarnación al permanecer obediente hasta la cruz. Por tanto, en su condición de esclavo no oculta ni renuncia a su condición divina sino que la está revelando. La *kénosis* "no es una autolimitación ni una autorrenuncia por parte de Dios sino que es la autorrealización de la autoentrega del Hijo al Padre en la vida trinitaria de Dios. En virtud del amor sin límites, la vida íntima de la Trinidad está marcada por la *kénosis* reciproca de las personas divinas en su mutuo relacionarse".[18] Aunque esta interpretación trinitaria de la *kénosis* supera las interpretaciones de los kenotistas, no soluciona el problema de los atributos divinos con relación al mundo – entendidos metafísicamente – porque se queda en las relaciones intratrinitarias.

Otros autores conciben la *kénosis* como el Dios hecho humano en Jesús, ocultando su condición divina y también como la forma de existencia del mismo Jesús en su vida histórica.[19]

Por su parte en la teología judaica de la *shekinah* de Dios, se postula el ser kenótico de Dios al proponer su doble presencia tanto en la esfera trascendente como en el mundo: Dios está presente en los cielos y en su exiliado pueblo, es ilimitado y limitado, infinito y finito, está libre del sufrimiento y de la muerte y, a la vez, sufriendo y muriendo con su pueblo.[20]

En esta misma idea de desarrollo teológico sobre la *kénosis*, la teología está vinculando la idea de *kénosis* a la creación del mundo y a la presencia de Dios en ella. Por una parte, si libremente Dios decide crear un ser que no es divino, de alguna manera muestra la esencia misma del Creador al permitir que existan seres distintos de Él. Para

---

[17] BALTHASAR, H. "El misterio pascual". In: *Mysterium Salutis*. Madrid, Cristiandad, 1971, p. 143-331.

[18] MOLTMANN, J. "La kénosis divina en la creación y consumación del mundo", op. cit., p. 185.

[19] Para profundizar en el significado del Himno a los Filipenses no sólo como encarnación del Hijo de Dios sino como manera de existir del Jesús histórico Cf. NOVOA, A. y VÉLEZ, C. "La categoría kénosis..., op. cit., p. 159-190.

[20] MOLTMANN, J. "La kénosis divina en la creación y consumación del mundo", op. cit., p. 188.

poder coexistir con un mundo finito se necesita que Dios mismo se autolimite y este acto se interpreta como primer acto de gracia porque la limitación de su infinitud y omnipotencia es ella misma un acto de su omnipotencia: sólo Dios puede limitar a Dios. Pero aún se precisa algo más. Que Dios mismo haga espacio para darle cabida a la creación y así pues, "la creación viene a existir en el espacio producido por la *kénosis* de Dios".[21] "Sólo allí donde Dios se retira de sí a sí mismo, puede Él producir algo que no sea la misma esencia y ser divinos".[22]

La *kénosis* vinculada a la creación también se interpreta como acto de autohumillación divina que culmina con el sometimiento de Cristo a la muerte en cruz: "La *kénosis* que alcanza su clímax paradójico en la cruz de Cristo, empezó ya con la creación del mundo".[23]

La consecuencia lógica de vincular la creación a la *kénosis* de Dios es comprender que esa misma *kénosis* sigue presente en toda la evolución del mundo hasta su consumación. Por eso no es incompatible pensar en un Dios omnipotente en su paciencia sufriente, es decir, en su amor. Esa paciencia de Dios es su *poder* y de esa manera es que sostiene el mundo con sus dificultades, contradicciones, conflictos, desarrollos. La *kénosis* se equipara también a la posibilidad que trae el futuro en el cual Dios también está presente no determinándolo sino acompañándolo en su devenir. Precisamente la "meta de la *kénosis* divina en la creación y conservación del mundo, es ese futuro que nosotros representamos con los símbolos del Reino de Dios y la Nueva Creación, o mundo sin fin".[24]

2.2. *Kénosis* como humildad de Dios

La *kénosis* divina, a la que hicimos referencia anteriormente, se puede entender no solamente referida a las personas y a la historia humana sino también a toda la creación, posibilitando, así, el diálogo con la ciencia que nos revela ese universo en desarrollo.

El primer tema que nos interesa frente a la creación es el tema del poder. La creación parece implicar un Dios todopoderoso. Sin embargo,

---

[21] Ibidem, p. 190.

[22] SCHOLEM, G. *Major Trends in Jewish Mysticism*. New York, Schocken, 1954, p. 117. Citado por MOLTMANN, J. "La kénosis divina en la creación y consumación del mundo", op. cit., p. 191.

[23] BRUNNER, E. *Dogmatics*. Londres, Lutterwoerth Press, 1952, vol.2, p. 20. Citado por MOLTMANN, J. "La kénosis divina en la creación y consumación del mundo", p. 191.

[24] MOLTMANN, J. "La kénosis divina en la creación y consumación del mundo", op. cit., p. 196.

la *kénosis* divina nos muestra otra forma de poder: la del servicio y dona-
ción, la de la humildad de Dios. Basta aquí recordar la vida histórica de
Jesús en servicio y entrega, de la que el himno a los Filipenses (2,5-11)
hace mención. En este mismo sentido, Moltmann afirma: "Hasta para
crear el cielo y la tierra, Dios se vació de toda su omnipotencia plena
y, como Creador, asumió la forma de siervo".[25] No se niega entonces el
poder inherente al acto creador sino que se hace comprensible, con esa
manera de entender el poder, el origen del universo en el Bing Bang y
su lento desarrollo por medio de la evolución, la selección natural, la
emergencia continua de vida en sus más ricas y variadas formas.

En segundo lugar hemos de abordar el misterio y preguntarnos: si
la ciencia va mostrando el cómo de la creación ¿es posible mantener
el sentido del misterio que implica la presencia divina? La perspectiva
kenótica nos invita a ese autovaciamiento para distinguir entre lo que
no conocemos – objeto de la ciencia – de lo que es experiencia de
misterio – objeto de la fe. Es así como el desarrollo de la ciencia va
mostrando progresivamente la constitución y origen del universo. A pesar
de todo lo alcanzado es preciso reconocer todo lo que falta. Y, al mismo
tiempo, justamente ese desarrollo procesual, lento, siempre menor de
lo que deseamos, habita en un horizonte de misterio mayor que nos
aproxima a la trascendencia y nos hace compatible los avances de la
ciencia con la experiencia trascendente. Es así como Einstein afirmaba:
"La más bella experiencia que podemos tener es la del misterio. Quien
no consigue maravillarse, abismarse, está muerto. Es ese conocimiento
y esa emoción que constituye la verdadera religiosidad".[26]

La evolución y la providencia divina también son aspectos que
interesan en esta reflexión. ¿Cómo compaginar la providencia de Dios
con la evolución darwiniana que implica accidentes, selección natural
y tiempo profundo? El abajamiento de Dios permite también dar una
respuesta: "una teología evolutiva debe retratar el abajamiento de Dios
como la inserción en las camadas más profundas del proceso evolutivo,
abrazando y sufriendo con toda la narrativa cósmica, no sólo en los últimos capítulos humanos".[27] Si la teología permanece fiel a sus fuentes
reveladoras, también debe encarar el divino abajamiento como el fun-

---

[25]   Idem, *God in Creation.* A New Theology of Creation and the Spirit of God. San Francisco,
Harper & Row, 1985, p. 88. Citado por HAUGHT. *Cristianismo e ciência*, op. cit., p. 72.

[26]   EINSTEIN, A. *Ideas and Opinions.* New York, Modern Library, 1994, p. 11. Citado por
HAUGHT, J. *Cristianismo e ciência*, op. cit., p. 45.

[27]   HAUGHT, J., *Cristianismo e ciência*, op. cit., p. 137.

damento de la propia creación. Sólo este vaciamiento de Dios permite la existencia de un mundo diferenciado de Él. Y es esta separación del mundo respecto a Dios lo que permite establecer una relación dialógica entre ambos.

Tal vez sea por causa del humilde auto despojamiento de Dios que la receta darwiniana consiste en sus tres ingredientes: contingencia, limitación regular y tiempo abundante. Sin accidentes no habría realmente vida sino una rígida secuencia de acontecimientos. Las leyes de la naturaleza – incluso la de la selección natural – pueden ser entendidas si se le da al mundo un grado de consistencia, autonomía y autoconfianza de cara a su Creador. Sin leyes todo sería un caos. Además, si la naturaleza es distinta de Dios, ha de atribuírsele tiempo suficiente para que los experimentos evolutivos ocurran en el contexto de la vasta gama de posibilidades que le son disponibles por la infinidad de recursos de su Creador. Aceptar esa independencia del mundo con respecto del Creador da sentido a estas realidades naturales y hace entender a Dios como aquel capaz de auto limitarse para que surja un nuevo ser con el cual pueda entablar una relación personal. Por tanto la evolución es del todo congruente con un mundo de libertad emergente, que posibilita un encuentro cada vez más íntimo con Dios.

Una creación originalmente acabada es teológicamente inconcebible porque si Dios desde el inicio hubiera hecho un mundo perfecto, ese mundo sería igual a Dios y, por tanto, no sería una creación. El mensaje radicalmente nuevo del Evangelio es que el poder no significa capacidad de manipular sino amor que se dona y es ese amor el que hace posible una creación de la que surge la libertad humana como respuesta a ese amor. La perfección consiste entonces, no en retornar a un estado ideal que se perdió por el mal humano, sino un deseo de alcanzar una perfección que se espera encontrar en un futuro posible.[28]

2.3. *Kénosis* como autolimitación de Dios

Si realmente pretendemos ser coherentes con un mundo que se desarrolla autónomamente según los descubrimientos de la ciencia hemos de postular un ser divino capaz de mantener la integridad de la naturaleza. Esto es lo que intenta Ian Barbour[29] al proponer un Dios

---

[28] Cf. Ibidem, p. 139-140.153.154.
[29] BARBOUR, I. G. "El poder divino: un enfoque procesual". In: POLKINGHORNE, J. (Ed.) *La obra del amor....*, op. cit., p. 21-43.

que se autolimita, interviniendo en su creación no desde fuera, como se pensaba antes del desarrollo científico, sino a partir de las estructuras y energías existentes en la misma creación.[30] Es decir, Dios actúa sutilmente en cooperación con las fuerzas y estructuras de la naturaleza más que interviniendo unilateralmente. Ya en la tradición tomista se intentó conciliar la omnipotencia divina con la integridad de la naturaleza, diciendo que Dios como causa primera actúa omnipotentemente a través de las causas segundas, que son las de la naturaleza. Este planteamiento fue defendido en tiempos más recientes por Karl Barth y Austin Farrer, entre otros.

Pero no sólo el desarrollo de la creación interpela la imagen del Dios que proclamamos. El mayor desafío es explicar la existencia del mal y del sufrimiento presente no sólo en los seres humanos sino en toda la realidad de los seres no humanos y, más aún, cuando lo constatamos como inherente al proceso evolutivo: "La historia evolutiva ha requerido lucha y competición, en la que una gran mayoría de especies han llegado a extinguirse".[31] Pero esta extinción no sólo se ha dado en este proceso evolutivo sino que, desgraciadamente, la especie humana ha visto cómo el exterminio puede ser fruto de la voluntad de unos pocos sobre muchos otros. Es el caso del exterminio judío por el nazismo o de las victimas de múltiples formas de terrorismo en tantas partes del planeta de manera indiscriminada y sin piedad. Ante todo eso ¿cómo hablar de un Dios omnipotente si parece que no puede evitar el mal?

La teología kenótica ofrece una respuesta no como mera especulación, sino desde la realidad histórica de un Dios hecho ser humano en Jesús, que padece, en su sufrimiento en cruz, un cierto tipo de exterminio e ignominia. En la vida histórica de Jesús, Dios se autolimita mostrando que la voluntad humana puede matar al mismo Dios. Ese mismo proceso se postula para la creación concebida en términos de evolución. Él acompaña ese proceso tomando en serio la libertad de las creaturas

---

[30] Este pensamiento lo comparten, entre otros autores, George Ellis (sostiene que Dios determina las indeterminaciones que las leyes de la física cuántica deja abiertas), John Polkinghorne (Dios actúa comunicando "información pura" en los puntos de bifurcación extremadamente sensibles que describe la teoría del caos sin que viole con ello la ley de conservación de la energía) y Arthur Peacocke (Dios actúa con una "causalidad descendente" similar a la influencia que los niveles más altos del interior de un organismo ejercen sobre los componentes de los niveles inferiores estableciendo condiciones, límites y contrastes pero sin violar las leyes del nivel inferior). Cf. Ibidem, p. 23.

[31] Ibidem, p. 25.

y la evolución del universo, corriendo el riesgo del sufrimiento y del mal, sin que eso suponga dejar de sostener la creación.

Ahora bien, esta autolimitación de Dios no es una posibilidad más, entre otras que Dios tiene, sino que hace parte del ser de Dios entendido como amor.[32] Incluso algún autor, como Barbour, llega a afirmar que esa limitación de Dios no es voluntaria sino inherente a la naturaleza divina. Sin llegar a esa postura tan extrema, sí puede decirse que la autolimitación entendida como parte del ser de Dios es la que posibilita salvaguardar efectivamente la integridad de la naturaleza y el sentido del dolor, porque sólo concibiendo a Dios como metafísicamente autolimitado – valga la pena aclarar que esa limitación de Dios no viene de una causa externa – deja de ser incoherente un Dios que pudiendo evitar el dolor no lo hace o que siendo omnipotente para manejar el curso de la historia, permanece pasivo ante ella. Por tanto, un Dios concebido en términos de autolimitación óntica permite entender una naturaleza en evolución en la que cabe un poder divino no como control dominador sino como potenciación habilitadora.[33]

2.4. *Kénosis* como asunción definitiva del sufrimiento implicado en la evolución

Como acabamos de señalar, la cuestión del sufrimiento es una de las realidades que más golpean la imagen de Dios. Pero sí, de alguna manera, el sufrimiento causado por el género humano preserva la omnipotencia divina ya que es fruto de la libertad humana, el sufrimiento que implica la evolución no parece tener la misma explicación. Más aún, ese sufrimiento es inherente al proceso evolutivo y no puede evitarse. ¿Cómo explicar entonces dicho sufrimiento? La autolimitación divina, señalada en el apartado anterior no resuelve el problema. Es necesario asumir que Dios acompaña ese proceso evolutivo que tiene como constitutivo el sufrimiento.

---

[32] Este mismo planteamiento es el que propone la llamada teología procesual. Esta teología surgió del intento de algunos teólogos de utilizar la filosofía del proceso de Alfred North Whitehead para expresar y reformular las creencias de una tradición religiosa – concretamente de la tradición cristiana –, aunque hay que anotar que algunos pensadores judíos y algunos budistas han propuesto objetivos similares. Cf. BARBOUR, I. G. "El poder divino", op. cit., p. 22.

[33] Ibidem, p. 43.

Arthur Peacocke[34] muestra cómo el sufrimiento es inherente a la creación en proceso, al señalar los cuatro rasgos más importantes del proceso evolutivo de la evolución biológica descubiertos por la ciencia actual: 1. continuidad y emergencia; 2. carácter natural y científico; 3. complejidad, información, dolor, conciencia refleja; 4. carácter costoso.

En primer lugar, la evolución biológica es continua y pone de manifiesto la emergencia de nuevas formas de vida. Esto no sólo fue afirmado por Darwin y Wallace sino que hoy la biología molecular lo reafirma con el descubrimiento de la universalidad para todos los organismos vivos del ADN que ha permitido mostrar la lenta pero real continuidad de los procesos de la evolución biológica a lo largo de los casi tres mil millones de años a los que se remontan complejos macromoleculares de los que comenzó a surgir algún tipo de vida. Esos procesos pueden describirse también como manifestaciones de la emergencia pues a lo largo del tiempo van apareciendo nuevas formas de materia y una jerarquía en la organización de esas mismas formas. Por tanto, esta imagen dinámica de estructuras vivas implicadas en un cambio continuo y sin fin, "excluyen toda concepción estática del modo en que Dios da existencia a todas las cosas existentes y sigue sosteniéndolas y manteniéndolas en el ser [...] Toda noción de Dios como Creador deberá ya afirmar que Dios está creando continuamente, dando de continuo la existencia a lo que es nuevo; que Dios es *Semper Creator*, que el mundo es una *creatio continua*".[35] Frederick Temple así lo expresó: "Podemos decir que Dios no hizo las cosas, sino que hizo que ellas se hiciesen a sí mismas".[36] En otras palabras, la evolución nos lleva a tomar con toda radicalidad la inmanencia de Dios creador que crea en, y por medio de los procesos del orden natural. Esta postura no es panteísmo porque lo que se identifica con los procesos creativos es la acción de Dios no su ser divino.

En segundo lugar, la evolución biológica procede naturalmente, es decir, con procesos accesibles e inteligibles gracias a la biología y a otras ciencias naturales. Esto significa que no hay necesidad de recurrir a Dios como una especie de factor adicional no accesible científicamente que complemente los procesos creativos del mundo a los que Dios da ciertamente existencia sino que esos mismos procesos son Dios mismo

---

[34]   PEACOCKE, A. "El coste de la nueva vida". In: POLKINGHORNE, J. (Ed.) *La obra del amor...*, op. cit., p. 45-70.

[35]   Ibidem, p. 47.

[36]   TEMPLE, F. *Conferencias Bampton de 1885*, citado por PEACOCKE, A. "El coste de la nueva vida", op. cit., p. 48.

actuando como creador. En esos procesos interviene el azar y las leyes naturales permitiendo que emerjan y evolucionen formas nuevas. Si todo estuviera regido por una ley estricta, prevalecería un orden repetitivo y no creativo pero, por el contrario es esa combinación la que hace posible que exista un universo ordenado capaz de desarrollar en su interior nuevas formas de existencia. Las consecuencias derivadas de estos planteamientos son que Dios es el creador tanto de las leyes como del azar y Él mismo corre el riesgo implicado en el azar, al crear de esa manera.

En tercer lugar la ciencia se pregunta sí se pueden encontrar algunas tendencias significativas en la evolución. Cada vez se piensa menos en la evolución como un árbol en el que el ser humano está en la cúspide para pensarla como "un arbusto que se ramifica copiosamente y que es continuamente podado por el torvo podador que es la extinción, no una escala de progreso predecible".[37] Más aún se habla cada vez más de una creación cuya finalidad no es el ser humano: "Si la humanidad surgió sólo ayer como una pequeña ramita de una rama de un árbol floreciente, entonces la vida no puede, en ningún sentido genuino, existir para nosotros o debido a nosotros. Quizás únicamente somos una idea tardía, una especie de accidente cósmico, sólo una fruslería en el árbol de Navidad de la evolución".[38] Pero contando con estas posiciones que desestabilizan la concepción tradicional de una creación orientada hacia la creación de los seres humanos, los científicos admiten cierto tipo de tendencias o propensiones de la creación[39] tales como la complejidad, la capacidad de procesar y almacenar información, el dolor y el sufrimiento y la conciencia refleja y el lenguaje. Estas tendencias nos ayudan a entender mejor el proceso evolutivo y no son "en absoluto misterios en el sentido de que requieran explicación alguna no naturalista".[40] En lo que respecta al dolor hay que señalar que éste es condición necesaria para la supervivencia de los seres vivos. No es por tanto consecuencia de ciertas flaquezas o caídas humanas, aunque indudablemente en muchos casos lo es, sino condición necesaria para el desarrollo de la evolución.

---

[37]   GOULD, S. J. *La vida maravillosa:* Burgess Shale y la naturaleza de la historia. Barcelona, Crítica, 1991, p. 31-40 citado por PEACOCKE, A. "El coste de la nueva vida", op. cit., p. 52-53.

[38]   Ibidem, p. 53.

[39]   POPPER, K. *Un mundo de propensiones.* Madrid, Tecnos, 1992, p. 30. Citado por PEACOCKE, A. "El coste de la nueva vida", op. cit., p. 54.

[40]   PEACOCKE, A. "El coste de la nueva vida", op. cit., p. 56.

En cuarto lugar, "la evolución biológica es costosa, pues implica dolor, sufrimiento, depredación y muerte".[41] El surgimiento de nuevos organismos precisa la muerte de otros: las plantas se alimentan de materiales inorgánicos y los animales de las plantas y de otros animales. La cadena alimenticia y la necesidad de que desaparezcan modelos viejos para que surja lo nuevo es la lógica de la evolución porque la vida nueva por la muerte antigua es inevitable en un mundo finito compuesto de sillares básicos comunes (átomos, moléculas, macromoléculas) que tienen propiedades fijas.

La descripción de estos cuatro procesos que se pueden constatar en el desarrollo evolutivo afectan la imagen de Dios que tenemos. Si el dolor, el sufrimiento y la muerte son inherentes a ella ¿no podía el Creador idearse otra manera de crear que no implicara todas esas realidades negativas? Los datos biológicos nos permiten entender que no hay otra manera para que surja la vida y se mantenga la creación continua. Si eso es así, hay que afirmar respecto de Dios – haciendo uso del lenguaje analógico – que Él está sufriendo en, con y bajo los procesos creativos del mundo con su costoso despliegue temporal. En otras palabras, nosotros no somos meros *juguetes de los dioses*, o de Dios, sino que, como creaturas co-creadoras, compartimos el sufrimiento de un Dios que se compromete en el proceso de producir lo nuevo mediante un autosacrificio costoso. Si ya la teología hablaba de ese autovaciamiento o autodespojo (*kénosis*) de Dios para darle espacio a la creación, lo que nos aportan los datos de la biología es que esa autolimitación divina implica un compromiso costoso y sufriente con las creaturas en orden a la realización definitiva de los designios divinos y su consumación definitiva.

Pero en todo esto lo que se juega no es un sufrimiento destructivo sino un sufrimiento propio de quien ama. La afirmación de que Dios es amor se hace real en esta concepción de Dios a la luz de los datos de la evolución, porque la creación existe por el sufrimiento que resulta como fruto del poder creativo del amor. Y, en definitiva, esta conclusión no sólo proviene de los datos de la ciencia sino que desde la misma fe en Jesucristo se corroboran: "Pues mientras él vivió en la tierra fue muy vulnerable a los poderes que se agitaban a su alrededor, bajo los cuales acabó sucumbiendo con terrible sufrimiento y, desde su punto de vista humano, en el abandono de una muerte trágica".[42]

---

[41] Ibidem, p. 60.
[42] PEACOCKE, A. "El coste de la nueva vida", op. cit., p. 69.

2.5. *Kénosis* como acción creadora

Ya hablamos en el apartado sobre la humildad de Dios de la necesidad de abordar el tema del poder porque la creación parece implicar un Dios todopoderoso. En ese apartado afirmábamos que ese poder es en entrega y servicio, es decir, en actitud humilde testimoniada en la vida histórica de Jesucristo. Aquí queremos seguir profundizando ese tópico afirmando que el poder divino no puede separarse del amor ya que, por una parte, la creación es obra de un poder que excede el poder de todas las creaturas, pero, por otra parte, eso no es suficiente porque es necesario hacerse la pregunta: ¿cuál es el sentido de esta creación? ¿Para qué Dios la creó? La respuesta no puede ser otra que su amor infinito que excede las relaciones de las tres personas divinas y se proyecta sobre todo lo creado. Por tanto el poder y el amor están íntimamente relacionados porque "un amor sin poder sería propio de un dios que fuese compasivo pero impotente espectador de la historia del mundo. El poder sin el amor correspondería a un dios que fuese el tirano cósmico dominador y controlador implacable de toda la historia".[43] Mantener por tanto la debida tensión entre el poder y el amor es tarea de la teología, sabiendo lo limitado de sus afirmaciones porque sólo cuenta para tratar misterios inabarcables como es Dios mismo, con el lenguaje humano que es finito. Pero esa dificultad no nos deja en una teología apofática – aunque reconozcamos su valor y su necesidad – sino que nos impulsa a decir alguna palabra, reconociendo siempre su precariedad y limitación y, por tanto, su formulación como hipótesis y búsqueda, más que como afirmación definitiva y última. Este es el propósito que pretendemos aquí.

Tenemos que partir de la afirmación ya repetida a lo largo de este escrito, de la evolución del universo, de su ser una creación en proceso: "nosotros vivimos en un planeta de segunda generación que gira alrededor de una estrella de segunda generación, efectos uno y otra de la condensación de nubes de gas y de los detritos de las explosiones de supernovas de la primera generación".[44] Esta convicción de una creación "haciéndose" corrobora la idea de un Creador que le permite a su creación "hacerse a sí misma [...] el curso del despliegue de la creación lo comparte Dios con sus creaturas, las cuales tienen, otorgados pero no

---

[43] POLKINGHORNE, J. "Creación kenótica y acción divina". In: POLKINGHORNE, J. (Ed.) *La obra del amor....*, op.cit., p. 127-146. 128.

[44] Ibidem, p. 131.

dictados por Él, papeles que representar en su fecunda realización".[45] En otras palabras, lo que la teología actual intenta postular para responder al proceso evolutivo de la creación es que junto a la *creación ex nihilo* existe la *creación continua*. La primera preserva la trascendencia de Dios la cual no puede ser puesta en cuestión si esperamos un destino final de la creación distinto de la ruina total. La segunda nos permite poner en diálogo la ciencia y la fe, exigencia actual de la teología.

Detrás de la posibilidad de una creación continua está la concepción kenótica de la creación. Por una parte, exige admitir el despliegue flexible y abierto a la causalidad de las creaturas, o, dicho en otros términos, concebir los seres humanos como "co-creadores creados".[46] Por otra, ese compartir el poder de manera kenótica libra a Dios de la responsabilidad única de todo lo que sucede y abre a la aceptación de un coste inherente al proceso evolutivo que no puede evitarse. Finalmente puede advertirse que afirmar una creación continua supone también que el Creador pueda ser parte de ese despliegue evolutivo. Por tanto "la creación kenótica y la acción divina son las dos caras de la misma moneda teológica [...] si el proceso evolutivo es generado por la interacción del azar (o sea la contingencia histórica) y la necesidad (o sea la regularidad legal), su Creador habrá de estar tan presente en la contingencia como en la regularidad".[47] Es decir, el Dios Padre que invocamos no sólo es fundamento de la creación sino que actúa en ella en su despliegue evolutivo. Ahora bien, ¿cómo conciliar adecuadamente estas afirmaciones si la ciencia da cuenta de la regularidad de los procesos naturales? ¿de qué manera interviene Dios? Aquí es donde ciencia y teología han de dialogar pero ambas han de mantenerse flexibles si pretenden tener un diálogo fecundo.

La creación en términos del Dios kenótico que hemos expuesto a lo largo de este escrito nos lleva a profundizar aún más en los diferentes tipos de *kénosis* que pueden darse en la relación amorosa del Creador con la creación. Señalamos cuatro, a saber:[48]

1. *Kénosis de la omnipotencia*: todo lo que sucede es permitido por la providencia general pero no todo acorde con la voluntad divina porque permite la existencia y acción de otros seres creados.

---

[45]   Ibidem, p. 132.
[46]   HEFNER, P. *The Human Factor*. Minneapolis, Fortress Press, 1993, citado por POLKIN-GHORNE, J. "Creación kenótica y acción divina", op. cit., p. 133.
[47]   POLKINGHORNE, J. "Creación kenótica y acción divina", op. cit., p. 134.
[48]   Cf. Ibidem, p. 141-144.

2. *Kénosis* de la simple eternidad: sin negar la eternidad de Dios se asume la temporalidad como parte inherente a la creación. Siendo así, el Creador se relaciona con las circunstancias variables de una creación temporal. Él ha asumido libremente la experiencia del tiempo. Esta postura es propia de la teología procesual y, en cierta medida, está avalada por la interpretación de la *kénosis* en Fl 2 en la que la naturaleza eterna de Dios asume la temporalidad histórica en la encarnación del Hijo de Dios.

3. *Kénosis* de la omnisciencia: si se afirma el compromiso del Creador con lo temporal se puede afirmar que Dios conoce todo lo que puede ser conocido pero, al mismo tiempo, no conoce aún todo lo que quizás llegue después a ser cognoscible. Es decir, la omnisciencia divina es auténtica pero no absoluta. A pesar de lo controvertido que resulta esta afirmación – al contrastarla con la teología clásica que afirma el conocimiento de Dios de la totalidad de la historia temporal –, cada día es más aceptada entre la comunidad teológica que afronta estos temas.[49] La auténtica omnisciencia representa una limitación en Dios pero una limitación que ha sido asumida desde dentro de la naturaleza divina y no impuesta desde fuera.

4. *Kénosis* del estatus causal: partiendo de la encarnación del Verbo en la que Dios no solamente actúa presente en las causas segundas sino de hecho en la persona de Jesús se propone esa manera fáctica del actuar de Dios que algunos consideran hoy, atribuible al Espíritu. Es decir, Dios no sólo ejercería su providencia divina de manera energética sino también informativamente, en la encarnación del Verbo y en la acción histórica del Espíritu.

Por último, algunos autores proponen que la acción creadora de Dios está abierta a la novedad. Es decir, que el desarrollo evolutivo de la creación puede traer realidades nuevas que ni el mismo Dios ha pensado de antemano. Para estos autores, "Dios no ha de estar siempre aburridamente restringido a no hacer nada nuevo".[50] Sea como sea, lo que podemos afirmar en este apartado es que la acción de Dios se ejerce

---

[49] Para una aproximación a los teólogos dedicados a este diálogo con la ciencia cf. POLKINGHORNE, J. *Scientists and Theologians*. Londres, SPCK (Society for promoting Christian Knowledge), 1996.

[50] POLKINGHORNE, J. "Creación kenótica y acción divina", op. cit., p. 145.

en este proceso evolutivo de la creación de manera kenótica pero no por eso menos real.

Todas estas afirmaciones, como ya dijimos, son búsquedas y posturas teológicas que están en debate y que no podemos concebir como plenamente aceptadas y, menos aún, incorporadas a la reflexión teológica sobre Dios como hechos ya dados. Responden a los planteamientos de los autores citados, con las propias reflexiones que ellos nos suscitan y, en ese sentido, las presentamos aquí, con el ánimo de suscitar el debate y avanzar en la tarea que convoca a los teólogos y teólogas cuando se preguntan por el sentido de la creación y la imagen de Dios que de ella se deriva.

2.6. *Kénosis* y perspectiva de género

La riqueza de la reflexión teológica nos muestra realmente cómo la *kénosis* puede abordarse desde perspectivas cristológicas y trinitarias hasta desembocar en la reflexión sobre la creación y las implicaciones de ésta para la omnipotencia divina. Sin embargo, no todas las reflexiones desembocan en la misma realidad porque dependen del punto de partida que cada teólogo o teóloga tomen. Pero todas ellas nos permiten acercarnos al misterio divino que siempre es mayor que lo que nuestros conceptos y aproximaciones pueden aportar.

En esta misma línea, no menos importante es añadir una reflexión sobre la categoría *kénosis* desde la perspectiva de género.[51] En efecto, la teología feminista ha reflexionado en las últimas décadas sobre cómo esa llamada al vaciamiento de sí o a la autohumillación divina puede no favorecer el trabajo de las mujeres por recuperar su autoestima y protagonismo en la historia actual. Surge por tanto la pregunta legítima de si este proyecto de valorización de lo kenótico como categoría explicativa del mismo ser de Dios en relación con una creación en proceso, puede ser negativo para la tarea feminista. Una aproximación breve intentaremos hacer aquí.[52]

---

[51] COAKLEY, S. "Kénosis: significados teológicos y connotaciones de género". In: POLKIN-GHORNE, J. (Ed.) *La obra del amor*, op. cit., 247-267, 248.

[52] Para un estudio más extenso, NOVOA, A. y VÉLEZ, C. "La categoría kénosis. Una lectura desde la perspectiva de género", op. cit. y COAKLEY, S. "Kenosis and Subversion: *On the Repression of Vulnerability in Christian Feminist Writing*". In: DAPHNE, H. (Ed.) *Swallowing a Fishbone?* Feminist Theologians Debate Christianity. Londres, SPCK, 1996, p. 82-111.

La primera reflexión surge en torno a la libertad. Como hemos visto en varias de las reflexiones anteriormente expuestas, el diálogo entre un Dios creador y una creación en proceso es posible en la medida que la libertad de las creaturas pueda ser real y efectiva. Pero es aquí donde precisamos hacer una aclaración. Esa libertad no está ajena a condicionamientos de todo tipo y, por tanto, a los de género. En el afán de asegurar que Dios actúa en el mundo a través de sus creaturas y acompaña el proceso evolutivo, no se puede olvidar que en esta responsabilidad compartida de ser co-creadores de este mundo, han de revisarse todas las connotaciones de poder que supongan la subordinación de unos seres frente a otros, incluidas las que se han llamado socialmente machismo, patriarcado o androcentrismo presentes en nuestra configuración del mundo actual. Más aún, la teóloga Elisabeth Schüssler Fiorenza acuñó el neologismo *Kyriarcado*[53] para expresar el gobierno del emperador/amo/señor/padre/esposo sobre sus subordinados. Con ese término se quiere expresar que no todos los varones dominan y explotan a las mujeres indiferenciadamente sino que existe un marco intelectual y una ideología cultural que produce una compleja pirámide social de dominaciones y subordinaciones graduales, donde unos ejercen el poder sobre otros, pudiendo ser varones y/o mujeres los que están en las diversas escalas de subordinación.

Una segunda reflexión supone revisar el significado de *abnegación* kenótica. En efecto, históricamente esta actitud se ha usado para favorecer la dominación de unos sobre otros, especialmente, de los varones sobre las mujeres. Por eso la teología feminista reivindica una manera de ser varón y mujer donde el destino de las mujeres no sea el sufrimiento y el del varón no sea el poder. Ambos están llamados a salir de sí para encontrar al otro y para llevar a término la responsabilidad co-creadora pero sin perder su autoestima y su propia dignidad. Sin duda los varones necesitan hacer un proceso de no pensar el poder en términos de dominación y jerarquía pero las mujeres necesitan creer que pueden estar en instancias de decisión y llevar por sí mismas las riendas de sus vidas. Estas afirmaciones pueden resultar anacrónicas en ámbitos académicos donde la presencia de la mujer se va fortaleciendo pero no en los ámbitos más vulnerables donde la mentalidad androcéntrica sigue presente.

---

[53] SCHÜSSLER FIORENZA, E. *Cristología feminista crítica.* Jesús, Hijo de Miriam, Profeta de la Sabiduría. Madrid, Trotta, 2000, p. 32.

La *kénosis* nos invita a vivir este salir de sí para una vivencia de la alteridad donde sea reconocida profundamente la irrepetibilidad del otro sin querer encasillarlo en estereotipos femeninos o masculinos que reproduzcan subordinación y dominio.

Finalmente, cabe anotar que estas relaciones de subordinación se extienden más allá del ámbito genérico para referirse a la dominación que se ha ejercido sobre la naturaleza, en término de explotación irracional y falta de conservación y cuidado, viéndonos abocados, hoy en día, a un deterioro de la misma y a una alarma real de las consecuencias que se derivan de ella. Sin una actitud de cambio y respeto hacia la naturaleza, de valorar la comunión a la que se está llamado con ella, no podemos romper ese círculo de poder que traiciona la imagen de un Dios creador que renunciando al ejercicio del poder en esos términos, es capaz de crear y sostener el cosmos desde el horizonte de la libertad, el amor, el respeto y la comunión entre todos los seres humanos y de éstos con la naturaleza y todos los demás seres vivos.

Estas reflexiones sobre la perspectiva de género en la categoría *kénosis* enriquece la reflexión sobre un Dios capaz de salir de sí para dar origen a este universo tal y como lo explica hoy la ciencia porque nos hace caer en cuenta que en ningún momento Dios sale de sí para subordinarse a las creaturas sino que es capaz de mantener el reconocimiento del otro sin la pérdida de sí. En otras palabras, es el reconocimiento de la "alteridad sin que se encierre al otro en una categoría preconcebida, o se le reduzca a un artículo de necesidad personal. La integridad moral del otro solamente es mantenida por un acto deliberado de dejarle espacio, o como dice Irigaray, por el mutuo éxtasis – o salir de sí mismo – que respeta la diferencia del otro sin la pretensión egoísta de controlarle".[54]

Es una imagen sugerente para la construcción de nuevas relaciones genéricas que favorezcan el desarrollo integral de varones y mujeres en vistas a la construcción de una sociedad más inclusiva y democrática, más fraternal/sororal y justa y con nuevas relaciones con el cosmos que permitan la acción creadora de Dios y co-creadora de toda la humanidad en el horizonte del cuidado, la sustentabilidad y la preservación.

---

[54] COAKLEY, S. "Kénosis: significados teológicos y connotaciones de género", op. cit., p. 266. Cf. IRIGARAY, L. "Questions to Emmanuel Lévinas". In: WHITFORD, M. (Ed.) *The Irigaray Reader*. Oxford, Blackwell, 1991, p. 180.

A modo de conclusión

El recorrido que hemos hecho ha respondido al deseo de comenzar a incursionar por estos nuevos caminos que hoy desafían a la teología. Son muchas y profundas las reflexiones que ya se están elaborando a este propósito pero no son fáciles de integrar y menos de tener un criterio claro sobre la validez y veracidad de las mismas. Pero son pistas de reflexión que invitan a seguir buscando articulación entre los desarrollos científicos y la experiencia de fe y, por tanto, es una tarea que no puede esquivarse.

Definitivamente una visión científica del mundo ha de acompañarnos en estos tiempos actuales para poder responder mejor a las exigencias de su devenir. En momentos en que estamos tomando conciencia sobre el deterioro del planeta, de la responsabilidad enorme que nos cobija de preservar la creación para las generaciones futuras y de seguir avanzando en los descubrimientos para afrontar problemas tan reales como enfermedades y todo lo que impide el desarrollo pleno para favorecer la vida, la fe ha de prestar su servicio imprescindible en el compromiso con un futuro que creemos está en manos de Dios y de su providencia pero que reconocemos hoy como puesto también en nuestras manos para llevarlo a feliz término.

Todas las explicaciones hechas a lo largo de este escrito sobre las posibilidades que ofrece la *kénosis* divina para entender una creación en evolución lo iluminan de manera importante, por dónde ha de ir nuestra responsabilidad en esta empresa. Sin una actitud kenótica como la del mismo Dios, no podremos colaborar en esta creación que también es nuestra, porque el ansia de poder, el rechazo a todo dolor y sufrimiento y la incapacidad de establecer relaciones de equidad con los seres animados e inanimados, serán impedimentos con los que tropezaremos irremediablemente. Sin embargo, precisamente en el cultivo de esa misma actitud y la petición confiada de la gracia divina para conseguirla, vislumbramos la esperanza de un futuro donde no sólo Dios este creando continuamente sino que los seres humanos nos dejemos crear y, al mismo tiempo, seamos colaboradores incondicionales de esa misma *obra de amor*.

Las hipótesis aquí trazadas no pueden ofrecernos respuestas definitivas pero sí señalan caminos por donde podamos seguir profundizando. Y esta tarea es urgente porque los seres humanos precisamos no sólo hipótesis sino afirmaciones que puedan responder al "deseo irrestricto de conocer del ser humano".[55] Por eso, atreverse a pensar en la *kénosis* de Dios nos obliga a cambiar la imagen del Dios todopoderoso; y, pensar en la *kénosis* de los seres humanos, nos permite constituirnos de otra manera, sumergiéndonos en el proyecto trinitario de una creación por amor en el que Dios nos ha hecho libres y confía en nuestra colaboración para que poco a poco seamos también ese mismo amor que haga posible un universo recapitulado en Cristo donde todo y todos entremos en esa comunión divina con Él (cf. Ef 1,10; Cl 3,11).

---

[55] LONERGAN, B. *Insight.* Estudio sobre la comprensión humana. Sígueme, Salamanca, 1999, p. 17.

Por uma teologia da criação que supere os fundamentalismos

Cláudio Ribeiro de Oliveira*

Introdução

O conhecimento do bem e do mal é um "capítulo" de uma antiga novela. Nela, atores e atrizes de longínqua data atuaram na busca de conhecimento, de sobrevivência e de poder, quase sempre entrelaçando tais dimensões. Buscaram a verdade, com ciência e sapiência; tentaram descobrir o mistério da vida, o que está para além e para aquém dos dias; esforçaram-se para explicar a realidade da vida em toda a sua complexidade e ambiguidade. Passados milhões de anos, estamos nós aqui, no mesmo enredo da vida, agora com a contribuição de uma série de consensos científicos, mas, ao mesmo tempo, sendo desafiados por concepções refratárias a eles, o que, usual e genericamente, são chamadas de fundamentalistas.

A relação da teologia com as ciências sempre foi conflitiva. Quem leu a obra *O nome da Rosa*, de Umberto Eco, ou viu o filme, deve se lembrar que, na Idade Média, as pessoas que se aventuravam nessa relação acabavam provando do veneno amargo da morte. E se essa obra é uma representação do mundo atual, tal como sugeriu Eco, o mesmo destino, com variações, poderá ocorrer a teólogos e a teólogas que aprofundarem o debate com as ciências.

---

* Pastor da Igreja Metodista de Vila Floresta, em Santo André-SP. Doutor em Teologia Sistemático-Pastoral pela PUC-Rio e professor de Teologia e Ciências da Religião da Universidade Metodista de São Paulo.

O pensamento moderno, desde René Descartes (1592-1650), foi, ao mesmo tempo, generoso e implacável com as visões teológicas que buscavam o fundamento racional da fé. Ao passar por esse "fogo", tornaram-se robustas as interpretações teológicas que articularam fé e razão, igreja e sociedade, a Bíblia e as ciências e outras polaridades que anteriormente estavam separadas dicotomicamente ou "engolidas" pela religião.

Quando o século XX chegou, já tínhamos vários e substanciais avanços nessas relações e um amadurecimento do conhecimento científico, especialmente o que se convencionou chamar de "ciências humanas": a sociologia, a antropologia, a história, a economia, e, posteriormente, a psicanálise. Os grupos cristãos, portanto, já possuíam elementos para compreender, ainda que provisoriamente, as razões dos males sociais, o funcionamento da sociedade, os motivos que levam as pessoas à pobreza e ao sofrimento, o surgimento do universo, os processos da evolução humana e tantas outras realidades que sempre fizeram emergir inquietações religiosas e perguntas e respostas teológicas.

Como se sabe, o campo de reflexão que articula teologia e ciências é amplíssimo e por isso não é adequado entrar nele em poucas linhas.[1] Mesmo a relação com as ciências humanas ou sociais, por ser igualmente ampla e complexa, não deve ser tratada como um todo. Por isso, para dar uma contribuição – modesta, por suposto – nesse debate, indicarei apenas alguns aspectos que considero cruciais para a teologia hoje superar as formas de fundamentalismos.

A motivação das reflexões que se seguem gira em torno da complexa relação da visão evolucionista da vida com o que se convencionou chamar de fundamentalismo. Em que a perspectiva religiosa fundamentalista, tanto no catolicismo romano como no protestantismo, desafia a elaboração de uma teologia que busca articular fé e ciências? Qual seria a contribuição possível de uma "teologia da natureza", como formulou, entre outros, o teólogo John Haught,[2] para a vivência de uma fé que fuja das simplificações na compreensão da vida, do fixismo histórico e do medo do futuro?

---

[1] Embora o teólogo inglês Keith Ward tenha efetuado tal tarefa em um belíssimo e profundo trabalho recentemente publicado no Brasil: WARD, K. *Deus: um guia para os perplexos.* Rio de Janeiro, DIFEL, 2009.

[2] Cf. HAUGHT, J. F. *Cristianismo e ciência:* por uma teologia da natureza. São Paulo, Paulinas, 2009. Veja também: Idem. *Mistério e promessa:* Teologia da Revelação. São Paulo, Paulus, 1998; Idem. *Deus após Darwin:* uma teologia evolucionista. Rio de Janeiro, José Olympio, 2002; Idem. *O que é Deus?* Como pensar o Divino. São Paulo, Paulinas, 2004, e Idem. *Cristianismo e evolucionismo.* Lisboa, Gradiva, 2001.

Desejamos entrar em diálogo com essas questões, sem poder esgotá-las obviamente, a partir de dois cuidadosos passos. O primeiro é tentar entrar no mundo que nos interpela e até mesmo nos freia quando mais decisivamente formulamos uma teologia em diálogo com as ciências: o fundamentalismo teológico. O segundo é esboçar um roteiro de curso de teologia da criação, que se constitua como um tipo de "outro lado da moeda" da visão fundamentalista. Daí nos concentrarmos na indicação de temas relevantes, quase que como um ementário e de farta indicação bibliográfica. Também desejamos reunir criação e espiritualidade, porque consideramos que tal articulação reforça a liberdade e o compromisso com a dignidade humana e com a sustentabilidade da vida em geral, e com isso se formaria uma base razoável de contra-argumentação dos ideais fundamentalistas que, em geral, não favorecem uma fé mais autenticamente contextualizada e um pensar mais livre sobre essa mesma fé.

I. É possível superar os fundamentalismos?

As definições em torno do termo fundamentalismo não se constituem em fácil tarefa.[3] A utilização demasiada do termo e os diferentes contextos em que é usado requereriam de nós uma longa descrição. Nosso foco nessa reflexão é a fé desafiada, adulta, alicerçada pelo conhecimento racional e científico, e não um estudo no campo sociológico. Portanto, optamos por um caminho mais simples. Pressupomos um tipo de fundamentalismo, mais associado a certa refutação religiosa das perspectivas antropológicas que levam em conta as formas de evolução do universo e da vida humana e as explicações mais racionais da vida.

Isso se deu fortemente na virada do século XIX para o XX, especialmente nos contextos teológicos norte-americanos e europeus com o debate e com as reações às proposições do liberalismo teológico – como a abertura ao diálogo entre fé e ciências, o estudo histórico e crítico da Bíblia e a relação mais propositiva das Igrejas com a sociedade –, no

---

[3] Os autores, em geral, associam a expressão fundamentalismo à famosa série de doze livros editados por dois teólogos norte-americanos: Amzi C. Dixon e Reuben A. Torrey. Os volumes trazem contribuições de diversos teólogos com caráter apologético, sempre em refutação aos temas da teologia moderna. Coletivamente, foram intitulados *The Fundamentals*, publicados sucessivamente entre 1909 e 1915. No Brasil, tais ideias foram disseminadas a partir dos trabalhos de grupos missionários norte-americanos. Os textos somente foram traduzidos para o português recentemente: *Os fundamentos:* a famosa coletânea das verdades bíblicas fundamentais. São Paulo, Hagnos, 2005.

campo protestante, e nas posições oficiais da Igreja Católica Romana, especialmente no período do pontificado de Pio X (1903-1914), refratárias à emancipação da razão e aos principais aspectos da cultura moderna.

Em linhas gerais, as posturas e visões fundamentalistas se caracterizam: a) pela inerrância da Bíblia, popularizada na expressão "ler a Bíblia ao pé da letra", que não favorece uma leitura bíblica articulada com "o contexto do texto e o contexto da vida"; b) por uma escatologia milenarista que, em certo sentido, nega o sentido salvífico descoberto e vivido na dinamicidade da história, e o dispensacionalismo, que prevê a história em etapas fixas e distintas e pré-determinadas; c) e por uma concepção unilateral e absoluta da verdade que tende ao dogmatismo, o que inibe, entre outras coisas, o diálogo entre a fé e as ciências.

É fato que poderíamos lembrar que as formas de fundamentalismo se dão em nível religioso, científico e de visão do mundo. Para elucidar esse último elemento, basta lembrar as dificuldades no campo das relações humanas e institucionais em conviver com formas distintas de pensar. Daí que o termo fundamentalismo é utilizado até mesmo na política para situar práticas que se podem configurar dentro dos radicalismos usualmente conhecidos como "de direita" ou "de esquerda", e quando se associam com a religião tornam-se ainda mais elucidativos.[4] As visões fundamentalistas, em geral, tendem a gerar formas dualistas e maniqueístas de ver o mundo, tendem a separar fácil e artificialmente o sagrado e o profano, e a um não aprofundamento das explicações racionais dos dilemas e vicissitudes da vida, atribuindo, por vezes, explicações religiosas descontextualizadas de seus princípios fundantes.

No caso da referência a um fundamentalismo científico, estamos nos guiando pelas concepções de caráter mais positivistas que marcaram o cenário do século XX e que, em geral, são refratárias às visões científicas que consideram que elementos subjetivos (e a religião tem aí o seu forte) possam fazer parte do processo científico criativo. Para se opor ao fundamentalismo científico nos congraçamos com autores como Marcelo Gleiser, cientista de renome e conhecido divulgador dos temas científicos para o público não especializado. O referido autor afirma que:

> A religião teve (e tem!) um papel crucial no processo criativo de vários cientistas. Copérnico, o tímido cônego que pôs o Sol novamente no

---

[4]   Na relação entre política e religião, é exemplar o titulo de um artigo que analisou o contexto das décadas de 1960 e 1970 chamado "Fundamentalismo à Direita e à Esquerda", de FERNANDES, R. C. In: *Tempo e Presença* 29 (agosto de 1981) 13-55.

centro do cosmo, era mais um conservador do que um herói das novas ideias heliocêntricas. Kepler, que nos ensinou que os planetas se movem ao redor do Sol em órbitas elípticas, misturava, de forma única, misticismo e ciência. Galileu, o primeiro a apontar o telescópio para as estrelas, era um homem religioso (e muito ambicioso), que acreditava poder salvar sozinho a Igreja Católica de um embaraço futuro. O universo de Newton era infinito, a manifestação do poder infinito de Deus. Einstein escreveu que a devoção à ciência era a única atividade verdadeiramente religiosa nos tempos modernos.[5]

É fato também que nem sempre as reflexões nesse campo priorizam uma saudável articulação entre fé e ciências, ou ainda entre religião e ciências. Consideramos, por exemplo, um equívoco metodológico crucial o trabalho amplamente divulgado de Richard Dawkins, *Deus um delírio*,[6] por comparar aquilo que poderíamos chamar de a "melhor" ciência com a "pior" teologia. Ou seja, a ciência, que se consagrou pela profundidade das pesquisas históricas, antropológicas e cosmológicas, dos dados mais apurados das propriedades físicas do universo, bem como é colocada ao lado, em termos comparativos, da teologia que considera literais os textos bíblicos e os julga concorrentes das explicações científicas sobre a origem e a natureza do universo. Tal correlação não nos parece uma metodologia adequada.

Nossa perspectiva é que ciência cosmológica e teologia saem fortalecidas do debate, se forem consideradas suas visões convergentes, não obstante tensões e interpelações críticas. O teólogo brasileiro Leonardo Boff, nome de destaque mundial nas reflexões ecoteológicas, ao apresentar a obra já referida de Keith Ward, sintetiza esse questionamento ao dizer que o livro – *Deus, um guia para os perplexos* – poderia ser uma resposta não intencionada pelo autor a outro livro que ganhou grande publicidade, de Richard Dawkins, *Deus, um delírio*. Keith Ward é um renomado filósofo e teólogo anglicano, e Dawkins um não menos renomado biólogo.

---

[5] GLEISE, M. *A Dança do universo:* dos mitos de criação ao Big-Bang. Rio de Janeiro, Companhia das Letras, 1997, p. 12-13. Veja também: Idem. *O Fim da Terra e do Céu:* o Apocalipse na ciência e na religião. Rio de Janeiro, Companhia das Letras, 2001 e Idem. *Criação imperfeita:* cosmo, vida e código oculto da natureza. Rio de Janeiro, Record, 2010. Em uma perspectiva mais jornalística e testemunhal, há um significativo texto do biólogo norte-americano Francis Collins, diretor do Projeto Genoma Humano Internacional, que articula profunda e didaticamente a fé e as ciências. Trata-se do livro *A linguagem de Deus*. São Paulo, Gente, 2007.

[6] DAWKINS, R. *Deus um delírio*. Rio de Janeiro, Companhia das Letras, 2007.

As perspectivas de ambos são absolutamente opostas. Dawkins é um zelota do ateísmo militante que em nome da ciência tenta mostrar como Deus, efetivamente, é um delírio e prejudicial para a existência humana. Ward, depois de percorrer mais de três mil anos de história de reflexão sobre Deus, tranquilamente, com o humor inglês que o caracteriza, poderia escrever: *Dawkins, um delírio.*[7]

O que defendemos, portanto, é a visão da teologia – mesmo que seja relativizada como todo e qualquer pensamento humano – como explicação última da realidade, que não se opõe às ciências, mas adquire do seu potencial hermenêutico uma função crítica.

Tal perspectiva teológica, de fato, encontrou-se em choque frontal com visões religiosas que se aglutinaram no contexto das Igrejas evangélicas norte-americanas na virada para o século XX que, em linhas gerais, se contrapuseram às teorias de Charles Darwin e a outras formas de concepção teológica herdeiras do iluminismo moderno. O liberalismo teológico, ou também chamado de "modernismo", foi considerado, como já referido, elemento desagregador da fé, e em função do seu avanço se buscou retomar em vários e influentes círculos religiosos os fundamentos da fé. Daí a expressão fundamentalismo. No catolicismo romano, a posição anticientífica percorreu todo o processo de renovação eclesial que culminou com o Concílio Vaticano II (1962-1965), sempre em posição refratária às mudanças em curso, e encontrou guarida institucional nos setores que a partir dos anos de 1990 passaram a interpretar as referidas decisões conciliares em chave mais cuidadosa.[8]

Outra dimensão importante encontrada nos percalços do confronto entre uma teologia crítica e aberta aos postulados científicos e as visões fundamentalistas é o descompasso vivido na atualidade entre o que se tem chamado de "verdade modesta", ou líquida como indicou Zygmunt Baumann, própria da cultura pós-moderna, e a "verdade forte" do pensamento moderno. O fundamentalismo, contraditoriamente, é fruto do pensamento moderno, ainda que muitos o considerem pré-moderno,[9] e,

---

[7] WARD, K. *Deus, um guia para os perplexos*. Rio de Janeiro, Difel, 2009, p. 11.

[8] Assim se deu o esforço da Carta Apostólica *Fides et Ratio* do Sumo Pontífice João Paulo II aos bispos da Igreja Católica, sobre as relações entre fé e razão, promulgada em 1998. São Paulo, Loyola, 1998.

[9] Para se compreender melhor o fundamentalismo como fenômeno moderno veja o texto de VELHO, O. "Civilização, fundamentalismo e espiritualidade sem Deus: os termos do debate". In: GOMES DE SOUZA, L. A. (Org.) *Relativismo e transcendência*. Rio de Janeiro, Educam/CCCL, 2007, p. 125-138.

por isso, exacerba o antagonismo em relação a pensamentos de caráter relativista, como se espera de uma teologia em diálogo com as ciências.

Não é preciso dizer que o fortalecimento de perspectivas fundamentalistas no campo religioso se dá, em geral, em contextos de crescimento do sofrimento humano e da degradação da vida resultante da inadequação de políticas públicas que gerem o bem-estar social, a sustentação e a dignidade da vida. Diante de quadros muitas vezes desoladores emergem com intensidade as perguntas pela realidade do mal e do sofrimento. As respostas de caráter unívoco e imediatas em geral são melhor acolhidas nesses momentos. O que fazer diante disso? Como a teologia poderia ser, ao mesmo tempo, consistente e relevante para as massas da população que enfrentam as crises e a morte?

Obviamente, não temos respostas acabadas para tais questões. Mesmo porque, se assim fizéssemos estaríamos incorrendo no mesmo equívoco que criticamos nas posturas de caráter fundamentalista. Todavia, por intuição, consideramos que há pressuposições antropológicas que relativizariam as convicções fundamentalistas e, com isso, dariam uma base mais profunda e permanente para as respostas advindas das inquietações humanas. Um desses pressupostos é o "desejo de futuro" que encontra guarida na existência humana. É o que nos indica John Haught:

> No entanto, mesmo na melhor das circunstâncias, em alguma instância de nosso ser, ainda anelamos por um novo futuro, mesmo quando nos apegamos ao passado ou ao presente. Um senso do porvir (*adventus*) de Deus nos atravessa, nos faz ansiar por uma liberdade mais profunda, por um horizonte existencial mais amplo. Não obstante, a exemplo dos bem-estabelecidos, permanecemos ligados àquilo que é ou foi, e não ao que será. Os destituídos, aqueles que agora não têm em que se amparar, são mais abertos à promessa de um mundo radicalmente novo. São seus ouvidos que o fogo do Evangelho primeiramente queima com as novas pertubadoras do advento de Deus.[10]

Tais perspectivas revelam um forte otimismo diante da vida, com o qual comungamos. Elas estão em sintonia com as visões que emergiram no contexto teológico latino-americano desde os anos de 1960, pois traduzem, de certa forma, a *força histórica dos pobres*. Elas também nos ajudam a olhar a vida de tantas comunidades religiosas, especialmente as do mundo popular pentecostal, tanto no universo evangélico como no católico, com a distinção necessária entre o vivido de fato e o visto

---

[10]   HAUGTH, J.F., *Cristianismo e ciência*, op. cit., p. 17.

superficialmente por nós. Pode ser que nem todas as realidades tachadas de fundamentalistas sejam de fato assim; ou, pelo menos, que possam ter elementos libertadores que gerem a sua própria superação. Além disso, é bom lembrar que as formas inclusivas e solidárias de relacionamento humano – e o mundo religioso pentecostal está repleto delas – possuem razões que a nossa própria razão calculista desconhece.

Também há outro aspecto antropológico que não pode ser esquecido. Trata-se da tendência ao mistério. Se o naturalismo, entendido como reducionismo científico, e o fundamentalismo são filhos da verdade "pronta e acabada", o mesmo não se dá com a ciência, em sentido amplo, e com a religião. Elas são filhas do mistério. O mesmo Haught, ao interpretar Pannenberg, nos mostra que a tendência ao mistério é traço fundamental da existência humana, e não apêndice alternativo, próprio dos retardatários pré-científicos. As pessoas são naturalmente abertas não só ao mundo, mas também à alteridade transcendente, muito antes de qualquer convicção efetiva de que são destinatárias de uma palavra reveladora.[11]

Futuro e mistério não são, em geral, duas palavras muito frequentes nos "dicionários teológicos" atuais. Talvez devêssemos reconhecer esse fato e fazer uma autocrítica. É fato que muitos outros fatores interferem nos processos da vida e da religião: o pecado como ambiguidade original do ser humano, a incapacidade de articulação da dimensão extática da razão humana com a que é cognitiva, os interesses presentes nas formas de exercício do poder e tantas outras situações que abrem as margens para o rio cada vez mais caudaloso dos fundamentalismos. Mas eles podem ser interpelados. Uma teologia da criação substancialmente bíblica e em diálogo crítico com as perspectivas científicas é um caminho frutífero e desafiador.

II. Pressupostos para o estudo da doutrina da criação que supere formas fundamentalistas de pensar

Como exercício teológico, poderíamos resumir, especialmente por razões didáticas, aspectos básicos de uma visão sobre a criação que nos ajude a construir uma perspectiva mais ampla e robusta da fé. Assim, seria uma forma de conhecer o fundamentalismo por sua contraposição.

---

[11]   Ibidem, p. 42.

Ou seja, compreender a doutrina da criação como reflexão sistemática sobre os conteúdos da fé identificados a partir da observação da vida humana e do cosmo, compreendendo a história, a sociedade, o universo e o meio ambiente. Tal observação não é cientificista ou realizada na forma de um "expectador", mas ativa e interativa no mundo, comprometida e engajada nos seus destinos e que leva em conta decisivamente as mazelas e alegrias da vida. Mais concretamente, diríamos que a identidade e a relevância da teologia da criação se dão basicamente a partir da seguinte questão: "como reconhecer o amor de Deus nas vidas humanas e no conjunto da criação?".

Para seguir nessa direção, várias perspectivas bíblicas e teológicas estão relacionadas e precisam ser indicadas. A primeira refere-se ao kerigma bíblico dos relatos da criação como doador de sentido à existência e ao destino da humanidade e do mundo. Com isso, se refuta a concepção, por vezes tão presente no senso comum das Igrejas, de que tais relatos sejam descrições objetivas das situações narradas. Essa visão crítica é patrimônio da teologia desde o século XIX. A segunda é a ênfase na criação, como ato contínuo e permanente, e na compreensão do ser humano, como coparticipante dos atos divinos de criação e recriação da vida, e na visão bíblico-teológica do pan-en-teísmo, expressa na noção de que "Deus é/está tudo em todos". Em terceiro lugar, a dimensão transcendental da criação do cosmo e do humano e o quarto e último ponto é a indicação do debate em torno do pecado humano e as possibilidades de renovação da humanidade a partir de Cristo.

1. A conciliação entre Bíblia e ciências

Os estudos introdutórios em teologia sistemática em geral têm reafirmado que a Bíblia é a fonte básica da doutrina da criação e da antropologia teológica, assim como da teologia em geral. Não se trata de um biblicismo, mesmo porque as teologias contemporâneas não podem deixar de considerar como suas fontes: a história da Igreja, da cultura e das ciências com toda a complexidade delas.[12]

A Bíblia, e em especial os relatos da criação, a fé e a teologia constituem uma *interpretação* – e, portanto, não uma descrição – da realidade da vida. Nesse sentido, reafirma-se, mais uma vez, o kerigma

---

[12] Cf. TILLICH, P. *Systematic Theology*. Chicago, The University of Chicago Press, 1951, vol. 1, p. 34-40.

bíblico como a fonte oferecedora de sentido e de significado à realidade da vida humana e cósmica. Nessa direção, John Haught nos indica que,

> Nesta nossa era científica, podemos na verdade ver mais claramente do que antes que o propósito dos relatos bíblicos da criação é um propósito essencialmente religioso. O livro de Gênesis, por exemplo, procura despertar em nós um sentido de gratidão pela pura glória e desmesura da criação. Diz-nos, através de dois relatos distintos, que o universo está fundado no amor e na promessa. Dá-nos uma razão para a nossa esperança. E assegura, para além disto, que o nosso mundo é essencialmente bom, e que a Natureza não deve ser confundida com Deus.[13]

Em outras palavras, os relatos bíblicos (AT e NT) são sempre kerigmáticos e não correspondem a descrições "jornalísticas" das situações em questão. A teologia, portanto, é sempre uma tarefa hermenêutica. No caso da doutrina da criação e da antropologia teológica trata-se, como já indicado, de uma busca de respostas sobre o sentido do ser humano e do cosmo.[14]

Dois pontos são de fundamental importância para a elaboração de uma teologia da criação que saiba ler os sinais dos tempos: a) uma interpretação não literalista dos relatos sobre a criação; b) a conciliação do conhecimento científico com a fé: na reflexão sobre a criação do mundo, é preciso satisfazer simultaneamente o conhecimento científico da realidade em que vivemos e a fé.

O debate e a aproximação da religião e da teologia com as ciências devem pressupor que a teologia bíblica da criação é a busca do fim último de toda a criação (cf. Rm 8,19-21). Nesse sentido, os relatos bíblicos da criação não podem ser compreendidos como relatórios descritivos, tal como a visão fundamentalista enfatiza, mas como base de reflexão para que as perguntas acerca do sentido da existência e da criação possam ser respondidas.

O fundamentalismo valoriza a Bíblia, mas "também nós olhamos para as Escrituras com grande veneração, e que é o nosso respeito pelas verdades mais profundas contidas nos textos bíblicos que nos levam a rejeitar o literalismo. Aqui podemos comunicar a ideia de que, se optamos por tomar a Bíblia como uma fonte de ciência exata, isso

---

[13] HAUTH, J.F. *Cristianismo e evolucionismo*, op. cit., p. 140.

[14] Veja, entre outras obras: LORETZ, O. *Criação e mito:* Homem e mundo segundo os capítulos iniciais do Gênesis. São Paulo, Paulinas, 1979; e SCHWANTES, M. *Projetos de esperança:* meditações sobre Gênesis 1-11. Petrópolis, Vozes/CEDI, 1989.

na verdade acaba por diminuir os textos sagrados".[15] Isso não diminui o valor da Bíblia para o mundo, mas, ao contrário, permite que sua mensagem penetre em cada contexto histórico e social e revele a mensagem atual de Deus para cada comunidade. Portanto, descobertas científicas e relatos da criação não são "concorrentes", mas devem confluir para a melhor compreensão sobre o ser humano e a totalidade do mundo.

É a isso que se refere John Haught quando afirma que:

> um teólogo argumentaria, no entanto, que ensinar a doutrina da criação especialmente no contexto de uma aula de ciências naturais não é apenas uma violação da integridade científica, mas, ainda pior, é um rebaixamento implícito da religião. Pôr os escritos sagrados lado a lado com a biologia evolucionista contemporânea, colocando-os numa relação competitiva com a ciência em sala de aula, apenas irá dar aos estudantes a impressão de que a Bíblia é essencialmente um compêndio de informação comparável à ciência.[16]

De certa forma, isso se refere também à noção de tempo da criação. A reflexão teológica sobre o tempo da criação deve resultar, sadiamente, na relatividade de cada ser humano diante da experiência de milhões de anos da humanidade e de bilhões de anos de existência do cosmo. Do ponto de vista bíblico, a ênfase se dá em especial quanto ao significado da comparação, didática e necessária – e que se defronta diretamente com as interpretações fundamentalistas correntes –, entre a referência histórica de Israel, ou seja, Abraão por volta de 4 mil anos atrás e as origens do ser humano há pelo menos três milhões de anos e a do cosmo por volta de 15 bilhões de anos atrás.[17]

Essas e outras questões tensionam ainda mais a histórica e conflitiva relação entre a fé e a razão. Deus criou o ser humano dotando-o de razão e de capacidade para acolher o dom da fé. O acúmulo conceitual das teologias contemporâneas pressupõe que a razão questiona a fé, fazendo sobressair a dúvida. Esta é fundamental na vida humana, uma vez que propõe aos indivíduos e aos grupos um amadurecimento na busca de respostas para afirmar a fé em cada momento da vida. A fé e a razão se tensionam criativamente na medida em que a fé suplanta a

---

[15] HAUGHT, J.F. *Cristianismo e evolucionismo*, op. cit., p. 138.

[16] Ibidem, p. 131.

[17] Uma obra de qualidade que apresenta, de forma didática, dados científicos sobre a origem e o desenvolvimento do mundo, associados a uma robusta reflexão teológica é STEIGER, A. *Compreender a história da vida: do átomo ao pensamento humano*. São Paulo, Paulus, 1998.

razão, quando o poder de compreensão e de realizar sonhos e projetos chega ao seu limite; e na medida em que a razão traz um entendimento sobre a fé, nas diferentes interpelações que ela possui com a vida.[18]

2. O ser humano coparticipante do ato criador contínuo de Deus

Deus é o autor da criação e atua continuamente nela. O ser humano, como ser criado, também se transforma e participa dessa evolução.[19] O ser humano não é consequência de uma evolução sem propósitos, mas foi criado à imagem e semelhança de Deus, com a vocação de ser coparticipante de sua obra criadora e com a responsabilidade de zelar por ela. Isso significa reafirmar que entre criação e evolução não há contradição.

A criação é ato contínuo de Deus, como vocação para o Reino (cf. Is 65,17-25), manifestada na vontade do Pai, firmada na síntese da nova criação reconhecida em Jesus como o ser-messiânico (base cristológica), redimensionada no poder do amor, como comunicação e fonte de comunhão (base pneumatológica).

Isso significa afirmar que a criação ainda não está concluída. Deus prossegue o seu caminhar com a criação. Assim se realça a fidelidade de Deus a seu mundo e ao ser humano. Deus que, quando o criou a sua imagem e semelhança, manteve também o compromisso de caminhar junto a ele, ou seja, junto à sua criação. Trata-se da fidelidade de Deus à sua promessa em Gênesis 8,22: "Enquanto durar a terra, não cessará semeadura e colheita, frio e calor, verão e inverno, dia e noite". Deus faz os seres participantes de sua atividade criadora e atualizadora da vida e os deixa com a liberdade de aceitar ou não essa tarefa.

Em seu ato criador, Deus convoca o ser humano a ser coparticipante de sua atividade criativa (Gn 1,28-30). Nesse sentido, a criação

---

[18] É ampla a bibliografia em torno das questões entre fé e ciência. Entre vários títulos, veja os textos já referidos de John Haught, Jürgen Moltmann, Keith Ward e de Marcelo Gleiser e outros como: BROCKELMAN, P. *Cosmologia e criação:* a importância espiritual da cosmologia contemporânea. São Paulo, Loyola, 2001; LAMBERT, D. *Ciências e Teologia:* aspectos de um diálogo. São Paulo, Loyola, 2002; SEGUNDO, J. L. *Que Mundo? Que Homem? Que Deus?* Aproximações entre ciência, filosofia e teologia. São Paulo, Paulinas, 1995; STOEGER, W. R. *As leis da natureza:* conhecimento humano e ação divina. São Paulo, Paulinas, 2002; SUSIN, L. C. (Org.) *Mysterium Creationis:* um olhar interdisciplinar sobre o universo. São Paulo, Paulinas/Soter, 1999.

[19] Para isso, veja as obras de ARNOUD, J. *Darwin, Teilhard de Chardin e Cia:* A Igreja e a evolução. São Paulo, Paulus, 1999; e idem. *A teologia depois de Darwin:* elementos para uma teologia da criação em uma perspectiva evolucionista. São Paulo, Loyola, 2001.

revela uma dimensão eminentemente salvífica, uma vez que, a partir da relação com Deus, abre-se para o ser humano a oportunidade de ir além de suas limitações e, para o cosmo, abre-se a possibilidade de um sentido transcendente.

A doutrina cristã da criação, em sua vocação ecumênica, é, sobretudo, uma concepção de mundo à luz do Reino. Nisso reside a forte perspectiva escatológica da criação. A teologia da criação "está orientada para a *libertação* das pessoas, para a *satisfação* da natureza e para a *salvação* da comunhão entre pessoa e natureza das forças do negativo e da morte".[20]

As narrativas bíblicas da criação demonstram ser possível para a humanidade – simbolizada nas figuras de Adão e de Eva – a superação de tensões e um viver em harmonia com a natureza, com o outro e com Deus. O propósito escatológico de viver como no "jardim do Éden" deve, por suposto, implicar atitudes para torná-lo realidade.[21]

A criação é consequência do amor transbordante de Deus que não somente cria, mas permanece, como que "colado", sustenta e relaciona-se com a obra criada. Desse modo, toda a criação está orientada para uma relação de interdependência na qual os seres criados (humanidade e natureza) dependem uns dos outros e do seu Criador. Não obstante o apelo pela participação humana no processo de recriação do mundo, as tarefas educativas e de reflexão teológico-pastoral em geral devem contribuir para a superação da centralidade do ser humano na criação, para não reforçar justificativas de formas de domínio destrutivas da natureza.

A doutrina trinitária da criação pressupõe uma dinâmica entre Criador e criação: "Deus cria o mundo e logo faz dele sua morada". Ao contrário da visão que separa transcendência (de Deus) e imanência (do mundo), a teologia da criação reconhece a presença de Deus *no* mundo e a presença do mundo *em* Deus.

A noção de que "Deus é/está tudo em todos" expressa a perspectiva bíblica do *pan-en-teísmo*. Deus que é tudo em todos, que está presente na natureza e no cosmo, ao mesmo tempo "vai além de si mesmo", não se esgota. "Não cabe em si" como o amor, expresso em canções e outras formas culturais de falar do "inesgotável".

Uma visão panteísta não é pior (nem melhor) do que uma visão absolutista, que prescinde da história, da humanidade e da dimensão

---

[20] MOLTMANN, J. *Deus na criação*: doutrina ecológica da criação. Petrópolis, Vozes, 1993, p. 22.

[21] Cf. MESTERS, C. *Paraíso terrestre*: saudade ou esperança?. Petrópolis, Vozes, 1971.

cosmológica. Por vezes, por receio de reduzirmos Deus ao que é natural, o retiramos de tudo o que é natural (a humanidade, por exemplo) e aí não temos o Deus bíblico, mas um deus metafísico, que não ama, que nunca está presente em lugar algum, somente em uma dimensão etérea, a-histórica, sem vida. Esse deus, por não poder amar, não é o *nosso* Deus.

3. O conceito bíblico de transcendência

A teologia bíblica indica o conceito teológico de transcendência. Este valoriza e se efetua nas dimensões humanas corpóreo-material, histórica e cósmica, mas vai *além* delas, em contraposição à visão sobrenaturalista, que descarta ou desvaloriza as referidas dimensões. O teólogo Keith Ward, ao estabelecer um tipo de plataforma de comunicação da fé cristã para a realidade cultural moderna, mostra que:

> o autêntico sentido religioso consiste em discernir o infinito e a eternidade no âmbito do limitado e do provisório, ver em todas as formas particulares de beleza uma Beleza de perfeição ilimitada e valor eterno. O sentido de uma presença fundida, que vive na luz e no ar e no céu e na mente humana; o sentido de tal presença, que se divide, como a luz, em milhares de raios brilhantes de individualidade, cada um assumindo o caráter de seu próprio ambiente; o sentido de um mundo preenchido com presenças sublimes e fundidas, múltiplas e, ainda assim, unas, belas e difíceis, cor de vinho tinto e dedos rosados: este é o sentido dos deuses, que excitam a reverência humana e assustam, atemorizam e encantam.[22]

O Reino de Deus é transcendente porque não se esgota na dimensão histórica, mas ele já está "dentro" (e não "fora", como nas visões fundamentalistas) da história. O Reino está no meio de vós, afirma o Evangelho. Deus é transcendente porque se revela na criação, mas não se esgota nela nem a ela se restringe. Ele é maior. O ser humano, como imagem de Deus, também possui uma dimensão transcendente, porque vai além de sua historicidade e de suas limitações corpóreo-temporais.

A ressurreição de Cristo, por exemplo, representa a nova criação e a esperança de libertação presente em nossa realidade. Jurgüen Moltmann indicara que "a esperança cristã é uma esperança de ressurreição e demonstra a sua verdade pela contradição entre o presente e o futuro

---

[22] WARD, K. Ward. *Deus:* um guia para os perplexos. Rio de Janeiro, DIFEL, 2009, p. 31.

por ela visualizado, futuro de justiça contra o pecado, de vida contra a morte, de glória contra o sofrimento, de paz contra a divisão".[23]

A concepção da ressurreição, entendida como nova criação (*big--crunch*, na linguagem científica), faz parte do plano salvífico de Deus para recriar a condição humana. A ressurreição de Cristo é a nova criação da parte de Deus que se estende a todos(as) que se abrirem para crer. Com ela, recuperamos duas referências que nos tornam humanos na verdadeira acepção do termo: a) a postura de reverência e de gratidão ao Criador, que é a única adequada em relação a quem nos agraciou com a vida; b) a postura solidária baseada na justiça, que é a única adequada em relação à criação na qual estamos inseridos. Isso oferece base para afirmar que a perspectiva *cósmica* e ecológica da salvação encontra-se ao lado e integrada às dimensões salvíficas *pessoal* (e não individual) *e coletiva*. As dimensões pessoal, coletiva e cósmica da salvação sintetizam o sentido bíblico da *nova criação*.[24]

As reflexões teológicas sobre a criação em geral e sobre o ser humano em particular, devidamente articuladas com a escatologia, devem nos fazer olhar para a vida, tanto em sua positividade como nas limitações e dores. A teologia cristã é fundamentalmente teologia da cruz, e o amor sem dor não existe – daí, o sofrimento de Jesus. Nesse sentido, podemos afirmar que a vida abundante, sobre a qual nos fala o evangelho de João, inclui tanto a dimensão da satisfação, da alegria e do prazer como a vida de sofrimento. O prazer em dar à luz, por exemplo, é marcado pela dor. Outro exemplo seria um amor abundante (entre duas pessoas) que sempre tem implicitamente um tanto de sofrimento, quando se dá a partida. E a vida é sempre uma partida.

Dentro das ambiguidades da vida, tudo possui um destino transcendente e escatológico e "apesar de tudo, vale a pena viver". A fé ajuda o

---

[23] MOLTMANN, J. *Teologia da esperança:* estudos sobre os fundamentos e as consequências de uma escatologia cristã. São Paulo, Teológica, 2003, p. 25.

[24] Exemplares dessa visão são as obras de Pierre Teilhard de Chardin, especialmente *Hino do Universo*. São Paulo, Paulus, 1994. Dentro de uma tradição teológica protestante, veja RUNYON, T. *A nova criação:* A teologia de João Wesley hoje. São Bernardo do Campo, Editeo, 2002. Especificamente sobre o tema de uma teologia ecológica veja: BOFF, L. *Ecologia, mundialização e espiritualidade*. São Paulo, Ática, 1993; e Idem. *Ecologia:* grito da terra, grito dos pobres. São Paulo, Ática, 1995; JUNGES, J. R. *Ecologia e criação:* resposta cristã à crise ambiental. São Paulo, Loyola, 2001; PRIMAVESI, A. *Do Apocalipse ao Gênesis:* ecologia, feminismo e cristianismo. São Paulo, Paulinas, 1996; VIEIRA, T. P. *O nosso Deus: um Deus ecológico* – Por uma compreensão ético-teológica da ecologia. São Paulo, Paulus, 1999.

povo a caminhar, não para uma catástrofe social ou cósmica, mas em direção a uma plenitude com o próprio Deus (cf. Ap 21). E também como afirmou Moltmann: "Esta presença da vindoura Parusia de Deus e de Cristo nas promessas do Evangelho do Crucificado não nos arranca do tempo, nem faz parar o tempo, mas antes *fura* o tempo e move a história; não é a negação do sofrimento por causa do não ser, mas a aceitação e inserção do não existente na lembrança e na esperança".[25]

A afirmação de fé por excelência é que o futuro do mundo é o Reino de Deus, onde ele será tudo em todas as coisas. Tal fé pressupõe não um mero desenvolvimentismo histórico, mas todas as rupturas necessárias que ofereçam diferenças qualitativas em continuidade e descontinuidade com o presente. Portanto, o Reino já está presente em mistério aqui na Terra. Todos(as) são convidados(as) dia a dia a usufruir dele. A vocação do ser humano orienta-se eminentemente para um futuro, mas que deve ser projetado no presente como uma tarefa constante a ser realizada. Em perspectiva similar, John Haught afirma que:

> uma pesquisa teológica biblicamente orientada pelo substrato mais profundo da temporalidade, portanto, pela possibilidade da evolução, pode admitir que é o *advento do futuro* que impulsiona o presente para o passado e permite a ocorrência de uma sequência linear de eventos. Em outras palavras, não é movimento cego do passado em direção ao futuro que dota o universo de caráter temporal. Ao contrário, ela é a constante chegada de um novo futuro.

Teologicamente falando, contudo, o "advento do futuro" é, em última análise, o advento de Deus, cuja autorrelevação ocorre inseparavelmente das promessas que abrem o mundo a um horizonte de novidade sem precedentes.[26]

O ser humano é vocacionado por Deus a ter fé e convidado a fazer parte de uma nova vida em amor, dom maior de Deus.[27] O oposto dessa possibilidade é o inferno que, na perspectiva bíblico-teológica, ao

---

[25] MOLTMANN, J. *Teologia da esperança*, op. cit., p. 39 [grifo meu].

[26] HAUGHT, J. *Cristianismo e ciência:* por uma teologia da natureza, op. cit., p. 140.

[27] Cf. BOFF, L. *O destino do homem e do mundo:* ensaio sobre a vocação humana. Petrópolis, Vozes, 1973. Também do autor, na mesma perspectiva, veja: *Vida para além da morte.* Petrópolis, Vozes, 1973; Idem. *A águia e a galinha:* uma metáfora da condição humana. Petrópolis, Vozes, 1997; Idem. *O despertar da águia:* o dia-bólico e o sim-bólico na construção da realidade. Petrópolis, 1998; Idem. *Tempo de transcendência:* o ser humano como um projeto infinito. Rio de Janeiro, Sextante, 2000.

contrário das interpretações fantasiosas, significa a negatividade última e o fechamento total do ser humano a Deus e à criação.

4. O debate em torno do pecado e a nova humanidade recriada em Cristo

O pecado representa a ambiguidade, pessoal e coletiva, na vocação humana em não se orientar para o Reino (= vontade) de Deus. Ao não reconhecer a sua finitude, o ser humano encontra-se na condição de pecador (cf. Gn 3). Portanto, ao não se compreender como finito, e, assim, desejoso de conhecer o bem e o mal, o ser humano intenta ser igual a Deus, o que o torna pecador.[28]

O reconhecimento do pecado faz com que o ser humano vislumbre a graça de Deus. Isso elimina a possibilidade de que o receio humano ao pecado transforme-se em angústia, falta de fé e falsa religiosidade. A ação criadora do ser humano é dom de Deus e objetivo da criação, mas é sempre uma mistura do amor com egoísmo e pecado. Nesse sentido, a impossibilidade de autossalvação do ser humano não se converte em inércia ou em despreocupação social. Essa participação na graça (regeneração) e aceitação do amor de Deus pela fé (justificação) geram um novo estado de ser, uma transformação (santificação).

As reflexões bíblicas sobre o pecado original indicam a realidade iníqua do ser humano. Não se trata de algo referente a um passado longínquo, mas de algo profundamente relacionado à existência humana no aqui e agora. A palavra "original" nos dá um bom caminho para a reflexão. "Original" é quando somente nós temos ou possuímos algo. Se considerarmos os relatos bíblicos sobre Adão, veremos que o pecado é algo original do ser humano; tem a ver com a sua marca; com a sua condição existencial. Mesmo em termos de pecado pessoal, veremos que o pecado concreto cometido somente pode ter sido cometido por alguém.

---

[28] Além dos textos gerais de antropologia, veja, para a discussão sobre o pecado, as seguintes obras: BERKOUWER, G. C. *Doutrina bíblica do pecado*. São Paulo, Aste, 1970; BINGEMER, M. C. L.; YUNES, E. (Orgs.) *Pecados*. São Paulo/Rio de Janeiro, Loyola/ PUC, 2001; HOFSTÄTTER, L. O. *A concepção de pecado na Teologia da Libertação*. São Leopoldo, Nova Harmonia, 2003; LIBÂNIO, J. B. *Pecado e opção fundamental*. Petrópolis, Vozes, 1975 [Edição similar: *Crer e crescer*: orientação fundamental e pecado. São Paulo, Olho D'água, 1999]; THÉVENOT, X. *Pecado: O que é? Como se faz?*. São Paulo, Loyola, 2003; NEWBIGIN, L. *Pecado e salvação*. São Paulo, Imprensa Metodista, 1963; SCHERZBERG, L. *Pecado & Graça na teologia feminista*. Petrópolis, Vozes, 1997; e MOSER, A. *O pecado*; do descrédito ao aprofundamento. Petrópolis, Vozes, 1996.

Uma perspectiva teológica mais substancial expressa que a preocupação pastoral não deve recair, como nas interpretações literalistas, sobre um "autor" do primeiro pecado. O que nos leva a ter uma preocupação maior é se o pecado tem sido uma influência marcante na vida humana, a ponto de querermos sempre depender dele. John Haught traduz essa perspectiva, ao afirmar que:

> o pecado original, de acordo com a interpretação teológica contemporânea, não se refere a um ato específico cometido por um par progenitor num passado remoto, mas sim ao presente estado geral do nosso afastamento de Deus, uns dos outros e também do nosso mundo natural. Todos nascemos num mundo que é já profundamente imperfeito, devido em grande medida à ganância humana e à violência. "Herdamos" de fato ambientes, culturas, hábitos e maneiras de ser que misturam o bem e o mal. Assim, a noção de pecado "original" indica-nos que, pelo simples fato de termos nascidos neste mundo ambíguo, somos condicionados não apenas por tudo aquilo que é promotor da vida, mas também por toda uma história de mal e de oposição à vida.[29]

O pecado original aponta para a situação negativa em que se encontra todo ser humano neste mundo. Todavia, o amor e a providência de Deus são suficientes para superar essa situação negativa. Portanto, a reflexão sobre o pecado original (e não *inicial*) é de fundamental importância para que o ser humano tenha a consciência de sua natureza pecadora e de que ele depende sempre da redenção que vem de Deus. O ser humano alcançado pela graça de Deus obtém o dom gratuito da fé e vive a sua vida simultaneamente como justo e pecador, como já indicavam perspectivas teológicas desde Martinho Lutero.

A Revelação é o processo fundamental em que Deus salva a criação. Ela se contrapõe à "satisfação" como mecanismo ilegítimo de intercâmbio jurídico entre o ser humano e Deus. Por isso, a religião, quando entendida como contraposição à expressão viva e espontânea da fé, requer uma crítica teológica fundamental para iluminar o âmbito histórico em que se desenvolve a salvação. Trata-se de ressaltar a economia salvífica que representa a maneira e as etapas concretas que Deus utiliza para efetivar a salvação entre os seres humanos.

A religião, vista na perspectiva de contraposição à fé, é a relação que o ser humano estabelece e organiza com Deus, ao projetar as relações sociais que demarcam a distinção entre o débil e o poderoso e,

---

[29] HAUGHT, J. *Cristianismo e evolucionismo*, p. 143.

com isso, fazer-se valer diante de Deus e dele merecer algum favor. Ao contrário, a teologia indica que a interferência nesse processo se dá por iniciativa divina, qualitativamente diferente, na qual Deus revela-se e é acolhido e aceito pela fé.

A teologia da salvação firmada na Revelação (e não na "satisfação") permite maior aproximação (e fundamentação) das perspectivas bíblicas da origem humana. Trata-se, da parte do ser humano, de uma situação inata que se constitui em um "infinito desejo que se abre a um horizonte ainda fechado". Essa situação, longe de ser pecado, significa uma *fragilidade original*, uma necessidade absoluta e radical de salvação, pois só a Revelação de Deus possibilita a liberação do horizonte oculto e misterioso da existência humana. A pressuposição antropológica dessa perspectiva é a de que não se sustenta a visão fixista, pré-moderna, de um paraíso e de um pecado original, que não considere a evolução humana. O pensamento evolucionista moderno inviabiliza a representação arquetípica da existência de uma "idade de ouro" no passado. Como a evolução caminha na direção de sínteses mais complexas, o surgimento do ser humano foi ascendente e progressivo, o que requer redimensionamento teológico do conceito de *"queda"* humana.

A tipologia bíblica Adão-Cristo, em especial nos escritos paulinos, não estabelece uma estrutura fatalista para a existência humana. Ao contrário, uma vez dimensionada em seu sentido por ser, simultaneamente, Adão (na fragilidade original) e Cristo (na doação final), o ser humano pode escutar a Palavra, compreender as forças naturais que possui, vivenciar a capacidade de abertura à fé e de conversão a Deus.[30] Nas palavras de John Haught:

> A noção de pecado original, neste sentido, é importante para nos recordar constantemente não apenas o nosso afastamento geral da nossa verdadeira Origem e Destino, mas também de nossa incapacidade humana para nos podermos salvar deste atual estado de coisas. Ajuda-nos a tomar consciência de que apenas Deus nos pode salvar e de que esforços para a autossalvação são inúteis. Deste modo, a necessidade de um salvador não é de modo algum diminuída pelos nossos conhecimentos recentes sobre o evolucionismo. Não existe contradição entre o evolucionismo e uma noção realista de pecado original.[31]

---

[30]   Cf. ibidem, p. 209-262.

[31]   HAUGHT, J. *Cristianismo e evolucionismo*, p. 143-144.

Conclusão

As reflexões feitas foram motivadas pela tensa e complexa relação entre a visão evolucionista da vida e o que se convencionou a chamar de fundamentalismo. Dentre as muitas perguntas que nos orientaram, estavam: em que a perspectiva religiosa fundamentalista, tanto no catolicismo romano como no protestantismo, desafia a elaboração de uma teologia que busca articular fé e ciências? Qual seria a contribuição possível de uma "teologia da natureza", para a vivência de uma fé que fuja das simplificações na compreensão da vida, do fixismo histórico e do medo do futuro?

Procuramos entrar em diálogo com essas e outras questões, e reconhecemos os limites para esgotá-las. Todavia, demos dois importantes passos, ainda que os adjetivamos como "cuidadosos". O primeiro foi tentar entrar no mundo que nos interpela e até mesmo nos freia, quando mais decisivamente formulamos uma teologia em diálogo com as ciências: o fundamentalismo teológico. O segundo foi esboçar um roteiro de curso de teologia da criação, concentrando na indicação de temas relevantes que se constituam como um tipo de contraponto da visão fundamentalista.

Nas indicações teológicas apresentadas prevaleceu o dinamismo entre presente, passado e futuro, entre criação e espiritualidade, entre fé e ciências, porque consideramos que tais articulações reforçam a liberdade e a criatividade humanas e com isso se formaria uma base teológica mais consistente de contra-argumentação dos ideais fundamentalistas que, em nossa ótica, em geral, não favorecem uma fé mais autêntica e contextualizada e uma reflexão mais livre e madura sobre essa mesma fé.

Indicamos que as posturas e perspectivas fundamentalistas se dão em níveis diversos como o religioso, o científico e o de visão do mundo. Caracterizam-se, em linhas gerais, pela leitura literal da Bíblia baseada na inerrância dela, cuja prática não favorece interpretações em que se possa articular o contexto no qual o texto bíblico foi escrito com o contexto da vida atual no qual se requer aplicações práticas. O fundamentalismo se caracteriza também por uma escatologia milenarista que, em certo sentido, nega o sentido salvífico descoberto e vivido na dinamicidade da história, e pelo dispensacionalismo, que prevê a história em etapas fixas, distintas e predeterminadas. Também caracteriza o fundamentalismo, ontem e hoje, uma concepção unilateral e absoluta da verdade que tende ao dogmatismo, e que inibe, entre outras coisas, o avanço científico, o diálogo entre a fé e as ciências e a valorização da diversidade das ideias.

Nessa direção, várias perspectivas bíblicas e teológicas estão relacionadas e foram indicadas. A primeira referiu-se ao kerigma bíblico dos relatos da criação como doador de sentido à existência e ao destino da humanidade e do mundo. Com isso, procurou-se refutar a concepção, por vezes tão presente no senso comum das Igrejas, de que tais relatos sejam descrições objetivas e descritivas das situações narradas. A segunda foi a ênfase na criação como ato contínuo e permanente; na compreensão do ser humano como coparticipante dos atos divinos de criação e recriação da vida; e na visão bíblico-teológica do pan-en-teísmo, expressa na noção de que "Deus é/está tudo em todos". Os fundamentalismos, ao contrário, tendem a reforçar o dualismo maniqueísta e a atenuar as responsabilidades humanas com o destino da história. Em terceiro lugar, o destaque para a dimensão transcendental da criação do cosmo e do humano, que revela o ser humano como vocacionado por Deus a ter fé e convidado por ele a livremente fazer parte de uma nova vida em amor, diferenciando-se assim dos modelos predeterministas e fixistas que as visões fundamentalistas possuem. O quarto e último ponto foi o reconhecimento do pecado humano e as possibilidades de renovação da humanidade a partir de Cristo. Nossa interpretação bíblica e teológica, ao contrário das ênfases fundamentalistas, não estabelece uma estrutura fatalista para a existência humana. Ao contrário, uma vez dimensionada em seu sentido por ser, simultaneamente, Adão (na fragilidade original) e Cristo (na doação final), o ser humano pode escutar a Palavra, compreender as forças naturais que possui, vivenciar a capacidade de abertura à fé e de conversão a Deus e, consequentemente, ao próximo.

Pessoa humana:
liberdade em processo de evolução
dinamizado pela graça

Marco Antônio Gusmão Bonelli*

Introdução

A vida humana como expressão de liberdade às vezes parece uma canção triste. Afinal de contas, para que propor projetos de vida, fazer escolhas, duvidar, pensar, filosofar, rezar..., se tudo é sempre a mesma coisa? De um ponto de vista estritamente científico e material, somos um fraco impulso de vida, regido por leis químicas, físicas, biológicas e destinado a morrer.

Jó expressa, no plano religioso, o sentimento de tristeza, abandono e desgosto que surge, quando toda a vida, as esperanças e os legítimos desejos humanos são confinados numa existência marcada pela falta de horizontes. De fato, quando não há nenhuma perspectiva de futuro, quando a vida se reduz à mera repetição das mesmas tarefas de sempre, enquanto se aguarda o momento final, quando somos forçados a uma atitude de resignação diante da convicção de que nada poderá mudar, então tudo se resume a uma triste certeza fatídica de que a morte iguala a todos, nivelando por baixo todos os seres humanos, situando todos debaixo da terra.

---

*   Doutor em Teologia Sistemático-Pastoral pela PUC-Rio. Professor na Cultura religiosa (PUC-Rio) e de Antropologia Teológica no Centro Loyola de Fé e Cultura do Rio de Janeiro.

156 Pessoa humana

Os seres humanos são como frágeis habitantes de "casas de barro, cujos fundamentos se assentam sobre o pó. Serão esmagados mais depressa do que a traça [...] para desaparecerem, sem que se perceba" (cf. Jó 5,19-21), morrendo sem alcançar a sabedoria. Desolado, Jó exclama: Sempre "é a mesma coisa!". A morte aniquila a todos. Deus "extermina o íntegro e o ímpio! Se uma calamidade semear a morte repentina, ele se ri do desespero dos inocentes" (Jó 9,22-23).

Mas o que a desolação de Jó tem a ver com a moderna concepção científica evolucionista sobre a vida humana e sobre o universo? Há muitas pessoas que se baseiam nos conhecimentos hoje disponíveis para afirmar categoricamente a ausência de qualquer sentido ou propósito na evolução. Nessa opinião, o surgimento do universo se deu num processo sem causa transcendente, sem nenhuma motivação humana em suas origens e desprovido de qualquer meta de felicidade final a ser atingida no futuro. Os processos químicos, físicos e biológicos na natureza se iniciam e terminam sem nenhum "porquê". É possível notar aqui a frustração de quaisquer expectativas de elevação. Quando alguém, baseando-se em argumentos científicos, diz: "além disso, nada mais se pode esperar", tornam-se espontâneos e imediatos o travo na garganta e a frustração, seguindo-se, em muitos corações, os sentimentos de nulidade e aniquilação da vida, que tanto amarguravam o pobre Jó.

Diante dessa situação, é justo levantar alguns questionamentos. Será que essa concepção fatalista, que vê a vida do ser humano e do universo como uma realidade químico-biológica, destinada a desaparecer, é a única realmente realista? Será que para sermos realistas precisamos ter uma concepção de vida que anula qualquer perspectiva de "sentido" para a existência? A compreensão do ser humano como ser dotado de liberdade seria então uma quimera ou mera ilusão? Será que as descobertas científicas que situam a existência humana dentro de condicionamentos químicos e biológicos negam a liberdade? Ou será que os conhecimentos científicos hoje disponíveis apenas situam a liberdade humana no contexto natural ("criatural") que lhe é próprio, indicando os limites dentro dos quais essa liberdade é exercida?

Teilhard de Chardin, um homem que tentou conjugar ciência e fé, de modo equilibrado,[1] considerava que tanto o ser humano de modo específico, como o universo de modo mais amplo se desenvolvem num

---

[1] Para entender a importância de Teilhard de Chardin, para o debate da fé cristã com a visão científica e evolutiva do universo e do ser humano, ver o capítulo 2 deste livro.

sentido evolutivo, numa perspectiva de ampliação das possibilidades de vida. Teilhard nos ensinou que na origem da evolução estão os primórdios e os fundamentos, ou seja, as condições básicas para o surgimento do cosmo, bem como as preparações necessárias para a geração da vida e do ser humano.[2] A partir da perspectiva aberta por Teilhard, podemos hoje considerar que já estavam presentes no *Big Bang*, lá nos inícios de tudo, as formas primordiais da relação energia/matéria que, em sucessivos desdobramentos posteriores, deram origem ao cosmo, à vida e ao ser humano pensante e dotado de liberdade.

Do ponto de vista teológico, isso significa que a longa e complexa história da origem e da evolução do universo é também a linda, colossal e, ao mesmo tempo, sutilíssima aventura de um Deus buscando [...] criar um ser limitado diante de cuja porta ele, o todo-poderoso, tivesse que se deter para chamar! E respeitosa e ansiosamente esperar para ver se a liberdade desse ser convidava-o ou não a entrar e oferecia-lhe ou não sua amizade e inclusive uma decisiva colaboração.[3]

No entanto, entre o otimismo teilhardiano e a sensação de absurdo e de falta de sentido expressada por Jó, talvez o homem moderno, que confia exclusivamente nas informações científicas, prefira uma atitude de ceticismo, mais próxima da desolação do personagem bíblico do que da bela apreciação feita pelo padre-cientista francês. Mesmo com todos os conhecimentos adquiridos pela ciência, não conseguimos saber com certeza como e por que o cosmo se desenvolveu de modo a gerar vida. Não há garantias de que poderemos um dia encontrar evidências científicas de um sentido da vida, ou uma "razão de ser" para a evolução cósmica. Muitos cientistas ressaltam que os processos que dinamizam o cosmo e a vida do ser humano são todos governados por determinismos químicos, biológicos etc., que restringem ou até mesmo anulam o espaço de atuação da liberdade. Será mesmo que, no ser humano e no cosmo, tudo é cientificamente previsível? A margem de manobra para eventos não previstos (para a liberdade do homem e para a liberdade de Deus) é tão restrita quanto se pensa? Quais são, afinal, as forças estruturantes do desenvolvimento do ser humano e do cosmo?

---

[2]   Cf. TEILHARD DE CHARDIN, P. *Mundo, homem e Deus*, textos selecionados e comentados por ARCHANJO, J. L. São Paulo, Cultrix, 1986.

[3]   SEGUNDO, J. L. *Que Mundo? Que Homem? Que Deus?* Aproximações entre ciência, filosofia e teologia. São Paulo, Paulinas, 1995, p. 176. Esta obra forneceu muitos dos argumentos usados neste capítulo. Com efeito, ele foi um dos teólogos que mais aprofundou a relação entre a visão científica evolucionista e a fé cristã.

1. Os dinamismos da evolução excluem a possibilidade de um sentido?

O estímulo à geração de vida parece ter sido uma constante na evolução do universo desde sua origem. Há indícios de que o processo criativo, desenvolvido a partir das forças da natureza, foi orientado na direção da diversificação das formas de vida. É fácil notar que a história do universo não foi homogênea, monótona e breve. Ao contrário, ela demonstra que o universo se estruturou em várias galáxias, com diversidade de elementos químicos, estrelas, planetas e, ao menos em uma das muitas galáxias existentes, um planeta reuniu as condições necessárias para o surgimento da vida. A evolução da vida no planeta Terra tem seguido, invariavelmente, a direção da passagem de organismos vivos mais simples para seres vivos mais complexos. As sucessões de eras geológicas, as transformações nos ecossistemas, os conflitos e convivências entre as diferentes espécies animais, vegetais e minerais dentro de cada região, os processos de seleção natural, as mutações genéticas etc., todos esses fenômenos indicam que, na natureza, os dinamismos de geração de vida se associam aos dinamismos de ampliação e diversificação da vida. As espécies não surgem apenas para sobreviver, mas também para evoluir e tentar desenvolver aptidões para se adaptar a novos contextos e superar dificuldades não previstas.

Essa qualificação das espécies animais e vegetais não é tão somente uma obra individual de cada espécie em particular, mas depende, em grande parte, das condições fornecidas pelo ambiente, ou seja, pela natureza em sentido mais amplo. Por isso, François Jacob[4] teve a feliz ideia de considerar o desenvolvimento evolutivo na natureza como o trabalho de um *bricoleur*, ou seja, como o trabalho de um "artesão amador", alguém que, dotado de um talento próprio e criativo, "cultiva uma arte não por ofício [...], mas porque gosta";[5] alguém que, com o passar do tempo, vai reunindo materiais e energias ao acaso, até que esta natureza artesã encontra a oportunidade de pegar toda essa combinação de matéria e energia para transformá-la num processo criativo

---

[4]   Geneticista e bioquímico francês, que ganhou (juntamente com Jacques Monod e André Lwoff) o Prêmio Nobel de Fisiologia/Medicina, em 1965.

[5]   SEGUNDO, J. L. *Que Mundo? Que Homem? Que Deus?*, op. cit., p. 182. Aqui J. L. Segundo faz referência ao artigo de JACOB, F. "Evolution and Tinkering". In: V.A. *Biological Foundations and Human Nature*. De acordo com Segundo, a palavra inglesa *tinkering* é usada para traduzir o substantivo francês *bricolage*; cf. SEGUNDO, J. L. op. cit., p. 23 (nota 15).

com possibilidades de avançar, ou seja, num arranjo parcial que depois possa ser aprimorado.

Isso significa que a natureza, de certo modo, faz o trabalho de selecionar, dentre os materiais disponíveis, aqueles que serão úteis a um determinado propósito no processo de evolução. São essas características dos dinamismos naturais (químicos, físicos e biológicos) que levam alguns estudiosos a considerar o desenvolvimento evolutivo do cosmo e também das espécies animais e vegetais como "um processo mental".[6] A evolução é um processo bastante rico e complexo. É verdade que, aos poucos, foram surgindo regularidades, leis naturais, situações que se repetem invariavelmente de acordo com lógicas e regras conhecidas e com resultados previsíveis (determinismo); mas existem igualmente processos inesperados, associações de elementos formadas como um sorteio entre outras muitas alternativas de combinações possíveis, diversas variações, ou seja, eventos originados de modo aleatório (acaso). A consequência disso é que esse tema, tão embaraçoso para alguns, precisa ser levado em conta. Sim, o acaso faz parte da evolução!

A natureza reconhece o acaso, sabe lidar com ele, interage com ele, mas, ao mesmo tempo, mostra-se capaz de "ir além dele". Consegue extrair dele o material necessário para levar adiante a evolução. O desenvolvimento do cosmo, assim como a evolução das espécies incluem eventos aleatórios e imprevisíveis. No entanto, isso não elimina dinamismos que "dão direção" ao processo criativo da natureza. O desenvolvimento cósmico tem se apresentado sempre no sentido da

---

[6] Ao considerar o trabalho da natureza na evolução cósmica como um "processo mental", J. L. Segundo se baseia em BATESON, G. *Steps to an Ecology of Mind*. New York, Ballantine Books, 1974. Cabe aqui, porém, um esclarecimento. Quando Segundo acolhe a abordagem de Bateson, na qual o processo evolutivo é compreendido como um "trabalho mental", a ideia sugerida é a de uma mente, como um processo rico e complexo, dotado de um sentido que faz as diversas formas de vida e os dinamismos evolutivos do cosmo "avançarem". Isto não significa que esses autores estejam indicando explicitamente uma ação de Deus, induzindo, ou conduzindo, por intervenção direta, os dinamismos químicos, físicos e biológicos do universo. Esses autores estão usando a noção de uma "mente reguladora" apenas em sentido analógico. Eles querem se situar no interior mesmo das causalidades naturais, químicas, físicas etc., indicando o modo como a própria natureza "trabalha evolutivamente". Portanto, a perspectiva adotada por esses autores se apresenta, de modo muito diferente de correntes de opinião, presentes também entre alguns cientistas, como a denominada "Design Inteligente" (do inglês *Intelligent Design*). Nesta corrente de opinião (para promover concordâncias dos dados científicos com algumas citações bíblicas), se postula uma ação direta de Deus, como um perfeito desenhista, projetista ou arquiteto que, comandando os dinamismos evolutivos da natureza, teria dado ao universo e ao ser humano a forma que conhecemos hoje.

evolução do mais simples para o mais complexo. Isso fez com que as formas primordiais da matéria e da energia, que deram origem ao universo, se desdobrassem na formação de átomos, moléculas, células, no surgimento das primeiras formas de vida e no desenvolvimento destas até os seres vivos dotados de mente racional.

Diante disso, podemos perguntar: será que essa concepção evolutiva representa um atentado contra os conceitos cristãos da ação criadora de Deus e da graça divina? A percepção de que o cosmo e os seres vivos se desenvolvem por evolução seria antagônica à fé cristã no Deus criador e salvador? A resposta depende do modo como entendemos cada um dos termos da pergunta. A resposta poderá ser positiva ou negativa, conforme as nossas concepções acerca do que seja a evolução e do que seja a ação divina. No entanto, há motivos para crermos que os dinamismos evolutivos não excluem, em princípio, a ação de Deus.

Para que essa conciliação seja possível, intelectualmente honesta e sem concordâncias forçadas, é preciso considerar dois aspectos. De uma parte, a liberdade da natureza em agir com suas próprias regras, com dinamismos autônomos e sem manipulações divinas arbitrárias. De outra parte, deve-se igualmente considerar a liberdade de Deus, que amorosamente se relaciona com a natureza, com o universo criado e com os seres que nele vivem. Ou seja, há que se considerar o amor de um Deus que, agindo transcendentalmente, em plena liberdade, consegue interagir com o universo, acolhendo os dinamismos evolutivos do cosmo e da vida, ao mesmo tempo em que respeita profundamente esses dinamismos, concedendo-lhes amparo e estímulo no sentido de uma evolução posterior.

Como consequência, podemos concluir que a noção de autonomia e liberdade das criaturas surgidas desse processo evolutivo não precisa ser encarada como algo incompatível com a visão de Deus postulada acima. A liberdade e a criatividade das criaturas não ofendem nem anulam a livre e amorosa ação criadora de Deus.

2. Os seres vivos são também sujeitos ativos na evolução

Ao dizermos que a natureza goza de uma certa "liberdade", queremos caracterizar a atuação autônoma dos múltiplos dinamismos evolutivos que constituem a formação física, química e biológica do cosmo, bem como a vida natural das espécies vegetais e animais. De certo modo, as diversas espécies vegetais, animais e as forças da natureza agem aleatoriamente, por si mesmas, desenvolvendo aptidões, visando à sobrevivência, à adaptação, às possibilidades múltiplas de interação com os elementos disponíveis em cada hábitat etc. Com efeito, os seres vivos também avaliam, reagem, selecionam, mapeiam seu ambiente, identificam presas, desenvolvem mecanismos de defesa contra predadores etc. Há, nesses dinamismos de vida, uma "certa dose de liberdade e subjetividade". No entanto, ao dizer isso, devemos considerar que as noções de "liberdade" e "subjetividade" são aplicadas num sentido analógico, distinto do modo como essas características se configuram na espécie humana dotada de consciência reflexa. Quando aplicadas genericamente aos dinamismos da natureza e aos seres vivos, as noções de "liberdade" e "subjetividade" correspondem, de certo modo, ao que se costuma descrever em linguagem científica como "indeterminações" presentes no processo evolutivo.

No que concerne à interação do acaso com os fatores evolutivos que estimulam o desenvolvimento das diversas espécies, Juan Luis Segundo usa de uma metáfora muito interessante. Ele nos diz que o acaso atua como um jogo de roleta, ou uma loteria, mas sua ação não é isenta de finalidade e sentido.[7]

A loteria usa de um jogo aleatório de probabilidades de resultados para arrecadar recursos financeiros provindos dos apostadores, a fim de mobilizar esses recursos para os investimentos sociais do governo, que administra a loteria precisamente com essa finalidade. De modo análogo, os eventos produzidos pelo acaso podem também ser integrados num projeto mais amplo no qual se dá a evolução. Para formar vida, o acaso necessita de alguém que o capture, fazendo com seus eventos aleatórios um investimento que seja produtivo. O acaso somente poderá gerar efeitos positivos para a evolução se houver outra força que o integre num projeto de criação e expansão. O acaso transforma a vida dos seres vivos, mas é também afetado por eles. Em outras palavras, o acaso produz a matéria-prima que será usada pela liberdade. Há sempre um jogo dinâmico entre determinismo e indeterminação.

As diversas espécies animais e vegetais, cada qual a seu modo, interagem com o meio em que vivem. Podemos dizer que cada ser vivo existe no interior das relações com os demais indivíduos de sua própria espécie, estabelecendo também relações com outras espécies e com os elementos naturais e as características geográficas de seu hábitat. Esse

---

[7]   SEGUNDO, J. L. *Que Mundo? Que Homem? Que Deus?...*, op. cit., p. 180.

processo se dá de tal maneira que podemos dizer, sempre em sentido analógico, que cada ser vivo é um pouco protagonista em seu próprio processo evolutivo. As sínteses feitas por cada ser vivo estão abertas aos acasos e indeterminações de seu desenvolvimento. Poderíamos fazer uma objeção a essa ideia, ao considerarmos que a evolução é processada também a partir de leis naturais e determinismos químicos e biológicos inerentes a cada espécie, a cada hábitat etc. No entanto, tal objeção perde sentido quando notamos que os dinamismos aparentemente antagônicos (de acasos e "liberdade/subjetividade", indeterminação e determinismos), na prática, se articulam e se combinam, quando observamos o processo evolutivo em sentido mais amplo.

Se num jogo de apostas é possível fazer investimentos com os valores arrecadados, de modo análogo, a evolução se dá a partir das combinações de resultados derivadas das articulações entre determinações e indeterminações, nos dinamismos evolutivos presentes na natureza, nos seres vivos e no cosmo. Assim, as ações e reações de cada ser vivo se configuram como uma atuação concreta, que nos permite considerar as diversas categorias de vegetais e animais como "sujeitos ativos" na dinâmica da evolução. Respeitando sempre as características de cada espécie, a ação desses seres vivos é integrada no processo maior e mais amplo de configuração da biodiversidade, dos ecossistemas e do cosmo como um todo.

Podemos assim notar que a evolução é uma realidade muito dinâmica, complexa e diversificada. Trata-se de um processo que diz respeito tanto às diversas espécies vegetais e animais, como também ao ser humano em particular. Nesse processo, se estabelecem continuidades e semelhanças, mas também rupturas e descontinuidades entre a evolução das demais espécies e a evolução humana. Justamente essa complexidade é que precisa ser levada em conta, quando buscamos uma articulação entre a fé cristã no Deus criador e os dados científicos sobre a evolução. De fato, a evolução humana pode e deve ser pensada no interior dos dinamismos que caracterizam a natureza, em sintonia com as demais espécies no meio ambiente. Entretanto, devemos levar em conta que o desenvolvimento do ser humano reveste-se de características específicas, próprias de um ser que evolui singularmente, a partir de uma estrutura pessoal dotada de liberdade e subjetividade, não meramente analógicas, mas em sentido pleno. Essa delimitação das semelhanças e diferenças entre a evolução dos demais seres vivos e a evolução humana será mais um componente importante em nossa reflexão, no sentido de nos ajudar a compreender o modo pelo qual esse processo pode ser compatível com a fé na ação criadora e salvadora de Deus.

3. Revelação divina e evolução: conciliação à vista?

Já vimos como, nos dinamismos evolutivos da natureza, as diversas espécies animais e vegetais desempenham um papel ativo, que caracteriza os vegetais e os animais como seres dotados de uma certa "liberdade/subjetividade" em sentido analógico. No caso da espécie humana, esse processo é ainda mais notório, sendo que dotado de uma singularidade toda especial. O ser humano, com suas próprias potencialidades, pode fazer uso do discernimento em sua própria razão, pode lançar mão de suas escolhas e do aprendizado que a vida lhe possibilita, a fim de interagir com os fatos do acaso, construindo com eles uma história de vida, produzida no âmbito de uma liberdade condicionada e limitada, mas efetivamente real.

Tal como ocorre em relação ao desenvolvimento do cosmo em sentido mais amplo, no desenvolvimento humano se dá um processo de articulação (e não de exclusão) entre determinismos, acasos e liberdade. Quanto mais avançam as pesquisas científicas, mais detalhadamente são explicados os influxos biológicos, instintivos, hormonais, genéticos etc., que fazem parte da conduta do ser humano e do condicionamento orgânico do seu corpo. No entanto, esses dinamismos são também sentidos, processados, refletidos e avaliados, proporcionalmente ao crescimento da consciência que o ser humano vai tomando a respeito de sua própria vida.

Todo esse processo de existir e viver é percebido sempre na convivência do ser humano com seus semelhantes, no interior de relações socialmente construídas pelo próprio ser humano. E são essas relações que, de certo modo, humanizam o homem. Elas é que dão o tom da tomada de consciência, que gera os atos de liberdade produzidos em meio à série de determinações (biológicas, psicológicas, sociais etc.) explicadas pela ciência.

Será que tudo isso diz respeito também a Deus? Uma eventual participação divina nos processos que configuram a liberdade humana representaria uma intromissão indevida? Uma imposição arbitrária? Ou um estímulo generoso, que cria múltiplas condições de possibilidade para que essa liberdade humana se exerça?

164 Pessoa humana

Para responder adequadamente a essas questões, será necessário verificar se podemos encontrar, nos próprios fundamentos da fé cristã, condições de superar o antagonismo entre fé e ciência. Isso nos dará condições para ver que no amor de Deus (tanto em sua ação criadora, como em sua ação salvadora), os dinamismos evolutivos podem estar associados. Este será o passo seguinte de nossa reflexão.

Se considerarmos as características da revelação bíblico-cristã em seu conjunto, associando-as com as informações fornecidas pelas descobertas científicas sobre o cosmo e o ser humano, seremos provocados e estimulados a fazer um diálogo entre fé e ciência, com interpelações mútuas em ambas as direções. Tanto a ciência tende a lançar questionamentos para a fé cristã, assim como esta apresentará suas perguntas e interpelações para a ciência.

Quando nos perguntamos se a ação de Deus no cosmo viola as leis da natureza, ou também quando nos questionamos tentando saber se para participar da vida humana a graça divina interrompe a dinâmica da liberdade do homem, vimo-nos diante de um impasse. Isso porque, dependendo das concepções que escolhermos, poderemos chegar a conclusões e respostas muito diferentes. Já ocorreram vários casos em que cientistas lançam aos teólogos e a pessoas de fé cristã a acusação de que a crença num Deus pessoal, criador e todo-poderoso representa uma anulação das causas químicas, físicas e biológicas dos fenômenos observados na natureza. Aqui há uma aceitação e uma refutação a ser feita.

Devemos reconhecer que quando a concepção deísta de Deus (influenciada pelas noções abstratas e genéricas da filosofia grega)[8] orienta a fé cristã, esta facilmente cai na armadilha da afirmação do poder criador de Deus como um poder arbitrário. Trata-se, neste caso, de um poder que ignora ou contraria as causas intramundanas dos fenômenos naturais, tornando-se uma força estranha e externa, que se situa além dos dinamismos evolutivos do cosmo e do ser humano. Concebida nesses termos, a ação divina é vista como uma ação direta, de efeito instantâneo, dotada da capacidade de dominar, dirigir e controlar tudo o que acontece no cosmo. Tal concepção não é compatível com os dados apresentados pelas ciências, que nos revelam um mundo feito em processo lento, dinâmico, aberto à ação de acasos e também

---

[8] Sobre as características desta imagem de Deus e sobre as dificuldades que ela cria para a fé cristã no Deus criador, ver a análise feita no cap. 1, de abertura deste livro.

estruturado a partir de regularidades, e determinismos, nas leis rígidas e previsíveis da química, da física, da biologia etc. No entanto, há que se refutar a ideia de que esta é a única forma de pensarmos a ação criadora de Deus. Igualmente devemos refutar a afirmação de que este seria o modo de agir do Deus de Jesus Cristo.

Precisamos recordar que a fé bíblico-cristã nos apresenta o Deus Trindade,[9] intrinsecamente voltado para relações amorosas, de presença interna no mais íntimo da realidade do mundo criado. Com efeito, Jesus revela um Deus que "se rebaixa",[10] assumindo plenamente a condição humana. Essa manifestação de Deus em Jesus Cristo é sempre interpretada, na teologia e na Tradição da Igreja, como *kénose*, ou seja, como despojamento, "autoesvaziamento" (cf. Fl 2,5-11), como um "abrir espaço" para que, no íntimo da realidade humana e no interior do mundo criado, o próprio Criador possa se revelar sem anular nada, absolutamente nada, daquilo que é próprio e constitutivo da realidade da criatura.[11]

Do ponto de vista cristão, trata-se do mesmo Deus que se revela em duas situações com características teológicas distintas. O Deus que se manifesta como origem do cosmo e da vida (criação) é o mesmo Deus que, em de Jesus Cristo, se revela como plenitude de vida para suas criaturas (encarnação). O mesmo amor infinito, que é a fonte geradora da vida, é também o amor humilde que, manifestando-se humanamente, assume, preserva e eleva a vida das criaturas até sua máxima realização.

Levando-se em conta todos esses dados, nossa concepção sobre a ação divina no mundo não poderá contradizer essa Revelação de Deus como amor simultaneamente infinito e humilde. Em Jesus Cristo, encontramos um Deus que se mostra capaz de criar o universo e o ser humano, sempre estimulando os processos criativos que, desde a origem do universo, estão atuando na natureza, criando e recriando a vida. A ação divina, entendida a partir da revelação bíblica, aponta para a realidade de um Deus que não frustra os dinamismos evolutivos da natureza, mas, ao contrário, acompanha e estimula as criaturas em sua evolução. Deus se faz presente na realidade interna do mundo e do ser humano, participando de seu íntimo mais profundo, acompanhando e

---

[9] Sobre o tema das interpelações da concepção evolutiva do universo e do ser humano para a fé no Deus Trindade, ver o cap. 3 deste livro.

[10] A respeito da encarnação de Jesus Cristo, como infinita humildade e "rebaixamento de Deus", ver HAUGHT, J. *Cristianismo e ciência*: para uma teologia da natureza. São Paulo, Paulinas, 2009, p. 66-69.

[11] Sobre o tema da *kénose* de Deus, ver o cap. 4 deste livro.

dinamizando a evolução, sem precisar negar ou contrariar os "poderes da natureza".

Trata-se, portanto, de um Deus que consegue participar da evolução natural do cosmo e do ser humano, mostrando-se "capaz de agir evolutivamente", sabendo esperar os acasos da natureza e também interagir com as determinações estruturadas a partir das leis da química, da física e da biologia etc. Por tudo isso, podemos afirmar que a criação divina pode e deve ser entendida como presença constante de um amor divino infinito e humilde, que dinamiza a evolução desde dentro, intrinsecamente aos processos naturais formadores do cosmo e do ser humano. Não se trata, portanto, de uma ação divina apenas num momento inicial, situado no passado, seja no *Big Bang*, ou no *Jardim do Éden* literalmente interpretado.

Ao contrário, essa ação de Deus no universo criado deve ser entendida como um processo contínuo, devido única e exclusivamente à iniciativa do próprio Deus, como ato de sua própria liberdade e, paradoxalmente, como uma ação que não constrange a autonomia do cosmo e do ser humano. Uma presença divina que não anula os processos que a ciência descreve como dinamismos evolutivos da natureza, mas, ao contrário, vibra junto com esses dinamismos e através deles preserva tanto a autonomia do cosmo em sua evolução como também a liberdade do ser humano em constante transformação.

4. Ação de Deus e especificidade da evolução humana

Depois de todas as considerações aqui feitas sobre a relação de Deus com o universo, podemos agora dar o passo decisivo, no sentido de tentarmos entender melhor de que modo se dá a relação do Deus da Revelação cristã com o ser humano. Nesse tema deve ser adotada a mesma perspectiva aplicada na reflexão sobre a ação de Deus em sua relação com o cosmo em evolução. Se há um autêntico diálogo, no qual Deus respeita a liberdade e a subjetividade da natureza e do cosmo, isso é ainda mais verdadeiro quando se trata da relação entre Deus e os seres humanos. Estes também evoluem, passando da infância para a idade adulta, mediante um longo processo de amadurecimento e aprendizagem, que se dá através das inúmeras interações que se processam no corpo e na mente. O mesmo pode ser dito em todas as dimensões da vida do ser humano, desde seu desenvolvimento biológico, psíquico e social, até seu desenvolvimento espiritual e religioso. A existência humana é um constante processo de transformação e evolução. Certamente essa realidade interpela muito profundamente a fé cristã e a teologia.

Muitas características do corpo humano e da mente humana são derivadas do longo e lento processo evolutivo da natureza. É fácil notar que o ser humano é muito condicionado por determinismos naturais, por processos originados da genética, da nossa ligação ancestral com os primatas etc. Assim como as demais espécies se desenvolvem dentro de seus limites e condicionamentos, o mesmo pode ser dito também do ser humano.

Entretanto, há certas peculiaridades que fazem da evolução humana um processo diferente. O conhecimento e a aprendizagem, formulados com consciência reflexa por uma mente racional, possibilitam sínteses mais complexas. Subjetividade e liberdade autenticamente humanas, avaliação e discernimento, ensaios com erros e acertos, tudo isso faz a diferença. A dependência de enormes quantidades de tempo para que se consiga transferir às gerações futuras novas qualidades adquiridas, que façam a espécie evoluir, é bem menor no caso dos seres humanos.

Nossa espécie consegue promover melhorias qualitativas e trans-miti-las às gerações subsequentes mais rapidamente, por não depender exclusivamente dos fatores genéticos e das conjunções de mudanças produzidas pelo acaso no meio ambiente. A transferência de muitas descobertas e aprimoramentos às gerações futuras pode ocorrer através da cultura, do conhecimento, da educação etc. E é justamente isso que faz com que o desenvolvimento evolutivo no ser humano transcorra num patamar qualitativo superior, operando com sínteses mais complexas e mais custosas em termos de gasto de energia.

Através da aprendizagem e das interações sociais entre os indivíduos, os seres humanos podem conquistar habilidades mais aprimoradas, com recursos sociais, culturais e tecnológicos inovadores, que ampliam as capacitações e qualificações da espécie humana, posto que vão muito além do aspecto meramente biológico/genético. Tais características ampliam as possibilidades humanas de superação de dificuldades em escala inimaginável para as demais espécies.

A associação dos seres humanos em sociedade e a estruturação da aprendizagem e dos sistemas culturais serão, assim, uma das maiores riquezas produzidas pela liberdade humana. Essas características forne-cem as condições e energias fundamentais que sustentam a vida do ser humano, criando e ampliando as oportunidades para que o indivíduo possa nascer, crescer e aperfeiçoar a sua existência.

Assim, o desenvolvimento humano se dá como um processo de maturação, processo no qual, sem perceber, o ser humano vai aprimorando sua existência, sua vida, sua "evolução". O bonito é poder notar que, de um modo sutil e muito eficaz, a ação divina se fez e se faz presente, não por estar do lado de fora da vida do homem, mas, ao contrário, por ter atuado sempre, desde o princípio, como fundamento e fonte dinamizadora de todo o processo evolutivo de formação e desenvolvimento da espécie humana.

5. A criação do ser humano é tanto um processo evolutivo como um produto do amor salvífico de Deus

De posse das informações apresentadas nos itens anteriores, parecerá fácil assimilar conceitualmente a evolução. Uma vez que essas informações já estejam firmemente assentadas, formando uma nova visão sobre o ser humano e sobre o universo, será bem mais simples a tarefa de articular essa concepção evolutiva da vida com as afirmações cristãs sobre a relação de Deus com a humanidade.

Historicamente, as tentativas de introduzir essa concepção evolutiva no interior da reflexão teológica passaram por muitos percalços.[12] Trazer os resultados mais expressivos e já bem assimilados das descobertas das diversas ciências sobre a evolução do homem e do cosmo para o interior da reflexão e do debate teológico constitui uma tarefa trabalhosa, mas também imprescindível para o amadurecimento da fé cristã, bem como para o aprofundamento do diálogo dessa fé com o pensamento evolucionista. Esse desafio tem sido aceito por certo número de teólogos e está provocando mudanças, gerando novos enfoques e novas abordagens que a fé cristã precisará considerar para continuar sendo fiel a si mesma, às suas origens bíblicas e ao irrecusável legado de sua Tradição eclesial.

---

[12] Esta questão é antiga. Já no séc. V, através da Carta *Bonum atque iucundum*, de Anastácio II, criticava-se claramente o geracionismo. No séc. XIV, retorna através da Constituição *In agro Dominico*, de João XXII, que rejeitou as afirmações de Mestre Eckhart acerca de "algo incriado e incriável na alma humana", para afirmar a totalidade e não a parcialidade. A questão se tornou mais aguda no séc. XX, com o avanço do pensamento evolucionista e a Encíclica *Humani Generis*, de Pio XII. O assunto está tratado, entre outros, em LADARIA, L. *Antropologia teológica*. Roma, Gregoriana, 1986; RAHNER, K. Il problema della manipolazione genetica. In: Idem. *Nuovi saggi*, III, tr. it., Roma 1969.

A aplicação da noção de acaso na teologia da criação é um bom exemplo. O uso desse conceito provoca mudanças no modo de se conceber a ação criadora de Deus. Já indicamos aqui, em itens anteriores, a importância do acaso nos processos evolutivos do cosmo. No entanto, a introdução desse dinamismo na reflexão sobre o ser humano criado "à imagem e semelhança de Deus" envolve outros significados e implicações teológicas. Vejamos.

Como entender a criação do ser humano, dotado de corpo e alma, ou seja, a pessoa humana concreta, com um corpo material que é dinamizado por uma dimensão ou princípio espiritual? A questão que se coloca para a teologia é saber como aplicar a concepção evolutiva da vida ao surgimento da dimensão espiritual do ser humano.

O ser humano inteiro é fruto da evolução e cremos que com isso a ciência estará de acordo. O ser humano inteiro, concomitantemente, é chamado a uma existência pessoal pela ação criadora divina. Sim, há um influxo especial de Deus no surgimento da pessoa humana. É o que afirma a tradição cristã fundamentada na Sagrada Escritura, só que esse influxo se dá no interior mesmo do processo evolutivo.

A ação criadora divina está presente e atuante no dinamismo evolutivo, potencializando-o para o surgimento do ser humano considerado integralmente. Nesse processo, são desenvolvidas progressivamente as potencialidades próprias da pessoa, tanto em sua dimensão corporal como em sua dimensão espiritual. Estas se configuram sempre, em indissociável união recíproca, na realidade unitária que é a pessoa humana.[13]

Nota-se, portanto, que uma concepção evolutiva cristã sobre a origem e o desenvolvimento da vida humana pressupõe uma concepção aberta da realidade material do cosmo e da natureza. Uma concepção fechada e puramente materialista excluiria qualquer dinamismo transcendental, colocando a matéria (concebida em termos estritamente físicos, químicos e biológicos etc.) como autossuficiente, autogeradora de vida, como se o processo evolutivo na natureza e no cosmo, desprovido da ação de Deus, pudesse gerar a vida humana. Com uma concepção tão fechada, fica muito difícil, ou praticamente impossível, explicar a passagem da matéria inerte para a matéria viva, a passagem da consciência animal para a consciência reflexa propriamente humana etc.

---

[13] Sobre a unidade entre a dimensão corpórea e a dimensão espiritual na pessoa humana, ver GARCÍA RUBIO, A. *Unidade na pluralidade:* o ser humano à luz da fé e da reflexão cristãs. São Paulo, Paulus, 2011, p. 342-360.

Existem, ao longo da evolução, várias ocasiões em que aparecem realidades qualitativamente novas e superiores, que indicam uma dimensão imaterial no interior do próprio processo evolutivo. Ora, é legítimo que a fé cristã possa notar aí a presença do gesto amoroso de Deus, o qual se manifesta como ato transcendental e não empiricamente verificável. Assim, evita-se qualquer identificação forçada e redutora da ação divina com os processos intramundanos e categoriais encontrados nos fenômenos da natureza que são estudados pela ciência. Ação divina e dinamismos evolutivos se articulam sem antagonismos e também sem que um dinamismo se confunda com o outro. Sob a ótica da fé cristã, não se trata de dois princípios, mas de um único princípio, uma vez que a ação de Deus (transcendental) se dá no interior da causalidade intramundana (processo evolutivo).

Desse modo, numa perspectiva cristã, torna-se legítimo afirmar a criação do ser humano, enquanto uma unidade corpóreo-espiritual, como um dom de Deus. Convém repetir que a totalidade da pessoa humana é fruto da evolução, sendo, ao mesmo tempo, fruto da ação criadora divina no interior dessa evolução.

Há algumas décadas que teólogos como Karl Rahner indicam essa possibilidade de se compreender a ação criadora de Deus, especialmente no ser humano, como uma ação no interior da evolução. No devir evolutivo, a ciência constata uma autossuperação, uma autotranscendência, de tal maneira que "aquilo que está sujeito ao devir chega a ser mais do que era, sem que esse 'plus' seja simplesmente algo que se acrescenta de fora, pois que neste caso se suspenderia o conceito de um devir autêntico de índole intramundana".[14] Pois bem, é no interior da causalidade intramundana, própria do processo evolutivo, que se manifesta a ação divina. É através dos dinamismos naturais de geração da vida humana que o Deus criador age, potencializando a evolução, para tornar possível a autossuperação que está na origem do ser humano. Alguns teólogos chamam de "concurso evolutivo" a essa ação de Deus.[15]

Algo equivalente pode ser dito da origem de cada indivíduo humano, uma vez que tenha sido completada a hominização, ou seja, a passagem da condição de primata à condição humana propriamente dita. Chegada essa etapa da evolução, podemos formular claramente a

---

[14]   RAHNER, K. *Teología y ciencias naturales*. Madrid, Taurus,1967, p. 130-131. Citado por GARCÍA RUBIO, A., op. cit., p. 374.

[15]   Cf. GARCÍA RUBIO, A., op. cit., p. 374-375.

pergunta: como se dá o influxo especial de Deus na origem de cada ser humano concreto? Pois a tradição católica, especialmente a partir de Santo Tomás, afirma a "imediata criação da alma por Deus" (DS 3896). Uma solução para esse desafio foi tentada através de uma explicação, na qual se considerava que o corpo humano seria originado evolutivamente, enquanto que a alma seria uma realidade acrescentada mediante uma intervenção divina extrínseca aos dinamismos evolutivos naturais. Nesse ponto, bem observa A. García Rubio que, devido à unidade fundamental da pessoa humana, torna-se incorreto e inadequado imaginar uma alma "acrescentada" por Deus a um corpo já constituído. Isso seria recair no velho dualismo. Seria mesmo algo inadmissível, tanto para a ciência como para a teologia.[16]

Assim, a ação de Deus, na origem de cada ser humano particular, realiza-se misteriosamente no interior da ação dos progenitores, poten-cializando-a para que possa originar uma *nova pessoa*. Aqui também se trata de um único influxo. Cada ser humano é chamado pessoalmente pela palavra criadora divina a ser *uma pessoa única*, que é amada de maneira única por Deus. Cada pessoa tem uma relação insubstituível e irrepetível com o Deus criador e salvador. É, portanto, no nível da pessoa que devemos compreender a ação divina mediante a qual é criado cada ser humano, no interior do devir evolutivo.

Destarte, cada ser humano que vem a este mundo constitui uma pessoa única, com sua identidade própria, formada na integração entre a dimensão corporal e a dimensão espiritual. Uma vez que consigamos assimilar esses dois princípios, articulados harmoniosamente, poderemos compreender melhor, num sentido evolutivo, o texto de 1Cor 3,9. Se o ser humano é de fato constituído como "cooperador de Deus", parceiro e colaborador ativo no plano salvífico querido e conduzido por Deus, então o ser humano é constitutivamente, em sua própria essência humana, uma liberdade que cresce, amadurece e se desenvolve evolutivamente, enquanto "joga" e interage com Deus.[17] Ou seja, tanto mais humano se torna o homem, quanto mais o seu ser pessoa, como unidade corpórea/espiritual, evolui, crescendo na comunhão com Deus, através de seu viver e de seu agir no mundo e na história. Será, portanto, a partir dessa condição constitutiva do seu ser, que a pessoa humana poderá intera-

---

[16]   Ibidem, p. 376.
[17]   SEGUNDO, J. L. *Que Mundo? Que Homem? Que Deus?...*, op. cit., p. 193-194.

gir com Deus e responder ao convite que este lhe faz, para participar sempre mais profundamente da vida divina.

Dessa maneira, parece possível preservar as afirmações da tradição eclesial e, ao mesmo tempo, salvaguardar os dados científicos sobre a criação evolutiva do ser humano. Assim, do ponto de vista cristão, é legítimo considerar que o ser humano possa ter sido criado, desde o princípio, dentro de um processo evolutivo, no qual as potencialidades corporais e as potencialidades espirituais, ambas sempre unidas, se desenvolvem num constante processo de amadurecimento e evolução, que constitui a unidade que é a pessoa humana concreta. Observe-se que tanto as afirmações magisteriais a respeito da criação imediata da alma quanto a afirmação de que a alma se transmite pelos pais (geracionismo), quando lidos fora dos respectivos contextos, acabam por incorrer em dualismo, não permitindo a desejada articulação inerente à experiência cristã. No caso da afirmação magisterial a respeito da criação imediata da alma (DS 3220 e 3896), o que está em jogo é a primazia da ação divina. Trata-se de preservar o caráter divino da criação, ou seja, a inalienável ação de Deus contra qualquer atitude de autossuficiência humana. Afirma-se aqui o caráter de dom, ação totalmente gratuita e amorosa de Deus, diante da qual o ser humano nada pode interpor. A solução que permite estabelecer diálogo com o pensamento evolucionista a partir de um horizonte de fidelidade à identidade cristã consiste em ver no ser humano a causalidade instrumental e, em Deus, a causalidade principal. Com isso, nenhum dos dois polos da relação fica excluído.

6. Deus que é amor criou o ser humano para "evoluir no amor"

Uma vez que chegamos até aqui na reflexão sobre as repercussões da evolução para a fé cristã, podemos avançar mais um passo. No item que agora se inicia, pretendemos demonstrar que a liberdade humana é criadora e evolutiva porque o Amor é criador e evolutivo. Neste sentido, podemos recuperar o que dissemos anteriormente sobre aquela condição básica do ser humano, como ser criado para evoluir como pessoa em sua unidade corpo-alma, aprimorando tanto o desenvolvimento corporal como o desenvolvimento espiritual, a fim de extrair ainda mais algumas implicações teológicas relacionadas a esse tema.

Um primeiro aspecto que deve ser ressaltado refere-se ao fato de que a ação criadora de Deus, por ser em si mesma gesto amoroso,[18] já se configura como causa e origem da liberdade humana. O segundo aspecto importante, e que inclusive complementa o primeiro, diz respeito ao fato de que essa origem da liberdade humana a partir da criação divina não prescinde dos ricos dinamismos evolutivos presentes no universo.

A evolução se dá como um processo em que uma "mente" global (dinamismos evolutivos da natureza e do cosmo) dá origem a mentes personalizadas (seres vivos sencientes, dotados de sistema nervoso central e capacitados para uma autêntica liberdade). A partir de um cosmo inacabado e em processo de evolução, nascem seres humanos, espécie que também se desenvolve evolutivamente. Ou seja, o "cálculo energético da evolução cósmica"[19] se faz de modo a originar seres humanos dotados de liberdade criadora.

Como se dá, então, na vida concreta do ser humano, o exercício dessa capacidade para criar e evoluir, que lhe foi dada como um dom de Deus? Para chegarmos a uma resposta satisfatória, será necessário mostrar que existe, no próprio desenvolvimento do cosmo, um dinamismo evolutivo, com um cálculo energético (entropia/neguentropia) capaz de formar o ser humano como pessoa, ou seja, alguém dotado de uma estrutura interna capacitada para decidir, para criar e para amar.

Vimos, no item anterior, quão importante é para o ser humano estar associado a outros de sua espécie, para poder fazer descobertas e aprendizagens, que pouco a pouco vão se tornando definidoras de sua vida. Isso implica que cada ser humano tem de interagir para sobreviver. Cada pessoa tem de processar as informações que recebe e, para poder viver humanamente, tem de construir "seu" próprio mundo. Para estruturar sua existência histórica no mundo, a pessoa humana tem de "recriar o cosmo", quer dizer, interagir, selecionar, descartar algumas informações, reter outras, definindo todas as suas situações de vida, desde os alimentos de sua nutrição até as escolhas profissionais etc.

---

[18] Tal como indicamos antes, a criação do ser humano e a sua salvação mediante Jesus Cristo constituem dois contextos distintos (mas nunca separados), do mesmo amor de Deus. É correto, portanto, considerar que já na criação existe um gesto amoroso de Deus, que tem em vista a salvação do homem e que coopera para essa finalidade. Assim, criação e salvação constituem conceitos teológicos distintos, mas que se articulam no mesmo e único agir amoroso, salvífico e "evolutivo" de Deus.

[19] SEGUNDO, J. L. *Que Mundo? Que Homem? Que Deus...*, op. cit., p. 195.

Podemos notar que nada disso seria possível se a espécie humana não fosse especialmente dotada de um "Eu", ou seja, um núcleo subjetivo, capacitado para tomar decisões e para agir. Com efeito, não é difícil identificar, neste ser, que interage com o cosmo e com os demais indivíduos de sua espécie, uma estrutura interior, humana, espiritual e dotada de uma mente racional. Trata-se daquilo que J. L. Segundo designa como "estrutura egocêntrica",[20] não considerando nessa expressão nenhum sentido diretamente pejorativo, mas apenas querendo indicar a estrutura mental, pessoal, centrada no Eu. De fato, é inegável que cada ser humano é/tem o seu próprio Eu.

Esse ocupar-se com o próprio Eu só começa a tornar-se problemático, na medida em que ocorre uma espécie de fixação obsessiva em torno de si próprio, impedindo que a pessoa se abra para outras relações. É aí que está a senha para compreendermos o sentido evolutivo dessa estrutura interna do ser humano.

Em seus primeiros momentos, a evolução humana é extremamente "egóica". No entanto, esse contexto representa apenas o ponto de partida. Para ter chances de êxito, esse processo deve acrescentar outras fases, outras realidades mais amplas, outras pessoas, relações mais complexas, inteligentes e adultas, incluindo *interações de liberdade a liberdade* entre sujeitos autônomos. Conclusão: começamos a vida como seres humanos "egocêntricos", mas só podemos evoluir e sobreviver tornando-nos capazes do "amor-ágape". Assim, nessa evolução humana há sempre essa tensão entre polos opostos, tensão entre "ego" e "ágape".[21]

De certo modo, o Eu é disputado por dinamismos contrapostos. De um lado o dedicar-se a si próprio (egocentrismo), de outro lado as propostas para uma atividade livre compartilhada com os outros (ágape). De um lado o Eu e do outro o mundo, as outras pessoas, as realidades externas. São polos que dinamizam a vida humana. Veremos, a seguir, que essa dinâmica que caracteriza o desenvolvimento da pessoa também faz parte da vida e da mensagem de Jesus.

---

[20]   Ibidem.
[21]   Ibidem, p. 195-200.

7. A dialética Eu-Outro na pessoa de Jesus, como expressão do amor de Deus

É nessa interatividade constante entre eu e o outro que se dá a construção de uma escala de valores comum. Em termos éticos, nota-se aí uma oposição: agir por "utilitarismo" *versus* agir movido por "amor gratuito". Neste ponto, podemos ter como exemplo dessa polaridade, a reflexão sobre o mandamento do amor ao próximo feita por Jesus.

Uma tradição mais remota a esse respeito, no Antigo Testamento, tinha sua síntese na célebre recomendação dada em Lv 19,18.[22] Essa tradição talvez esteja situada no âmbito do que é mais útil (lógica utilitária),[23] uma vez que o amor ao outro é situado mais próximo da ótica daquele que pretende amar, do que da situação daquele a quem se pretende amar. Nessa lógica, o ser humano é convidado a valorizar aquele que lhe está próximo, aquele que está situado no mesmo horizonte social, na mesma vizinhança, no mesmo contexto cultural etc.

Por isso mesmo, Jesus apresenta a proposta de se expandir ou alargar os conceitos e a visão sobre os critérios para o agir humano. Ou seja, em sua práxis e em seus ensinamentos, Jesus propõe critérios mais amplos, que possibilitem uma vivência mais profunda do amor. A partir desse aprofundamento, os seres humanos adquirem possibilidades de maior riqueza e melhor equilíbrio nas relações. Em substituição ao modelo proposto em Lv 19,18, Jesus propõe um princípio mais amplo e mais aprimorado no modelo da parábola do bom samaritano em Lc 10,29-37.

No primeiro caso, o amor por si mesmo é a medida do amor para com o próximo. No segundo, Jesus usa do recurso metafórico e comparativo próprio das parábolas para gerar, em seus ouvintes, um questionamento que propõe uma mudança de paradigma. Quando é levantada a pergunta sobre quais seriam as pessoas que se enquadrariam no conceito de "próximo", indicando quem são aqueles a quem devemos amar, é apresentado como resposta um outro critério. Jesus responde que é preciso amar além do limite estabelecido pelo Levítico. O "próximo", na parábola contada por Jesus, é ninguém menos do que a pessoa "mais distante" de um judeu no ambiente palestino,[24] ou seja, um samaritano.

---

[22]   "Não te vingarás e não guardarás rancor contra os filhos do teu povo. Amarás o teu próximo como a ti mesmo" (Lv 19,18).

[23]   Cf. SEGUNDO, J. L. *Que Mundo? Que Homem? Que Deus?...*, op. cit., p. 196-197.

[24]   Cf. ibidem, p. 198.

Os critérios para definir quem são aqueles a quem posso amar não devem estar enquadrados dentro dos estreitos limites do mais cômodo. Os que precisam ser amados não se identificam necessariamente com as pessoas que estão mais perto, mas deveria ser, de acordo com os valores propostos por Jesus, "qualquer um" daqueles de quem eu me aproximo, numa atitude básica de amor/solidariedade. A ideia de amor ao próximo apresentada por Jesus rompe os limites do egocentrismo. As pessoas socioculturalmente mais próximas são apenas o início, não o fim (limite) da experiência de amor ao próximo. O critério de Jesus faz o itinerário evolutivo de passar do egocentrismo (fixação no eu) para o amor-ágape (abertura crescente ao outro). Isso porque Jesus sabia que amar é superar distâncias e que o conceito de "próximo" não deve ser um limite ao amor, mas, ao contrário, uma ocasião propícia, um meio favorável à criação do amor.[25]

Notamos aqui como a práxis e os ensinamentos de Jesus podem ser lidos nessa ótica evolutiva, ou seja, numa perspectiva de ampliação e aprofundamento crescente da experiência da liberdade criadora. Quanto mais nos abrimos para o amor proposto por Jesus, mais aumenta em nós a potencialidade para criar, recriar, inovar e evoluir na capacidade de agir e interagir humanamente com os outros. Neste sentido, a ação de Deus (manifestada ao mundo através de Jesus) não anula, antes amplia a liberdade do ser humano, ajudando-o a tornar-se mais livre para amar mais. Uma liberdade e um amor que se re-inventam em situações novas. Uma liberdade criativa/criadora; juntamente com um amor criativo/criador.

De outro lado, a síntese feita por Jesus é expressão da gratuidade, pois mostra que amar não é fazer o mais confortável para mim, mas sim criar o bem do outro. Se aceitamos o critério de Jesus, somos orientados a agir por gratuidade, e isso é o oposto do utilitarismo, ou ao menos vai muito além do utilitarismo.

Cabe ainda, na abordagem desse dinamismo de tensão/articulação entre ego e ágape, mais uma observação, com fins de esclarecimento. Esse critério cristológico de amor ao próximo, ou seja, esse dinamismo de evoluir no amor não representa um impedimento para a autoestima nem um repúdio ao amor por si próprio. Apenas indica (como sinal positivo de evolução) essa capacidade, mais elevada e mais complexa,

---

[25] Cf. ibidem.

de articular, na atitude de cuidado e bem querer para consigo mesmo, o valor da solidariedade e da dedicação para com o outro.

Neste ponto, não devemos ser ingênuos. A estrutura egocêntrica, de que falamos mais atrás, é necessária e faz parte da formação e do desenvolvimento da personalidade do ser humano. Aqui, apenas indicamos que essa estrutura de ego pode e deve "ser investida em algo maior". Ela precisa ser construída, faz parte do Eu da pessoa, mas não como algo a que o ser humano deva se apegar obsessivamente. Isso seria uma forma de narcisismo doentio, um obstáculo ao crescimento e ao aprofundamento da capacidade de se relacionar com os outros. Seria, além disso, um empecilho para a criação de novas formas mais maduras e exigentes de amar as outras pessoas. O desafio é sempre a busca do equilíbrio. Nem deixar de amar a si próprio para amar os outros, nem impedir o amor aos outros para amar a si mesmo.[26]

Neste sentido, até mesmo o doar a própria vida para o bem do próximo (como fez Jesus de Nazaré) não é uma contradição com o zelo da pessoa com seu próprio Eu. Ao contrário, quando vivida como investimento do próprio Eu na realização de um projeto maior, essa autodoação de si em prol do bem do outro[27] pode ser vista como uma atitude extremamente coerente com os ideais da própria pessoa. Pode ser vista como uma forma de fidelidade a si próprio.

Mais uma vez podemos notar, na vida do próprio Jesus, esse modo de agir que evolui no amor. Coerente com essa proposta de viver um amor cada vez maior pelo bem dos outros, Jesus dedicou-se integralmente e sem reservas a esse projeto (o Reino de Deus), fazendo dele o propósito fundamental e decisivo de sua vida. De fato, Jesus configurou toda a sua existência histórica nessa autodoação de si pelo bem do próximo, diversificando ao máximo os tipos de pessoas que assumia como seu "próximo". Viveu por esse projeto e lutou por ele até a morte na cruz. Longe de ser uma renúncia suicida à sua própria vida, essa atitude fundamental de Jesus confirma a vida que ele mesmo escolheu viver. Confirma a coerência de Jesus com a escala de valores que ele assumiu para si próprio. Por isso mesmo, é expressão da profunda liberdade vivida por Jesus.

Vendo essa fidelidade radical de Jesus ao Reino de Deus, a tal ponto de fazer deste o seu próprio projeto pessoal de vida, as primeiras

---

[26]   Cf. ibidem, p. 196-198.
[27]   Atitude definida por Jesus como "prova maior de amor", cf. Jo 15,13.

comunidades cristãs interpretaram essa autodoação de Jesus como uma expressão do próprio amor de Deus, manifestado humanamente.

Baseados nessas considerações, podemos dizer que, em Jesus, durante toda a existência histórica dele, manifesta-se um duplo significado evolutivo. De um lado, Jesus, humano como nós, desenvolveu-se evolutivamente, "crescendo em graça, estatura e sabedoria" (cf. Lc 2,51-52), aprofundando progressivamente as experiências de amor ao próximo. De outro lado, a total identificação de Jesus com o projeto do Reino de Deus fez com que seus seguidores percebessem nesse processo um evento de salvação.

8. A liberdade para amar vivida por Jesus Cristo como expressão da graça

Tanto as primeiras comunidades cristãs como a Igreja institucionalizada, ao longo dos séculos seguintes, entenderam a pessoa e a vida de Jesus Cristo como um modo de vida tão "evoluído", tão capacitado e eficaz na vivência do amor como dom gratuito em benefício das pessoas, que não hesitaram em afirmar, no âmbito da fé e depois da ressurreição, que Jesus é Senhor, Salvador. É o amor do próprio Deus doado aos homens na história, Graça divina oferecida para a salvação de toda pessoa humana. Ou seja, Jesus é o caminho, a referência maior para o nosso processo de "ser pessoa". É o dom divino que foi humanamente oferecido ao mundo, como proposta e meio eficaz de salvação. O Reino de Deus, anunciado e realizado por Jesus, manifestou-se, assim, como projeto de vida que, assumido livremente pelos seres humanos, poderá fazê-los superar o pecado, suprimir o que os desumaniza e ajudá-los a vencer os obstáculos que os impedem de evoluir no amor.

A partir desses fatos e da interpretação de seus significados para a fé cristã, foi que se chegou às afirmações centrais de que "Deus é amor" (cf. 1Jo 4,9) e de que esse amor divino se expressa perfeitamente na doação de vida feita por Jesus (cf. 1Jo 3,16). Isso significa que a práxis de Jesus, cuja expressão maior é a morte na cruz, se constitui como amor vivificante, isto é, como doação de vida que transmite vida; que eleva a vida (daqueles que compartilham do mesmo projeto) até a sua máxima plenitude como ressurreição e vida eterna (cf. Jo 3,16).

A vida vivida por Jesus é, portanto, dom de Deus em benefício dos seres humanos. É graça divina que santifica. No entanto, cabe ressaltar que essa vida de Jesus Cristo mostrou-se historicamente como uma iniciativa divina que é também uma realidade humana. Uma vida humana, com todos os dinamismos evolutivos que caracterizam o ser humano. Notamos, por tudo isso, que a autocomunicação da graça divina ao mundo passou por dentro dessa realidade humana de Jesus Cristo. A salvação, esse dom gratuito de Deus, foi manifestada no amor incondicional de Cristo. Amor que se expande, que evolui, seguindo um itinerário de formas mais simples de amar, até as mais complexas, exigentes e expressivas manifestações do amor. Um amor que, humanamente falando, inclui o cuidado consigo próprio (ego), mas que é elevado a um patamar superior, quando realiza um projeto maior, dom de si num projeto de amor compartilhado com os outros, em benefício dos outros (ágape), em comunhão com o convite de Deus para a salvação da humanidade.[28]

Neste sentido, podemos afirmar que a graça salvadora, expressada na vida e na pessoa de Jesus Cristo, não está em contradição com os dinamismos evolutivos que constituem a vida e a liberdade do ser humano. Antes, ao contrário. Se há no homem Jesus de Nazaré o amadurecimento humano, a evolução nos processos de aprendizagem, a complexificação e o aprofundamento progressivo das expressões do amor, o desenvolvimento humano da infância até a idade adulta, manifestando sempre em todas as etapas o dom de Deus, o amor e a vontade salvífica de Deus, então encontramos aí, na própria realidade humana de Jesus Cristo, a revelação da graça divina, como um amor salvador que se mostra capaz de acompanhar e dinamizar intrinsecamente a evolução da vida humana. E mais ainda: revela-se, em Cristo, a ação generosa de uma graça divina, que não apenas acompanha e dinamiza o desenvolvimento evolutivo do ser humano, mas que também se empenha em fazê-lo de forma tal que

---

[28] Nota-se aqui, uma vez mais, que na relação de comunhão e salvação de Deus para com o ser humano, a dialética não é de exclusão e oposição, mas sim de inclusão e integração. Neste processo de oferta da graça divina mediante Jesus Cristo, se dá um crescimento, um "evoluir" na capacidade de amar, que integra e articula o bem querer por si mesmo com o amor ao próximo. Mais ainda. O cuidar bem de si, juntamente com o amor ao próximo, bem compreendidos e sem mútua exclusão, representam um zelo pelos dons dados por Deus. Em consequência disso, nos vem o dever de cuidar bem do dom da própria vida, integrado em unidade com o dever de amor e justiça para com o dom da vida das outras pessoas. Trata-se, aí, de zelar pelo dom de Deus que é a vida do próximo. A conjugação/união destes dois princípios constitui mesmo um meio de fidelidade a Deus, por isso mesmo, meio de salvação. Não por acaso, o próprio Jesus identificava o amor ao próximo como melhor meio de se manifestar o amor para com Deus (cf. Mt 5,23-24; 5,43ss.; 9,10-13).

a ação livre do próprio ser humano e o aprofundamento constante de sua experiência de liberdade sejam sempre preservados e estimulados.

Desse modo, a salvação poderá ser pensada também em termos evolutivos. A redenção mediante Jesus Cristo produz, pela ação da graça divina, a superação do pecado, mas não anula a liberdade própria do ser humano. Essa redenção continuará sendo sempre um dom de Deus, dom gratuito de um amor infinito que perdoa os pecados, estimulando a conversão e a santificação do homem. Mas será, ao mesmo tempo, um processo de libertação da liberdade em vista de uma realização mais plena da própria liberdade humana, devido a um aprofundamento da comunhão desta com a graça divina.

9. A superação do pecado pode ser encarada evolutivamente?

Vimos no item anterior que, segundo a ótica da fé cristã, o processo evolutivo do ser humano e do cosmo está intrinsecamente dinamizado pelo amor manifestado por Deus mediante Jesus Cristo. Um amor que se revelou como ação divina, tanto na criação como na salvação. No entanto, para não cairmos numa visão ingênua e irreal, devemos nos perguntar sobre o modo como essa salvação incide no mundo concreto em que vive o ser humano, mundo no qual experimentamos tantas realidades de desumanização e de pecado. Quando falamos que a vida humana evolui, num crescer em consciência, num avançar em liberdade, num aprofundamento da capacidade de amar, será que houve exagero ou excesso de otimismo? Não será tudo isso inviabilizado pela realidade negativa do pecado que, "desde a origem", afeta a vida humana e limita as possibilidades de amadurecimento? Quais seriam as condições para podermos pensar o tema do pecado original, levando em consideração a perspectiva evolutiva de compreensão sobre a vida humana?

De fato, este constitui um problema teológico do qual não nos podemos desviar. Para começar, devemos conhecer as características do tema e entender por que ele constitui um problema. Com efeito, durante toda a reflexão que fizemos, está como pressuposto a certeza sobre a realidade da evolução do cosmo e da vida. A presença da evolução é hoje um dado cientificamente seguro nos estudos sobre as espécies animais e especialmente nos estudos sobre o ser humano. Justamente aqui se coloca um aspecto que indica o contraste entre a abordagem científica e o relato bíblico da criação, o qual é usado como um dos fundamentos da doutrina do pecado original.

O livro do Gênesis situa-se em outro horizonte cultural muito diverso da cultura científica moderna. Por isso, no contexto bíblico, o ser humano é criado diretamente por Deus, dentro de um cosmo criado em sete dias. Uma vez concluída a criação, o ser humano é visto inicialmente numa situação em que aparentemente desfruta de plenas capacidades de vida, podendo fruir de uma existência prazerosa e harmoniosa, até o momento da chamada "queda". Daí em diante, por causa do primeiro ato de desobediência a Deus, a vida humana experimenta uma espécie de "involução", de perda de qualidade. É nessa ocasião que a existência humana adquire características sofridas, penosas e mais semelhantes à existência histórica do homem atual (cf. Gn 2–3).

Do ponto de vista dos conhecimentos científicos modernos, a vida humana não regrediu, mas, ao contrário, desenvolveu-se através da capacidade de avançar para níveis mais aprimorados de consciência e para qualidades de adaptação ao meio ambiente mais evoluídas. Confrontados de forma direta e sem as devidas mediações hermenêuticas, o ponto de vista bíblico e o ponto de vista científico moderno tornam-se antagônicos e inconciliáveis.

Diante disso, podemos nos questionar: faz ainda sentido a mensagem cristã sobre o pecado original? O conteúdo dessa mensagem é compatível com a perspectiva evolutiva de compreensão sobre o desenvolvimento humano? Devemos verificar quais seriam as possibilidades de conexão e diálogo entre essas duas perspectivas (a bíblica e a científica), porque dessas possibilidades depende a credibilidade da mensagem cristã sobre o pecado original nos dias de hoje.

Um primeiro ponto que vale a pena observar é o caráter instantâneo da criação do universo conforme a descrição bíblica, confrontando-o com o caráter evolutivo do desenvolvimento do cosmo e do ser humano, constatado na abordagem científica. Neste sentido, ao menos por hipótese, podemos considerar que Deus poderia ter criado o cosmo e o ser humano num ato instantâneo. No entanto, se preferiu criá-los evolutivamente, isto tem um significado teologicamente relevante. A descrição da criação do universo em sete dias não pode ser arbitrariamente lida de forma literal, mas deve estar articulada com o propósito do texto bíblico que está situado no âmbito da fé. Nessa perspectiva, pouco importa que o universo tenha se desenvolvido por meio de processos evolutivos durante bilhões de anos. Isso em nada altera a perspectiva própria da fé, que é a que interessa aos autores e aos leitores do texto bíblico. Para estes importa ressaltar que o cosmo e o surgimento da vida devem ser acolhidos como dom de Deus, como riqueza, como dádiva que propicia possibilidades de vida e de felicidade aos seres humanos.

O aspecto primitivo, com poucos recursos e precárias condições de vida, nas etapas iniciais da vida humana, não deriva de uma etapa anteriormente perfeita e indolor, que teria sido desordenada pelo pecado de Adão. O universo inacabado e imperfeito que recebemos faz mais sentido para o ser humano e para o futuro de toda a humanidade. Isso pode ser perfeitamente aceito pela fé cristã, desde que consideremos que é de dentro da lenta evolução desse cosmo que surge a espécie humana, capacitada para interagir com Deus, com os outros seres humanos, com a natureza, com o cosmo etc. Precisamos recordar que é justamente num cosmo assim, inacabado e imperfeito, dotado de processos evolutivos dolorosos, que o homem pode exercer mais plenamente a sua liberdade. Num universo perfeito e previamente pronto, o que restaria para ser feito pela liberdade humana? Nada. O cosmo criado, num processo evolutivo penoso, que faz o ser humano crescer em liberdade, em consciência e em capacidade criativa, parece bem mais coerente com um Deus criador, que suscita, de dentro desse cosmo, um ser criado "à sua imagem e semelhança" e, portanto, capacitado para criar e para aprender a amar (cf. Gn 1,26).

De outro lado, precisamente por ser inacabado e imperfeito, é que esse cosmo pode ser confiado aos cuidados do ser humano que, desse modo, pode assumir em liberdade a tarefa desafiadora de usufruir e, ao mesmo tempo, cuidar de todas as riquezas e potencialidades deste mundo (cf. Gn 1,28-29; Gn 2,15). Como consequência, podemos notar que, nessa perspectiva evolutiva, a criação ressalta, de modo bem mais intenso e dinâmico, o amor do Criador em sua atitude para com a criatura.

Deus deixa o cosmo nas mãos do ser humano, não porque queira vê-lo na solidão (abandonado às suas próprias fraquezas), mas porque Deus mesmo pode, assim, participar mais profundamente da vida humana. Com efeito, podemos notar que se dá também, entre Deus e o ser humano, uma relação autenticamente amorosa, posto que se configura como uma relação de interpelação mútua. Através dos desafios, conquistas, fracassos, dores, vitórias, tudo o que faz parte da experiência humana de viver neste mundo, justamente essas situações de vida é que servem de mediação para o diálogo e a comunhão entre Deus e os seres humanos. Assim, percebemos que aquilo que antes era visto como sinal de castigo (o caráter penoso e doloroso do desenvolvimento da vida humana na Terra) torna-se, quando considerado em perspectiva evolutiva, sinal de bênção e de possibilidade de ampliar o desenvolvimento da criatividade e da liberdade do ser humano.

Um segundo ponto que nos possibilita compreender melhor o tema do pecado original diz respeito à aplicação da noção de evolução às relações humanas. Convidado a estabelecer relações de evolução, isto é, de aprofundamento progressivo no zelo pela natureza, no diálogo com Deus, no amor para com o próximo, Adão recusa o convite. Rompe o diálogo. Fecha-se em si mesmo. Estabelece relações dominadoras, gerando efeitos negativos para si mesmo e para seus interlocutores.

Esse é o sentido simbólico da transgressão do mandamento divino representado no ato de comer da fruta que Deus havia proibido (cf. Gn 2,16-17; 3). Não se trata, portanto, de uma ruptura com um lugar paradisíaco, como é sugerido numa leitura literal do texto bíblico. É interessante notar que, também neste ponto, a aplicação da perspectiva evolutiva possibilita uma compreensão do pecado original bem mais profunda e adequada para o contexto de cultura moderna e saber científico em que vivemos hoje. Com efeito, considerar que o pecado de Adão se refere às relações do ser humano consigo mesmo, com a natureza, com o próximo e com Deus, ajuda-nos a compreender que é no interior dessas relações que o homem estabelece a ruptura com o projeto de Deus. Essa percepção do pecado se mostra muito mais realista, justamente por estar enraizada nas relações que definem a vida do ser humano.

Isso se reveste de um valor ainda maior, quando recordamos que as possibilidades de futuro para a espécie humana estão diretamente relacionadas com a conscientização que o homem moderno precisa fazer a respeito da importância decisiva dessas relações. Em tempos de mudanças climáticas, aquecimento global, violências absurdas contra seres humanos, egoísmo e individualismo crescente etc., o relato bíblico sobre o drama de Adão e Eva nos revela ensinamentos muito profundos. Citamos aqui apenas dois.

De um lado, a interpretação evolutiva de Gn 1–3 nos mostra que o projeto de vida e plena comunhão dos seres humanos com Deus não possui sua referência principal no passado, "num lugar mítico" e sem consistência histórica e existencial para o homem. Ao contrário, esse projeto de comunhão *aponta para o futuro*, para as possibilidades de vida e de relações humanizadoras que o próprio ser humano deve construir.

De outro lado, a aplicação dessa hermenêutica evolutiva ao texto bíblico cria a possibilidade de compreender que o pecado pode ser visto como uma forma de resistir à evolução. Neste aspecto, o pecado se manifesta como um obstáculo ou uma recusa que impede o ser humano de evoluir, precisamente naquelas situações que o capacitariam para humanizar-se mais e naquelas relações humanas que o homem deveria mobilizar, para aprofundar mais a sua cooperação com o projeto amoroso de Deus.

Feitas essas considerações, podemos agora avançar mais outro passo, acrescentando em nossa reflexão um terceiro ponto que aprofunda e completa os anteriores. Trata-se aqui da necessidade de explicar o nexo que se estabelece entre a realidade do pecado na origem da vida humana e as situações de pecado vividas em etapas posteriores. De que modo aquela primeira falta de Adão se associa aos pecados de todos os demais seres humanos? Por que motivo devemos acreditar que cada ser humano que nasce neste mundo já assume sobre si essa carga negativa? Ela permanece até mesmo depois da obra redentora de Jesus Cristo, que manifestou o perdão e a reconciliação universais? Será útil, também nesse aspecto, uma análise em perspectiva evolutiva? É justamente isso que precisamos analisar.

Como início de resposta a esses questionamentos, devemos considerar que existe uma inegável carga negativa e um peso na história humana que se manifestam como "mal", como sofrimentos e mortes que poderiam e deveriam ser evitados ou superados definitivamente. Estes não são dores e sofrimentos "naturais" próprios do processo evolutivo. Estamos nos referindo aqui ao mal, ao pecado, àquelas realidades que se abatem contra o ser humano, porque geram a desumanização do homem.

Se o problema do mal e dessas situações desumanizantes fossem "coisas do passado", se tivessem se limitado à primeira geração de seres humanos representada por Adão, o problema seria mais fácil de ser resolvido. Ocorre que sentimos existencialmente que, ainda nos dias de hoje, nossos melhores projetos em vista de uma vida mais humanizada estão sempre marcados pela ambiguidade. Tais projetos conseguem resultados que são sempre apenas parcialmente positivos. Há sempre deturpações, objetivos frustrados, sabotagens, dificuldades não superadas etc. Aprendemos com isso, dolorosamente, que Adão, na verdade, representa todos nós. O pecado se propagou. Não se caracterizou apenas como um problema individual, mas mostrou também suas características sociais e coletivas. Mesmo depois do enorme dom de vida comunicado por Jesus Cristo, ainda sentimos efeitos da realidade do pecado pesarem sobre nós, sobre nossos ideais mais elevados etc.

Essa "disseminação do pecado" se dá, não porque o amor e a graça divina comunicados em Jesus Cristo não sejam suficientes e eficazes. Ocorre que essa realidade do mal e do pecado se amplia e se retroalimenta nas atitudes pecaminosas de cada ser humano em particular.[29] Assim como há uma construção social e coletiva que fornece amparo e estrutura às forças humanizadoras do homem, de modo análogo se criam também estruturas e associações coletivas de situações e contravalores que instrumentalizam e desumanizam o ser humano. É impossível não sermos afetados por essa realidade.

Nesse contexto, tornam-se bem mais difíceis e penosas as tentativas para gerar a liberdade criadora de amor. Contrariando as boas intenções do coração que quer vivenciar experiências de amor gratuito, os "instrumentos" disponíveis na sociedade, na família, nos ambientes de trabalho etc. muitas vezes indicam o caminho oposto, apontando a direção dos interesses exclusivamente pessoais, das sínteses mais fáceis e de menor custo energético, ou seja, a atitude própria do ser humano que se recusa a evoluir. Quanto sofrimento e injustiça acontecem porque o ser humano cede a essa "lei do menor esforço" e foge das exigências que caracterizam a experiência do amor adulto, amadurecido e de longo alcance? Com efeito, podemos notar nessas situações os sinais da realidade desumanizante, que é retratada teologicamente no conceito de pecado original.

No entanto, o amor de Deus não abandona. Não está distante, nem do lado de fora da história humana. Se é verdade que esse amor atua intrinsecamente nos processos da evolução cósmica e humana, então certamente isso se aplica também à vida espiritual do ser humano. Aplica-se a partir de dentro das possibilidades que a própria história humana vai gerando para promover ajustes, aperfeiçoamentos e correções.

Aqui, de fato, mostra-se como a evolução repõe o problema do pecado original em outra perspectiva. Nossas próprias falhas e pecados podem servir de base para pequenas realizações de projetos de amor que cooperam para a humanização do homem e para restabelecer laços

---

[29] É esta realidade que é indicada em Rm 5,12 e também em toda a reflexão de Paulo sobre o pecado, como força negativa que aprisiona o ser humano. Adão, neste sentido, é apenas uma figura ilustrativa, um termo de comparação para expressar essa realidade de pecado que existe em cada pessoa concreta.

de comunhão do ser humano com o próximo, com a natureza e com Deus. Assim, se é verdade que, desde a origem da vida humana, o pecado perturba o processo de humanização do homem, por outro lado é também verdade que o amor de Deus comunicado mediante Jesus Cristo sempre esteve presente no cosmo e no ser humano, recriando a vida (cf. Rm 5,20-21), gerando, por entre determinismos e acasos, possibilidades de ajuste, reconstrução, avaliação, amadurecimento e superação.

Isso significa que as diversas ocasiões de pecado, que proliferam na história do ser humano, não constituem um obstáculo intransponível para a ação misericordiosa da graça divina. Se o lado doloroso, sofrido, negativo e até mesmo pecaminoso da existência humana predomina quantitativamente, em contrapartida, a ação da graça que dinamiza a vida humana predomina qualitativamente, ajudando a preservar o que houve de autêntico amor nos projetos de vida construídos pela liberdade humana. Se, por um lado, há na evolução humana degradação de energia, cansaço, fracassos, erros, utilitarismo, por outro lado, há também concentração de energias mais complexas e qualificadas, com investimentos promissores da energia disponível em projetos que elevam qualitativamente a existência humana. Dessa maneira, podemos intuir que o homem não age sozinho em seu processo evolutivo. Muitas situações positivas em termos de humanização, que seriam inalcançáveis para a liberdade humana, são viabilizadas pela participação divina no íntimo dessa mesma história de evolução do ser humano e do cosmo.

Desse modo, podemos notar que as manifestações mais expressivas e de longo alcance da liberdade e da criação de amor, numa perspectiva de evolução para o ser humano e para a espécie humana como um todo, situam-se "à frente", *"no final"* do processo evolutivo. Nesse sentido, a superação do pecado original não se caracterizará como um retorno a um passado idealizado, mas sim como *lenta e progressiva construção de um futuro*, no qual muitas dificuldades, obstáculos, tendências regressivas, preguiçosas, ou egoístas tenham sido depuradas, evoluindo para as *sínteses mais ricas e promissoras* para o futuro do homem e do cosmo.

Assim, vemos como a perspectiva evolutiva da vida humana e do universo pode ser articulada à fé cristã na salvação e na graça divina, comunicada através do dom da vida de Jesus Cristo. Nessa articulação, fica ainda mais evidente que esse dinamismo da salvação implica superação, tanto do pecado como daquelas inclinações e tendências de comportamento (concupiscência) que agem como estímulos que induzem ao pecado. Tudo isso é *"processo"* é *"evolução"*. Não apenas o ser humano, mas também todo o cosmo encontra-se em processo de depuração e, nesse processo, em tudo Deus coopera para o bem, como nos ensina Rm 8,28.

Conclusão

Ao final deste percurso, esperamos ter tido êxito na tarefa de expor adequadamente os questionamentos, articulações e interpelações que as informações sobre a evolução no ser humano e no cosmo provocam para a fé cristã. Tentamos demonstrar que essas implicações teológicas da assimilação da concepção evolutiva da vida atingem, por um lado, o nosso modo de conceber o Deus criador e seu modo de criar e se relacionar com os seres criados. De outro lado, as implicações teológicas repercutem na nossa visão sobre a vida de Jesus Cristo, seu projeto de salvação e sobre o modo como ele nos comunica a graça divina.

Cremos que foi possível notar que, assim como há um desenvolvimento evolutivo do ser humano, há em correspondência um agir salvífico de Deus, que acompanha essa evolução humana intrinsecamente. Um amor de Deus, uma graça salvadora que age também evolutivamente no interior mesmo dos dinamismos que impulsionam o ser humano a crescer sempre mais nas suas capacidades de amar, de ampliar a liberdade e de criar.

Assim, a concepção de ausência de sentido, de derrota e desânimo presentes na história de Jó, mencionada no início de nossa reflexão, recebem, na dinâmica evolutiva de amor manifestada em Jesus, uma resposta mais alentadora e esperançosa. No cosmo e na vida humana, há sentido, há possibilidades promissoras. Toda a criação, mesmo nas dores que a evolução provoca, toda a vida humana, mesmo nas suas situações mais sofridas e incompreensíveis, estão dinamizadas dentro desse processo evolutivo que avança para realidades qualitativamente superiores. Esse universo e essa mesma vida humana, com todas as suas ambiguidades, se desenvolvem no interior das manifestações da graça, dentro do projeto salvífico de Deus comunicado em Jesus Cristo, como dinamismo que evolui no amor.

Por tudo o que vimos, muitas das informações disponibilizadas pelas ciências sobre a evolução do ser humano e sobre a evolução do universo podem interagir com temas, perspectivas de reflexão teológica e práticas da fé cristã. O velho antagonismo entre fé e ciência, de certa forma, vai perdendo força e razão de ser. Certamente há ainda um longo caminho a ser trilhado para que esse diálogo sincero e respeitoso entre fé e ciência possa suscitar, no futuro, diversas ocasiões de mútua interpelação e mútuo enriquecimento, ocasiões de cooperação recíproca em prol da evolução do ser humano e do cosmo.

Tentamos aqui mostrar que a fé cristã não está alheia a esse processo. A realidade da ação divina (como amor criador e salvador, sintetizada no conceito teológico de graça) sempre está presente, interagindo todo o tempo com as realidades da vida do ser humano e do cosmo. Nesse processo, os dinamismos constitutivos da evolução humana não são anulados ou desconsiderados. Ao contrário, são integrados no processo formador da pessoa humana. Tudo o que faz parte da existência humana e contribui para que essa existência seja elevada, desenvolvida, aperfeiçoada, estimulando o ser humano a crescer em humanidade, em criatividade e em liberdade, possibilitando mais vida e mais amor, tudo isso é integrado, sob a ótica da fé cristã, num processo ascendente, dinamizado pela graça divina manifestada em Jesus Cristo. Quanto mais se amplia a participação espontânea e ativa do ser humano nesse processo, mais o dinamismo amoroso da graça o estimula para ser mais autêntico como ser humano vivendo em liberdade.

Janelas abertas para o Mistério: um estudo dos ritos à luz da visão evolucionista

Maria Carmen Castanheira Avelar*

Introdução

Pode parecer estranho incluir um capítulo sobre ritos religiosos no conjunto de um livro que trabalha os desafios da perspectiva evolucionista à teologia e à fé cristã. De fato, os ritos, profanos ou religiosos, podem ser identificados como um contraponto à dinâmica evolutiva do universo, da vida e do ser humano. O caráter repetitivo deles, a imprescindível evocação que eles fazem do passado, por meio de celebrações muitas vezes marcadas pela monotonia entediante ou pela falta de sentido, sugerem aos desavisados um obstáculo à abertura em direção ao futuro transformador.

Reconhecemos tanto a ambiguidade inerente aos ritos quanto a visão reducionista que os relega a meros instrumentos de recordação ou fixação no passado. Contudo, a partir da hipótese de que, enquanto atos humanos, portadores de indiscutível dimensão simbólico-antropológica, os ritos concentram uma virtualidade relacional, dialogante, vamos desenvolver nossas reflexões, tentando responder à pergunta de fundo: os ritos religiosos são evocação do passado, experiência no presente ou

---

* Doutora em Teologia Sistemático-Pastoral pela PUC-Rio. Professora na Cultura Religiosa (PUC-Rio) e no Curso de Teologia a Distância. Religiosa salesiana, com especialidade em Espiritualidade (UP.S/Roma), Mestre em Psicologia da Educação pela FGV-Rio e docente do ISECENSA-Campos, RJ.

provocação ao futuro? Serão eles janelas abertas para o Mistério, para o futuro?

Nosso referencial básico e impulsionador será o capítulo programático deste livro do Prof. Alfonso García Rubio: *A teologia da criação desafiada pela visão evolucionista da vida e do cosmo*. Considerando a inegável legitimidade da perspectiva evolucionista, vamos inserir a temática dos ritos no contexto de superação de dualismos fragmentadores da experiência religiosa, de superação de um fazer teológico estático.[1] No contexto da visão mais dinâmica da vida e do ser humano, pretendemos encontrar iluminações para o processo de ressignificação dos ritos e da função mediadora deles.[2] Daí nos perguntarmos: como *re*-descobrir os ritos como ações performativas que, valorizando o passado e tendo o presente como espaço de apoio, possam impulsionar pessoas e grupos a criarem novos horizontes de vida, esperança e transformação da realidade? Como inseri-los no processo narrativo do universo,[3] para que despertem entusiasmo, renovação de vida, compromisso?

O capítulo será desenvolvido em perspectiva de futuridade, de dinâmica da promessa, iluminado pelos enfoques propositivos do capítulo 1 do livro e referenciado a outros também. Estará apoiado ainda por conceitos de outras áreas do conhecimento, referendados na medida do possível: antropologia cultural, filosofia, fenomenologia da religião, semiótica, teoria da comunicação. Destacaremos a virtualidade simbólica dos ritos religiosos, no seu viés antropológico-relacional, na sua função mediadora e de abertura ao transcendente, capaz de articular passado, presente e futuro. Utilizaremos também iluminações decorrentes da perspectiva evolucionista e de teologias modernas (Tillich, Moltmann, por exemplo). A função escatológico-profética será realçada como forma de ressignificação dos ritos enquanto janelas abertas ao Mistério. Algumas perguntas ajudarão no desdobramento das reflexões decorrentes da temática e da hipótese do capítulo.

Esclarecemos que, no desenvolvimento do nosso capítulo dentro de um livro centrado na relação: visão evolucionista e visão cristã do mun-

---

[1]   Cf. GARCÍA RUBIO, A. Cap. 1 deste livro.

[2]   Cf. HAUGHT, J. F. *Cristianismo e ciência*. Para uma teologia da natureza. São Paulo, Paulinas, 2010, cap. 8 e 9, p. 189-245.

[3]   Processo narrativo do universo: é o modo como a teologia do processo vê o universo, como uma narração que vai do mais simples ao mais complexo, continuamente aberto a realizações novas e inéditas e que parece nunca estar fechado às surpreendentes consequências do futuro. Um universo ainda em processo de curso, "inescrutavelmente mais vasto e antigo do que supúnhamos". Cf. HAUGHT, J. F., op. cit., cap. 4, p. 81s.

do, não pretendemos manter uma postura de tipo fusão ou concordista, nem de tipo contraste.[4] Pretendemos, sim, estabelecer um contato crítico proveitoso entre a ritualidade humano-religiosa e a visão evolutiva da vida e das pessoas. Como o ser humano se expressa por meio de ritos, em diferentes circunstâncias, gostaríamos de vislumbrar novos horizontes para as celebrações religiosas. Pretendemos, sim, resgatar o sentido delas para que sejam mediações que eliminem o pessimismo provocado pelo fatalismo cientificista e atuem como sinais para homens e mulheres de hoje, impregnados do dinamismo do universo "móbil", em expansão, inacabado, em evolução.

I. Ritos: problematização

Acreditamos que, no processo evolutivo do universo, o ser humano exerce um considerável protagonismo. Muitas vezes, ele se sente impotente, diante das leis da natureza, das surpresas do acaso, da impossibilidade de dar respostas e encontrar sentidos. O pessimismo predomina, quando as forças entrópicas[5] parecem não deixar espaço para a esperança. Mas é justamente nesse cenário de incertezas que o ser humano descobre mediações revitalizadoras para interagir consigo mesmo, com o universo, com os outros, com Deus. Nesse contexto, haverá espaço para os ritos? Vale a pena utilizá-los e atribuir-lhes valor? Acreditamos que sim. Em tempos de fortes desafios para a teologia e a fé cristã, provenientes dos avanços da ciência na explicação do cosmo e da vida humana em chave evolucionista, é legítimo aprofundar um pouco essa temática dos ritos religiosos. Enquanto formas de expressão humana, de considerável potencial relacional, os ritos podem contribuir para um posicionamento mais adequado do ser humano no cenário do universo em evolução. Mas, diante de certas contradições que envolvem a temática dos ritos, é necessário perguntar: *Está em risco a sobrevivência dos ritos religiosos?*

Existem diversas teorias, com incidência transdisciplinar, que demonstram a vitalidade e a importância dos rituais em diferentes domí-

---

[4]   Cf. idem, p. 180s.

[5]   Entropia, conceito trabalhado em diversos capítulos deste livro, é uma forma de "degradação energética que se realiza em oposição à linha geral da evolução. [...] É tendência quantitativamente dominante para sínteses mais fáceis e imediatas": GARCÍA RUBIO, A. *Unidade na pluralidade*. O ser humano à luz da fé e da reflexão cristãs. 5. ed. São Paulo, Paulus, 2011, p. 655.

nios da vida humana. Os enfoques destacam: a riqueza social dos ritos, enquanto ferramenta conceitual privilegiada para o melhor entendimento de determinada sociedade e do ser humano em suas relações grupais, sociais, religiosas (Durkheim, por exemplo).[6] Ressaltam também a função psicológica deles como geradores de sentimentos comuns e identificadores das relações interpessoais, junto com a função mediadora utilizada para resolver conflitos do grupo. Destaca-se ainda a relação deles com certas ideias místicas adotadas pelo grupo.[7]

Apesar dessas abordagens a favor da relevância dos ritos e da duradoura manifestação deles nas diferentes culturas, sabemos que o contexto atual é ambíguo e paradoxal, ao lidar com essa temática. Alguns rejeitam os ritos porque veem neles como que fiadores da ordem, da organização, do enrijecimento social e religioso. De fato, existem aqueles que, numa atitude de autodefesa, insistem na manutenção dos ritos tradicionais, preservados de qualquer perspectiva de mudança ou de abertura ao futuro. Encontramos ainda os que adotam a lei do relativismo que tudo admite, favorecendo a perda dos sentidos ou admitindo uma mixagem de linguagens pela qual se passa a identificar como rito tanto a celebração da missa, como uma partida de futebol, um concerto musical ou um desfile de modas. A ambiguidade aumenta devido ao dualismo reducionista excludente. Há preconceitos, alimentados pela racionalidade porque a ritualidade escapa ao domínio da razão. O clima de tensão cresce porque numerosas descobertas reforçadoras da perspectiva evolutiva da vida incidem sobre o imaginário religioso, gerando dificuldades para afirmações da fé cristã, como sejam as origens da vida e do mundo, e para a ritualidade religiosa. Por exempo, sabe-se que, devido à identificação simbólica, os ritos expressam, de forma não conceitual, experiências profundas e clareiam valores. Apontam para o sentido ou sentidos que ultrapassam as evidências da percepção objetiva, racional. Isso parece contradizer a ciência que afirma a presença do acaso na dinâmica evolutiva do universo, pondo em questão a existência de sentidos que justifiquem a dimensão transcendental e espiritual humana.

---

[6]   Cf. RODOLPHO, A. L. "Rituais de passagem e de iniciação: uma revisão da bibliografia antropológica". In: *Estudos teológicos* 44, n. 2 (2004), p. 138-146.

[7]   Os ritos, temas clássicos de antropologia e filosofia, vêm sendo abordados em diferentes enfoques epistemológicos desde os vitorianos (séc. XIX). Destacam-se entre outros, Frazer (1854-1941), Tylor, E. (1832-1917), Lévi-Strauss (séc. XX), van Gennep (1873-1957), Victor Turner (1920-1983) e numerosos teólogos, inclusive no Brasil, LÉVI-STRAUSS, C. *L' homme nu*. Mythologiques. Paris, Plon, 1971, p. 603; VILHENA, M.A. *Ritos*. Expressões e propriedades. São Paulo, Paulinas, 2005, p. 13-15.

Equívocos a respeito dos ritos decorrem, muitas vezes, do caráter repetitivo deles que sugere certa fixação no passado. Mas esse caráter repetitivo insere-se na dimensão simbólica e tem função social e cultural. É bom lembrar que o significado dos ritos ultrapassa os limites da memória e da tradição. Neles há uma articulação entre passado, presente e futuro. E é essa articulação que pode ajudar a superar o clima de desconfiança em relação aos ritos. Aliás, isso já vem acontecendo, pois, concomitante a essa desconfiança, tem sido desenvolvido um clima de notória criatividade muito favorável a novas formas rituais. Junto à rejeição, desencadeia-se uma efervescência de ritos, que, às vezes, chega ao fanatismo do ritualismo superficial, espetacular. Assim, o contexto apresenta algumas contradições em relação a esse tema.

Intentaremos, então, conseguir pistas que ajudem no enfrentamento de questões decorrentes da ambiguidade que alguns constatam nos ritos e de outras questões levantadas pela visão evolutiva que atingem, hoje, a fé cristã, como, por exemplo: em uma era científica, como perceber o primado ontológico da vida sobre a morte que os materialistas tomam como o estado normal, natural e mais inteligível do ser"?.[8] Em tempo de eficácia científica, como revitalizar a dimensão performativa dos ritos para que, apesar do seu caráter repetitivo, impulsionem as pessoas e os grupos a criarem novos horizontes de vida, esperança e transformação da realidade?

Essas e outras dificuldades apontam para a necessidade de retorno a conceitos esclarecedores do significado, das funções dos ritos no contexto cultural e religioso.

II. O que é o rito?

1. Comentários sobre o significado dos ritos

Os ritos abrangem vários âmbitos de qualificação, constituindo uma verdadeira realidade poliédrica que pode ser aprofundada nos níveis: teológico, histórico-religioso, fenomenológico, antropológico, linguístico, psicológico, sociológico, etológico, biológico e cultural. Não são meras formalidades, mas formas de afirmação de uma vida situada e datada, referenciada ao passado e projetada ao futuro. São ações, com início, meio

---

[8]   Cf. HAUGHT, J. F., op. cit., cap. 8 e 9.

e fim, diferentes das ações da vida ordinária, embora estejam calcadas no cotidiano.[9] Atualmente, o termo rito tem significado tão amplo que inclui qualquer atividade realizada de forma padronizada, formalizada e repetida. Os ritos são vivências de uma experiência significativa através da mediação de símbolos. Têm estreita relação com o símbolo. São uma versão do símbolo. São ações que expressam vivências muito íntimas e radicais, por meio da linguagem simbólica.

Enquanto formas de linguagem e ação simbólica, os rituais possuem a virtualidade de tomar o lugar de outra coisa, de substituí-la, evocando-a.[10] Têm, como o símbolo, uma estrutura de representação de um sentimento profundo, de uma crença, ação ou experiência que não podem ser explicitados simplesmente por palavras, nem por conceitos ou definição limitada e generalizante.[11] Mas é importante lembrar que os ritos, marcadamente simbólicos, constituem-se de ações e palavras e, como expressam experiências profundas comuns a grupos sociais e religiosos, têm acentuada virtualidade agregadora.

Muitas vezes, somos levados a considerar, de modo mais acentuado, o caráter repetitivo dos ritos. Porém, essa visão é reducionista. Os ritos, experiências profundas, expressas em gestos (ações) e palavras, têm um dinamismo interno muito forte. A própria etimologia da palavra, se bem entendida, aponta para um dinamismo inerente a eles e pode atuar como corretivo para más interpretações que os associam somente à noção de ações estáticas. De fato, etimologicamente, a palavra rito inclui noções de ordem estabelecida, de ordem cósmica, de prescrição e decreto, mas também de harmonia restauradora, de ritmo, de fluir harmonioso de palavras, de música, de ações.[12]

Vistos de modo positivo, os rituais permitem descortinar um panorama muito amplo em relação aos grupos sociais, às religiões, pois expressam culturalmente tanto experiências humanas profundas quanto importantes acontecimentos sociais ou religiosos: valores, sentimentos, crenças, conflitos, certezas, inseguranças e esperanças. São processos de relevância social capazes de carregar significações conotativas de regene-

---

[9] Cf. PEIRANO, M. G. S. *A análise antropológica dos rituais*. Brasília, UNB, 2000.

[10] Cf. TERRIN, A. N. *O rito:* antropologia e fenomenologia da ritualidade. São Paulo, Paulus, 2010, p. 17-22.

[11] Cf. ELIADE, M. *Imagens e símbolos:* ensaio sobre o simbolismo mágico-religioso. São Paulo, Martins Fontes, 1991.

[12] Cf. TERRIN, A. N., op. cit. p. 19-22, onde o autor explica os diferentes significados etimológicos de rito, vindos do latim, do grego, do sânscrito etc.

ração, limpeza e purificação; energia e luz para a nova vida; disciplina, organização; sacrifício, morte e novo nascimento; novo estado e missão.[13] Acompanham o processo evolutivo da vida, porque estão imersos no que há de mais profundo na condição humana. Estão entrelaçados com diferentes formas religiosas que procuram garantir a vida, dar segurança ao ser humano a espantar o desconhecido. No dinamismo social, os ritos são: "[...] processo de pôr em relação, dando sentido aos fatos da vida social".[14] Para operar a transição do ordinário ao extraordinário, os ritos utilizam "mecanismos básicos, [...] ora inversão, ora reforço ou neutralização de normas e padrões sociais, enfatizam alguns aspectos da sociedade em detrimento ou em complementaridade a outros".[15]

Nesse processo, os ritos também preenchem duas formas da simbologia essenciais na orientação normativa da ação: *comunicação*, mediação simbólica que transmite mensagens entre as pessoas, e *participação* ou *comunhão*, que favorece ou exprime o sentimento ou modos de pertença à coletividade.[16]

Continuam inerentes ao ser humano, como indicam as histórias das religiões e das culturas, mesmo em períodos de forte desenvolvimento da ciência e de novas interpretações para a origem do universo, com todas as implicações decorrentes para a fé cristã no Deus criador e salvador. Mas é preciso cuidado, porque fica sempre o perigo da ambiguidade, do esvaziamento de sentido. Permanece, com certa frequência, o perigo da visão reducionista que imprime aos ritos um caráter estático. Por isso, é bom lembrar que, enquanto gestos, expressões culturais de experiências humanas, os ritos não são imutáveis. Podem ser criados, recriados e até mesmo desaparecer, conforme as necessidades e as circunstâncias, quando não tiverem mais um sentido para a comunidade e para a sociedade,[17] ou quando novas experiências surgirem. Essa virtualidade adaptativa dos ritos pode indicar que a visão evolutiva não lhes é ameaça e sim fonte de atualização e ressignificação. E é justamente este o nosso principal objetivo: tentar descobrir elementos que mostrem um sentido novo para os ritos, enquanto expressões de vivências, sentimentos e crenças

---

[13] McLAREN, P. *Para uma pedagogia crítica da formação da identidade pós-moderna*. Dentre Rios, Faculdade de Ciências da Educação, Universidade Nacional, 1993, p. 47.

[14] NETTO, A. G. de M. (Org.). *Dicionário de ciências sociais*. Rio de Janeiro, FGV, 1986, p. 1081.

[15] Ibidem.

[16] Cf. SARTORE, D. & TRIACCA, A. M. (Org.). *Dicionário de liturgia*. São Paulo, Paulinas, 1992, p. 114.

[17] VILHENA, M. A., op. cit.

de pessoas inseridas em contexto que privilegia a perspectiva evolutiva da vida.

Outro equívoco relacionado aos ritos refere-se à confusão feita entre rito, ritualidade e ritualismo. Ritualidade e ritualizar referem-se ao processo positivo, presente no âmbito religioso e em todas as esferas culturais, pelo qual as pessoas formam ou criam ritos, transformando o próprio agir em ações formais e repetitivas, às vezes em forma quase que de psicodramas, mas, com significado, manifestando vivências e valores de forte significado. O ritualismo, conotação negativa desse processo, refere-se a um comportamento estereotipado, pouco trabalhado, esvaziado de qualquer conteúdo simbólico, sem ritualidade.

É verdade que o rito coloca ordem, classifica, mas também estabelece as prioridades e restaura a harmonia, ajudando o ser humano a superar as barreiras do fixismo e do pessimismo entrópico. Permite viver "num mundo organizado e não caótico, e sentir-se em casa, num mundo que, do contrário, apresentar-se-ia como hostil, violento, impossível".[18] De fato, os grupos sociais encontram nas celebrações rituais mediações eficazes para conseguir harmonia, coesão e organização.[19]

2. Dimensão simbólica do rito

Dado que o rito é um gesto humano, acentuadamente simbólico, importa muito lembrar algumas características do símbolo. Características estas presentes nos ritos, conferindo-lhes uma destacada dimensão simbólica. O rito é uma versão do símbolo, uma ação simbólica que expressa experiências humanas – sociais e religiosas –, como já explicamos anteriormente. É muito necessário entender essa característica dos ritos, para valorizá-los como significativa linguagem humana, tanto no plano profano quanto no religioso. Apesar das contraposições da mentalidade moderna reforçadora da razão, não é possível eliminar a riqueza da incidência simbólica na vida humana, pois o ser humano é irremediavelmente um ser simbólico. Frequentemente, ele usa a linguagem simbólica para expressar vivências e sentimentos, inexplicáveis pelo racional. É dentro da simbologia humana que o símbolo e o rito exercem um papel relevante. Com certeza, deve pairar entre cientistas da evolução certa desconfiança em relação a esse modo de expressão

---

[18] Cf., BELL, C. *Ritual. Practice and Theory.* Oxford, Nova York, Toronto, Oxford Uni Press, 1992, p. 102.
[19] Cf. ibidem.

que lida com experiências humanas incontroláveis pelas pesquisas e observações científicas. Contudo, mesmo que exista uma influência negativa atual da perspectiva dualista excludente que contrapõe as diferentes formas de linguagem, estamos conscientes de que é possível conciliar a racionalidade com a linguagem simbólica, ambas importantes características do ser humano. Este, que é racional, é capaz de criar símbolos, individualizar objetos, nomeá-los, dar significação, criar sistemas simbólicos e expressá-los por meio da ritualidade.[20] Uma vez que os ritos não podem ser eliminados da diversificada e rica existência humana, estamos pretendendo, neste capítulo, realizar um contato entre a ritualidade, forma simbólica de expressão, e a visão evolucionista, para levantarmos elementos viabilizadores de uma ressignificação dos ritos. Logo, é preciso retornar a alguns conceitos relacionados com a linguagem simbólica, pré-conceitual que caracteriza fortemente a ritualidade. Para compreender a riqueza da expressividade ritual, é preciso compreender a riqueza da linguagem simbólica, pois, como foi apontado anteriormente, o rito é uma versão do símbolo.

a) Então, o que é um símbolo?

Desde que o ser humano adquiriu a capacidade de pensar, se relacionar e, principalmente, buscar uma explicação para sua vida, os símbolos vêm exercendo o papel de representação dos ideais e explicações que não estavam visíveis no cotidiano. Por símbolo podemos entender qualquer coisa que toma o lugar de outra coisa, ou que substitui e evoca outra coisa.[21] Ele se torna, de certa maneira, uma "testemunha das coisas ausentes, saudades das coisas que ainda não nasceram...".[22] Ele cria, transmite e muda valores. Permite a transubstanciação da natureza, do elemento material, das coisas sensíveis. Suscita o invisível, cria pertença, delimita espaços. O símbolo é polissêmico: possui vários significados. Elementos como o fogo podem destruir, purificar, transformar. A água pode ser destrutiva, regeneradora, fecunda ou purificadora. "É verdade que os homens não vivem só de pão. Vivem também de símbolos, porque sem eles não haveria ordem, nem sentido para a vida, e nem vontade de viver."[23] Visto que os ritos são uma forma de expressão simbólica, essas caraterísticas referem-se, por conseguinte, a eles.

---

[20]   TRIAS, E. *La edad del Espírito*. Barcelona, Ariel, 2007.

[21]   ROCHER. G. *Sociologia geral n. 4*. Lisboa, Presença, 1971.

[22]   ALVES, R. *O que é religião?* São Paulo, Abril Cultural/ Brasiliense, 1985, p. 22.

[23]   Ibidem, p. 35.

Os símbolos (do grego *sim-ballo, sym-ballo*) têm uma capacidade evocativa que permite unir, pôr junto duas coisas. Asseguram, simbolicamente, a presença e ação contínua do que está ausente: personagem, acontecimento ou ideia.[24] Referem-se, então, a uma ação mediante a qual "lança-se ao mesmo tempo (*sym-baleim*) dois fragmentos de uma moeda ou medalha dividida, que formam, em sinal de reconhecimento, uma aliança".[25] Com a mediação do símbolo, podemos vislumbrar algumas realidades que, sem ele, permaneceriam escondidas. Há dimensões dentro da pessoa humana e do cotidiano humano que exigem acesso mediado pelo simbólico. Compreende-se, portanto, por que os ritos, ações que expressam sentimentos, intuições e vivências difíceis de serem explicadas por palavras, constituem uma forma de linguagem simbólica.

b) Símbolo, linguagem não conceitual

Os símbolos devem ser distinguidos de outras formas de linguagem muito parecidas com ele: metáforas, alegorias e signos.[26] Porém, essas formas de linguagem têm em comum a virtualidade de estabelecer relação entre dois sentidos. Todas elas são mediadoras. Mas, no que se refere especificamente às características do símbolo, precisamos considerar alguns pontos. Ele expressa e orienta para experiências que adentram suas raízes no inconsciente das pessoas e que estão em jogo. Não pode haver símbolos sem que haja fortes e significativas experiências humanas, tão profundas que nenhum discurso, por mais verdadeiro que seja, pode expressar. A potência do símbolo é intrínseca porque se constrói especificamente em virtude da correspondência que se dá entre as pulsações inconscientes e sua expressão externa, entre o bios e o logo, entre a experiência pré-conceitual e sua formulação no nível de consciência.[27] Por isso, a comunicação simbólica é não conceitual.

---

[24] ROCHER, G., op. cit., p. 156.

[25] CROATTO, J. S. *Linguagens da experiência religiosa*. Uma Introdução à fenomenologia da religião. São Paulo, Paulinas, 2010, p. 85.

[26] A metáfora é uma comparação, o símbolo é uma trans-significação. A alegoria é um dizer-outra-coisa, envolvendo sempre algo conhecido; o símbolo, embora diga outra coisa, remete sempre a uma realidade transcendente. Quanto ao signo, diferencia-se por "remeter" a algo desconhecido em si, mas que se faz presente em algo visível. O signo pode ser criado convencionalmente, o símbolo não. Ele emerge e se impõe. O signo pode ser racionalizado, o símbolo não. Cf.: CASTILLO, J. M. *Símbolos de libertad*. Teologia de los sacramentos. 3. ed. Salamanca, Sígueme, 1985, p. 1774; ainda, MALDONADO, L. *Iniciaciones a la teologia de los sacramentos*. Madrid, Marova, 1977, p. 117-118.

[27] Cf. CASTILLO, J. M., op. cit., p. 171; 176-177, sobre a importância da semântica, teoria que explica o significado do rito que relaciona dois níveis do discurso: o não conceitual

É figurada. Os ritos, enquanto ações simbólicas, possuem, então, a virtualidade de atingir as raízes do inconsciente das pessoas.

Característica importante do símbolo também é que ele pode ser contemplado, ou seja, ele remete a um "mais além" de si mesmo. Oferece algo essencialmente invisível a ser contemplado através dele. Assim, o inefável, o misterioso, o essencialmente invisível só pode ser oferecido à contemplação mediante os símbolos, porque são "experiências muito profundas – vivenciadas em nível pré-conceitual –, que nos remetem à totalidade de sentido na experiência humana":[28] experiências provocadas pelas relações interpessoais ou desencadeadas pelo estético (poesia, arte, música), experiências religiosas, místicas e as estudadas pela psicanálise etc. Lembramos que "a expressão externa e simbólica, que assume e comunica a experiência profunda, tem que estar socialmente admitida pela cultura na qual o símbolo se expressa".[29] Os ritos, enquanto ações sociais de acentuada identidade simbólica, brotam nesse contexto, aí se estruturam, incorporando a riqueza e o dinamismo da comunicação simbólica.

É da dimensão simbólica que decorrem algumas categorias fundamentais dos ritos, importantes na constituição de grupos sociais e religiosos. Entre essas categorias, Tillich destaca a relacionalidade, capacidade de remeter a algo oculto, distinto do símbolo; a densidade, capacidade de participar da realidade que simbolize a correlação.[30] Esta implica um duplo aspecto e uma dupla função do símbolo: um movimento do símbolo concreto ao simbolizado – função remitente ou significante –, e um movimento da realidade simbolizada ao símbolo – função de expressão. Essas funções é que tornam possível a mediação, o simbolismo:[31] "Os símbolos referem-se e remetem a uma realidade maior e mais profunda do que aquela diretamente observável em sua materialidade ou forma. Conforme as circunstâncias, cada elemento simbólico pode ser dotado de vários sentidos e significados".[32]

As pontuações a respeito dos símbolos explicam a virtualidade mediadora de ritos, gestos e ações simbólicas. Aqui encontramos uma

---

    e o linguístico-conceitual.

[28]   Ibidem, p. 178.

[29]   Ibidem, p. 171, Cf. tb. TILLICH, P. *Dinâmica da fé*. São Paulo, Paulinas, 1987.

[30]   MALDONADO, L., op. cit., p. 85, citando Tillich, P., "o símbolo discurre por la via negationis y por la via eminentiae. Enlaza, relaciona dos realidades o magnitudes diferentes: La empírico-sensible y La no empírica o trascendente".

[31]   Ibidem, sobre a sacramentologia de P. Tillich, p. 84-89.

[32]   VILHENA, M. A. *Ritos*, op. cit., p. 28.

pista para a ressignificação deles à luz da teoria evolutiva. É preciso avaliá-los, verificando que experiências humanas, que explicações sobre a origem do mundo e os desdobramentos evolutivos da criação estão sendo comunicados pela simbologia dos rituais religiosos atuais.

Os ritos, enquanto símbolos, brotam do inconsciente, têm relação, correlação simbólica com o universo. Hoje, precisamos tomar consciência das correlações que nossos ritos nos fazem vivenciar. Será que eles nos têm colocado em relação com o universo em dinamismo de futuridade? Ou têm atuado para nós como fantasmas que nos remetem e nos fixam no passado, tornando-nos inertes ou passivos repetidores? Ou será que nos impulsionam para o futuro, como janelas abertas? Enquanto gestos marcados por forte dimensão simbólica, os ritos expressam experiências humanas. Símbolos e ritos têm expressiva dimensão antropológica. Se for verdade que é na dinâmica humana que os símbolos adquirem sentido, é também na dinâmica humana que percebemos o significado dos ritos.

A esta altura, julgamos necessário enfocar alguns aspectos da dimensão antropológica/relacional dos ritos.

3. Dimensão antropológico-relacional dos ritos

> Nós, humanos, praticamos ritos todo o tempo. Eles são uma necessidade humana, [...], dimensão dominante de toda a nossa vida pessoal e coletiva. Como não vivemos sem criar ou praticar rituais, estes são considerados uma experiência vital, um dado antropológico fundamental, elemento constitutivo da realidade humana em que se expressa toda a nossa vida e sua realidade.[33]

Junto com a dimensão simbólica, a esfera antropológica é indispensável para aprofundar o significado dos ritos, enquanto gestos humanos, respaldados pela palavra, ação que humaniza e recria o presente, ao projetá-lo para o futuro. Quando e onde quer nos deparemos com um grupo humano, organizado em sociedade, ali encontraremos práticas rituais, mediante as quais o ser humano explica o mundo, a vida e a si mesmo. Vimos, anteriormente, que os ritos são formas simbólicas de expressão, anteriores à linguagem falada, que atingem o núcleo do ser humano, suas emoções, sentimentos, valores que repercutem nas relações. Existem análises que descortinam um panorama muito amplo para

---

[33] Idem, op. cit., p. 29.

os rituais, porque vão além da relação rito/mito/conteúdo explicativo[34] e relacionam a ritualidade à existência, pessoal, interpessoal e ao cotidiano, ressignificando-o. Esses estudos acentuam a referência dos ritos a momentos-chave da vida das pessoas, a experiências marcantes delas, buscando sentidos, introduzindo-as no grupo social e religioso, resolvendo conflitos, garantindo a harmonia e a coesão entre elas. O humano não se esgota na linguagem racional, empírica, laboratorial. Ele carrega em si uma dimensão de mistério, de experiência pessoal profunda que só a linguagem simbólica pode oferecer. Portanto, a reflexão sobre os ritos inclui sempre, e de modo imprescindível, a dimensão antropológica, a reflexão sobre a pessoa,[35] inserida no seu contexto cultural, em contínuo processo de abertura ao Mistério, em processo de relação com os outros, com o transcendente, ser que se expressa no e pelo simbólico: "[...] o mundo dos ritos enraíza-se no mundo dos seres humanos".[36]

O percurso da história da antropologia e da história das religiões registra e confirma importantes pesquisas de antropólogos culturais e de filósofos. Esses estudos respaldam a identificação antropológica da linguagem simbólica dos ritos e ressaltam diferentes características deles, abrangendo componentes biológicos, psíquicos, sociais, religiosos, que os dotam da capacidade de imaginar, criar, significar e transcender.[37]

Entre os enfoques da antropologia cultural, destaca-se a dimensão mediadora dos rituais, tanto pela sua virtualidade simbólica quanto pelo seu caráter antropológico. O ser humano que expressa, simbolicamente, suas experiências no rito, é um ser de e em relação. É um ser para e com os outros. Enquanto ser de abertura aos outros, ao transcendente, ao mistério, a pessoa humana não se restringe à linguagem racional, no processo de comunicação. A linguagem simbólica distingue-se como força genuína de expressão do humano, mediante a corporeidade, incluindo emoções e gestos, para expressar sentimentos, valores e crenças. O simbólico/ritual é imprescindível para mediar as relações interpessoais e

---

[34] Sobre a relação rito/mito: o rito expressa, em linguagem corporal, os símbolos que relatam o mito e, logo, constitui uma forma de os grupos sociais e religiosos vivenciarem os relatos míticos e, na experiência cristã, são formas de vivência de conteúdos explicativos da fé, cf. CROATTO, J. S. *Linguagens da experiência religiosa*, op. cit., ou Idem. "O mito como interpretação da realidade", *In: Ribla* 23 (1996), p. 17.

[35] Cf. TERRIN, A. N., op. cit., p. 50.

[36] VILHENA, M. A., op. cit., p. 36.

[37] Cf. nota 7 e ainda: cf. PEIRANO, M. *Rituais como estratégia analítica e abordagem etnográfica*. Brasília, UNB, 2001, p. 10; RIVIÈRE, C. *Os ritos profanos*. Petrópolis, Vozes, 1997, p. 11-12; 79; TERRIN, A. N., op. cit., p. 57-58; 65.

grupais. Aliás, enquanto expressão de experiências humanas, envolvendo a corporeidade, as emoções, o simbólico consegue comunicar o que a linguagem racional nem sempre comunica.[38] O conteúdo antropológico--relacional dos ritos, das trocas simbólicas é muito relevante, enquanto caráter definidor das relações humanas. O rito, fato social, é relacional. Cria vínculos e atua como fator de agregação social, mas ultrapassa os limites do contexto social. Como já vimos, ele tem forte propriedade mediadora: relaciona e correlaciona. Pela mediação do ritual, as pessoas interagem entre si, consigo mesmas, com a natureza, com o cosmo, com o transcendente. Devido a essa virtualidade (valência) transcendental de abertura, os ritos visam manter os grupos sociais e religiosos integrados, na busca de sentido, de coesão, de ressignificação.

a) Abertura para o outro, para o social

Mediante a abertura para o outro é que os indivíduos classificam o mundo e constroem a realidade em que vivem. A ação social e a comunicação/participação é que buscam estabelecer a forma estrutural de realização de um rito: "o rito serve para estabelecer o *status* dos indivíduos, como pessoas inseridas num sistema de relações".[39] Nesse processo de agregação simbólica, envolvendo emoções, sentimentos, experiências, e devido ao caráter simbólico/dramático e festivo/emocional, os ritos e suas significações provocam reações semelhantes nos indivíduos de um mesmo grupo. Daí vem a força moral e espiritual deles. Dão consistência aos ideais sociais. Reforçam instituições e grupos sociais, mediante os quais o ser humano propaga sua existência, projeta sua forma de existir, constrói a identidade e coesão social. Iluminam a identidade grupal e religiosa, contribuindo para manter a coesão, porque configuram maneiras coletivas de ver o mundo, de agir e pensar. São capazes de provocar ligação entre o passado e o presente, em projeção para o futuro.[40]

b) Relação consigo mesmo: importância da corporeidade

A ação humana ritual, consciente ou inconsciente, portadora de finalidade, resulta de um trabalho articulado do espírito (interioridade) com o corpo (corporeidade). Nessa ação, o ser humano coloca em movimento todo o seu ser, operando através do corpo, da imaginação, da

---

[38] GARCÍA RUBIO, A. *Unidade na pluralidade...*, op. cit., p. 587.
[39] AMARAL, M. T. *O espectro de Narciso na Modernidade – de Freud a Adorno*. São Paulo, Estação Liberdade, 1997.
[40] TERRIN, A. P., op. cit., p. 53.

criatividade, da racionalidade, da sensibilidade, dos sentidos, da palavra, gestos e atitudes:[41] o ritual/simbólico, sendo "expressão de experiências muito profundas, coloca o ser humano em contato com suas raízes mais profundas, num domínio ainda pré-conceitual e a-temático".[42] "O rito age sobre os seres humanos por sua capacidade de emocionar; coloca em movimento, corpo e espírito, graças à coalizão de meios que provoca [...]. Explora o registro simbólico e o conhecimento reservado ou 'profundo' [...]. Conjuga linguagens: a sua própria, mas também a música, a dança, o gesto".[43] Por isso, os participantes devem estar envolvidos de modo relacional, com toda a sua corporeidade, "distantes do controle do racional, para que os ritos/símbolos ganhem sua expressão primeira".[44] Essa expressão primeira, que tem início na corporeidade, vai se efetivando quando há harmonia entre o tempo, o espaço físico, a experiência propriamente dita – onde se encontra o significativo relativo à *performance*, os sentimentos pessoais, o espaço interior, onde se condensam os espaços anteriores e é possível a experiência mística.[45]

c) Relação com o mundo

Os ritos, tanto em várias religiões antigas quanto no mundo religioso secularizado atual, jamais perderam a relação mediata ou imediata com a natureza, com o ambiente biológico, com o reino vegetal e animal. Eles são como espelho da solidariedade entre religião e natureza.[46] A essência dos ritos depende do seu debruçar-se sobre o mundo da vida e da sua capacidade de dar uma resposta às exigências fundamentais do viver humano. Eles entram na cadência narrativa do universo. Podem ser considerados como a continuação do evento do mundo, como eco recebido e reproposto pelo homem através do seu corpo. Quase que repetem mimeticamente os gestos da natureza: o desabrochar de uma flor, o jorrar rítmico da água, ou o identificar a estrela da noite através de um gesto e de uma vivência. Para compreender os ritos é preciso compreender a relação entre a natureza e o universo (macrocosmo) e o corpo e a vida humana (microcosmo) como momentos originários de

---

[41]   VILHENA, M. A. *Rito*, op. cit., p. 21, 36-39; Cf. ALMEIDA, M. A. de A. *O Rito, antropologia e fenomenologia da ritualidade.* São Paulo, Paulus, 2004.

[42]   Cf. GARCÍA RUBIO, A. *Unidade...*, op. cit., p. 587.

[43]   BALANDIER, G. *A desordem:* elogio do movimento. Bertrand Brasil, 1997, p. 31.

[44]   MELO POYARES, M. A. *Revista Estudos da Religião (REVER)* v. 11 n. 1 2011, comentando, TERRIN, A. N., op. cit.

[45]   Ibidem.

[46]   CUGINI, P., *O rito de Aldo Natale Terrin,* síntese de TERRIN, A. N. *O rito,* op. cit., p. 126 e 127, apresentado no Blog da Faculdade, São Paulo, em 18 de abril de 2010.

percepção, de reduplicação de um no outro. É aí que é identificada toda a valência pragmático-transcendental que se recupera através dos ritos e sua função mediadora. Integrados na dinâmica criadora da natureza, eles liberam uma força e uma dinâmica transcendentais, próprias de uma simbólica original que se manifesta lá onde o rito traduz inevitavelmente a relação com o mundo. Aí, no relacionamento fundante em torno do mundo e do próprio corpo, vivenciado também através dos ritos, é que a pessoa constrói a consciência de si mesmo:[47] "Através dos ritos, os seres humanos dizem quem são, ou imaginam ser, como é o mundo, o cosmo, o universo. Narram a história, das dimensões visíveis e invisíveis deste mundo. Contam sua história pessoal e coletiva: [...] anseios, medos, necessidades, conquistas".[48]

d) Abertura ao transcendente

As pessoas atribuem aos ritos, dos quais participam, algo mais para além da descrição, da decodificação, da operatividade do social. Elas buscam, por meio deles, captar algo que não é redutível à análise socioantropológica porque ligado à subjetividade, à consciência em que se aninha a dimensão espiritual do humano, ao mais íntimo do próprio ser. Essa dimensão pode ser expressa em várias chaves: filosófica, artística, política, relacional, ética, científica etc. A fenomenologia da religião ajuda a aprofundar a dimensão espiritual dos ritos, a função mediadora que eles exercem em relação ao transcendente e a encontrar um núcleo de sentidos e significações com referência a um sobrenatural que, na cultura, pode ser representado de formas múltiplas. Os ritos, que "ultrapassam as barreiras sociais e invadem o terreno religioso e das crenças, ao se aproximarem do culto",[49] explicitam simbolicamente, tornando presente e, ao mesmo tempo, escondendo, os mitos, as crenças, o numinoso, o sagrado que dá segurança, alenta as dores e sofrimentos e traz esperança, reforçando convicções. Rudolf Otto,[50] um dos clássicos do estudo das religiões, indica a importante dimensão antropológico-relacional dos ritos que concretiza a abertura do ser humano ao transcendente:

> A necessidade da ritualização [...] ligar-se-ia ao fato de que, por sua natureza, o homem não pode fechar-se na sua condição nem dela escapar totalmente. Por acreditar-se livre, o homem sofre uma certa angústia ante a indeterminação ou insegurança da sua ação ou da existência mesma, o

---

[47] TERIN, A. N., op. cit., p. 169-170.
[48] VILHENA, M. A., op. cit., p. 37-38.
[49] Cf. TERRIN, A. N., op. cit., p. 69.
[50] OTTO, R. *O Sagrado*. Lisboa/São Paulo, Edições 70, 1992.

que o faz experimentar um sentimento de algo que ele não pode dominar. É o que os antropólogos denominam – o numinoso.[51]

Os ritos, ações ricas de simbologia, viabilizam a abertura ao transcendente, podendo, portanto, provocar a experiência religiosa. A dimensão religiosa, presente no interior das pessoas e constatada em todas as culturas, é vivida e resgatada pela mediação de vários ritos.[52] Faremos alguma consideração sobre a dimensão simbólico/religiosa dos ritos.

III. O rito na experiência religiosa

Os ritos, expressões de experiências profundas do ser humano, em sua função mediadora de abertura, demonstram sua valência transcendental quando possibilitam a vivência da dimensão religiosa e viabilizam a relação do ser humano com o transcendente,[53] quando são expressões culturais da fé. Ainda que a sociedade moderna secularizada tenha esvaziado o sentido e o caráter religioso dos ritos, eles não perdem a dimensão de "sacralidade". Eles sublimam, em nível transcendente, aspectos da vida social que estão além da compreensão humana e da sua esfera de poder. Têm muita importância no conjunto da experiência e dos cultos religiosos. São fonte de espiritualidade, eventos e ações que constituem formas de diálogo, de comunicação com o transcendente. Devido ao seu caráter expressivo, o rito tem uma virtualidade interna, um movimento para o mundo místico, "tendendo a levar para uma compreensão 'mística' de toda a existência; por outro lado, é um fato concreto que vive na opacidade como qualquer outro fato comunicativo social".[54] Neles o tempo e o espaço estão destinados para a troca entre o sagrado e o profano, para "uma remissão mística, totalizante (o momento de referência a crenças em 'seres místicos') e jogo (ação expressivo-simbólica), num abraço e num entrelaçamento único entre os sinais do mundo no nível empírico e o significado do mundo no nível metaempírico".[55] Com certeza, podem ser destacados como mediação simbólico-religiosa, pois "estabelecem o diálogo entre o natural, o mundo

---

[51] Ibidem.
[52] VILHENA, M. A., op. cit., p. 4-41.
[53] Ibidem, p. 41; PERRIN, A. N., op. cit., p. 169-170.
[54] CUGINI, P., op. cit.
[55] Ibidem.

206 Janelas abertas para o Mistério

visível e o sobrenatural, místico e levam os objetos cotidianos a significar ideias místicas, através de uma mediação (ritual/simbólica) profunda".[56]

Mesmo que a Modernidade racionalista tenha gerado desprezo por mitologias, teologias e ritos religiosos, "o ser humano moderno continuou a se alimentar de crenças e de mitos".[57] A influência dos ritos sobre o imaginário e a vivência humana é muito forte. Eles são performativos. Neles, os seres humanos fazem o que no mito (para algumas religiões) ou no conteúdo religioso é revelado como atribuição divina, é afirmado como crença, como rumo e sentido para a existência humana. O importante é que o ritual religioso seja celebrado por meio de palavras, gestos, indumentária, cânticos, ritmo e cenário. Os ritos, nesse sentido, são expressões simbólicas, culturais da fé. Eles visam oferecer sentidos, fornecer às convicções religiosas uma força viva e atualizada, como se o fato gerador (mito, revelações da divindade) estivesse se repetindo naquele momento. Então, os ritos são a externalização e a recordação do mito, das revelações divinas, dos conteúdos da fé, em ações coordenadas e plenas de simbolismo. Eles objetivam eternizar a crença, a explicação transcendente, trazendo-as do passado remoto para o presente ativo, renovando-as permanentemente,[58] remetendo a algo mais profundo e mais amplo, transignificando. Representando culturalmente acontecimentos mais fundamentais da vida, os ritos, no campo religioso, ligam o profano, o cotidiano com o transcendente, evocando horizontes futuros.

Poderíamos dizer, traduzindo para um contexto mais religioso, que o rito "é forma particularmente importante de símbolo religioso. [...] enquanto ações simbólicas mais típicas de cada religião estão geralmente ligadas aos momentos-chave da vida do homem, como referência construtiva em face dos maiores problemas da existência humana".[59]

Nesse contexto, temos de destacar as contribuições de teólogos de novas teologias como Tillich (1886-1965), Bultmann (1884-1976), Molt-

---

[56] WRIGHT, D. *Os ritos e mistérios de Elêusis*. São Paulo, Madras, 2004, p. 31.

[57] RIVIÈRE, C., op. cit., referindo-se a Mircéa Eliade. Em relação aos mitos, é necessário lembrar que, mesmo tendo um grande valor cultural e antropológico, os mitos não podem ser confundidos com os conteúdos da fé cristã. Eles são ditos, relatos literários, formas culturais de expressão de crenças ou de convicções religiosas. No caso, por exemplo, dos relatos bíblicos, que às vezes apresentam aspectos míticos, é preciso fazer a diferença entre o dito e o afirmado, pois, a afirmação da criação, por exemplo, não é mítica. Cf. a propósito o cap. 5 deste livro.

[58] Disponível em: < http://www.sociedadeteosofica.org.br/,,,site/cap.65 htm >, O mito, o símbolo e o rito.

[59] Cf. SARTORE, Domênico & TRIACCA, Achille M. (Org.), op. cit., p. 1142.

mann (1926...) que reforçam a legitimidade da linguagem simbólica nos cultos religiosos. Eles procuram proteger a linguagem da influência reducionista e excludente de correntes que priorizam a razão tecnicista e cientificista. Criticam a abordagem iluminista que vê o simbólico e o mítico como falsidade, equívoco e incoerência e como forma inadequada de expressão humana. Reconhecem as limitações da linguagem finita para falar sobre o infinito. Insistem que a experiência religiosa é inalcançável em sua totalidade. Daí a ênfase na linguagem simbólica, como estratégia teológica, ao falar de Deus, porque ela aponta para além de si mesma, possibilitando uma aproximação, mas nunca definitivamente, daquilo que venha a ser Deus e o nosso Sentido Último. E o Mistério, que sempre existirá, jamais será exaurido: "Não há dúvida de que qualquer asserção concreta sobre Deus deva ser simbólica, pois uma asserção concreta é aquela que utiliza um fragmento de experiência finita a fim de dizer algo a respeito de Deus".[60] É exatamente aí onde o símbolo se localiza: entre o sagrado que se revela (hierofania) e o indivíduo que faz experiência dele.

A comunicação das experiências religiosas se manifesta através de narrativas (às vezes na forma cultural de mitos) ou de conteúdos explicativos da fé; dos símbolos (elementos mediadores, linguagem originária e fundante) e dos ritos (vivência da experiência).[61] Nesse contexto, do mesmo modo que no plano social, os ritos religiosos apontam e revelam expressões, crenças e valores do que já é comum a determinado grupo religioso. Através da ritualidade (palavras, gestos, indumentária, cânticos, cenário etc.), visam oferecer sentidos, fornecer às convicções religiosas uma força viva, atualizada, performativa, como se o fato gerador (mito, revelações da divindade) estivesse se repetindo naquele momento. Representando culturalmente acontecimentos mais fundamentais da vida, os ritos, no campo religioso, ligam o profano, o cotidiano com o transcendente, evocando horizontes futuros, como janelas abertas para o Mistério.

---

[60]   MALDONADO, L. *Iniciaciones...*, op. cit., p. 50-51, comentando Tillich.

[61]   TILLICH, P. *Teologia sistemática.* 2. ed. São Paulo, Paulinas, 1987; Idem. *Dinâmica da fé*, São Leopoldo, Sinodal, 2001.

IV. O rito na experiência cristã

Nos itens anteriores, ressaltamos a dimensão simbólica dos ritos em suas vertentes antropológica e religiosa. Neste item, destacamos o rito na experiência cristã, focando, sobretudo, a função escatológico-profética. Essa função inclui-se na dimensão simbólico-antropológica e religiosa dos ritos cristãos e adquire relevância ainda maior em tempos de perspectiva evolucionista. Parece-nos que os ritos podem atuar positivamente nesse panorama atual influenciado pelo reforço científico à perspectiva entrópica que pode resultar em pessimismo e ausência de sentido. Para isso, é preciso que o futuro oriente a dinâmica dos ritos, enquanto atos estruturantes dos grupos sociais e religiosos. Eles precisam ser espaços de experiência do novo, da promessa.

Mas como isso se processa, se, como vimos, os ritos são evocações do passado e se enraízam no presente? Compreendemos a centralidade dessa questão. Tem sido forte e influente a perspectiva estática, reducionista que dificulta à ritualidade cristã o exercício de sua função escatológico-profética. Sabemos que é sempre possível acontecer a tentação da fixação ao passado, que se repete no presente, sem objetivar criação e recriação de elementos originantes. Por esse motivo, gostaríamos de propor, acentuando alguns detalhes, o resgate da potencialidade profético-escatológica dos ritos como um importante elemento de *res*-significação deles. É preciso, quem sabe, reforçar o diálogo com a perspectiva científica, para encontrar também nela um corretivo para a tendência reducionista do rito à experiência passada. Com certeza, o tempo escatológico não anula nem o presente, nem o passado, mesmo descortinando o horizonte do futuro. Questionamentos levantados a partir da cosmovisão evolutiva orientam nossa busca de pistas de ressignificação dos ritos.

Como os ritos religiosos apontam para o futuro, para a transformação do universo, em sua totalidade? Como celebrar o autoesvaziamento de Deus, a promessa divina, a esperança cristã anunciadoras do futuro? De que modo participam do universo móbil, enquanto evolução, em ambiente de fé, de compromisso histórico?

Apresentaremos reflexões visando *re*-descobrir o potencial de futuridade dos ritos.

a) O tempo se curva ao rito: pausa simbólica

A dimensão de futuridade dos ritos apoia-se em abordagens antropológicas, filosóficas e teológicas que confirmam essa potencialidade existente neles. Da riqueza simbólico-antropológica derivam funções atinentes à pluralidade de ritos. Entre essas funções, destaca-se a de evocar e lançar ao futuro, de sugerir mudanças e dinamizar grupos sociais, atribuindo-lhes identidades e papéis novos junto à sociedade.[62] No funcionamento social dos ritos, ligado à sua utilidade social, fundem-se o mundo imaginado, desejado, sonhado, e o mundo vivido. Por isso a execução dos ritos é imperativa para recriar, periodicamente, o ser moral da sociedade que depende deles: às vezes, "propiciam, pela ritualidade, a volta imaginária a um passado mítico situado em origens anistóricas. [...] há ritos voltados para a superação de um presente insatisfatório e a construção de um futuro de bem-estar para o grupo e para a humanidade".[63] Também é possível perceber a ideia de movimento, quando se atribui ao rito a dupla função de afirmação da vida, nascida do desejo de "preservá-la contra todo o perigo imprevisto e, ao mesmo tempo, de procurar o desconhecido, o numinoso".[64] O símbolo entra em ação justamente quando a realização de um ato parece impossível. Ele se torna como que "testemunha das coisas ausentes, saudades das coisas que ainda não nasceram...". Eles exercem o papel de representação dos ideais que não estão visíveis no cotidiano.[65] Essa característica aplica-se aos ritos religiosos em geral, como acenamos anteriormente, mas atribui-se, de modo muito apropriado, aos ritos cristãos que devem fortalecer a esperança de novas realidades.

Devido à dimensão simbólica, no rito, enquanto pausa simbólica, o presente é interpretado e ganha sentido e o futuro é antecipado por meio de desejos que, ao serem expressos no contexto ritual, objetivam simbólica e historicamente suas concretizações. Pela tensão que no rito se estabelece entre o passado, o presente e o futuro, pode-se afirmar, mais uma vez, seu caráter transcendente e instaurador.[66]

---

[62] RIVIÈRE, C., op. cit., p. 55.

[63] VILHENA, M.A., op. cit., p. 51.

[64] DE OLIVEIRA, P. C. N. *O uso de símbolos do catolicismo popular tradicional pela IURD* (Dissertação de Mestrado em Ciências da Religião), Goiânia, U.C.G., 2006.

[65] DE MATTOS, A. P. "Os símbolos e a simbologia religiosa: O papel da Igreja Católica". In: *Revista Brasileira de História das Religiões*. Maringá (PR) v. 1, n. 3, 2009.

[66] VILHENA, M. A., op. cit., p. 38.

O ser humano necessita manter a ligação entre o tempo e o espaço,[67] por isso os ritos existem e buscam unir as ações realizadas em épocas diferentes, num mesmo espaço ou em espaços recriados, garantindo assim a manutenção de crenças e experiências profundas materializadas neles. A repetição da experiência fundante por meio da simbologia de um ritual garante sua eficácia. Essa forma de expressão existe em todas as sociedades, pois todos sentem "a necessidade de, periodicamente, reafirmar, em comum, seus valores comuns".[68] Mas se o rito traz o passado para o presente, também traz o futuro para o presente. No palco que é o aqui e o agora, encena-se e revive-se, em modo narrativo, o passado (foi) e projeta-se o futuro (será) que, de certa forma, já está sendo. Acontece um salto quantitativo que é obtido quando o rito se torna autoconstitutivo e criador do tempo que se curva nele. O tempo aí se concentra e encontra sua redenção e interseção com a eternidade. No rito pode acontecer como que um curto-circuito entre transcendência e imanência, com o consequente desvio dos significados simbólicos. Pode-se perguntar: "o tempo se submete ao rito? Para algumas religiões, sim":[69] pois, "[...] permanece uma mediação forte, inevitável, entre rito e tempo, [...] o rito é capaz de realizar uma dilação concedida ao mundo em nome de um ato de liberdade do próprio mundo".[70]

O rito é uma pausa simbólica no tempo e no espaço e é um tempo simbólico que foge ao tempo normal e, simultaneamente, ritma o tempo ordinário. Acontece no tempo e fora do tempo. O originário não é o que se encontra antes, lá atrás, mas o que se encontra depois, adiante. Há uma reedição simbólica das origens nos ritos, assim como o éschaton é o simbólico temporal que vive neles, enquanto realizam uma antecipação e uma prolepse do *ultimum*. Quem é impaciente não pode realizar o rito...

b) Função escatológico-profética dos ritos cristãos

Em sua função religiosa, o rito, como pausa, capta de cada tempo o elemento de destaque: do escatológico capta a passagem e o fluir; do protológico capta a meio suspensão do tempo – com a desaceleração que lhe é própria –, por uma referência especial ao originário. Ainda mais, o rito satisfaz o tempo místico, porquanto é condensação de passado,

---

[67] Cf. GARCÍA RUBIO, A. *Unidade...*, op. cit., p. 588-591.
[68] RIVIÈRE, C., op. cit., p. 15.
[69] Cf. TERRIN, A. N., op. cit., p. 245-247.
[70] Ibidem, p. 147-148.

presente e futuro, numa totalidade recolhida, que se concentra toda no presente e na simultaneidade[71] e é expressa na simbologia do rito. Aqui, situa-se a relevância da função escatológico-profética da ritualidade.

Como entender escatologia e profecia na dinâmica de futuridade?

Ambas, escatologia e profecia, referem-se ao futuro, mas ao futuro que tem raízes no presente e que ressignifica o passado. A escatologia refere-se ao horizonte último, ao que supera o presente, ao transcendente. A profecia refere-se ao anúncio de algo novo, que traz transformações ao presente, numa dinâmica de denúncia/anúncio/horizonte esperançoso. Implica abertura para a mudança num empenho histórico de comprometimento. Ambas têm estreita relação com a dimensão de promessa, tão presente no contexto bíblico.

Adentrando um pouco mais no âmbito religioso, verificamos que, hoje em dia, na exegese e na teologia, a escatologia assume muitos sentidos, conforme o objeto e a matéria a que é aplicada: futuro ou o que supera o presente, os últimos tempos, ou transcendente, o que está orientado para um fim último ou definitivo.[72]

A partir do AT, destacamos duas possibilidades de significado: a) escatologia da promessa, acentuando as promessas de Israel e b) escatologia profética, acentuando o fim da história universal (acontecimentos fora da história), no sentido de seu último horizonte. "[...]. A fé de Israel em Deus [...] aponta para o futuro que contém em si diferentes motivos, mas se trata sempre do futuro de Deus. Isso pressupõe a fé no Deus que promete e é futuro."[73]

Em Jesus Cristo, o Novo Adão, as promessas de Israel não são anuladas nem superadas. Mas também não se trata de transformá-las em promessas renovadas. Elas são convite e promessa novos: todos hão de constituir o novo povo de Deus, e não apenas renovado, que inclui não somente os primeiros cristãos judeus, mas também os cristãos gentios.[74] Jesus Cristo traz, anuncia a promessa de participação para todos, no senhorio pleno de Deus – mesmo os que não tenham participado das promessas judaicas. O significado é de recriação: novos céus e nova terra, na expectativa da vida prometida e esperada do Senhor que

---

[71]   Ibidem, p. 248-259.

[72]   MOLTMANN, J. *Teologia da esperança*. Estudos sobre os fundamentos e as consequências de uma escatologia cristã. 3 ed. São Paulo, Loyola, 2005, p 165. Cf. também cap. 10 neste livro.

[73]   MOLTMANN, J., op. cit., p. 166.

[74]   Ibidem, p. 191, 199.

vem (cf. Ap 22,6.12-13.20). Por isso, esse imperativo não deveria ser explicado somente pela afirmação: "Torna-te o que és", mas deve ainda ser sublinhado com a intimação: "Torna-te o que serás!".[75] Não somos meros intérpretes do futuro, mas já somos os colaboradores do futuro, cuja força está na esperança como na realização que é Deus. Existe todo um movimento dinâmico que compromete os que participam dos ritos religiosos, que devem possibilitar a vivência dessa esperança no presente, mas projetada no futuro.

c) Janelas abertas para o futuro e para o Mistério

Do sentido escatológico/profético da promessa bíblico-cristã decorre o sentido prospectivo de utopia que faz parte da mensagem cristã do Reino de Deus e mobiliza forças em vista de um futuro marcado pela transformação. Os ritos, porque devem guardar coerência com o que celebram, com o conteúdo explicativo da fé cristã, devem estar antenados a essa perspectiva escatológico/profético-utópica. A vitalidade deles vem do dinamismo da fé e da esperança cristãs que apontam para a utopia de novos céus e nova terra, de um novo povo de Deus, provavelmente formas de superar a entropia. A função escatológica habilita os ritos para atuarem como janelas abertas que, mesmo perpetuando a experiência do real, o apontam como uma possibilidade utópica, para o novo e o inusitado. Assim, será garantido o movimento dialético do "já" e "ainda não", dimensão fundamental da proposta do Reino de Deus.[76]

O ritual, enquanto algo que ultrapassa o perceptível, a realidade, devido ao seu caráter simbólico, é janela aberta para o futuro, para o Mistério, fator de ligação com o transcendente, mesmo sem deixar de ser fugaz. Também do ponto de vista profano, os ritos, como vimos antes, são performativos: fazem acontecer o que é dito e que já foi experimentado por gestos, cores e músicas. Permitem comunicar, fazer, modificar, construir, desconstruir, transformar.[77] São eficazes. Têm o objetivo de manter vivos, ainda que dentro de certos limites, o conteúdo explicativo, as crenças, renovando-os, permanentemente, em constante abertura à vida, ao Mistério. Transpõem a significatividade do mundo, embora partindo de referências concretas e colocando-as em relação com o mundo. No movimento de abertura do caos à ordem, os ritos visam trazer harmonia e revelar a identidade dos participantes. Devido à sua

---

[75] Ibidem, p. 207-208.
[76] DE MATOS, A. P. *Os símbolos...*, op. cit.
[77] PEIRANO, M. *Rituais, ontem e hoje*, op. cit., p. 40, citando Tambiah.

dinamicidade, eles apontam para a ressignificação, para a promessa de continuidade e de renovação do grupo. Em tempos de evolução, eles podem ajudar a manter o encantamento, o fascínio pelo Mistério. Essas prerrogativas são dos ritos em geral, mas valem também e de modo especial para a ritualidade cristã.

Mas é preciso entender e assumir os ritos como transformadores do nosso imaginário religioso, sem perder a conexão com o imaginário primordial, que já contém em si o futuro: "O Mistério é percebido no nível da mediação; o sagrado, enquanto realidade transcendente mostra--se (hierofania) e, ao mostrar-se, limita-se".[78] Para tal os ritos precisam ser, de fato, gestos, espaços de modificações de consciências, de percepção do compromisso cristão. É necessário tornar novas as ideias, as imagens sobre o Mistério de Deus. Existe uma vida que palpita no símbolo, no rito, que movimenta o processo de abertura à transcendência. Este processo é tonificado pelo imaginário da esperança.[79] Os ritos, construções humanas, podem atuar como janelas abertas ao Mistério, pois, evocando o futuro, colaboram sim para ressignificar o Mistério e, neste caso, o Mistério cristão. Por sua incidência, atingindo fortemente o imaginário de pessoas e grupos, pela linguagem simbólica envolvente, eles têm papel profético de destaque nessa reconstrução da transcendência. Precisamos renovar representações ou imagens do divino às quais recorremos e que, frequentemente, são marcadas pela força dos símbolos e arquétipos forjados e vividos nos tempos de infância e que nunca passaram completamente pela reflexão. Representações do divino, do Mistério, marcadas pela visão estática da vida e por ideologias do poder que impedem a renovação da espiritualidade e da mística, podem ser reavaliadas, hoje, à luz da cosmovisão evolutiva.[80]

Junto com a reavaliação dessas representações, irá acontecer a reavaliação dos ritos que as expressam nos cultos religiosos. Eles precisam ser celebrações da experiência de um Deus amor, que se faz presença no interior de toda a criação e nas criaturas; celebrações das promessas desse Deus que convoca ao novo. A *kénose* de Deus, que assume a criação a partir de dentro, é evidenciada também e, sobretudo, na *kénose* de

---

[78] TILLICH, P. *Dinâmica da fé*. São Leopoldo, Sinodal, 2001, p. 30-39; 83: O tema da dialética do sagrado aparece ali. Cf. ELIADE, M. *Tratado de história das religiões*. São Paulo, Martins Fontes, 1998, p. 36-38.

[79] MARDONES, J. M. *A vida do símbolo:* a dimensão simbólica da religião, São Paulo, Paulinas, 2009.

[80] A propósito, cf. os capítulos 1, 3, 4 e 9 deste livro.

Jesus Cristo.[81] Inserindo-se nesse movimento de *kénose* – ressurreição de Jesus Cristo –, o ser humano será capacitado a inserir-se na dinâmica renovadora da promessa divina e estará mais apto para anunciar o novo que está pedindo lugar para acontecer.

d) O primado da esperança

À luz do primado da esperança, ritos e celebrações são uma forte experiência vital. Assim como a Igreja, podem antecipar a experiência do reino de Deus, da presença de Jesus Cristo ressuscitado que faz tudo novo. Como? Enraizados no evento Jesus Cristo, na sua *kénose*, história e ressurreição e impulsionados pelo dinamismo da esperança da promessa, certamente abrirão o caminho do futuro, em direção ao Mistério. Esse movimento é sempre profético. O anúncio mediado, visibilizado por eles é mais do que um convite ao comprometimento com a história. É um mandato à inserção na dinâmica do Reino, na construção e reconstrução da realidade no dinamismo da esperança que fortalece a dimensão de futuridade dos ritos. Mas que seja mesmo uma futuridade enraizada no presente, que se movimente para o compromisso de fazer acontecer novos céus e nova terra, abrindo ao futuro.

A teologia da esperança e da escatologia (J. Moltmann),[82] voltada para o futuro, procura revigorar a experiência cristã, enquanto prática de esperança responsável pelo futuro da humanidade. Essa teologia enfoca o futuro da ressurreição e da vida que Deus doa à humanidade, conhecidos por antecipação, no evento Cristo.[83] Trata-se da esperança cristã calcada nas promessas escatológicas e que é garantida pela ressurreição de Cristo: o presente que extrapola para o futuro. Futuro que advém do evento Cristo acontecido no presente, em movimento kenótico, mediante o qual captura as tendências do futuro. À luz dessa teologia, que integra os conceitos de presente e futuro, é possível reafirmar que o rito tem (ou deveria ter) o objetivo de abrir o presente ao futuro da justiça, da vida, da promessa, do Reino de Deus e da liberdade do homem/mulher.

---

[81]   Cf. cap.1, 3, 4 e 10 do livro e HAUGT, J. F., op. cit.

[82]   Moltmann, em sua Teologia da Esperança, inspirada na Filosofia da Esperança de Ernest Bloch (renovação da tradição judaica), aplica à escatologia cristã a categoria de futuro, numa tentativa de renovação na teologia e da práxis da comunidade cristã. Fundamenta-se na perscrutação da realidade (sujeito) para capturar tendências de futuro (predicado). É, portanto, uma filosofia/teologia voltada para o futuro, empenhada em recuperar algo existente no passado. Cf. MOLTMANN, J., op. cit., p. 423-453.

[83]   Idem, p. 453.

Esse futuro de Cristo traz algo radicalmente novo sem estar separado da realidade presente, isto é, como um futuro "virtual". É o que surgirá a partir das tendências intrínsecas no presente. O que já existe extrapola para o futuro (escatologia), mas é também aquilo que vem de forma anunciada (profecia). O futuro exerce influência sobre o presente, despertando forte esperança, a esperança cristã de que o futuro, o novo de Cristo que há de vir se cumpra em todos, como foi prometido, por meio da ressurreição. É o primado da esperança que vai recuperar a vitalidade dos ritos como espaços de experiência cristã do futuro, da ressurreição.

Na perspectiva da teoria evolucionista e da Teologia da Esperança, é possível substituir a força colocada pela teologia liberal no "Jesus Ético" pelo destaque no "Jesus Escatológico" que anunciava um Reino futuro e supramundano, um Jesus que é fascinante e eficaz, pois fala a partir de um mundo diferente do nosso: um mundo novo. "Essa pregação nos arranca de nosso mundo, justamente por sua estranheza, prende-nos e nos leva a ser diferentes do mundo, para tornar-nos partícipes de sua paz."[84] Esse Jesus Cristo é que deve ser o núcleo do conteúdo explicativo dos ritos. Nele, o "mito" originário é reencontrado, na pujança de sua virtualidade transformadora, abrindo o presente ao futuro da promessa. Os ritos devem ser um espaço privilegiado de experiência do futuro, da promessa, desse mundo novo, diferente do nosso. A experiência da promessa pode ser vivida, agora, se for dada a primazia à esperança.

> Na vida cristã, a prioridade pertence à fé, mas o primado, à esperança. Em outras palavras, a esperança tem seu princípio na fé e dá sentido a ela. A fé em Cristo sem a esperança produz um conhecimento infrutífero, enquanto que a esperança sem a fé é utopia. A esperança [...] é a "companheira inseparável" da fé e dá à fé o horizonte oniabrangente do futuro de Cristo.[85]

Conclusão: ressignificar os ritos à luz da teoria evolutiva

Iniciamos nosso capítulo interrogando sobre a viabilidade de tratarmos de ritos religiosos neste livro dedicado aos desafios da perspectiva evolucionista à teologia e à fé cristã. Ao concluirmos, reafirmamos a

---

[84] GIBELLINI, R. *A teologia do século XX*. 2. ed. São Paulo, Loyola, 2005, p. 279.
[85] Ibidem, p. 282.

216 Janelas abertas para o Mistério

convicção da importância de abordarmos essa temática neste espaço, junto com diversos temas significativos para a fé cristã. Embora constatemos certa ambiguidade na ritualidade, reconhecemos que os ritos são indispensáveis expressões culturais da fé. Lamentamos não termos podido abranger o amplo panorama que envolve os ritos, mas, neste final do capítulo, podemos indicar pistas para a ressignificação deles.

1. Os ritos são importantes expressões culturais da fé. Graças ao forte caráter simbólico/antropológico que os caracteriza, eles se inserem na dinâmica da organização, da sobrevivência e expansão dos grupos sociais e religiosos. Não existem sociedades sem ritos. Os seres humanos vivem de ritos, porque é através deles que são expressos sentimentos, inquietações, desejos, sonhos, crenças, sentidos encontrados e ressignificados. O papel deles vai além da consolidação de estruturas sociais, como fator de coesão social na realidade concreta. Eles são fonte de alimento para a busca humana a caminho da transcendência, um modo de o ser humano vivenciar, de forma simbólica, o Absoluto, o Mistério, tomando, assim, consciência de sua existência e do sentido dela. Hoje, é urgente que os ritos sejam expressões inculturadas da fé.

2. Reafirmação da riqueza simbólico/antropológico-relacional dos ritos: enquanto forma de linguagem pré-conceitual, eles tornam visíveis significativas experiências e sentimentos humanos. Essa comunicação, rica em simbologia e potencial de mediação, potencializa as relações humanas e sociais e é muito adequada para a expressão da fé. Os ritos são mediadores. Criam vínculos e atuam como fator de agregação social, porque facilitam a expressão de valores e de experiências, trazendo à consciência a identidade grupal ou religiosa. Bem vivenciados, potencializam as quatro relações básicas: da pessoa com o mundo criado, com as outras pessoas, consigo mesmo (na sua integralidade corporal e espiritual) e com o transcendente, com Deus, na perspectiva cristã.

3. Os ritos são pausas simbólicas, capazes de evocar o que está distante, ausente, tornando-o, de certa forma, presente. Não são celebrações fechadas no tempo e no espaço, antes, transcendem as delimitações físicas dos espaços e momentos em que acontecem. Os verdadeiros ritos projetam para o infinito, o inusitado: "remetem ao ato de atravessar fronteiras, de viver entre um mundo e outro, de uma situação determinada a outra igualmente determinada. É preciso deixar que o velho se encontre com o novo e por ele se deixe questionar".[86] Num clima

---

[86]   RIVIÈRE, C., op. cit., p. 45.

vivencial envolvente, emocional, integral, o passado, as crenças originárias, o transcendente, é experienciado no presente e projetado para o futuro. É verdade que a repetição garante a existência do ritual, mas eles devem ser entendidos como um limiar de passagem que demonstra o que o grupo precisa fazer, mudar, ressignificar, descobrir. A execução deles "[...] é imperativa para recriar periodicamente a identidade moral da sociedade, das religiões".[87]

4. Devido à dimensão simbólica, o rito pode fazer parte da grande narrativa que é o universo e assumir formatos adequados a cada circunstância social. Não são narrativas ultrapassadas, fixadas num passado distante, nem pontos finais, mas narrativas com forte e real significado simbólico para o grupo, como parábolas em aberto, exigindo contínua interpretação, ressignificação, descortinando o Mistério. Os ritos propiciam, sob forma dramática, que narremos as origens e a criação do mundo e de tudo o que nele existe. Estabelecem a decisiva relação do universo (macrocosmo) em expansão com o ser humano (microcosmo) que também precisa descobrir-se em movimento de expansão. Devido a essa estreita relação com o mundo, os ritos entram na cadência narrativa do universo. Evocam vivências fundantes, sentidos, crenças, percepções do mundo, da sociedade e da pessoa, influenciando na constituição do imaginário do crente e em sua expressão. Logo, exercem grande influência no direcionamento da vivência religiosa, no todo da vida pessoal e coletiva. À luz da visão evolucionista, é preciso verificar, então, que enfoque os ritos religiosos têm dado a essa narração, se de cunho estático ou dinâmico, e qual a qualidade das experiências e crenças que neles são vivenciados.

5. Os ritos são janelas abertas ao Mistério. Situam-nos no dinamismo e no mistério da natureza criada que aceita deixar-se recriar, lançando-se ao futuro. Eles remetem a uma realidade maior e mais profunda do que a diretamente observável. Têm uma dimensão espiritual, transcendente, religiosa de abertura ao inefável. Por serem expressões culturais da fé, de crenças e sentimentos humanos, precisam acompanhar também o compasso do dinamismo humano, sintonizados com as repercussões da visão evolucionista. Para que continuem cumprindo uma função social de harmonização e comunhão entre as pessoas e para que, no campo religioso, sejam mediações revitalizadoras da fé, devem estar inculturados no momento histórico-cultural, com suas inquietações, buscas e desco-

---

[87] Ibidem.

bertas a respeito do mistério da vida e do ser humano, da criação e do processo dinâmico do universo. Por que não fazer dos ritos a expressão de uma experiência humana, inserida no universo vitalizado desde dentro por uma presença amorosa dinâmica – Deus –, que respeita a liberdade do ser humano e da própria natureza e que dá espaço para que a criação seja recriada, transformada no processo evolutivo do amor?[88]

6. É de fundamental importância redescobrir a relevância da função escatológico-profética dos ritos. É profético o rito que celebra no "aqui e agora", a vivência antecipada do novo, que é anunciado e prometido, que revela algo que se quer perpetuar ou se quer alcançar (profecia).[89] O rito precisa anunciar/denunciar a prática e propor a criação de horizontes e mundos novos, propor a ressignificação da transcendência, ressignificando símbolos, imagens, denominações: "O rito é vida criando vida, pois que, no caos, na falta de horizontes e sentido não sobrevivemos. Para que isto ocorra, é preciso denunciar a prática religiosa desesperançosa e propor a criação de horizontes e mundos novos. [...] Rito é atividade, trabalho, obra que opera, transforma, cria, significa".[90] Sendo ações performativas, os ritos podem ajudar a fazer acontecer sonhos, esperanças, promessas.

7. Não há incompatibilidade entre ritos religiosos e visão evolutiva da criação e da pessoa. O atual momento, que atribui relevância à perspectiva evolucionista e, por conseguinte, à teologia da natureza, pode ser sim uma rica ocasião de ressignificação dos ritos em geral e, no nosso interesse específico, dos ritos religiosos cristãos. Diante de descobertas mais ou menos recentes sobre a origem do universo, da vida e do ser humano, as pessoas ficam muito perplexas. Nesse contexto, os ritos podem exercer um papel terapêutico. Eles possibilitam ao ser humano, ainda inseguro e perplexo diante das novas teorias evolucionistas, expressar-se, intuitiva e simbolicamente, sobre o novo que apreende, mas sobre o qual não consegue conceituar. Nesse momento, a linguagem pré-conceitual tem seu lugar também para que os humanos possam ir tomando consciência, através da percepção de sentimentos profundos, expressados nos ritos, a respeito da dinâmica evolutiva da criação. Aqui situa-se a questão da relação entre mito e rito, entre crenças, mensagens explicativas da fé e os ritos. Existe, sim, relação entre eles, mas nem sempre as explicações conceituais vêm antes. Pode acontecer de a fé se tornar mais consistente, através da ritualidade, de celebrações que

---

[88] PERRIN, A. N., op. cit., p. 161. Cf. tb. o capítulo 6 deste livro.
[89] Cf. MARDONES, J. M. *A vida dos símbolos...*, op. cit.
[90] VILHENA, M. A. *Ritos*. Expressões e propriedades, op. cit., p. 55-56.

envolvem todo o ser humano e o fazem tomar consciência da perspectiva evolutiva da vida.

8. O primado da esperança é que vai recuperar, em tempos de evolução, a vitalidade dos ritos como espaços de experiência cristã do futuro, da ressurreição. O processo humano não está concluído. A escatologia profética aponta para um horizonte, às vezes envolto em incertezas, mas sempre esperançoso. A convicção de que o Deus cristão é o Deus das promessas potencializa a esperança dos que creem no amor transformador desse Deus que, pelo processo kenótico, assumiu a criaturidade. A partir daí, não há mais motivos para a desesperança prevalecer, nem para o processo entrópico dominar. Em Cristo, Alfa e Ômega da criação, tudo já é e será plenamente renovado nos horizontes escatológicos.[91] Se os ritos são expressões culturais da fé inculturada, contextualizada, eles devem comunicar a esperança de que as coisas estão se fazendo novas, de que há um processo evolutivo que impulsiona a vida para expressões maiores. A plenitude está em Cristo. E é à luz do mistério DELE que precisamos prosseguir, perguntando: que crenças nossos ritos expressam? Serão realmente mediadores da experiência do Deus amor, que atua aqui e agora, no interior da nossa história, do processo do universo, da criação que ainda chora em dores de parto, chamando à luz tantas realidades reveladoras do Mistério que vamos apreendendo devagarinho, até que tudo se faça luz plena, em Cristo?

9. Estamos convencidos da urgente necessidade de um aprofundamento na área litúrgico-sacramentária, objetivando a ressignificação dos sacramentos cristãos e dos cultos de nossas Igrejas. Ressignificados, os ritos são apreendidos, repetidos e repassados de geração a geração por outros meios que ultrapassam o percurso da teoria para a prática: eles "partem da prática vivenciada para a teoria/interpretação. E isto faz deles sempre um símbolo a ser absorvido por novos indivíduos, em novas épocas, sucessivamente".[92] Existem muitas tentativas visando tornar as celebrações mais participadas e envolventes. Contudo, é necessário ter cuidado para não as transformar em ações espetaculares, carentes de sentido verdadeiro, sem perspectivas de compromisso transformador. É urgente fazer a necessária diferença entre ritualismo e ritualidade.

Enfim, é preciso manter uma atitude de abertura e vigilância, para não perdermos o compasso da evolução. E, nesse contexto, procurar

---

[91] Cf. cap. 2 deste livro.
[92] CAZENEUVE, J. *Sociologia do rito*. São Paulo, Rés, s/d, p. 18-19.

respostas para inúmeros questionamentos que podem trazer luzes para o processo de ressignificação dos ritos cristãos. Que tipo de mediação os ritos religiosos estão sendo? Meros atos repetitivos, sem projeção no futuro, sem propostas de transformação da realidade? Palcos de apresentações espetaculares, vazios de sentido e de propostas renovadoras? Fantasmas que assustam e que só repetem o passado? Ou têm sido eles espaço para evocar e projetar as experiências fundantes, originárias: criação, *kénose*, comunhão, promessa, futuridade, o evento Jesus Cristo, vivo e ressuscitado que ilumina um percurso histórico de esperança, que tonifica a fé no engajamento pela criação, recriação de nova terra e de novos céus? Serão eles verdadeiros símbolos que apontam para o futuro? É preciso prosseguir com a convicção de que os ritos podem se tornar aliados importantes do ser humano que vive bombardeado por tantas teorias, para as quais nem sempre encontra explicações claras ou convincentes.

É fato que recentes descobertas científicas e fortes investidas do cienticismo vêm desafiando não só os princípios sustentadores da fé cristã, mas também expressões culturais dessa fé e a vivência eclesial.[93] Mas não vemos incompatibilidades intransponíveis entre, por exemplo, a visão evolucionista e a fé cristã. Toda abertura que vem sendo propiciada pela reafirmada compreensão de um Deus amor, criador, que atua desde dentro, que se faz um com a criação e a tonifica para possibilidades e horizontes infinitos, em contínuo processo de complexificação, é uma excelente oportunidade para aprofundarmos a fé cristã. Fé num Deus amoroso, que respeita a liberdade dos seres humanos e das suas criaturas em geral. Fé em Deus presente em cada lance transformador da matéria, das galáxias, dos seres vivos, do ser humano, tudo dinamizando e potencializando em vista da realização da promessa: se tudo se transforma, cremos que tudo será plenamente transformado em Jesus Cristo. Daí a importância da esperança de que, na força da ressurreição de Jesus Cristo – que envolve todo ser e toda a natureza criada –, novos céus e nova terra haverão de surgir (cf. Ap 21,6-11).

---

[93] Cf. cap. 11 deste livro.

Evolucionismo e espiritualidade: contribuições da mística para uma revisão da imagem de Deus

Lúcia Pedrosa-Pádua*

A perspectiva evolucionista da vida e do cosmo tem uma incidência particular no campo da espiritualidade, foco principal deste capítulo. Noções estáticas de Deus, não compatíveis com a visão evolucionista da vida e do cosmo, como apresentadas no capítulo inicial pelo Prof. Alfonso García Rubio, estão profundamente enraizadas na espiritualidade cristã e na catequese.

Duas dessas imagens estáticas de Deus são objeto maior de nossa preocupação. A primeira, a "noção geral-comum de Deus". Já bem descrita no primeiro capítulo,[1] essa noção considera Deus unilateralmente como o Onipotente, Ser Supremo, Soberano Absoluto, Todo-poderoso, infinitamente Outro, porém sem relacionar essa noção com o Deus revelado por Jesus Cristo. Na espiritualidade cristã, esse Deus não raro é relacionado com poder arbitrário, distância afetiva, pouca valorização da liberdade humana e até com um ser que infunde medo. A segunda noção estática de Deus advém da primeira. Trata-se da expectativa, sempre renovada nas novas gerações, da ação intervencionista divina que atua, segundo essa expectativa, a partir de fora do cosmo e da história

---

* Professora de Teologia na PUC-Rio, onde doutourou-se em Teologia Sistemático-Pastoral. Especializou-se em Santa Teresa (Espanha) e realizou estudos de pós-doutorado na PUG-Roma. Membro da Comissão Assessora Permanente do CNLB. Coordenadora do Ataendi – Centro de Espiritualidade Teresiana (Rio).

[1] Cf. o capítulo inicial deste livro, de Alfonso GARCÍA RUBIO, pontos 1, 2 e 3 da parte III. Estes serão nossos pontos de partida, embora necessariamente tangenciaremos alguns outros.

humana. Daí a associação reducionista entre religião e pedidos por milagres, entendidos como uma atuação mágica de Deus.

No entanto, ao lado do desenvolvimento dessas noções de Deus, são encontradas experiências luminosas que, ainda hoje, são capazes de orientar o presente e o futuro da espiritualidade cristã, em seu caminho de diálogo com a perspectiva evolucionista.

Somos conscientes de que, como bem alerta o capítulo inicial, "as expressões religiosas não são mudadas por decreto".[2] Mas é possível dar passos na direção da mudança, e este capítulo pretende contribuir nesse sentido. Primeiramente, alertamos rapidamente para a forma como noções idolátricas de Deus geram espiritualidades destrutivas. Em seguida, nos rendemos à tradição mística, especificamente a Santa Teresa de Ávila (séc. XVI) e Ernesto Cardenal (séc. XX-XXI), para extrair deles algumas experiências que reforçam sentidos contrários à noção estática de Deus e mais concordes com o Deus de Jesus Cristo e com a sua ação no mais íntimo da criatura e do cosmos. Ao final, colocamos Santa Teresa e Ernesto Cardenal em diálogo com a perspectiva evolutiva na teologia e na espiritualidade.

Acreditamos que a relação entre mística e teologia é muito importante e que ambas devem se considerar mutuamente em seu proceder. Nas palavras de Sckillebeeckx: "graças à mística, a dogmática entra em contato íntimo com seu objeto que é o Sujeito em sua relação conosco". Mas a recíproca também é verdadeira: "graças à dogmática crítica, a mística não se funde num cristianismo apócrifo ou em um fanatismo irracional".[3] Enfim, mística e teologia têm necessidade uma da outra para sua própria autenticidade. Daí a razão de nosso empenho, neste capítulo.

I. Noções idolátricas de Deus geram espiritualidades destrutivas

Antes de iniciar nosso estudo dos místicos, gostaríamos de dar uma palavra sobre a importância da relação entre a teologia e a espiritualidade. Sabemos que todas as afirmações sobre Deus – teologia – influenciam nossas visões da realidade e possuem implicações existenciais e práticas

---

[2]   Ibidem, parte II.

[3]   SCKILLEBEECKX, E. "Profetas de la presencia viva de Dios".In: *Revista de Espiritualidad* 29 (1970) 319-321 (T.A.).

– espiritualidade. Portanto, a espiritualidade reflete a teologia que está por trás dela. O contrário também acontece: experiências e práticas – espiritualidade – confirmam, reduzem ou ampliam nossa noção sobre Deus – teologia. Enfim, teologia e espiritualidade devem ser vistas como intrinsecamente unidas.

Para as primeiras comunidades, o coração do anúncio cristão era o seu caráter cristológico.[4] A novidade da espiritualidade consistia na experiência de que, em Jesus, com sua vida, morte e ressurreição, Deus havia se manifestado de maneira definitiva. Jesus, o peregrino crucificado, era verdadeiramente Filho de Deus, Verbo encarnado, elevado à dignidade de *Kyrius*, depois de sua morte e ressurreição. Uma inesperada concepção de Deus se desenvolve: Deus é Uno e Trino. E isso exigia nova consciência histórica, uma forma comprometida de celebrar os sacramentos, mudança de vida e relações pautadas na liberdade e na solidariedade.

Ao longo da história da espiritualidade, o enfraquecimento dessa radical novidade provocou o que podemos chamar, junto com P. Sheldrake, efeitos "destrutivos", alguns dos quais apresentamos a seguir.[5]

Um aspecto destrutivo da espiritualidade acontece quando ela *nega o envolvimento* de Deus com a humanidade e com toda a criação. De fato, e infelizmente, como já foi visto no primeiro capítulo deste livro, a experiência trinitária foi, ao longo da história, enfraquecida diante da ênfase na natureza divina, perfeita e absoluta. Reforçou-se, assim, na espiritualidade, a noção de Deus separado das limitações impostas pelas mudanças, pelo espaço e pelo tempo. Um Deus desvinculado de sua criatura, a um pequeno passo do despotismo, cujas ações e exigências podem ser arbitrárias. A falta de envolvimento de Deus para com o mundo e a humanidade tem como consequência a ideia de que a liberdade e a responsabilidade humanas nada têm a dizer diante da liberdade de Deus.

Outro aspecto destrutivo da espiritualidade é o *individualismo*, que não reflete a comunhão e amizade entre iguais, que é Deus-Trindade. Em Deus há comunhão, relacionamento, sociedade. Inúmeras são as

---

[4]   Cf. PADOVESE. *Introducción a la teologia patrística*. Estella (Navarra), Verbo Divino, 1996, p. 53-72; também o capítulo 3 deste livro que discorre sobre as consequências da fé em Deus Uno-Trino.

[5]   Cf. SHELDRAKE, P. *Espiritualidade e teologia*: Vida cristã e fé trinitária. São Paulo, Paulinas, 2005.

consequências dessa dimensão para a espiritualidade.[6] Se o ser humano é criado à imagem de Deus, isso implica uma espiritualidade que promova a comunhão e a relação responsável e recíproca entre as pessoas e entre estas e as demais criaturas. Se Deus é essencialmente relação de amizade-comunhão, existir consiste em estar em relação, enraizados na realidade de Deus.

Espiritualidades *desengajadas* igualmente fracassam em refletir o compromisso de Deus com todas as dimensões da vida humana e do cosmo. A noção cristã de Deus obriga a espiritualidade a um cuidado com a existência humana integral, material e corpórea. É também fundamento para um compromisso ecológico. Mais do que isso, a radicalidade do compromisso de Deus para com o mundo, compromisso revelado na cruz de Jesus, traz um radical questionamento sobre o poder. Não são as nossas noções de poder que transformam o mundo e a nós mesmos, mas o poder do amor, da solidariedade e da vulnerabilidade de Deus mostrados na cruz de Jesus. Sem essa dimensão da cruz, a espiritualidade cristã não teria nenhuma palavra a dar diante do sofrimento, das fatalidades e do pecado humano.

É necessário assumir que a espiritualidade apresenta potencialidades destrutivas para o ser humano, para a comunidade e para o cosmo, quando fundamentada em noções idolátricas de Deus, que são afastadas do Deus de Jesus Cristo.

II. A mística: reserva da experiência de Deus Uno-Trino

É possível, na história da espiritualidade cristã, destacar inúmeras experiências que poderiam iluminar noções não estáticas de Deus.[7] Aqui traremos a experiência de dois místicos cristãos que nos interessam por sua profunda experiência de Deus como dinamismo de amor e de co-

---

[6]   Lembramos aqui, por exemplo, a contribuição da teologia da libertação latino-americana e das teologias feministas: cf. BOFF, L. *A Santíssima Trindade é a melhor comunidade.* 11 ed. Petrópolis, Vozes, 2009; e JOHNSON, E. *La que és: el misterio de Dios en el discurso teológico feminista.* Barcelona, Herder, 2002 (título original em inglês: *She who is*: the mystery of God in feminist theological discourse, 1992).

[7]   SHELDRAKE, P. Na obra já citada, realiza estudos de caso a partir da obra da mística medieval Juliana de Norwich, do autor dos *Exercícios Espirituais*, Inácio de Loyola (séc. XVI) e do poeta anglicano George Herbert (séc. XVII). Também vide BERNARD, C. A. *San Bernardo.* Milano, San Paolo, 1995, é exemplo de estudo trinitário em um autor da espiritualidade.

munhão, revelado em Jesus Cristo. Primeiramente, a mística, fundadora e reformadora do Carmelo, Santa Teresa de Jesus (1515-1582), Doutora da Igreja. Em seguida, um contemporâneo latino-americano, místico e poeta nicaraguense, Ernesto Cardenal (1925).

1. Santa Teresa: este "belo e deleitoso castelo interior" em que Deus está, se comunica e age

Teresa de Ávila, mesmo no século XVI, tinha suas desconfianças do tipo de pedidos que normalmente são feitos a Deus, como se ele, situado do lado de fora do mundo, estivesse à disposição de nossos caprichos. Ela mesma sugere às suas irmãs que não se ocupem em pedir a Deus aquilo que os visitantes do convento normalmente queriam, como rendas, dinheiro, favores. Para ela, o mundo estava "ardendo em fogo", tantas as necessidades, para se "perder o tempo em súplicas que, se fossem ouvidas por Deus, talvez levassem a se perder mais uma alma no céu".[8] A "tática" de Santa Teresa era bem diferente: fazer o pouco que ela podia, seguir o Evangelho e confiar na bondade divina, que sempre ajuda a quem se "determina".[9]

Para ela, a ação de Deus se dá dentro e através das pessoas. E foi, precisamente, a experiência da presença de Deus em si mesma o início de sua "mística teologia", ou seja, do seu falar sobre Deus por experiência. Vejamos, a seguir, os desdobramentos dessa experiência.

1.1. A experiência de Deus em Santa Teresa: processo com múltiplas dimensões

a) Deus presente na pessoa e em todas as coisas

Teresa de Jesus vai descrever que muitas vezes, em sua vida, estando em oração diante de Cristo, vinha-lhe o sentimento da presença de Deus, de uma maneira tão forte que ela não podia duvidar que ele estava "dentro" dela, como companhia, inspiração e força. Ao mesmo tempo, ela percebia que estava "dentro" de Deus ("toda engolfada

---

[8] SANTA TERESA. "Caminho de perfeição" 1,5. In: Idem. *Obras completas.* São Paulo, Carmelitana/Loyola, 1995. Utilizaremos sempre esta edição para citar as obras de Santa Teresa neste capítulo. O primeiro número após o título corresponde ao capítulo e o segundo, após a vírgula, à parte do capítulo. Nas citações do livro *Castelo interior ou Moradas*, o número da respectiva morada virá antes do título.

[9] Cf. SANTA TERESA. "Caminho de perfeição", op. cit., 1,2.

nele"[10]). Esse sentimento, muito vivo nela, apresentará posteriormente contornos trinitários.

Mas, no começo, essa experiência de presença a surpreendeu. Embora conhecesse os escritos de Santo Agostinho, em que ele fala que encontrou a Deus dentro de si, Teresa não o havia experimentado e não sabia que Deus estava "em todas as coisas".[11] Talvez, por essa surpresa, ela tenha sentido a necessidade de conversar com vários teólogos para compreender melhor sua situação.

Em seus escritos, mais de uma vez, Teresa descreverá essa presença em termos da teologia da época, que afirmava que "Deus está em todas as coisas por presença, por potência e por essência".[12] Ou seja, uma presença imediata, energética e íntima. Deus está presente em cada criatura, de forma interior. Essa relação concede existência, consistência e dinamismo a tudo. Ora, Teresa já havia intuído isso. Sempre atenta às características da água, da qual "era muito amiga", afirmará que em todas as coisas criadas pela sabedoria de Deus deve haver imensos segredos, "ainda que se trate de uma formiguinha".[13] Campos, água, flores – tudo despertava Teresa por dentro, em direção a Deus.[14] Isso porque são criaturas de Deus.

No ser humano, algo ainda mais maravilhoso acontece. Ele é criado à "imagem e semelhança de Deus" e por isso essa relação é também comunicação percebida conscientemente. Com a expressão "presença, potência e essência", atribuída a si mesma e ao ser humano, Teresa quer afirmar a presença real de Deus, sua comunicação e dinamismo, e a forma de ele fazer-se sentir. Teresa o sente presente "como a água que empapa uma esponja",[15] comunicando-se com ela e fazendo sentir a sua presença. Deus está como quem pode ser conhecido, desejado, amado porque ele mesmo conhece, deseja e ama. Este é o fundamento

---

[10] Idem. *Livro da Vida* 10, 1.

[11] Ibidem 18, 15; cf. também: idem. "Caminho de perfeição" 28, 11.

[12] Idem, 5 *Moradas* 1, 10 e *Relações* 54. Esta expressão percorre todo o período medieval e escolástico. Chega a Santa Teresa através da literatura espiritual e afetiva franciscana, que recolhe a reflexão de São Boaventura sobre o tema. Para a evolução das questões sobre a presença de Deus nos seres, ver GONDRAS, A.-J. "L'évolution des questions de la présence de Dieu dans les êtres d'Alexandre de Halès a Saint Bonaventure". In: *Colloques Internationaux du Centre National de la Recherche Scientifique nº 558*. Paris, Editions du CNRS, 1977, p. 713-724.

[13] SANTA TERESA, 4 *Moradas* 2, 2.

[14] Cf. idem. *Livro da vida* 9, 5.

[15] Idem. *Relações* 45. Cf. também, de Santa Teresa: *Livro da vida* 18, 15 e 5 *Moradas* 1, 10.

experiencial da obra de sua maturidade espiritual, o *Castelo interior ou Moradas*. Nessa obra a pessoa, castelo de diamante ou cristal muito claro, é habitada por Deus, comparado ao Sol. A aventura cristã consiste em empreender o caminho de oração (com consequências éticas) em direção às moradas mais interiores e iluminadas, num processo que é, ao mesmo tempo, autoconhecimento, abertura amorosa a Deus e vida nova. De dentro do castelo, Deus misteriosamente ilumina e seduz por seu amor.

A experiência teresiana não permite desvincular a percepção subjetiva da presença objetiva de Deus na alma e em todas as coisas, mas permite distingui-las.[16] Por isso afirma que a presença de Deus não se altera com o pecado. Este obscurece a percepção do amor de Deus, especialmente nas moradas mais exteriores. Não há modos diferentes da presença de Deus na pessoa – uma natural e outra sobrenatural. O que há é uma progressão na intensidade e nos modos de percepção dessa presença, um aumento no conhecimento dessa Revelação e uma progressão na abertura da pessoa a Deus, possibilitados pelo próprio Deus.

b) Experiência da Humanidade sagrada: revisão da imagem de Deus

Podemos dar um passo mais. A percepção da presença vai adquirindo um rosto, o rosto de Jesus, "Humanidade sagrada", que, em um momento posterior, será experimentado como imerso na comunhão trinitária. Dar-se conta do significado teológico da encarnação é o que levará Teresa a refazer sua imagem de Deus e reconciliar-se com a dimensão histórica, corpórea e cósmica do mundo.

É possível traçar, na experiência mística de Santa Teresa, a história de sua relação com o Filho, com o Pai e com Espírito. De forma especialíssima, como já introduzimos, ela narra sua relação com Jesus Cristo, sempre valorizando e defendendo sua Humanidade.[17] A relação com ele se dá na perspectiva da amizade e do amor, através da oração e do seguimento, com todas as suas implicações éticas. Eloquente é sua definição da oração: ela "não é outra coisa senão tratar de amizade – estando muitas vezes tratando a sós – com quem sabemos que nos

---

[16]   Cf. MAURY BUENDIA, M. "Puntos clave en la interpretación teológica de la experiencia teresiana de la gracia". In: *Monte Carmelo* 95 (1987) 283-302.

[17]   Tratei deste aspecto no meu artigo "Teresa de Ávila: testemunha do mistério de Deus". In: *Perspectiva Teológica* 96 (2003) 155-186.

ama".[18] Igualmente eloquente é sua afirmação de que oração e "obras" andam juntas, como Marta e Maria.[19]

A Humanidade sagrada de Jesus, sua encarnação e morte de cruz, vistas na perspectiva trinitária, provocam em Teresa a passagem definitiva da noção de Deus, de um tipo geral, para a noção trinitária.

Para perceber o alcance dessa passagem, é muito significativa a ordem da narração de sua experiência mística das sétimas moradas. Primeiramente, acontece uma grande visão trinitária (nunca visão de forma corporal, mas misteriosa, mística, explica ela). Em seguida, inserida dentro dessa percepção da divindade, acontece o chamado "matrimônio espiritual" com a Humanidade sagrada, o Cristo. E, nesse matrimônio, escutam-se palavras de compromisso recíproco, muito ligados ao viver a existência humana sem egoísmos e de forma apostólica: Teresa cuidaria dos interesses divinos, e o Cristo cuidaria dos dela.[20] Com essas palavras, há como um aumento da liberdade para servir e amar, pois Teresa já não se preocupará com as "suas coisas". Teresa pode dizer como São Paulo que seu viver é Cristo (cf. Fl 1,21).[21]

c) Deus-Trindade-Amor mora em nós e em tudo – é um Deus vivo, comunicante!

Ao longo da vida de Teresa, a experiência trinitária passa por várias etapas. O melhor livro para acompanhá-la é *Relações*, uma pequena obra em tamanho, em que a própria autora resume as experiências místicas significativas. O objetivo dessa coletânea era prestar contas aos censores que sempre lhe pediam descrições, por isso Teresa se atém ao que considera essencial.

A experiência trinitária, segundo esse opúsculo, acontece quando há maior troca dos segredos de amizade e amor de Deus. Inicialmente, há um aumento da compreensão interna, cognitiva, da ação divina; mas o decisivo é a compreensão do amor e conhecimento mútuos intratrinitários, que saem da relação intratrinária e transbordam às criaturas. Deus sai de si em direção à humanidade, às pessoas em concreto incluindo ela, Teresa, amando, comunicando-se e desejando o amor dos "filhos dos homens". É amor incompreensível, gratuito e, por isso mesmo, mais

---

[18] SANTA TERESA. *Livro da vida* 8, 5.
[19] Cf. idem, 7 *Moradas* 4, 12.
[20] Cf. idem. 7 *Moradas* 2, 1.
[21] Cf. idem. 7 *Moradas* 2, 5.

digno de ser amado: "Para que quereis, ó meu Deus, o meu amor? [...] Ó, bendito sejais! E que todas as coisas o louvem!".[22]

Já na maturidade da vida, Teresa terá a experiência da inabilitação trinitária, podendo identificar aquela "presença" em seu interior, já mencionada, com a riquíssima ação trinitária.[23] Nessa Trindade está sempre presente a Humanidade sagrada de Cristo. No Pai reconhece uma fonte de amor, no Filho a possibilidade de diálogo e de transformar o amor em ação concreta, mesmo no sofrimento, com alegria. O poder sentir o amor com abrasamento da alma, reconhece ela, é dom do Espírito que se comunica.

Toda essa experiência será reconhecida nos textos bíblicos relativos à presença de Deus na "morada" da alma e à realidade do Deus vivo. Explicitamente, Teresa menciona as passagens de João 14,23, ao perceber a presença das pessoas divinas na alma, e Mateus 16,16, ao constatar que o Deus que a habita, que está em tudo e se comunica é um Deus vivo.[24] É "vida de todas as vidas".[25]

Essa comunicação de Deus, percebia ela, se estendia a tudo. Ela descreve que ficava cada vez mais claro que, ao mesmo tempo em que as "três pessoas" se comunicavam com ela, igualmente se comunicavam a "todas as coisas criadas".[26]

d) Tudo se insere em Deus

Da mesma forma em que as "pessoas divinas" estavam presentes nela, Teresa se sentia *dentro da realidade trinitária que se comunicava a tudo*, não deixando de estar com ela![27] Inclusive, ouve interiormente estas palavras: "Não te esforces para me teres encerrado em ti, mas para te encerrares em mim".[28]

Dessa forma, a experiência teresiana traz tanto a percepção interna da presença de Deus em todas as coisas quanto a de que Deus encerra em si todas as coisas. E, dentro da segunda perspectiva, nele está também tudo o que a pessoa realiza, de bem ou de mal. Surpreendida, Teresa se dá conta de como, diante de Deus, o pecado pessoal é desmascarado

---

[22]   Idem, *Exclamações* 7, 2.
[23]   Cf. idem. *Relações* 18.
[24]   Cf. idem. *Relações* 16, 1 e 54.
[25]   Idem. *Livro da vida* 8, 6.
[26]   Idem. *Relações* 18.
[27]   Cf. idem. *Relações* 18.
[28]   Ibidem.

230 Evolucionismo e espiritualidade

como realidade alheia a ele. No entanto, é realizado diante e dentro de Deus, e Deus o sente![29] Mostra assim seu compromisso e solidariedade com a realidade humana mais dramática, porque o pecado é a negação do que é verdadeiramente humano, é o "castelo interior" em ruínas, é o anticastelo, é a não amizade, a não vida.[30] O aspecto ético da vida cristã adquire em Teresa um forte fundamento teologal.

E no interior dessa realidade de pecado alheia a si mesmo, Deus permanece presença que se comunica, que espera a resposta humana, que atrai com sua amizade e com seu amor e que gera vida. Essa presença é sempre nova, criativa e misteriosa. Realiza uma história de salvação. Teresa é testemunha de que, diante desse grande Deus, presente em tudo e, ao mesmo tempo, sendo ele mesmo a morada de tudo, há um limite para a linguagem, e a melhor forma de falar dele é o silêncio.[31]

O processo da experiência teresiana de Deus, extremamente resumida neste espaço, aponta para algumas realidades da existência cristã: a experiência da realidade trinitária e relacional de Deus, único Deus vivo, em que há conhecimento, amor e comunicação entre as pessoas trinitárias; a experiência de que essa mesma realidade transborda ao ser humano e às criaturas, na criação; a experiência de que a Humanidade sagrada de Cristo é inseparável da realidade trinitária; a experiência de que cada criatura está em relação/comunicação com Deus para viver, ser livre e se desenvolver; a experiência de que tudo acontece em Deus.

Em relação ao ser humano, a comunicação divina se faz percepção, consciência, resposta e amor por parte da pessoa. Há uma orientação de amor, uma sedução por parte de Deus, uma vez que ele é Alguém que, de dentro da pessoa, "lança estas setas"[32] de amor. O compromisso de Cristo para com o ser humano (e todas as criaturas) é o compromisso/envolvimento de Deus que abre um sentido na pessoa, na história e no cosmo, mostrando sua condescendência gratuita e inesperada. Deus Trindade faz do interior da pessoa e de todas as coisas sua "morada", e ele é o Deus vivo que espera a resposta humana sem forçá-la ("bendito seja Deus que tanto me esperou!"[33]). Ele ama, comunica-se e, assim, "dá vida a esta vida". E vida com qualidade de amor e felicidade, salvação.

---

[29] Cf. idem. *Livro da vida* 40, 10.
[30] Cf. idem. 1 *Moradas* 2, 1.
[31] Cf. idem. *Livro da vida* 38, 2.
[32] Idem. 7 *Moradas* 2, 6.
[33] Idem. *Livro da Vida*, Prólogo 2.

1.2. Facetas da ação de Deus nas criaturas: gratuidade, morte e renascimento, liberdade e responsabilidade na parábola do bicho-da-seda

A ação de Deus acontece contínua e processualmente. Uma bela imagem teresiana ilumina essa ação íntima de Deus em tudo. Trata-se da parábola do bicho-da-seda. Impressionada com a metamorfose de que ouvira dizer (pessoalmente não conhecia), Teresa vai descrever o fenômeno de maneira bem pessoal.

> Já tereis ouvido das maravilhas de Deus no modo como se cria a seda [...]. É como se fosse uma semente, grãos pequeninos como o da pimenta [...]. Pois bem, com o calor, quando começa a haver folhas nas amoreiras, essa semente – que até então estivera como morta – começa a viver. E esses grãos pequeninos se criam com folhas de amoreira; quando crescem, cada verme, com a boquinha, vai fiando a seda, que tira de si mesmo. Tece um pequeno casulo muito apertado, onde se encerra; então desaparece o verme, que é muito feio, e sai do mesmo casulo uma borboletinha branca, muito graciosa.[34]

Para ela, bastaria conhecer essa metamorfose para considerar a sabedoria de Deus presente na natureza. Mas o seu objetivo é analógico, ela quer falar de Deus atuando na vida da pessoa. O calor do Sol é comparado ao Espírito de Deus agindo de forma silenciosa na interioridade da pessoa, assim como age de maneira silenciosa e misteriosa no desenvolvimento da natureza. Há também associação simbólica com a gratuidade do Reino que cresce como um grão de mostarda (Mc 4,30-32 e par.), pois compara os ovos do bicho-da-seda com grãos de pimenta. Todo o desenvolvimento seguinte depende desse "calor", dessa atuação do Deus do Reino. Encontramos igualmente alusão à parábola do crescimento do Reino durante a "noite", pois em seguida, na analogia, vai falar da ação divina na pessoa "morta em seu descuido e pecados...".[35]

Depois, aparecem outros elementos, como as amoreiras, comparadas por ela com a Igreja, os sacramentos e a Palavra de Deus. O casulo é o seguimento de Cristo, que realizamos com nossa resposta pessoal ("com a boquinha"). Em Cristo morremos (cf. Cl 3,3-4) e a transformação final em borboletinha leva algo de misterioso que não pode ser controlado pelo verme (ele só pode tecer o casulo) e que é qualitativamente maior do que ele próprio pode fazer. É o milagre da vida nova.

---

34 Idem. 5 *Moradas* 2, 2.
35 Idem. 5 *Moradas* 2, 3.

Observemos a *gratuidade* da ação divina, que acontece mesmo que a criatura não tenha consciência disso, ou mesmo que recuse uma ideia de Deus. Uma vez tornada consciência (o verme crescido), alia-se à *responsabilidade e liberdade pessoais* (tecer o casulo), imprescindíveis no desenvolvimento espiritual humano.

Por outro lado, observemos a fina descrição dos processos naturais conduzidos pela sabedoria de Deus. Teresa intui a graça de Deus atuando no interior do mundo, conduzindo processos de vida e salvação que não excluem, ao contrário, trazem a possibilidade de morte e às vezes até exigem *morte* para um *renascimento*.

1.3. Facetas da humanização no símbolo do castelo interior: entrar em relação, autoconhecimento, determinação, deixar-se conduzir e optar

A ação divina acontece também de forma confusa, atematizada, quando o sujeito *percebe* que algo "não vai bem" em sua vida e que precisa "entrar em seu castelo interior",[36] orar e refletir. O contrário significa viver em uma identificação com as coisas, os negócios e as preocupações, enfim, estar "fora do castelo". Para Teresa, é imprescindível olhar para si mesmo para não identificar-se nem consigo próprio, nem com as coisas. Essa inação transforma a pessoa em estátua de sal, "como aconteceu à mulher de Lot por voltá-la (a cabeça e o olhar) para trás". Ao contrário, só uma existência relacional libertadora, incluindo a relação consigo próprio, pode conduzir processos de salvação. Paralisia é, para Teresa, morte.

Ora, entrar no castelo é deixar-se surpreender pela relação com o Deus de Jesus Cristo, avançando em *autoconhecimento*, em verdade de si mesmo e em superação das "sombras de morte",[37] em nós e realizadas por nós, que acompanham o caminho humano.

Essa relação exige uma "determinada determinação" de seguir na amizade com Deus, tão seguidamente repetida por Teresa: "muito importa ter uma grande e muito determinada determinação de não parar enquanto não alcançar a meta". Permanecer em meio aos conflitos com fortaleza: "surja o que surgir, aconteça o que acontecer, sofra-se o que se sofrer, murmure quem murmurar, mesmo que não se tenham forças

---

[36] Idem. 1 *Moradas* 1, 8.
[37] Idem. *Livro da vida* 8, 12.

para prosseguir, mesmo que se morra no caminho ou não se suportem os padecimentos que nele há, ainda que o mundo venha abaixo".[38]

A relação também inclui um *deixar-se seduzir por um amor imenso*, mas que comporta *escolhas* diante de outras seduções, como podem ser as honras e os poderes de ontem e de hoje. Nem tudo é possível com a força dos próprios braços, e o caminho de deixar-se mover pela sedução do amor é o escolhido por Teresa: "deveis fazer o que mais vos despertar o amor".[39]

Enfim, esperamos ter deixado claro como, em Teresa de Ávila, o Deus vivo é essencialmente Trindade e relação-comunicação. Relação que se estende gratuitamente a toda a criação, numa inesperada (e assombrosa) condescendência que gera luminosidade, vida e amor. A porta de entrada para essa percepção é a oração-amizade com Cristo, Humanidade sagrada. Para Teresa, a grandeza maior de Deus é sua humildade em se "abaixar" para comunicar-se com suas criaturas.

2. Ernesto Cardenal: o cântico cósmico do amor

Trazemos agora outro testemunho, desta vez um contemporâneo nicaraguense. Trata-se de Ernesto Cardenal,[40] sacerdote, místico e poeta "completamente tradicional e completamente moderno".[41] Em 2005 e 2010 foi candidato a prêmio Nobel de Literatura. Conscientes da amplitude de sua obra, trabalharemos apenas o seu livro de meditações, *Vida en el amor* (1970), escrito nos anos em que Cardenal foi noviço na Abadia de Gethsemani. O livro traz prólogo de Thomas Merton e é um dos que melhor se prestam, em um espaço pequeno, a ilustrar o que nos interessa: a experiência de um Deus trinitário que atua no interior da pessoa e da natureza mesma, em sentido contrário a um Deus considerado em perspectiva estática (o Deus do tipo geral, já descrito no primeiro capítulo, que atua a partir de fora do mundo em acontecimentos esporádicos e extraordinários).

Queremos dar voz a esse místico, não apenas para ilustrar nosso intento, mas também para iluminar uma espiritualidade cristã contemporânea mais integrada com a natureza e o destino do cosmos.

---

[38] Idem. *Caminho de perfeição* 21, 2.
[39] Idem. *4 Moradas* 2, 7.
[40] CARDENAL, E. *Vida en el amor.* Prólogo de Thomas Merton. Buenos Aires, Carlos Lohlé, 1970. As traduções foram realizadas pela autora deste capítulo.
[41] Idem, op. cit. Prólogo de Thomas Merton, p. 21.

2.1. Há um sentido salvador no cosmo em evolução, porque Deus é amor

O ponto de partida de Cardenal pode ser encontrado em 1Jo 4,16: "Deus é amor, e o que vive no amor vive em Deus e Deus nele". Seu sentir nomeará toda força de interconexão e interdependência do cosmo como comunhão e amor, porque Deus é amor. Trata-se, portanto, de um olhar que busca mútua tradução entre teologia e poesia.

"Todas as coisas se amam" e estão em comunhão. A natureza mostra muitas formas de comunhão: o mimetismo, a interdependência do nascimento, crescimento, reprodução e morte das espécies. Há mutações, transformações e mudanças de uma coisa em outras, num processo que é "abraço, carícia e beijo".[42] Nos seres vivos e nos seres inertes encontra-se um mesmo processo de comunhão; vemos a presença dos mesmos elementos químicos unindo e inter-relacionando tudo, como o cálcio, que é o mesmo no corpo humano, no mar e nos astros. Tudo isso traduz um mesmo fenômeno de amor. Mas, enquanto os mundos são "mudos" e louvam a Deus sem sabê-lo, o ser humano tem a "matéria apaixonada", capaz da consciência do amor.

O amor tende a ultrapassar barreiras da própria individualidade e transformar-se em outro. Um universo díspar manifesta a mesma tendência: da neve que se condensa à explosão de uma supernova; do escaravelho que abraça a sua bola de esterco ao amante que abraça a sua amada. Leis como a termodinâmica, eletrodinâmica, propagação da luz e gravidade universal – tudo mostra incompletude, e por isso é entrega, abraço, amor. Tudo se entrelaça e se contata: do vento que acaricia ao sol que beija. Não há vazios, apenas força de coesão que busca união, num ritmo que é amor. Incompletude, contato, busca do mais perfeito, tudo isso é evolução.[43]

A utilidade da abelha e do bicho-da-seda não é fazer o mel e a seda para o ser humano, mas transmitir-lhe a vida, constituí-lo na longa cadeia da evolução. Abelha e bicho-da-seda são parte do ser humano. Participam da nova aliança em Cristo, que é Boa-Nova a *todas* as criaturas (cf. Mc 16,15), porque todas gemem em dores de parto. E todas são chamadas a participar com ele da ressurreição. A evolução irmana todas as criaturas da Terra.[44]

---

[42]   Idem. *Vida en el amor*, op. cit., p. 23.
[43]   Cf. ibidem, p. 23-25; 182.
[44]   Cf. ibidem, p. 177-180.

No amor a Deus, o ser humano leva consigo toda a ânsia da natureza, o gemido de todas as criaturas no imenso processo da evolução.

2.2. O amor frustrado também é amor

A realidade do amor é conflituosa e contraditória. Porém, continua sendo amor, não suficientemente livre, mas amor. Para Cardenal, "todo ato humano, mesmo o pecado, é uma busca de Deus: só que ele é buscado onde não está".[45] Os crimes, as guerras, todo ódio são também busca de amor. Por ele as pessoas "sobem as montanhas e descem aos abismos do oceano, dominam e conspiram, edificam, escrevem, cantam, choram e amam".[46] Dele advém o desejo insaciável de poder, dinheiro e propriedade dos ditadores. Todos: os amantes, o explorador, o homem de negócios, o agitador, o artista, o monge, todos buscam de alguma forma o amor, Deus.

A ansiedade por "ter mais" é fruto desse desejo de amor, porém cheio de ilusões vazias e conflituosas, que funcionam como uma escravidão – um campo de concentração nazista ou trabalhos forçados na Sibéria. "Um copo de bebida mais, mais um doce, mais um olhar, uma palavra mais, um beijo a mais, mais um livro, mais uma viagem..."[47] No entanto, o desejo nunca será satisfeito, porque o fundo da alma é infinito. Por isso é tão importante, na espiritualidade, libertar-se da escravidão dos desejos, adquirindo perspectiva da vida no amor, em relação com Deus e com todos.

Enfim, aceitar o amor é aceitar a angústia de nossa própria contradição, no dizer de Thomas Merton, no prólogo do livro.[48] Cristo, na cruz, aceitou a agonia do amor, que inclui a morte. No conflito e na contradição do amor que ainda não é verdadeiro é que podemos descobrir o caminho do amor que é verdadeiro.

2.3. Deus é criador e "evolucionador"

O amor de Deus cria e continua criando, pois a criação é um ato perene. O processo de continuar criando significa que tudo continua evoluindo. Assim, Deus é criador e "evolucionador". E a lei da evolução está contida no mandato: *crescei e multiplicai-vos*.

---

[45] Ibidem, p. 28.
[46] Ibidem.
[47] Ibidem, p. 65.
[48] Cf. idem. Prólogo de Thomas Merton, p. 15.

Porque Deus é criador, não é possível dizer que os seres humanos sejam o centro do universo, pois o centro do universo é Deus criador--amor.[49] Fazer-se centro do universo se converte em antiamor ou autoamor – em suma, ódio. Porque é fazer-se não relacionado. E, no entanto, o amor é nossa natureza, o estado natural, pois somos um todo orgânico, composto de individualidades. Assim, o egoísmo individual é antinatural, é um câncer no corpo cósmico, assim como o olho não pode dizer: "não preciso de ti" ou a cabeça aos pés: "não tenho necessidade de vós" (cf. 1Cor 12,21).

2.4. Deus está em tudo e em nós

Cardenal repete várias vezes que Deus é amor-Trindade e tudo na natureza, cada átomo é imagem da Trindade, reflexo de sua glória, "e por isso a tua criação nos enlouquece, meu Deus!".[50] Deus está em todas as partes, não apenas dentro da alma.

Mas também está dentro da alma, da interioridade. O desejo de silêncio e solidão é um sinal dessa consciência. É desejo de encontro e de encontro com a imagem de Deus em nós. Está no fundo de cada ser. Por isso, encontrar-se consigo mesmo é encontrar a felicidade, porque nessa descida se descobre a própria identidade, que é Deus, que é amor. Dessa maneira, fugir de si próprio é a infelicidade. Infelizmente, muitos dos modernos o fazem através de muitas palavras, diversões e exteriorizações sem fim,[51] esquecendo-se de que são "paixão e sede e um grito de amor".[52]

Deus está na pessoa não porque entra por fora, mas porque está dentro, no nosso "castelo interior" (e, aqui, Cardenal se remete a Santa Teresa). E, mais do que isso, ele é o único que tem acesso ao nosso interior, só ele tem a chave. E nós "podemos nos unir a ele sem sair de nós mesmos. E mais, só podemos nos unir a ele estando dentro de nós mesmos".[53]

Daí a consciência de que existe um companheiro com a qual todos nascemos. Deus está na fonte dos sonhos, dos mitos e do amor. Está "na obscuridade do inconsciente, nas profundezas da personalidade".[54]

---

[49]   Cf. CARDENAL, E. *Vida en el amor*, op. cit., p. 60-61.
[50]   Ibidem, p. 32.
[51]   Cf. ibidem, p. 37, 43.
[52]   Ibidem, p. 47.
[53]   Ibidem, p. 130.
[54]   Ibidem, p. 89.

Numa intimidade incomunicável, obscura, inacessível a nós mesmos ou à pessoa amada. Mas, se esse espaço está vazio, então acometem o medo e a melancolia. Nenhum dinheiro, propriedade, depósitos bancários, comida, festas... nada preenche essa intimidade, a casa continua vazia, nela sopra "o vento gelado da solidão".[55] Só a carícia de Deus pode ir ao encontro desse terror.[56]

Mas Deus não está na criação como "algo" a mais, não é de mármore, mas é um Deus vivo. Nele "vivemos, nos movemos e somos" (cf. At 17,28); dele "procede o mármore do Areópago, a mão que esculpiu esse mármore e a inspiração que moveu essa mão".[57]

E, no entanto, Deus não se identifica com nada que existe. Ele "não existe, no sentido de que as coisas existem".[58] Ele não é antropomórfico. Ele é tão diferente de tudo o que existe, que é como se não existisse. Ele é, segundo Cardenal, o que os teólogos chamam de "transcendência" de Deus e a literatura mística de Dionísio Areopagita, Maestro Eckart, Suso e outros chamam de "Não ser", o "Nada", o "Grande Nada", se chamamos existência aquilo que todas as coisas têm. Sendo transcendente, nada pode defini-lo definitivamente. Só a "luz invisível"[59] da fé (assim Cardenal define a obscuridade da fé) pode apreendê-lo, porque ela penetra a realidade para além do que podemos perceber com a luz.

2.5. Todos os fenômenos naturais e experiências humanas acontecem dentro do amor de Deus

Embora toda a natureza seja amor, só os místicos o experimentam, porque percebem o universo em perspectiva e não como um mundo estranho e hostil, cheio de preocupações. Ao mesmo tempo, os místicos se sensibilizam com o óbvio, como pode ser a pressão atmosférica.

A natureza é o amor materializado de Deus, e nós nos movemos dentro dele "como o peixe na água", embebidos em seus dons, que também somos nós, pois somos dom para os demais. Podemos perceber o amor-providência de Deus em seu cuidado pela Terra por bilhões de anos, pelas aves e insetos por milhões de anos, por cada um de nossos tecidos e glândulas. E ele cuida porque está em todas as coisas. Nada, absolutamente nada acontece fora de Deus – nem a evolução nem

---

[55]   Ibidem, p. 90.
[56]   Cf. ibidem, p. 66, 130-131.
[57]   Ibidem, p. 60.
[58]   Ibidem, p. 77.
[59]   Ibidem, p. 134.

qualquer um de nossos problemas –, Deus é providência radical em todas as coisas.[60]

Também todo pecado acontece em Deus, e, no entanto, ele é a única coisa que não depende da vontade de Deus, mas de nós. Ele contraria a vontade de Deus.[61] Pecar é estar escravo de uma ditadura interior, porém cegado pela ideologia dessa ditadura, considerando-a liberdade. Porque essa ditadura interior está instalada na própria vontade. A cobiça, a soberba, a crueldade e o ódio tiranizam interiormente o tirano e, assim, um país e um povo.[62] Também o politeísmo do materialismo e a riqueza obnubilam a liberdade e geram crueldade e soberba.[63]

Deus é a grande vítima da tirania do pecado, silencioso e humilde, sem outra força senão o amor. E, no entanto, só ele sabe o que nos convém.[64]

2.6. A providência divina em todas as coisas é radical e flexível – Deus "muda"

Cardenal percebe a vontade de Deus como "encarnada na realidade: nas leis naturais, na história, nos fenômenos físicos, nos acidentes, no acaso, no fortuito, na casualidade e na coincidência".[65] Assim, o providencial não está no extraordinário da vida (que sempre nos convém, observa ele, como não tomar o avião que se acidentou...), porque não há dois deuses – um favorável e outro desfavorável. Na meditação de Cardenal, que é ao mesmo tempo experiência e intuição, há um só Deus, e tudo o que acontece é providencial: o favorável e o desfavorável, o extraordinário e o ordinário, o que acontece e também o que não acontece. Só o pecado não é providencial. Mas até as consequências do pecado são providenciais, tudo está em Deus.

Porque Deus é providência radical, todo acontecimento e toda história são tão sagrados quanto os da Sagrada Escritura, absolutamente nada é insignificante.[66] E tudo o que chamamos realidade é a encarnação da palavra de Deus, é querer de Deus, é sagrada.[67] Mas o ser humano pode alterar esse texto, e Deus então muda seus planos (como quando quis

---

[60]   Cf. ibidem, p. 63-64.
[61]   Cf. ibidem, p. 143.
[62]   Cf. ibidem, p. 118-119.
[63]   Cf. ibidem, p. 127-128.
[64]   Cf. ibidem, p. 145-146.
[65]   Ibidem, p. 148.
[66]   Cf. ibidem, p. 141.
[67]   Cf. ibidem, p. 145.

levar Israel à Terra Prometida mas o povo quis voltar ao Egito). Por isso, a vontade de Deus é um "tecido complicadíssimo" sempre modificado pelas decisões do ser humano. Neste sentido, a "vontade de Deus" está sempre mudando, à medida que Deus não pode dominar ou obrigar o ser humano a realizar o que ele deseja em sua perfeição.[68]

2.7. Este Deus Plural – Trindade

Cardenal observa que fomos criados por Deus que falou em plural na criação do ser humano (cf. Gn 1,26). O ser humano é imagem dessa pluralidade, por isso a Trindade de Deus, amor mútuo, está em cada pessoa. Criados à imagem do amor, à imagem de um Deus que não é sozinho, é comunitário. E essa imagem é a face de Cristo. A encarnação do Verbo em um corpo humano significa sua encarnação em todo o cosmo, pois tudo está em comunhão, e no ser humano está toda a criação. No corpo de Cristo está toda a criação, e o Corpo Místico de Cristo é a criação inteira. Da mesma forma, a redenção do ser humano é a redenção de toda a natureza e de todo o cosmos, que participam da santidade de Cristo e da santidade humana em Cristo, porque todos estão em santa comunhão.[69]

O poeta assim fala do Filho e do Espírito: o Verbo é a palavra de Deus, e o Espírito é o seu gemido e suspiro; o Filho é projeção, entrega, expressão, diálogo de Deus, e o Espírito é o suspiro dos que se amam. E, em nosso amor não egoísta, o Filho ama o Pai. O amor humano é "fio condutor" do amor trinitário.[70]

Toda família humana, e não apenas humana, mas toda fecundidade da natureza é imagem da Trindade, pois todas as coisas nasceram de outras, e se unem a outras. Fazem-se dois e daí nasce uma outra coisa, nova. O Pai não poderá descansar até que toda a criação, como o filho pródigo, retorne ao seu seio.[71]

Enfim, a mística de Cardenal considera fortemente a presença interna de Deus amor-Trindade no cosmo em evolução.

---

[68]   Cf. ibidem, p. 142-143.
[69]   Cf. ibidem, p. 36, 182-183.
[70]   Ibidem, p. 74-75.
[71]   Ibidem, p. 48.

III. Santa Teresa e Ernesto Cardenal: diálogo com a perspectiva evolutiva

Tendo apresentado esse itinerário, não é difícil perceber certa coincidência quanto a vários pontos entre a Doutora da Igreja, Teresa de Jesus, e o místico poeta, Ernesto Cardenal. Traçaremos a seguir um paralelo entre ambos e ensaiaremos um diálogo entre eles e alguns aspectos da perspectiva evolutiva na teologia atual.

1. O horizonte de salvação: como fica a afirmação da destruição do universo?

O primeiro ponto que nos chama a atenção é o *horizonte de salvação* em que ambos narram sua mística, longe do medo ou da timidez diante de Deus, longe de pessimismos diante das tantas dificuldades percebidas na vida. Deus é comparado ao Sol, ao amigo, ao amado e amante, ao amor... É fonte de transparência do castelo interior, é possibilidade de autoconhecimento, é fonte de comunhão, é transbordamento de vida. A antropologia é otimista porque o ser humano é criatura "à imagem de Deus", e esse ser criatura é justamente o que o liberta de um circuito fechado em si mesmo para ser-em-relação, ser-com, ser-para. Ambos percebem-se ativados para um dinamismo de vida que é graça e salvação. Esse dinamismo não acontece *apesar* da liberdade humana ou das leis naturais, mas precisamente *através* delas. Há na mística uma verdadeira celebração da natureza, dos "mistérios da formiguinha" (Santa Teresa), da evolução (Cardenal). Trata-se de um discurso otimista e esperançado.

A visão teológico-salvífica da vida ficará sempre como um testemunho para o mundo das ciências, pois ela pode chegar aonde o método científico não pode: afirmar o sentido da vida, marcado pelo amor e pela felicidade. Não por necessidade da parte de Deus, mas por uma gratuidade desconcertante, a mesma que levou Teresa a perguntar: "Para que quereis, ó meu Deus, o meu amor?". Olhando o testemunho místico, bem poderíamos concordar com A. Gesché, que sugere que a salvação antecede a criação.[72]

De fato, essa visão ultrapassa qualitativamente as afirmações sobre o futuro da vida no planeta. Hoje, os cientistas sabem que o perecimento do universo é inevitável e que o cosmo não tem como evitar a *morte*

---

[72] Cf. GESCHÉ, A. *O cosmo.* São Paulo, Paulinas, 2004, p. 83-85.

por entropia. Mas, diante dessa realidade, só nos restaria a possibilidade de um materialismo dogmático, sem esperança e sem sentido?[73] Não, porque a ciência, se por um lado pode afirmar a finalização do universo pelo processo entrópico, por outro não pode afirmar nenhum "dogma" de redução da vida ao mundo material, a não ser que extrapole a sua função. É função da teologia, e não da ciência, refletir e apresentar horizontes de sentido, de salvação e de esperança, mesmo diante da neutralidade de sentido do universo.

Por sua vez a mística, para além da reflexão teológica, *testemunha o mistério de Deus que é vida* e afirma, por experiência, que a criação, frágil e perecível (a começar pela fragilidade humana: tanto Teresa quanto Cardenal possuíam suficiente consciência do potencial de destruição do mal e do pecado), está cheia de sentido porque unida ao Deus eterno e imperecível. E isso é fonte de confiança, fé, esperança, sentido e razão para bem viver. Ninguém nunca poderá apagar o testemunho místico.

2. Centralidade da experiência trinitária: como coexistem o mundo finito e o Deus infinito?

O segundo ponto a ser ressaltado é a *centralidade da experiência trinitária* em ambos os testemunhos místicos. Neles, a realidade divina trinitária está longe de ser um adendo ao conhecimento e à experiência de Deus. Ela é a própria realidade de Deus experimentada especialmente na amizade com o Cristo (Teresa) e na experiência de seu mistério de amor presente em toda a natureza (Cardenal). A experiência trinitária afirma o envolvimento de Deus com suas criaturas.

O envolvimento divino com suas criaturas não se dá a partir da sobreposição de duas noções de Deus, tão frequente no maniqueísmo moderno, que separa um pretenso deus, cheio de poder para realizar as necessidades pedidas, da pessoa de Jesus Cristo. Nessa lógica, o primeiro, deus cheio de poder, seria um deus sempre favorável, porém segundo os critérios do fiel. O segundo, o humilde Jesus, seria o modelo de bondade, porém um deus demasiadamente fraco e, assim, não favorável nos momentos de necessidade. Essa lógica maniqueísta é revertida pela força da mística trinitária. Na experiência teresiana, a reversão se dá através de um caminho de amizade e de conversão ao Deus revelado pela Humanidade sagrada de Jesus, exposto à violência do mundo,

---

[73]   Cf. HAUGHT, J. F. *Cristianismo e ciência*: para uma teologia da natureza. São Paulo, Paulinas, 2010, p. 84-89.

"escravo", amigo que realiza na pessoa (e no cosmo, na perspectiva de Cardenal) uma história de salvação.

Essa experiência trinitária nos coloca diante de um problema essencial para a teologia em perspectiva evolutiva: qual a relação de Deus para com o mundo? Como seria possível, pela criação, coexistir o Deus infinito com o mundo finito? Teresa já se colocara de algum modo essa questão, de forma afirmativa: é possível ao "grande Deus" comunicar-se com "vermes de mal cheiro"[74] porque ele se abaixa, quer se comunicar, ama e espera.

A teologia cristã se debruça sobre isso há anos. Na síntese de J. Moltmann,[75] que aqui seguiremos, o significado da ideia de *kénose* pode ser pensado para a presença de Deus na criação e sustentação do mundo. A criação seria um ato de *autodefinição, autocontração* e *autorrebaixamento* divinos, termos de significados distintos, porém concordantes e complementares.

A criação não diz respeito apenas às criaturas, mas também a Deus, que se *autodefine* ao criar um mundo não divino, que deixa uma criação não divina coexistir consigo próprio (K. Barth). Deus se autodetermina antes de determinar o mundo. Nessa resolução divina, acontece uma *autolimitação* de Deus, em dois sentidos: ele renuncia a todas as outras (infinitas) possibilidades de criação; e ele respeita a criação, concedendo-lhe tempo, movimento e espaço próprios, sem que ela seja esmagada ou tragada pela divindade ou pela infinitude. Entre Deus e a criatura há relação e coexistência, porém diferença e distância possibilitadoras de autonomia. Nessa limitação de sua infinitude vemos um ato de sua onipotência.

A ideia de *autocontração* nasce no interior da mística judaica, com Isaac Luria, estudioso e místico judeu do século XVI.[76] Traduz a noção da retração de Deus, ou *Zimzum* (*Tzimtzum*), que faz possível a aparição dos seres, como primeiro passo para a criação. Segundo a Cabala, denominação do movimento da mística judaica como um todo, o primeiro passo do infinito – *En-sof* – não é para fora e sim um recolhimento em direção ao seu interior, concentrando-se na própria substância, pelo

---

[74] SANTA TERESA. 1 *Moradas* 1,3.

[75] MOLTMANN, J. *Ciência e sabedoria*. Um diálogo entre ciência natural e teologia. São Paulo, Loyola, 2007, p. 85-90.

[76] Cf., além de Moltmann, op. cit., também MARTÍN VELASCO, J. *El fenómeno místico*. Madrid, Trotta, 1999, p. 204. Ambos remetem às obras de Gershom SCHOLEM, referenciais para os estudos da mística judaica.

qual ele cria um espaço vazio. Deus recolhe sua onipresença para dar espaço para a presença finita da criação. Em outras palavras, o espaço da criação acontece na *kénose* divina. Na contração reúnem-se as forças criativas de Deus que permitem a "criação do nada" como algo diferente de Deus, criativo.

A criação é também um ato do *autorrebaixamento* de Deus. Nessa categoria, é ressaltado o fato de que a criação é finita e frágil e é assim que Deus a ama. O mesmo rebaixamento de Deus, que é narrado na história de Israel, e que culmina com a entrega de Cristo para a morte na cruz, já se inicia no ato da criação, em que Deus se envolve com o que é frágil. O livro do Apocalipse sugere a presença do Cordeiro imolado desde a fundação do mundo (cf. Ap 13,8) como símbolo de que "uma cruz estava pronta no coração de Deus antes que o mundo fosse criado e antes que Cristo fosse crucificado".[77] Da criação à redenção os autorrebaixamentos e autoesvaziamentos de Deus se aprofundam porque Deus se envolve com a criatura frágil de modo a considerá-la, amá-la e respeitá-la e, assim, esse amor implica abrir espaço, permitir tempo e "exigir" liberdade. Ele não deseja ficar sem as criaturas que ama e, por isso, "espera sua conversão e lhes dá tempo para ir ao seu Reino juntamente com elas".[78] Esvaziando-se, Deus abre "condições de diálogo com o mais vil dos pecadores".[79] Seu poder é conduzir a uma situação nova, o Reino, não pela força da dominação, mas pela sedução do amor.

Enfim, Deus está relacionado com as criaturas como quem compartilha uma história comum em que ele não deseja sair vencedor às custas da dominação. Ninguém melhor do que os místicos demonstraram essa realidade. É no amor que Deus é onipotente e é nesse autorrebaixamento que demonstra sua grandeza. Ele é poder no amor e grandeza na humildade. Não disputa espaço com sua criatura, ao contrário, ele se autolimita, autocontrai e autorrebaixa para que a criatura venha à existência, tenha seu espaço, seu tempo e sua liberdade.

3. Deus é paciência e possibilidades, não é rival

A dinâmica kenótica divina, que se inicia na criação e culmina com a entrega do Filho de Deus na cruz nos permite um aprofundamento

---

[77] MOLTMANN, op. cit., p. 87-88.
[78] Ibidem, p. 90.
[79] GOPEGUI, J. A. R. *Experiência de Deus e catequese narrativa*. São Paulo, Loyola, 2010, p. 194.

244 Evolucionismo e espiritualidade

na afirmação de que *Deus Trindade não rivaliza com a liberdade humana ou com as leis naturais*, como afirmaram, talvez baseados em noções distorcidas de Deus, tantos cientistas e filósofos. Ao contrário, como vimos, a reflexão teológica afirma que ele possibilita que a natureza venha à existência como algo diferente dele próprio, com suas leis próprias.

Podemos nos perguntar, à luz das experiências dos místicos e da teologia atual na perspectiva evolutiva, como pode ser que Deus, criando, conserve sua criação e a conduza a uma consumação (Reino de Deus), uma vez que os processos naturais e o desenvolvimento humano mantêm sua autonomia? Aqui podemos, continuando a reflexão de J. Moltmann, colocar em tensão dois elementos: por um lado, a paciência e tolerância de Deus; por outro, a força motriz de seu Espírito.[80]

De fato, tanto no jogo das liberdades humanas quanto nos processos da natureza há júbilo e dor, vida e morte, realização e frustração, palavras e contradições. Mas a presença de Deus no mundo não apressa o tempo de desenvolvimento das pessoas ou dos processos naturais, não retira espaço para os desdobramentos das criaturas, não substitui as forças da natureza; ao contrário, sua presença paciente e silenciosa permite o espaço, o tempo e as forças próprias. Deus é amor e o amor é paciente, tudo espera (cf. 1Cor 13,4.7). Deus é paciente também nas contradições e no mal. Não violenta nem obriga as criaturas a serem perfeitas no amor ou em sua realização, ao contrário, é ele o amor perfeito que tudo suporta e tudo sofre (1Cor 13,4.7). Nesse sentido, Deus é "onitolerante".[81]

Santa Teresa bem percebeu o alcance da paciência de Deus. No curto *Prólogo* do *Livro da vida* ela enaltece a Deus precisamente porque "tanto a esperou". Ele não tem pressa porque deseja respostas livres, não violentadas, como é próprio do amor desejar. Podem ser necessários cinquenta anos para alguém responder livremente ao amor. Nos processos naturais, Cardenal observa a paciência de Deus nos bilhões de anos necessários à formação do universo e das condições favoráveis à vida.

Ao lado da presença paciente de Deus, suportando o mundo, encontramos outra força: a do Espírito enquanto força motriz. Mas atenção: a ação do Espírito deve ser vista não como aquela que determina a realização ou frustração de um processo (não haveria aí a liberdade nem a autonomia da natureza), mas, segundo Moltmann, como aquela que

---

[80] MOLTMANN, op. cit., p. 90-93.
[81] Ibidem, p. 90, em que Moltmann remete a um termo da teologia ortodoxa russa.

possibilita as possibilidades, que podem cumprir-se ou não. A natureza, sendo um sistema aberto, pode desenvolver e realizar positivamente as possibilidades, mas pode também realizá-las negativamente e se destruir. Podemos dizer da pessoa algo semelhante: ela pode realizar-se ou se frustrar em suas múltiplas possibilidades.

O futuro, enquanto afluência de novas possibilidades, deve ser reconhecido como dom, dádiva.[82] Ele não é uma força neutra, uma vez que o Deus que leva todas as coisas à sua consumação é o Deus que tirou Jesus Cristo da morte para a liberdade da nova criação, viva para sempre. Essa nova criação já começou, está no meio da velha criação pelo Espírito no qual se saboreiam "as forças do mundo que há de vir" (Hb 6,5). Enfim, a dádiva do futuro e a afluência de novas possibilidades conduzem à meta, a um momento escatológico em conexão com o passado, porém, totalmente novo, em que dores e mortes são excluídas e que pode ser nomeado com os símbolos "Reino de Deus" e "recriação".

Efetivamente, olhando para os testemunhos místicos, Deus é percebido como libertador da liberdade humana (cf. Gl 5,1), possibilitador de uma vida nova que exige a libertação da "tirania do tirano" que levamos dentro de nós (Cardenal) e que pede um livre "sim" da pessoa que entra em seu próprio castelo (Teresa). Deus não pode substituir a decisão humana. As possibilidades abertas pelo Espírito do Deus do Reino convidam à dinâmica da libertação das realidades negativas e ao amor.

Cardenal, com relação aos processos da natureza, observa com atenção as metamorfoses e vê nelas uma continuidade/integração com o dinamismo humano. Nelas abrem-se possibilidades em que até a morte se faz futuro de vida. Poderíamos dizer que há, para esse poeta, um dinamismo pascal na natureza. Exemplos dessas metamorfoses são o bicho-da-seda, a passagem das eras biológicas e cósmicas, a transformação do grão de trigo, as explosões das estrelas, o nascimento e as etapas do crescimento – tudo possibilita o novo, sempre doloroso, pascal. A morte é nascimento, mas "quem não nascer de novo não entrará no Reino de Deus" (Jo 3,3).

Finalizamos dizendo que os místicos testemunham o que, traduzido na linguagem de uma teologia evolutiva atual, seria a afirmação de que a ação de Deus não substitui a liberdade humana nem a autonomia das leis da natureza. Ao contrário, ele se faz presente no mundo como quem o sustenta, com paciência e tolerância, e como quem doa seu

---

[82] Ibidem, p. 92-93; 96-98 e 158.

246 Evolucionismo e espiritualidade

Espírito enquanto possibilidades de futuro. Portanto, a criação de Deus, dentro do princípio de alteridade, autonomia e liberdade do não divino não significa ausência, e sim presença. Sobre isso falamos no tópico que se segue.

4. Em todas as coisas e todas as coisas nele: o espaço de Deus

Passamos agora a um quarto elemento que unifica a experiência teresiana e a poesia mística de Cardenal: ambos afirmam a *presença trinitária em todas as coisas* e a *presença de todas as coisas em Deus*. São percepções inseparáveis e dizem respeito à própria cosmologia mística. Vejamos ambos os polos dessa experiência.

a) Presença de Deus em todas as coisas

Primeiramente, a *presença do Deus-Trindade em todas as coisas*. Essa experiência é descrita de formas diversas, como vimos. Teresa enfatiza a vida comunicada e a misteriosidade de tudo; Cardenal sublinha o amor de comunhão que une todas as coisas. A presença de Deus é interna e dinâmica comunicação de vida e de amor. Ambos fazem do mundo e do cosmo um lugar de reverência e de liturgia. Para os místicos, a realidade do mundo é sagrada. E não porque vejam no mundo uma realidade, em si, divina. Longe disso! Teresa tem plena consciência de que a relação de Deus com o ser humano é a do amor que "junta duas coisas tão desiguais", como um "nó".[83] Deus é sempre transcendente, escreve claramente Cardenal. O universo não é Deus. Mas, se não há outro mundo senão este, e não há outro Deus senão o criador-salvador, e este é interior a tudo o que cria, então não há outro lugar para ouvir sua palavra, amar o seu amor e encontrá-lo. Em Cristo, todo o universo é o lugar da epifania de Deus.

Deus, presente em todas as coisas, está na pessoa humana, criando uma realidade admirável de relação e comunicação entre Deus e o ser humano. Ao contrário do que se poderia imaginar, essa presença não gera uma interioridade fechada, e a entrada no castelo interior é o oposto do egocentrismo. A relacionalidade divina "abre" a própria interioridade ao autoconhecimento e à caridade concreta (Teresa) e a uma perspectiva (Cardenal) que gera liberdade. No entanto, apesar dessa presença divina, a existência humana contém a dramaticidade da liberdade, em que se

---

[83]   SANTA TERESA. Poesia *Ante la hermosura de Dios.*

jogam opções de vida e de frustração, enfim de morte. Há realização do amor, mas também buscas do amor "onde ele não está" (Cardenal). Por isso a oração, pela qual se entra no castelo interior, é tão importante para os místicos, pois desse encontro depende que se leve uma vida dinamizada pelo amor ou uma vida "lastimável", tensionada entre mil coisas ou mesmo paralisada na própria cegueira.

O egocentrismo (não entrar no castelo interior) significa uma identificação da pessoa consigo própria, sem o reconhecimento dos próprios limites e da necessidade dos outros e de Deus (paralisia, segundo Teresa). Significa também autoidentificação com poderes, objetos e preocupações, não percepção das necessidades do outro ou das próprias necessidades (exilar-se fora do castelo – Teresa; tirania da liberdade – Cardenal). É fonte de idolatrias e dominações. Até Deus torna-se um ídolo, se não é aquele que dinamiza mudanças. Portanto, a experiência da presença de Deus na "alma", com seu dinamismo e libertação do egocentrismo, atestada nas Sagradas Escrituras (Sl 62, experiência de oração de Jesus nos Evangelhos) e pelos místicos de todos os tempos, é uma Boa-Nova da espiritualidade (não apenas cristã). A ação divina acontece, de forma privilegiada, nessa aventura do interior humano. E não a partir de fora do mundo, de um "céu" exterior.

A presença de Deus, por ser trinitária, é geradora do dinamismo relacional para com o mundo e com todos. Teresa experimenta que a Trindade se comunica *com todas as criaturas*. Nessa perspectiva, como percebe Cardenal, a criação-evolução tem como fundamento essa dinâmica relacional trinitária eterna.

O que esse testemunho místico pode dizer à teologia em perspectiva evolutiva? Ele aprofunda a compreensão da relação entre Deus e o espaço. Ele traz uma complementação à noção do mundo, enquanto espaço da presença de Deus. Ele afirma que a distância de Deus ao criar o não divino não significa ausência, mas presença.

A espiritualidade de todos os tempos se perguntou: onde está Deus? Ele se circunscreve ao seu próprio mundo? Moltmann reflete como a tradição bíblico-cristã nos traz a fé na presença de Deus no céu, o seu mundo próprio, mas também nos traz uma história salvífica das "habitações" (*shekinah*) de Deus: "em Israel, em Cristo, na Igreja e, por fim, na terra em que mora a justiça".[84] Assim sendo, Deus não circunscreve sua habitação no Templo, mas, com a destruição do Templo, migra com

---

[84]   MOLTMANN, op. cit., p. 156.

o povo para o cativeiro na Babilônia (cf. Is 63,9: "em suas aflições, foi ele, em pessoa, que os salvou"), permanecendo entre os pobres, rebaixados e perseguidos.

A teologia da habitação de Deus é a raiz da experiência cristológica da *encarnação*, pela qual Deus veio habitar entre nós (cf. Jo 1,14). No entanto, a encarnação ultrapassa a *shekinah*, pois, na encarnação, ela (a habitação de Deus) se faz a pessoa mesma de Jesus de Nazaré. Experienciou ele mesmo a falta de morada ao nascer, tendo-a encontrado apenas entre os pobres e os marginalizados. Em Jesus, Deus torna-se capaz de sofrimento e morte. Pensando na criação, a encarnação nos mostra como Deus, ao criar, envolve-se com a sua criatura para nela morar.

Se a encarnação refere-se ao Verbo encarnado, a inabitação trinitária refere-se à presença do Espírito Santo (e assim a toda a Trindade que nele "habita") dada aos que vivem em comunhão de amor com o Cristo (cf. Jo 14,23). O Cristo ressuscitado completará sua missão na consumação de tudo, quando entregará o Reino para que o Deus Trino seja "tudo em todos" (cf. 1Cor 15,28).

A presença de Deus em toda a criação sempre fez parte do núcleo da fé cristã, segundo a qual Deus transcendente se faz intimamente presente em todas e cada uma das criaturas, pelo dom gratuito de seu Espírito (cf. Sl 139). Tradicionalmente, a teologia empregou a linguagem da imensidão divina, ou onipresença divina[85] (como já vimos, Santa Teresa recebe e interpreta de modo próprio a doutrina tradicional da presença de Deus por essência, potência e presença). Na perspectiva atual, como temos visto neste trabalho, percebemos como essa onipresença não pode ser refletida desconsiderando o polo que a tensiona, ou seja, o autorrebaixamento de Deus. Assim, a presença de Deus não tira o espaço da pessoa, ao contrário, o concede. Mas isso ficará mais claro ao tratarmos sobre Deus como espaço de sua criação.

Voltando ao nosso tema: o que a noção da presença de Deus em todas as coisas pode nos dizer sobre a perspectiva evolutiva?

Primeiramente, podemos concordar com D. Edwards que a presença do Espírito no interior de tudo nos mostra como Deus tem uma "palavra" interior a cada criatura. Assim, ele chama cada uma não apenas a existir, mas também a transcender o que já é. Há, portanto, uma atividade

---

[85] Cf. EDWARDS, D. *El Dios de la evolución:* una teología trinitaria. Santander, Sal Terrae, 2006, p. 112.

criadora incessante que sustenta e impulsiona o processo de evolução a partir de dentro, não como uma causa a mais ao lado da outra, mas como causa transcendental, possibilitadora de algo novo.[86] Assim sendo, não seria descabido utilizar a expressão de Cardenal, segundo a qual Deus-amor seria o "evolucionador".

Por outro lado, tal presença não significa uma garantia de perfeição e não realização de possibilidades positivas. A noção da *inabitação* não pode ser desvinculada da noção de *encarnação*, que implica *kénose*, esvaziamento, autorrebaixamento de Deus. Deus habita o mundo, mantendo a liberdade e a autonomia do mundo, mantendo-o *não divino*, como temos insistentemente afirmado. Ele se envolve com o sofrimento da humanidade e também do mundo. Encontra-se radicalmente solidário com as realidades de morte e de frustração. É de dentro desse processo que implica sofrimento que a força do Deus-Trino promove novas possibilidades.

Finalmente, a presença de Deus em todas as coisas, na dupla dimensão descrita (possibilidades e solidariedade na *kénose* divina), traz uma inaudita responsabilidade ética. A crise ecológica, culminando na extinção de inúmeras espécies, traz consigo a expulsão das possibilidades do próprio Deus que nelas habita. E o que não dizer da eliminação dos seres humanos pelas tantas formas de injustiça e genocídios que se multiplicam ao longo da história.

b) Tudo está e acontece em Deus

Passamos agora ao polo complementar. Assim como Teresa e Cardenal afirmam que Deus está presente em tudo, ambos igualmente experienciam que *tudo está e acontece em Deus*. É uma afirmação forte, porque essa realidade pode ser compreendida como uma onipresente vigilância divina. Mas, no sentido do Deus amor descrito até o momento, não cabe mais tal concepção. Tudo acontece em Deus e nada acontece fora de Deus – também afirma E. Cardenal.

Na perspectiva evolutiva, isso implicaria dizer que Deus não apenas cria e sustenta a evolução como também afirmar que a evolução acontece no espaço divino. Haveria fundamento para isso?

D. Edwards,[87] em seu estudo sobre o Deus da evolução, tem se valido de uma afirmação que faz lembrar a experiência dos místicos. Segundo

---

[86] Cf. ibidem, p. 108-112.
[87] Cf. ibidem, p. 38-45.

ele a criação, que inclui a evolução da vida, seria um acontecimento interior à vida divina compartilhada, da geração eterna do Verbo (Sabedoria e Palavra) pelo Pai (Mãe, Matriz e Fonte), que se transcende no Espírito. Esse dinamismo divino seria o "espaço" da criação-evolução, que habilitaria tudo o que não é Deus à vida.

Sendo mais específico, também Moltmann mostra como Deus é o espaço de sua criação.[88] Para isso, parte da noção do espaço intranitário, fundamento de que Deus possa ser morada de tudo. Lembra o autor como, na dinâmica trinitária da *perichoresis*, palavra grega, encontram-se duas acepções latinas: *circuminsessio* e *circumincessio*. A primeira conota tranquilidade, habitação tranquila (*insedere*); a segunda, movimento e penetração dinâmica (*incedere*). Neste segundo conceito está implicado que cada pessoa divina é espaço de movimento e de vida para as outras duas. É o "amor que ela faz sair de si em tal intensidade que está inteiramente nas outras",[89] nos êxtases trinitários. Graças a essa habitação recíproca, as pessoas se unem, formando uma unidade e, ao mesmo tempo, se diferenciam entre si. Nesse sentido, é possível dizer que, graças à *perichoresis*, cada pessoa divina é também "espaço" de morada para as demais, é habitável (conotação de *circuminsessio*). Cada pessoa habita nas outras e lhes concede espaço. Assim, elas não apenas se esvaziam, mas se habitam.

Dessa forma, o Deus "espaçoso" é fiel a si mesmo, ao abrir, em si, espaço para a criação antes de criá-la. A noção cabalística do *Zimzum*, já descrita anteriormente, traz a ideia da retração divina, autolimitação, criadora de um espaço vazio em que o Criador pode chamar uma realidade não divina, o não ser, à existência. Onde Deus se autocontrai (a ideia remete também à contração do útero para o nascimento da criança), pode criar algo distinto de si e deixá-lo coexistir consigo, dar-lhe espaço e redimi-lo. A mesma ideia de dores de parto encontra-se na palavra *misericórdia*, em seu original hebraico, *rechem*. Trata-se de uma maneira de falar da autolimitação divina em categorias de espaço. Deus possibilita a autonomia da criação, autonomia relativa (não porque não seja autonomia, mas porque possibilitada e sustentada por Deus), mas real. Tudo o que acontece à criação, a evolução inclusive, acontece em Deus. Nesse sentido, Deus garante que o mundo, com todas as suas

---

[88] Cf. MOLTMANN, op. cit., p. 150-156.
[89] Ibidem, p. 153.

contradições, permaneça sendo, por causa da gratuidade de seu amor--misericórdia, um espaço de redenção e de esperança.[90]

Os desafios dessa realidade do Deus habitável para a espiritualidade cristã saltam aos olhos, num mundo em que o desenvolvimento tecnológico e científico convive com a multiplicação de migrantes sem pátria e de urbanos sem-teto; de espécies que perdem parcial ou totalmente seus hábitats naturais. A dimensão "espaço" fala da possibilidade da vida em evolução no nosso planeta e da vida em plenitude. Não teríamos de resgatar a noção da hospitalidade na espiritualidade?

Enfim, vemos nesse ponto como a experiência mística leva a uma intuição cosmológica bastante adequada a se pensar Deus em perspectiva evolutiva. Mas é preciso afirmar os dois polos: a presença de Deus em tudo e de tudo em Deus. Sem a primeira (presença de Deus em tudo), abolimos a cristologia da encarnação e a pneumatologia da inabitação; sem a segunda (tudo em Deus), abolimos a possibilidade oferecida em Cristo de, no amor, "permanecer em Deus" (cf. 1Jo 4,16).

Não se trata aqui de afirmar o panteísmo. Dizer que tudo acontece em Deus não significa identificar tudo a Deus, o que tornaria divinas as criaturas. Moltmann observa que não há contradição nesta inter-relação, ao contrário, ela obedece à *perichoresis* em sua forma cristológica, ou seja, "uma habitação recíproca de desiguais, não de iguais". E continua: "o mundo habita em Deus *de forma mundana* e Deus habita o mundo *de forma divina*; eles se interpenetram sem se destruir".[91] Não há entre eles fusão, confusão ou destruição recíproca. Isso nos leva ao quinto e último passo, a questão da Providência divina.

5. Sentido da Providência divina

Relacionado ao que foi dito, que tudo acontece em Deus, aparece uma questão importante para a espiritualidade: o sentido da providência divina. Para Teresa, tudo o que acontecia era desejo de Deus, não apenas o favorável, como também o desfavorável. Ora, como explicar isso?

Teresa não perdera a capacidade crítica. O que ela faz é concretizar, na vida prosaica, sua experiência de que nada ocorre fora de Deus. Igualmente, Cardenal, como visto. A providência de Deus não é identificada com uma intervenção favorável, mas está em conexão a tudo o

---

[90]   Ibidem, p. 153-155.
[91]   Ibidem, p. 159. Itálico nosso.

que acontece. Remetendo-nos a Cardenal: o favorável e o desfavorável, o extraordinário e o ordinário, o que acontece e também o que não acontece. Tirando o pecado, tudo é providencial, tudo é vontade de Deus, porque tudo está em Deus. Dessa forma, o sofrimento, as fatalidades e o pecado não devem nos impedir de amar, ao contrário, só na experiência do amor contraditório, assumido por Cristo na cruz, é que são aprendidos os seus caminhos. Cardenal chega a afirmar que, diante dos nossos pecados, Deus "muda" a sua vontade e continua amor. A confiança na providência de Deus é a confiança essencial em que até os nossos fios de cabelo estão todos contados (cf. Lc 12,7). O Deus que acompanha a criação-evolução há bilhões de anos é o *Abbá* de Jesus, perdão e compaixão radicais. Assim como a confiança no *Abbá* é fundamento de toda a coragem, perdão e compaixão de Jesus, também assim deve ser nossa confiança.

A famosa oração de Santa Teresa, "só Deus não muda", contradiria o que dissemos até aqui? Pensamos que não. Essa expressão, à luz dos demais escritos teresianos, indica a fé no Deus que não muda *em seu amor*, pois seu amor é fiel.

A questão da Providência divina não é fácil. Queremos apenas retomar a frase de Moltmann: "o mundo habita em Deus *de forma mundana* e Deus habita o mundo *de forma divina*; eles se interpenetram sem se destruir". O mundo está em Deus de forma mundana: como mundo finito, com suas leis internas, sujeito às vicissitudes naturais de todo tipo ao longo do lento processo de evolução. O universo é inacabado e imperfeito, e assim também o são todos os seres vivos. Por *mundo* compreendemos também dizer que a humanidade está imersa em uma situação de pecado, fruto das decisões livres humanas, com dramáticas consequências na relação dos humanos entre si e entre eles, a natureza e o cosmo. Enfim, *mundano*.

Mas nem a imperfeição do universo, nem suas realizações negativas, nem as destruições e mortes inerentes à sua evolução, nem o pecado humano retiram a presença de Deus em suas criaturas (da forma como já explicitamos), nem as expulsam de estar em Deus, pois, de maneira humana e mundana, tudo permanece em Deus. Esta é a ação *divina*. Por que dizemos isso? Porque Deus se mantém continuamente criador, sustentador, possibilitador de novas possibilidades e redentor. A fé cristã afirma que o mundo continua sendo espaço de redenção, de liberdade e de esperança mesmo diante de situações negativas. É na certeza de que Deus possibilita e oferece algo novo, mesmo diante do pecado e da morte, que é possível aos místicos testemunhar que tudo é providencial.

* * *

Uma última palavra sobre as alegorias e comparações dos dois místicos. Eles integram natureza, história, humanidade. São um grande convite a estar diante de um Deus que não comporta "devoções tolas", mas que seduz a uma relação porque *ele mesmo já está comprometido* com o ser humano e com toda a criação, está "vestido de terra".[92] Convidam a um desapego do próprio ego para dar espaço à espiritualidade relacional, que inclui atitudes espirituais como admiração e observação reverente, intuição, desejo, determinação, opções e mortes.

Enfim, a espiritualidade dos místicos talvez seja, na experiência cristã, a mais favorável ao diálogo com as ciências, especificamente com a perspectiva evolutiva da vida. Eles ultrapassaram a noção de Deus de "tipo comum" e se jogaram na aventura trinitária. Suas experiências, intuições e linguagem emprestam, à teologia, instrumentais de compreensão da ação divina no ser humano e no cosmo. Sua sabedoria rejeita todo intervencionismo de Deus, mas sua mesma sabedoria relaciona a providência divina ao dinamismo pascal da vida e do amor. Veem a realidade da vida em perspectiva e profundidade, sem se perder em aspectos acessórios. Eles podem iluminar os caminhos dos que, temerosos com a ciência e imaginando que defendem a Deus, entregam-se a espiritualidades destrutivas e a ídolos que não geram vida.

---

[92] SANTA TERESA. *Caminho de perfeição* 27,3.

Farinha pouca? Meu pirão primeiro! Ética cristã e visão evolucionista: desafios

Maria Joaquina Fernandes Pinto*

Introdução

O século XX caracterizou-se pelos surpreendentes e inumeráveis avanços tecnológicos e científicos afetando o modo de ver o mundo e as pessoas, a maneira de pensar, a cultura, as relações, as crenças, as convicções religiosas, o jeito de se viver. As teorias sobre a origem do cosmo e o surgimento da vida impuseram sérias questões à teologia, sobretudo no que diz respeito à criação, ao surgimento do mal e do pecado e, consequentemente, à mensagem de salvação oferecida por Deus em Jesus Cristo.

O edifício sobre o qual se apoia a fé e as expressões de religiosidade de grande parte do nosso povo está alicerçado sobre a convicção de que o mundo foi criado do nada, em seis dias, tendo sido oferecido ao ser humano já pronto, acabado e perfeito. Essa dádiva paradisíaca, no entanto, foi perdida, uma vez que o jovem casal nubente rebelou-se contra Deus e este, por castigo, expulsou-o do paraíso; o casal viu-se à mercê do sofrimento, da dor, do trabalho escravo e da morte. Começa, assim, uma grande teodiceia: o peregrinar humano em busca

---

* Pós-doutorado em Bioética pela Academia Alfonsiana de Roma; doutora em Teologia pela Pontifícia Universidade Católica do Rio de Janeiro; docente do Seminário Paulo VI – Nova Iguaçu; diretora acadêmica e professora do Instituto Diocesano de Teologia Mons. Barreto – Barra Mansa. E-mail para contato: mjfpinto@uol.com.br

do paraíso perdido, buscando reconquistar as benemerências de Deus. A teoria da evolução das espécies desenvolvida por Charles Darwin e seus subsequentes desdobramentos neodarwinianos fizeram emergir realidades novas no mundo da biologia, da física. São *ideias perigosas*, pois parecem bombardear as estruturas do antigo edifício, construído há séculos. A teoria da evolução de Darwin possui dois aspectos principais: a) todas as formas de vida descendem de antepassado comum que gradualmente foram se modificando ao longo do tempo; b) essas mudanças graduais, incluindo o emergir de novas espécies, constituem a *seleção natural* – os organismos mais aptos para se adaptarem aos seus ambientes serão *selecionados* pela natureza, garantindo ou não, assim, a sua sobrevivência. Essa *aparente simplicidade* e os inúmeros matizes que, consequentemente, se colocam, têm sido o grande nó no diálogo entre ciência e fé, entre ciência e teologia, e é também a angústia ética que motiva a reflexão deste capítulo.

Dentro da teoria darwiniana encontramos algumas afirmações que merecem ser lembradas, pois incidem diretamente em questões ético-antropológicas, em complexas visões do ser humano, podendo desencadear mecanismos nocivos no interior da cultura, da sociedade e das relações interpessoais, ainda que de forma inconsciente ou mecânica. A antropologia cristã prima por uma visão unitária do ser humano, valorizando todas as suas dimensões e carismas e respeitando suas limitações. Defende a primazia dos mais pobres, dos mais fracos e dos pequeninos aos olhos de Deus; conclama à concentração de esforços para que os excluídos, com suas diferenças, sejam inseridos nos projetos do mundo que foi criado para todos; enfim, o discurso cristão afirma que estes, os últimos da sociedade, serão os primeiros: são critério para a nossa salvação.

Parece que o mundo assimilou mais do que se possa imaginar o darwinismo e as teorias neodarwinianas... A primazia do mais forte sobre o mais fraco, dos mais aptos, do *gene egoísta*, do mais adaptado, do que domina mais e a qualquer preço, enfim, os conceitos científicos parecem ter se infiltrado muito bem no universo das relações interpessoais. A cultura pós-moderna traz em seu bojo características próprias desse universo científico, e a teologia deve contribuir com o que lhe é específico, uma vez que os problemas éticos se multiplicam, cada vez mais seriamente, obrigando-nos a refletir e apontar a possibilidade de caminhos para solucioná-los. Nossa proposta é analisar os desafios éticos contemporâneos que permeiam o nosso mundo e, em diálogo com os principais conceitos da teoria evolucionista, perceber o alcance ético, suas convergências e suas rupturas.

1. Características da cultura pós-moderna

Parece ser uma tarefa árdua definir pós-modernidade. Talvez impossível. Seria uma perspectiva entre tantas. Para alguns ela seria a *recomposição* de diversos elementos – políticos, culturais, religiosos, econômicos – que leva ao surgimento do que hoje chamamos de pós-modernidade. Teria sua origem no processo de saturação e recomposição.[1] A polêmica sobre a noção de pós-modernidade gira não só em torno dos critérios, mas, sobretudo, [...] *porque se trata de caracterizar o nosso tempo, e isso implica colocar em evidência o nosso próprio modo de ser e de viver em sociedade hoje.*[2] Pensar no modo contemporâneo de ser e falar sobre nós mesmos pode gerar um processo de resistência, vivido como mal-estar, insegurança, medo, perda da identidade e temor em relação às convicções pessoais e sociais que podem ser abaladas. Assim, pensar e entender a pós-modernidade implicam uma atitude de pensar e compreender o nosso próprio modo de existência hoje, implicam responder perguntas cujas respostas comprometem a nossa postura, o nosso discurso, a nossa fé, o nosso ser gente. Podemos perceber alguns sinais pós-modernos a partir da reflexão de dois autores que nos parecem ser paradigmáticos no esforço de se pensar e entender a pós-modernidade.

Para Bauman a ideia de *liquidez* fala por si: amor líquido, tempos líquidos e medo líquido[3] são metáforas que caracterizam a capacidade endêmica de nossa sociedade de manter sua forma por algum período de tempo. A sociedade pós-moderna caracteriza-se pela fluidez, pela mutabilidade; está em constante processo de mudança, de adaptação, de instabilidade, de imediatismo.

Lipovetsky apregoa o *crepúsculo do dever* e anuncia a chegada de uma ética indolor nestes novos tempos democráticos – subtítulo do seu

---

[1] Cf. ESPERANDIO, M. R. G. *Para entender Pós-Modernidade.* São Leopoldo, Sinodal, 2007, p. 5.

[2] Ibidem, p. 10.

[3] Estes são títulos de alguns de seus livros que aprofundam o fenômeno da pós-modernidade. BAUMAN, Z. *Amor líquido.* Sobre a fragilidade dos laços humanos. Rio de Janeiro, Zahar, 2004. Idem. *Medo líquido.* Rio de Janeiro, Zahar, 2008. Idem. *Vida Líquida.* Rio de Janeiro, Zahar, 2007.

livro – e, por crepúsculo do dever, vislumbra a aurora da liberdade de escolha. Na sociedade descrita por Lipovetsky,

> [...] aparecem novos dilemas, antigos conflitos retornam, mas não se quer mais ter por obrigação inquestionável morrer pela pátria, viver para o trabalho, estigmatizar o prazer ou aceitar uma disciplina demolidora e incompatível com o maior grau possível de liberdade.[4]

Fala ainda da *era do vazio*, de uma *libertação pós-moderna* e do *império do efêmero*. Ainda que entre os dois autores haja muitas divergências, ambos concordam que a pós-modernidade frustra a autoanálise, e por isso os grandes temas da ética não perderam sua pertinência e relevância, apenas precisam ser vistos e tratados de nova forma. Assim, vejamos algumas características dessa cultura, facilmente detectáveis.

1.1. A fragmentação

Um dos muitos elementos que caracterizam a pós-modernidade é a passagem do *sistema* aos *fragmentos*. Talvez o projeto pós-moderno encontre aqui o seu ponto fulcral: a realidade não se entende no interior de um horizonte que a integra; a natureza, como a vida humana, são caracterizadas pelo caos, pela descontinuidade, pela precariedade. O acento é colocado sobre a individualidade, sobre a singularidade, sendo deixadas de lado outras individualidades e singularidades que casualmente se encontram determinando significados sempre novos e inéditos, destinados a desaparecer e a dar lugar a outros significados. A parcialidade e a precariedade fragmentada da consciência é o reflexo de uma desintegração ainda mais radical, que é a desintegração da pessoa: torna-se impossível, para o ser humano, escrever e manter a unidade da sua biografia pessoal, pois a percepção profunda da identidade supõe a possibilidade da permanência de si lado a lado com a mudança das diferentes idades e das experiências da vida.

1.2. A desorientação

Como resposta imediata de uma situação fragmentada assiste-se à renúncia a buscar um significado histórico para os eventos humanos, colocando-se no interior da história, seguindo um projeto que tenha alguma finalidade. A desorientação se instala tendo por base a perda de

---

4   LIPOVETSKY, G. *A sociedade pós-moralista*, O crepúsculo do dever e a ética indolor dos novos tempos democráticos. São Paulo, Manole, 2005, p. xix.

rumo ou de sentido em ordem à obtenção de um fim e de uma meta e, na ausência de tal meta, não tem sentido falar de desorientação porque cada momento, ou fragmento da vida, pode ser assumido, antes, deve ser assumido como o término da própria busca, quando mudará o cenário. O próprio pensamento e a razão tornam-se débeis, errantes, nômades. A realidade não se oferece à pessoa senão na sua capacidade de escapar, de passar despercebida e na sua precariedade mutante. O pós-moderno é caracterizado por uma procura perspicaz de si mesmo, e a virtude do procurador é maior que a do descobridor; parece que a busca é a única forma de manter de pé o interesse, e este se perde diante de quem diz ter conseguido uma conclusão no itinerário da busca.

1.3. O subjetivismo

A consequência dessa concepção fragmentada, desorientada, partida, é a exaltação de cada singularidade, de cada subjetividade, de cada individualidade. É o antigo e conhecido dualismo, também manifestado em grupos, classes, entidades. Qualquer indivíduo ou grupo tem o direito de exprimir-se, de declinar a sua opinião independente da hegemonia da razão universal. Por essa via se alcança a afirmação da prioridade da liberdade sobre a verdade e de um exercício da liberdade que não pode ser condicionado pela busca de uma verdade objetiva, sobretudo no campo da metafísica e da ética. Desvinculada da verdade e entregue à própria vontade, a liberdade encontra-se diante de muitas alternativas, todas de igual valor e importância, mas todas lhe são indiferentes uma vez que estão desprovidas de uma razão que lhe aponte a prioridade de valores, ou seja, a verdade. Uma liberdade sem projeto é um paradoxo de si mesma porque cessa de ser o instrumento da decisão e permanece estruturalmente indecisa, isto é, paralisada ou volúvel.

1.4. Pluralismo ético

A sociedade moderna é, fundamentalmente, uma sociedade pluralista. Constitui-se de permanentes confrontos entre diferentes cosmovisões, e a reflexão ética contemporânea, pós-moderna, reflete a dificuldade de estabelecer normas universais. Os próprios fundamentos da ética e da moral parecem ter desaparecido... O niilismo tomou conta da sociedade secular e as referências ou normas valorativas se dissipam aos poucos.[5]

---

[5] Algumas ideias aqui referidas podem ser mais bem explicitadas em ZUCCARO, C., "Bioetica e valori nel postmoderno". In: *Dialogo con la cultura liberale*. Brescia, Queriniana,

Esse panorama, visto de forma extremamente sucinta, quis apontar para o contexto ético do qual parte esta reflexão. É uma realidade que, de certa forma, influencia na maneira como cada um responde aos desafios existenciais, desafios esses que suscitam princípios e posturas éticas da sociedade, da Igreja, da família, do cidadão ateu e do que se diz cristão. Elencaremos, a seguir, algumas dessas possíveis respostas. São tendências éticas comuns, que povoam o nosso dia a dia, podendo ser facilmente detectadas em nosso meio por serem reais; podem ajudar a compreender a crise ética atual, bem como os seus desdobramentos na vida pessoal, social e comunitária.

2. Tendências éticas da pós-modernidade

2.1. Ética do relativismo

Ao interagir com alunos universitários da disciplina de ética cristã, percebe-se a dificuldade de elencar ou apresentar sistemas de valores universais, já consolidados como, por exemplo, a vida. Em discussões como dependência química e aborto, não poucas vezes ecoa na sala de aula a frase que direciona o valor apresentado para a perspectiva que melhor convém e aos interesses a que mais atende: *Ah, professora, mas isso é muito relativo!*

Situações como essa caracterizam uma "ética" que relativiza tudo de acordo com interesses subjetivos e visões distorcidas do que seja a vida, o ser humano, a natureza, o outro. Caracteriza a insensibilidade, a indiferença e a omissão moral: essa ética também caracteriza a era pós-moderna. Por *relativismo* entende-se a negação do caráter absoluto de algo, pondo em dúvida muitas vezes questões e verdades indiscutíveis.[6] Prática muito utilizada pelos sofistas, ela volta à carga, mas não como técnica retórica utilizada na antiga Grécia durante o processo maiêutico. Ela reaparece como forma de defender princípios e ideologias, sem nenhuma consistência racional ou epistemológica que respalde seus argumentos. A defesa do aborto, da eutanásia, do uso de drogas – incluindo cigarros e bebidas alcoólicas – serve como exemplo: *o corpo é*

2003, p. 11-18.

[6] No campo da ética, o *relativismo* é uma doutrina segundo a qual os valores morais não apresentam validade universal e absoluta, diversificando-se segundo as circunstâncias históricas, políticas e culturais.

meu – ou da mulher –, o mal causado é a mim que é causado, por isso posso optar, decidir o que fazer dele ou com ele.

É o fenômeno que Bauman chama de *moral privada, riscos públicos,* que ultrapassa a subjetividade dos exemplos anteriores, atingindo toda a sociedade, colocando-a em risco, sobretudo quando se trata de capital, de produção de riqueza, de desenvolvimento tecnológico e, consequentemente, econômico. Assiste-se à *dissolução do obrigatório no opcional,* cujo duplo efeito, aparentemente opostos, estão intimamente relacionados. "Isso porque toda a escolha vale, contanto que seja escolha, e toda ordem é boa, contanto que seja uma das muitas e não exclua outras ordens."[7]

Chama a atenção a metáfora utilizada por Bauman para falar dos homens e mulheres lançados na condição pós-moderna: *vagabundos* e *turistas.* O *vagabundo* é o andarilho, o errante que não sabe quanto tempo durará sua permanência naquele lugar, nem sabe para onde vai; vai decidindo à medida que caminha. O que sabe é que onde parar será por pouco tempo. O vagabundo é impelido pela desilusão do último lugar por onde passou e a esperança de que no próximo encontre o oásis procurado.

O *turista,* assim como o vagabundo, não permanece por muito tempo no lugar de chegada, possui uma *maleabilidade do espaço,* própria do turista que necessita de diversão, novas experiências, afinal, paga por essa liberdade, que vem por negócio contratual: o volume da liberdade só depende da capacidade de pagar. Como o vagabundo, o turista é extraterritorial; mas, diferentemente do vagabundo, vive essa realidade como privilégio, afinal é livre para escolher. Restaurantes, bons hotéis, serviçais, tudo isso são emoções exóticas para o turista. *O mundo é a ostra do turista.* Outro traço de afinidade entre eles é *a responsabilidade moral incômoda,* que mata a alegria e gera insônia. Os prazeres obtidos vêm limpos "[...] do triste pensamento acerca das crianças vendidas em prostituição [...] e não há nada que se possa fazer [...] nada que se deva fazer".[8]

No mundo pós-moderno, o vagabundo e o turista não são pessoas marginais; são modelos configurantes da vida cotidiana. O *status* do cidadão consumista é o *status* do cidadão turista; é sempre turista: nas viagens, nas férias, em casa, no trabalho; turista na sociedade, turista na vida, pois neste caso o turismo não é algo que se pratica somente

---

[7] BAUMAN, Z. *Ética pós-moderna.* 2 ed. São Paulo, Paulus, 2003, p. 271.

[8] Ibidem, p. 276. Sobre a metáfora do vagabundo e do turista, cf. ibidem, p. 273-279.

quando se está de férias: *fisicamente próximo, espiritualmente distante.* Desinteressado, distante, insensível, pois pagou antecipadamente o *kit* de viagem com remédios e seguro contra angústias de consciência. *Vagabundo* e *turista* juntos talvez possam refletir um pouco a nossa realidade ética e, se não, pode-se discutir, afinal tudo é relativo!

2.2. Ética do mais forte

Quem não passou pela constrangedora situação de, ao volante de seu carro, ser *fechado* por um motorista de caminhão, carreta ou ônibus, e, no susto, curvar-se ao volante diante do gigantesco perigo? Só quem não dirige! Essa ideia parece ilustrar o que chamamos de ética do mais forte. Isso seria ética?

Na luta pela sobrevivência, o uso da força, do poder em todas as suas dimensões, do ter mais, do saber mais foi, por longos séculos, uma realidade inquestionável. *Manda quem pode, obedece quem tem juízo!* Pensavam assim nossos antepassados. Pensavam assim os poderosos dirigentes das instituições universais e realezas políticas. Pensavam assim os grandes patriarcados em relação às mulheres. Pensavam assim os funcionários das grandes empresas e multinacionais. Ainda pensam assim um grande número de pobres, os excluídos do sistema socioeconômico, os marginalizados por tantas e diferentes ideologias, muitas mulheres, muitos cristãos. Na luta pela vida, segundo a teoria evolucionista de Darwin, também é assim. A evolução avança na base da luta: os mais fracos sacrificam-se pelos mais fortes; é o *struggle for life* – a luta pela vida!

Essa ética do mais forte justifica os abusos de nossas autoridades políticas e até eclesiásticas, o desmando de tantos patrões em relação aos seus empregados, a violência contra as mulheres e crianças, a pedofilia, o estupro. Justifica a lavagem cerebral de grupos étnicos, o vandalismo contra a natureza, o extermínio de tantas nações indígenas, a homofobia, o *bullying*, o assédio moral.

A história da salvação narrada pelo Antigo Testamento também mostra as façanhas de um povo fraco, sofrido, tripudiado, exilado de sua terra, escravo em terra estranha, e a ação de um Deus que escuta seus clamores e vem para libertá-lo. O Novo Testamento dá continuidade à mesma opção revelada por Iahweh aos antigos: o Filho de Deus deu a sua vida para a salvação de todos.

Em um diálogo com as leis da evolução sobre a impessoalidade de uma seleção natural cega, constata-se que o mesmo acontece com a lei da gravidade ou demais leis da natureza: "Sem a invariância previsível das suas rígidas leis, a natureza desmantelar-se-ia na arbitrariedade e caos absolutos".[9] Isso significa afirmar que sem as leis da natureza, sem luta e obstáculos que lhe serviram de motivação, a vida não chegaria ao estado que chegou – e ainda é assim; basta refletirmos sobre os desafios do nosso cotidiano! –, mas, em termos éticos, com seres humanos dotados de razão e liberdade, a dinâmica pode ser diferente.

2.3. Ética da ordem

É comum encontrarmos pessoas, em nossas inúmeras áreas de relacionamentos, com ideias rígidas a respeito da conduta moral e de valores éticos cristalizados em meio a tantas mudanças culturais, sociais e religiosas. Frequentemente nos deparamos com pais de *cabelo em pé*, aterrorizados com o comportamento sexual dos nossos jovens; professores apavorados com a falta de respeito – chega à agressão física – por parte de tantos alunos, até mesmo nas universidades; fiéis horrorizados pela postura de alguns presbíteros/pastores mais abertos e sua forma de vestir, divertir-se e até celebrar. Salta aos olhos o espanto de tantos irmãos padres com as *novidades teológicas* da nossa formação que simplesmente tenta dialogar com as ciências e com elas criar parceria; não menos espanto causa a profunda intransigência de tantos fiéis nas comunidades, muitos catequistas que, ancorados numa leitura fundamentalista das Sagradas Escrituras e de tudo o que as cerca, negam-se a sair do porto e buscar novos horizontes de compreensão para entender o mundo e a vida.

Esses comportamentos e ideias têm sua raiz no antigo pensamento grego que via o mundo real imperfeito e atribuía a perfeição a características como a imutabilidade, a eternidade, a transparência, a ordem. As consequências advindas de tal visão, entre outras, é a crença num mundo criado bom, sem males – visão fixista da criação –, e a rigidez ética, estabelecida como uma *ordem* que deve ser cumprida.

Tal postura, para manter-se, reduz o papel da cultura, nossa segunda pele, que incessantemente cria e recria valores, novos paradigmas e novas exigências de convivência. Não se trata, obviamente, de postular uma

---

[9] HAUGHT, J. F. *Cristianismo e evolucionismo em 101 perguntas e respostas*. Lisboa, Gradiva, 2001, p. 179.

ética em constante mudança, sempre à deriva de ventos novos. Trata-se, ao contrário, de encarar novos desafios colocados por circunstâncias jamais imaginadas, por sonhos nunca sonhados, cuja novidade assusta. O cosmo também parece caminhar à deriva. Diz-nos a ciência que ele não tem um plano fixo e, por mais que acreditemos no cuidado de um Deus providente, sabemos que também ele respeita a nossa liberdade, daí a incerteza do futuro, mesmo tendo Deus ao leme.

> Qualquer tipo de esquema divino pré-fabricado, que especificasse precisamente o que iria acontecer a cada coisa, seria incompatível com a graça de Deus. Não se adequaria ao empenho que Deus tem com o futuro do mundo nem com o dom que Deus faz da liberdade.[10]

Por isso a ética que preconiza a ordem, o imutável, o engessamento de antigos valores não permitindo a chegada do novo, a ética do *ponto e basta!* pode ser revista e enriquecida por novas visões e novos valores e adequada a novos tempos. A mudança que a teologia é convidada a fazer é de longo alcance: o universo se faz no tempo e o que conta não é tanto a ordem do passado, mas a auto-organização que se abre ao futuro.

3. Uma possível solução: a bioética – ética da vida

Além das tendências éticas mencionadas acima, visivelmente detectadas na sociedade pós-moderna, surge com bastante vigor uma nova perspectiva ética, com objetivos bem delineados para atender à demanda destes novos tempos. O surgimento da bioética em meados do século XX situa-se no horizonte dos avanços da biociência e da biotecnologia, que trouxeram grandes expectativas quanto à qualidade de vida e, consequentemente, uma crença no poder humano sobre ela, sobre os males, sobre a morte, sobre a natureza. Seu valor e pertinência nos tempos atuais são cada vez mais enfatizados, pois a bioética quer ser uma ponte que liga o pensar, o refletir e o avaliar ao complexo e plural mundo da ética. A bioética é nova, como são novos procedimentos como: o transplante e a mutilação de órgãos para fins terapêuticos, a diversidade de cirurgias corretivas e estéticas, o cultivo de células em laboratório, o monitoramento eletrônico de órgãos e de pessoas. São situações desconhecidas ainda pela grande massa e por isso a necessidade de apontar algumas

---

[10]   Ibidem, p. 193.

questões para serem pensadas em termos de ética nesse contexto imensamente novo e tão vulnerável que afeta diretamente a vida.

A bioética é fruto do esforço daqueles que compreendem que cada novo movimento das biociências precisa ser acompanhado por outro: o de refletir criticamente sobre tais novidades. A cada conquista surgem perguntas éticas que precisam ser respondidas: A quem interessa tal descoberta? Qual o custo-benefício à natureza e à sociedade? Quem se beneficiará com isso? Por isso o objetivo primeiro da bioética é apontar limites para a práxis humana na área da tecnociência. Além de apontar caminhos, a bioética tem também o dever de defender grupos vulneráveis e minoritários, num esforço contínuo de extrair princípios que possam orientar a prática.

Se hoje o ser humano é capaz de alterar a expressão gênica das pessoas, intervindo no seu DNA através do recente mapeamento do genoma humano, e isso é um avanço incontestável para a humanidade, também é verdade, por contraste, que ainda não se conseguiu dar fim às epidemias primárias, às doenças que afetam, sobretudo, as áreas de pobreza, à desnutrição, que alteram qualitativa e quantitativamente a excelência genética da humanidade. A ciência moderna apregoa minimização – em alguns casos o fim mesmo – do sofrimento, da dor; o prolongamento da juventude, o direito de *como* morrer e *se devo* viver, *se quero que viva*, a privatização e comercialização do útero para aluguel, enfim, surgem novas opções que o ser humano é levado a fazer e que a bioética intenta orientar por serem realmente preocupantes.

Sabemos que a ciência não tem respostas para muitos problemas que nos afligem, como também se sabe da dificuldade em orientar eticamente questões vividas desigualmente por realidades culturais e sociais que exigem respeito à diversidade de perspectivas e de opiniões. O caráter interdisciplinar da bioética, que constitui uma de suas riquezas, pode ser também o seu limite. Diversas posições filosóficas permeiam a reflexão bioeticista. E nesse contexto laico e secular, a teologia é uma voz, entre outras. Inúmeras questões éticas povoam esse horizonte, ou todas as questões relacionadas com a vida humana e do planeta pertencem ao *objeto material* da bioética, ao seu estudo, observação e pesquisa. Todavia, como nenhuma ciência é neutra, também a bioética deve cuidar para não ser alvo de ideologias políticas e econômicas[11] que interfiram na

---

[11] Para uma posterior pesquisa sobre este problema, ver: GARRAFA, V.; PESSINI, L. (Org.) *Bioética*: Poder e injustiça. São Paulo/São Paulo, Sociedade Brasileira de Bioética/Centro

sua postura e nas suas definições. Ninguém pode ficar indiferente, pois a bioética "[...] envolve os profissionais da saúde e todos aqueles que, com competência e responsabilidade, dispõem-se a refletir eticamente sobre a melhor conduta a ser prestada à pessoa humana, à sociedade, ao mundo animal e vegetal e à própria natureza".[12] Há necessidade de se incluir todos e de denunciar quando as grandes conquistas científicas forem privilégios de uns poucos mais ricos em detrimento da imensidão de pobres que a elas também têm direto. A consciência dessa *inclusão de todos* contradiz os modelos, as posturas e as tendências éticas trazidas e consagradas pela ética pós-moderna, como foi demonstrado anteriormente. A bioética enfatiza a necessidade de uma conscientização planetária em favor da vida. Talvez aqui possamos alicerçar a proposta ética cristã em oposição ao pensamento débil que conduziu as propostas anteriores, que se mostraram incapazes de responder às questões éticas emergentes.

Concluímos essa brevíssima observação com as palavras de Lipovetsky: "Uma composição entre realismo científico e idealismo ético, entre utilitarismo e kantismo, entre imperativo hipotético e imperativo categórico – eis o que se pode chamar de pós-moralismo bioético".[13] Urge uma renovação ética que não leve em conta apenas o culto tradicional do dever, mas o surgimento de uma ética da responsabilidade aberta e aproximativa.

Pudemos perceber que as diversas tentativas de respostas éticas não deram conta dos desafios trazidos pela pós-modernidade: desde os subjetivismos éticos ao relativismo reducionista, passando pela ética fechada da ordem; todos os modelos mostram-se deficitários, insuficientes para responder à demanda ética atual. O cristianismo teria uma proposta diferente? Seria capaz de propor modelos éticos sustentáveis, viáveis e eficazes para esta onda de posturas narcisistas, individualistas e egocêntricas que, tal um *tsunami*, parece sucumbir tudo e todos? Pode-se falar de um evolucionismo ético aplicando as leis do darwinismo e ideias neodarwinistas?

A necessidade de alguns parâmetros norteadores da nossa ação e dos nossos juízos de valor diante das complexas questões interpela não só a bioética, mas todas as instâncias em que há vida, há relacionamentos

---

Universitário São Camilo/Loyola, 2003; NEDEL, J. Ética aplicada. Pontos e contrapontos. São Leopoldo, Unisinos, 2004.

[12] CORREIA, F. de A. "Alguns desafios atuais para a Bioética". In: PESSINI, L.; BARCHIFONTAINE, C. de P. (Org.). *Fundamentos de Bioética.* São Paulo, Paulus, 1996, p. 36.

[13] LIPOVETSKY, G., op. cit., p. 202.

humanos, há ação, conduta moral que interfere no agir ético de outrem. Tal interpelação leva-nos a repensar a realidade do mal, a rever as nossas enrijecidas ideias sobre a criação, suas nefastas consequências sobre a imagem que temos de Deus e sua vulnerabilidade diante do sofrimento humano e da destruição do cosmo, intentando, assim, resgatar o que a fé cristã tem a dizer sobre isso.

4. Evolução e criação: vulnerabilidade de Deus e vulnerabilidade do cosmo

Certa vez, ao estudar com meus alunos a teologia da criação e a respectiva teologia da queda ou do pecado original (cf. Gn 2,4b-3), acenando sobre o perigo de uma leitura fundamentalista dos textos sagrados, perguntei com uma boa dose de humor: *Vocês já viram serpente falar?* Qual não foi a minha surpresa e de muitos outros ao ouvir a resposta convicta de um senhor: *Se Deus quiser, ela fala!* Essa passagem ilustra muito bem o imaginário do nosso povo quanto ao poder de Deus.

Se para as comunidades paulinas a cruz constituía um escândalo (cf. 1Cor 1,23), falar hoje da *kénose* de Deus, do seu aniquilamento, da sua vulnerabilidade,[14] não é menos escandaloso. Devemos lembrar que a fragilidade de Deus foi-nos revelada, inicialmente, na criança gerada por Maria; nas tentações do deserto, no Horto das Oliveiras, finalmente na cruz. As temáticas sobre o mal, o pecado e o sofrimento sempre foram muito complexas e problemáticas, desafiando a teologia. O diálogo com a ciência permite hoje uma abordagem mais satisfatória por possibilitar a retomada da antiga concepção da onipotência de Deus a partir do mistério de um Deus encolhido, humilde e despojado, vulnerável. Um poder cuja onipotência está alicerçada no seu infinito amor. Não fosse a auto-humilhação de Deus, nem a criação teria sido possível; esta foi uma preparação para a encarnação de Deus na nossa história, foi o início da revelação de um Deus-Messias como servo (cf. Fl 2,5-11).

Tendo como pano de fundo essa realidade de fé, aproximar-nos-emos da realidade do mal e da ação da graça – amor gratuito de Deus – no interior dessa mesma realidade que, quando transformada em práxis humana, chamamos de ética. Essa aproximação será feita sempre em diálogo com a teoria evolucionista, pois

---

[14]   Este tema é aprofundado no cap. 4 deste livro.

[...] o Deus que pacientemente carrega e sustenta a história da natureza e da humanidade é um Deus que concede tempo e oferece sempre novas possibilidades, pois realizadas ou não realizadas, são utilizadas para ulteriores evoluções, mas talvez também gastas para conduzir o mundo à catástrofe.[15]

4.1. A realidade do mal e do pecado e a ética dos menos aptos

Causa muito constrangimento quando somos questionados sobre a presença do mal e do pecado numa realidade inicialmente criada de forma perfeita e boa. Mais complicado ainda é afirmar a bondade de Deus criador-salvador num mundo perverso, ambíguo e desumano. E desafiante é responder a perguntas como: Se Deus é o criador de tudo, quem criou o mal? Onde estava Deus em situações como a de *Auschwitz* na Polônia,[16] *Chernobyl* na Ucrânia, *Hiroshima* no Japão, e tantas outras catástrofes e calamidades, naturais ou não, como a mais recente ocorrida na região serrana do Rio de Janeiro e no Japão? Se para alguns a resposta parece óbvia, para muitos permanece obscura e imprecisa.

O mal e o pecado são os adversários contra os quais a ética declara sua guerra. O sofrimento seja do cosmo seja humano é um único sofrimento que reclama por ética, por posturas que o eliminem ou diminuam suas forças. O discurso cristão sobre o mal e o pecado no horizonte evolucionista adquire novas formas de expressão, mas não perde a originalidade bíblica da bondade de um Deus criador-salvador condutor do mundo e da história.

Darwin já se preocupava com isso. Ainda jovem adquiriu uma certa cultura religiosa, pois estudara para ser pastor, vocação que abandonou por ocasião do seu embarque no navio *Beagle* para pesquisar sobre ciências naturais. Segundo sua autobiografia,[17] suas observações e pesquisas deixaram-no chocado ao contemplar o espetáculo do mal na obra da evolução. Darwin registra sua estupefação, após ter escrito seu livro mais famoso,[18] quando escreve a um amigo, perguntando-se: "Como pode um Deus benévolo e onipotente ter criado de propósito icneumonídeos

---

[15] MOLTMANN, J. *Scienza e Sapienza*. Scienza e teologia in dialogo. Brescia, Queriniana, 2003, p. 69. Toda esta obra dedica-se às questões levantadas no diálogo entre ciência e teologia, oferecendo uma excelente síntese do que o autor já vem refletindo em suas obras anteriores.

[16] Bastante significativo o registro de Bento XVI sobre este fato histórico em: Idem. *Dove era Dio?* Il discorso di Auschwitz. Brescia, Queriniana, 2007.

[17] DARWIN, C. *Autobiografia* (1809-1882). Rio de janeiro, Contraponto, 2002.

[18] Idem. *A origem das espécies e a seleção natural*. Hemus, Curitiba, 2002.

com a expressa intenção de se alimentarem de corpos ainda vivos dos gafanhotos?".[19] Como bem demonstrou em sua obra, a natureza possui um lado doloroso e trágico que contrasta com a sua beleza e com o exuberante aspecto de felicidade e harmonia. O subtítulo dado àquela obra reflete muito bem a angústia ou o espanto diante do resultado final de suas pesquisas: *A preservação das raças privilegiadas na luta pela vida.*

Todavia, a beleza também fascinava o bravo cientista. E na mesma carta ao amigo Hooker ele parece render-se à beleza do mundo criado: "Não posso, por outro lado, me contentar em considerar esse maravilhoso universo, especialmente a natureza humana, e concluir que tudo é produto de simples força bruta".[20]

Darwin concluía que a conflituosidade da evolução natural resultava em efeitos maravilhosos e que a guerra da natureza, feita de fome e morte, obtém como resultado direto o que de mais notável pode acontecer: a produção de animais superiores.[21] Darwin cita novamente o Criador, ao final de seu trabalho, alegando a possibilidade de ele haver imposto à matéria leis evolucionárias, como as leis da luta pela sobrevivência, da seleção natural e da extinção das formas menos aptas, creditando ao Criador a doação de um pequeno número de formas, primitivamente, ou mesmo a uma só, poderes diversos dos quais originariam as infinitas e variadas formas atuais de vida. E acrescenta em forma de pergunta se nessa visão religioso-evolutiva não há uma verdadeira grandeza, mostrando os seres mais enobrecidos do que na visão tradicional.[22]

Segundo Clodovis Boff, pode-se constatar, pelo capítulo conclusivo de sua obra *A origem...,* que o objetivo de Darwin não é negar a criação da vida por Deus, mas apenas derrubar o dogma das criações separadas. "Não vejo nenhuma razão para que as opiniões expostas neste volume firam o sentimento religioso de quem quer que seja."[23]

Mas as duas bombásticas afirmações de Darwin de que todas as formas de vida originam-se de um *ancestral comum* e de que o grande grupo de espécies vivas pode ser explicado pelo processo da *seleção natural* fazem com que a evolução pareça incompatível com a ideia de

---

[19] Apud BOFF, C. "Mal e pecado original no contexto da evolução". In: SANCHES, M. A. (Org.) *Criação e evolução.* Diálogo entre teologia e biologia. São Paulo, Ave Maria, 2009, p. 108.

[20] Ibidem, p. 109.

[21] Cf. DARWIN, C. *A origem...,* op. cit., p. 457.

[22] Cf. ibidem, p. 458; cf. BOFF, C., art. cit., p. 109.

[23] DARWIN, C. *A origem...,* op. cit., p. 451.

Deus. Acostumados à ideia de uma criação pronta, perfeita, paradisíaca, ordenada, fixista e de um Deus poderoso e onisciente ao qual nada escapava, a imagem de fragilidade, luta acirrada, desordem, sofrimento e morte não condiz com a anterior imagem de Deus. O *phatos* divino obriga a teologia a rever antigos axiomas e deformadas ideias de deus que parecem não ser a imagem do Deus cristão.[24]

O problema do mal e do sofrimento dentro da atual visão evolucionista deve ser enfocado na perspectiva de um Deus que sofre, aniquila-se, humilha-se, ama. Um Deus que revela seu poder e força deixando que o mundo *se torne ele próprio*. E, assim, podemos falar sobre o mal como uma realidade não criada nem querida por Deus, mas permitida e tolerada em vista de um bem maior que é a perfeição. Algo que pressupõe um final, uma meta que a fé cristã chama de nova criação, de Nova Jerusalém, de Terra sem Males, céu. Uma criação compatível com um Deus que ama e que deseja a autonomia do mundo é aquela em que a contingência, a limitação, a dor, o sofrimento e a morte estarão sempre presentes.

Essa imagem de um Deus compassivo, que não está alheio ao sofrimento do mundo, mas que o assume por dentro, no seu interior, foi-nos revelada em Jesus Cristo. Em Fl 2,5-11 temos a revelação de que ele não se manteve preso à sua condição divina, ao contrário, aniquilou-se, esvaziou-se para *servir* à dor e ao sofrimento do mundo, chegando ao ápice dessa mesma dor pelo assassinato na cruz. E tudo por amor (cf. Jo 3,16). Esta é a paradoxal novidade que o evolucionismo reforça na teologia cristã: o poder de Deus manifesta-se no vulnerável, no desamparado, no mais fraco, no crucificado. Um amor infinito que não manipula nem desagrega o objeto amado – no caso o cosmo –, ao contrário, ao aproximar-se do universo, Deus preserva a diferença e a *individuação* desse mundo amado. Seu amor criativo faz com que constitua o mundo como algo ontologicamente distinto dele. O cosmo com suas próprias leis e princípios autônomos de seleção não atesta contra a não presença de Deus, antes diz da intimidade dialógica existente entre ele e o mundo criado.

Nessa dinâmica devemos compreender o mal e o pecado de uma nova forma. Acostumamo-nos com a ideia de que o pecado original significa um afastamento sistemático de Deus por parte dos seres humanos; ou

---

[24] HAUGHT, J. F. *Deus após Darwin*. Uma teologia evolucionista. Rio de Janeiro, José Olympio, 2002, p. 21.

uma tendência ao mal; uma herança ontológica, enfim, existem muitas tentativas de explicação para o mal, desde as mais antigas às modernas e atuais.[25] Interessa-nos aqui rever o que a Sagrada Escritura tem a nos dizer sobre a origem do mal e do pecado, lembrando que não se pode buscar tais informações do ponto de vista racional, histórico ou documental, visto que a Bíblia não se propõe fornecer dados nessa perspectiva.

Os textos sagrados registram a existência de várias correntes de pensamento sobre a origem do mal: ora é atribuído diretamente a Deus, ora surge pela desobediência humana, para outros seria Satã a sua origem e é apresentado também como uma realidade inerente ao ser humano. Todas essas tradições encontraram seus limites e tiveram consequências nem sempre saudáveis para a fé e a imagem do Deus cristão, mas a narrativa Javista de Gn 3 sobressai na tradição que tenta explicar a causa do pecado e do mal.

A exegese atual desse relato aponta para algumas conclusões: trata-se de uma narrativa etiológica cuja finalidade não é apresentar uma história no sentido moderno, tal como conhecemos, e sim uma *situação de contraste* que é o paraíso oferecido e a situação real de pecado: o pecado humano e o perdão divino encontram-se unidos desde o início, há uma relação de amor, de fidelidade, de misericórdia entre Deus e o ser humano. Essa afirmação não responde à questão da origem do mal e do pecado, mas indica que a desobediência, a não aceitação do projeto de Deus está na origem da desarmonia em que vivem os seres humanos.[26] A crise gerada por uma leitura *fundamentalista*, uma interpretação *ao pé da letra* tem impedido de se acolher aquilo que realmente os textos querem afirmar.

García Rubio, no livro supracitado, quando aborda a temática do mal, apresenta uma reflexão sobre o pecado original partindo da visão evolucionista: "[...] a moderna visão evolucionista está obrigando a teologia a repensar o conteúdo do pecado original a fim de ressaltar o que seria a afirmação de fé que não deveria ser confundida com elementos ou categorias da visão de mundo, ou melhor, com a cosmovisão antiga".[27] A afirmação da perda de uma riqueza inicial – o paraíso – por parte da humanidade, apresentada pelo relato bíblico do Gênesis, entra em

---

[25]   Sobre estas diversas tentativas de respostas, cf. GARCÍA RUBIO, A. *Unidade na pluralidade*. O ser humano à luz da fé e da reflexão cristãs, 5. ed. São Paulo, Paulus, 2011, cap. 16 – "O Mal: onde se encontra o ser humano criado à imagem de Deus?", p. 605-614.

[26]   Cf. ibidem, p. 623-626.

[27]   Ibidem, p. 646.

choque com a visão evolucionista. O paraíso, que sabemos pelos estudos mais recentes, jamais existiu; seria uma possibilidade, uma possessão virtual e não real. Encontrava-se já presente no início da humanidade e de cada ser humano, mas em estado germinal. A criação toda, desde o princípio, está orientada intrinsecamente para essa perfeição, para chegar a esse estado, pois é conduzida pela graça salvadora de seu Criador. Os relatos bíblicos veiculam a afirmação de que para a situação de não salvação existe também a situação salvífica decorrente da graça. O pecado impediria o ser humano da graça divinizante, antes de todo e qualquer possível ato de liberdade; em outras palavras seria o ser humano alienado de Deus.

Clodovis Boff também sugere uma compreensão para o enigma do mal no âmbito da teoria evolucionista, sem perder o seu significado teológico dentro do universo da fé cristã. Lembra três pontos fundamentais da doutrina da Igreja sobre o mal: o mal não é uma substância ou entidade concreta, ela sempre compreendeu o mal como privação de bem devido[28] (cf. DS 286, 1333); há que se estabelecer a diferença entre o mal físico e o mal moral;[29] Deus não pode querer nem causar nenhum tipo de mal, isto iria contra a sua essência.[30] Essa doutrina pode ser assim compreendida: *Deus pode querer o mal apenas* indiretamente *ou então* permiti-lo, *e sempre em vista de um* bem maior.[31]

A tradição teológica cristã, tentando entender o mal e o pecado na criação, estabelece dois princípios: o primeiro é *o princípio da totalidade* – o mal só pode ser entendido no contexto da totalidade; a verdade está no todo e o erro na parte; corresponde ao plano pelo qual Deus governa o universo: o mal tem de ser situado na visão global da evolução. O segundo é o *princípio do bem maior* – o mal só pode ser compreendido em função de um bem maior; o mal não depõe contra a bondade de Deus, a menos que se veja essa bondade como algo limitado e não onipotente; os males físicos da dor, da morte são males provisórios, fases de um processo mais amplo, compensáveis em proporção ao bem que deles resulta. Portanto, não há evolução sem dor... Darwin e Teilhard de Chardin já haviam percebido isso. Deus não quer o mal nunca, mas,

---

[28] O mal *está* em alguma coisa, não é uma coisa!

[29] Segundo Santo Agostinho, há dois tipos de males: *um que o homem faz e outro que o homem padece: o que o homem faz é pecado e o que o homem padece é culpa*. In: *Contra Adimantum*, 26: PL 42, 169.

[30] Cf. BOFF, C., art. cit., p. 114-115.

[31] Ibidem, p. 115.

segundo a tradição, o permite para tirar dele um bem maior (cf. Rm 8,28). "O próprio pecado, reconhecido e detestado, é adubo para o crescimento espiritual; isso porque a liberdade humana, sobretudo quando reforçada pela graça, é uma potência alquímica que pode mudar o mal em bem."[32]

Pode-se então deduzir que a ideia do paraíso, do sonho de Deus para a humanidade e o cosmo coaduna-se com a visão de um mundo em evolução, uma vez que *o mal faz parte do todo maior* que Deus prepara desde sempre. A história da salvação inclui e resgata o pecado, vence-o, em Jesus Cristo.

> [...] há que se entender o plano de salvação como um gigantesco arco--íris. Que cobre todo o processo da criação [...] o plano do amor de Deus de elevar o mundo à comunhão divina emerge como o fundo de todos os fundos, sobre o qual o pecado e o mal fazem figuras de acidentes de percurso, que não mudam a substância do plano, mas alteram apenas seu modo de realização: o lado cruento que teve que assumir.[33]

No horizonte do plano da salvação, a criação deve ser concluída; o universo está ainda inacabado; somos ainda afetados pelas pressões sociais, pela cultura herdada por tantas e tantas gerações. Somos influenciados pela cultura pós-moderna, como vimos anteriormente, e essa herança, em muitos aspectos, nem sempre foi ideal ou satisfatória, ainda que muitos valores humanos de inegáveis benefícios tenham chegado até nós como herança de nossos antepassados.

Nesse contexto, Haught distingue *pecado original* e *pecado real*. No *pecado real* somos indiferentes ao que ele define como *princípio cosmológico estético*.[34] Este seria o estabelecimento, desde o princípio, da contínua criação de beleza. É a ideia de que o sentido do universo seja uma produção infinita de beleza que cresce e permanece para todo o sempre. O *pecado real* pode ser a *indiferença* que nos leva a destruir o que é bom e belo, reduzindo-o ao caos e à desordem. Pode ser também uma *tolerante monotonia* quando se faz necessário o esforço para o surgimento ou a criação de uma beleza mais profunda. O *pecado original*

---

[32] Cf. ibidem, p. 125-133; citação p. 132.

[33] Ibidem, p. 166.

[34] É o contrário do *princípio cosmológico antrópico, segundo o qual* as constantes físicas e as condições iniciais do universo apontam apenas para o aparecimento dos seres humanos. Cf. neste livro o capítulo 1º.

consiste em todas as forças que nos afastam da participação dessa busca essencial e vitalizadora.[35]

Alguns exemplos podem ser dados nas duas formas de mal e de pecado que Haught denomina de *mal da discórdia* – o que promove o mal – e *mal da monotonia* – a aceitação complacente do mal –, para situarmos melhor a questão ética nesse contexto darwinista.

- *Mal da discórdia* – encontra-se na violência física, nas guerras, no terrorismo que pode ser também religioso, nas doenças, nas calamidades, na miséria, nas agressões ecológicas, na morte. Sempre que houver desintegração da *comunidade*[36] encontra-se o mal da discórdia.
- *Mal da monotonia* – refere-se às inúmeras formas em que uma *comunidade* permanece inerte para alcançar as mais diversas e ricas formas de beleza. Seria a apatia, o desinteresse, a insensibilidade para as questões sociopolíticas, também as econômicas, religiosas ou eclesiais; é o descaso pela luta das minorias, dos pobres, dos desempregados, dos sem-terra; é a injustiça que adquire uniformidade ao preço da diversidade.

O chamado *pecado original* aponta para algo mais sério que uma falha genética herdada biologicamente. Aponta para uma contaminação muito mais séria que é a banalidade da feiura do mal, tolerada simplesmente. O pecado original, além de ser uma realidade sequencial de nossos atos maus ou de negligência intencional, é também "[...] uma intratável 'situação' que passou a prevalecer como resultado da indiferença acumulada da família humana à sua missão criativa no cosmo".[37]

Ainda que o mal ou o seu potencial no agir humano faça parte da nossa composição genética, diz Haught:

> [...] é teologicamente inadequado identificar o pecado original simplesmente com instintos de agressão ou egoísmo, que podemos ter herdado de nossos ancestrais evolucionistas não humanos. Apesar dessas tendên-

---

[35] É o que chamamos também, analogicamente, de *entropia*. Cf. 1o e 3o capítulos deste livro.

[36] Haught usa o termo *comunidade* como forma recorrente que a beleza toma no cosmo emergente. Assim a palavra "[...] comunidade designa qualquer entidade complexa, seja ela átomo, célula, organismo, colônia de formigas ou abelhas, sociedade de pessoas que consiste em uma síntese de unidade e pluralidade, ordem e inovação, contraste e harmonia, elementos que compõem cada instância do que chamo de beleza". HAUGHT, J. F. *Deus após Darwin...*, op. cit., p. 164.

[37] Ibidem, p. 168.

cias serem parte do nosso legado evolucionista, a substância do "pecado original" é o depósito herdado cultural e ambientalmente da violência e injustiça da humanidade, que ameaça corromper todos aqueles que nasceram neste mundo.[38]

Os relatos do Gênesis que apresentam o quadro simbólico do ideal paradisíaco constituem, pois, a imagem do que seria a situação não pecaminosa, daí serem lidos, numa leitura fundamentalista, como um evento real acontecido nos primórdios da humanidade. Em termos de ética é bem mais fácil e útil pensar um casal que inicialmente era feliz no paraíso e que, pecando, desencadeou todo o processo de destruição do cosmo, de aniquilamento da vida, e agora, *só Jesus!* – como diz nosso povo. É cômodo apregoar que não temos nada com o pecado dos outros, pois isso implica e justifica a minha indiferença, insensibilidade e frieza diante do mal e do pecado. E na melhor das hipóteses, por ser uma pessoa religiosa, eu rezo – e como rezo! – a fim de que Deus dê um jeito.

4.2. A ação da graça – promoção da diversidade e da inclusão

A realidade do mal continua a interpelar-nos e a desfiar-nos. O sofrimento humano ainda atinge-nos de forma brutal e as tentativas de explicação não convencem satisfatoriamente. Todavia, a tradição cristã atesta que Deus quis autocomunicar-se e doar-se a si mesmo no amor, entendido como o mais livre dos amores, como um ato de liberdade absoluta. São gestos *graciosos*, porque indevidos diante do criado que é contingente, limitado, finito e podem ser entendidos como atos de perdão, de redenção, "[...] como o milagre indevido do livre amor de Deus que faz o próprio Deus ser o princípio interno e 'objeto' da realização da existência humana".[39] A essa oferta do amor de Deus chamamos *graça* e uma vez expressão livre de Deus, deve ser acolhido também na liberdade.

Liberdade, nesse sentido, é muito mais que a capacidade de fazer isto ou aquilo, de decidir o seu ir e vir, o seu vestuário ou a sua profissão. A liberdade diz respeito à opção fundamental da sua vida. Implica *que* apostamos o nosso futuro:

> [...] é a faculdade do definitivo, do irreversível, do irrevogável, do eterno. Constitui nossa liberdade profunda, nossa pessoa, nossa existência histórica [...] somos liberdade acontecendo, estamos no tempo constituin-

---

[38]   Ibidem.
[39]   RAHNER, K. *Curso Fundamental da Fé*. Introdução ao conceito de cristianismo. São Paulo, Paulinas, 1989, p. 153.

do a eternidade que somos e seremos. Recolhemos na eternidade o que semeamos no tempo.[40]

É uma opção que decide sobre a minha relação com Deus: aceito ou não a sua oferta de amor? Sobre o que farei com a minha vida: que valores vão norteá-la? E, consequentemente, como será a minha relação com os demais? Não são decisões independentes, estão conectadas por um único movimento *existencial sobrenatural* que caracteriza a ação da graça.[41] Em outras palavras, devo e posso libertar a liberdade para o amor: amar a Deus e amar os irmãos.

Nossa realidade parece contrapor-se a essa tomada de decisão livre: o mal parece ter mais força que o bem; as crescentes desigualdades sociais geram violência, criminalidade; vemos a força da globalização do econômico em detrimento do humano; as infindáveis guerras santas justificadas em nome do sagrado; a agressão à natureza que *geme em dores de parto*, enfim, como fazer valer o amor nesse processo em que a *entropia* parece ser a decisão mais rápida, menos comprometedora e mais fácil?

O agir ético de Jesus pode ser uma resposta a essas questões e o mandamento do amor também pode ser vivido longe dos redutos sagrados e dos espaços eclesiais. A luta pela justiça deve ser a bandeira de cristãos e não cristãos, deve ser uma brigada humana. O cuidado com a natureza é um imperativo ético de sobrevivência; preservá-la é garantir o futuro da vida. Os bens de consumo podem ser mais bem distribuídos e partilhados, pois a miséria fere a dignidade das pessoas e as desumaniza. Só essa sensibilidade para com os excluídos possibilitará que o mundo alcance o seu pleno sentido.

Aceitar a oferta de salvação oferecida por Deus, responder positivamente ao seu amor – pura graça! – significa amor aos nossos semelhantes, mas também "[...] luta por eliminar tudo o que signifique diminuição de vida para o nosso próximo, sobretudo para os mais fracos, para os sem voz e sem vez da sociedade".[42] Neste sentido a graça de Deus em nós pode ser vista como o motor que mantém esse dinamismo da liberdade em ação; é ela que permite nossa decisão pelo bem, pelo Outro, pelo

---

[40] MIRANDA, M. de França. *A salvação em Jesus Cristo*. A doutrina da graça. São Paulo, Loyola, 2004, p. 90.

[41] Cf. RAHNER, K., op. cit., p. 157-165.

[42] MIRANDA, M. de F., op. cit., p. 143.

mais fraco, pelo menos capaz e ao fazermos isso contribuímos para que a diversidade seja vivida num processo de inclusão.

O *ser ético*, expressão de uma opção radical da nossa liberdade, é diferente de *ter ética*. No primeiro caso os valores do *dever ser* conduzem toda a nossa vida movidos por uma liberdade libertada; no segundo, pode-se ter ética apenas em algumas situações ou circunstâncias, por conveniência. *Ser ético* também é um processo em que se vai evoluindo gradativamente e sempre. E neste sentido o agir ético, o ser ético é graça em movimento, podendo configurar-se de muitas maneiras, mas que levam sempre à valorização, ao respeito, à recuperação, ao resgate da dignidade, à inclusão, à humanização.

4.2.1. Ética da responsabilidade

Pensar o mal e o pecado, numa teologia antiga ainda não superada, justifica a existência e a necessidade de bodes expiatórios que, de alguma forma, restaurem a harmonia, a ordem do mundo. A teologia cristã parece ter contribuído para disseminar a ideia de um Deus irado, magoado com as desventuras humanas, que exige uma expiação à altura da ofensa praticada.[43] Uma releitura da carta aos Hebreus e a percepção da sua belíssima mensagem teológica faz-se pertinente e necessária no horizonte da teoria darwiniana. A antiga concepção de um Deus sedento por reparação, se antes já era complexa, hoje é inadmissível e *religiosamente superada* quando confrontada com a teoria da evolução.

A convicção cristã de que em Jesus Cristo temos o término de um tempo expiatório adequa-se perfeitamente a um mundo em evolução, em devir constante, mesmo que essa ideia não seja, ainda, totalmente aceita, por apresentar um cenário em que cada ser humano é responsável pela criação. Uma responsabilidade com dupla função: a de criar e a de cuidar do criado. É verdade: faço parte do dinamismo que evolui, cresce, humaniza-se e, entre alegrias e dores, a raça humana e o cosmo caminham para a sua meta final. Mas sou também responsável pelos que encontram dificuldades no caminho – por motivos diversos –, e devo ajudá-los de alguma forma. Por que não chamar também de *menos aptos* estes seres com um grande número de dificuldades? Penso que, por analogia, é possível. Se a *ideia perigosa* de Darwin concluiu

---

[43] A doutrina da expiação de Santo Anselmo tem um forte acento jurídico, o que levou a muitas distorções por apresentar a imagem de um Deus violento que exigia uma reparação à sua altura; Jesus, seu Filho e só ele, poderia resgatar, expiar tão grande ofensa cometida pela humanidade, daí sua morte violenta.

que biologicamente a vida tenha avançado às custas dos mais fracos, chegamos ao patamar de poder afirmar hoje que a sobrevivência dos mais aptos não é normativa para as nossas próprias relações com os outros seres humanos e também com os de outra espécie.[44] Isso porque a moralidade e a ética pertencem ao domínio da cultura, e não da natureza. Seu surgimento deu origem a uma nova história cósmica que dificilmente poderá ser interpretada pelas ciências naturais. O que as instituições, leis, cultura e religiões muitas vezes fazem – deveriam fazer sempre! – é proteger os mais fracos, numa linguagem darwiniana, *os menos aptos*, ou *inaptos*, para que estes tenham chance de sobrevivência. Mas alguns estudiosos afirmam que "[...] nossos ideais éticos são simples mecanismos evolucionistas de adaptação que levam a um intercâmbio entre os seres humanos para que seus genes sobrevivam nas próximas gerações. A ética [...] é uma função dos genes egoístas",[45] por isso não podem ser verdadeiros e que juntamente com a ideia da bondade de Deus e a religião foram criados por nossos antepassados para assegurar a uma vida tranquila diante da hostilidade do mundo.

Há argumentos muito sérios para essas questões, mas interessa--nos registrar que o Deus cristão é o Deus dos mais fracos, é o Deus dos menos aptos, é o Deus dos pequenos e pobres, é o Deus dos sofredores e oprimidos (cf. Ex 3,7-10; Mt 5,1-11). A humanidade de Jesus apresenta-nos a possibilidade de vencer o mal e o pecado ainda que não possamos extirpá-lo.

Sempre no campo da analogia, as leis da termodinâmica[46] iluminam bem esse processo de enfrentamento, superação do mal que desencadeia a evolução humana. A dupla tendência energética que move o processo evolutivo, *degradação/entropia* e *concentração/nega-entropia,* articula-se e a multidão dos menos aptos é utilizada como suporte necessário para o aparecimento de uma síntese superior. Olhando para a realidade do mal do mundo e buscando superá-lo podemos aludir, analogicamente, à *nega-entropia*[47] como o dinamismo que possibilita atitudes éticas de responsabilidade para com os mais fracos. Haught chama de *altruísmo*[48]

---

[44] Cf. HAUGHT, J. F. *Cristianismo e evolucionismo...*, op. cit., p. 61.

[45] Idem, *Deus após Darwin...*, op. cit., p. 152. Sobre esta discussão, cf. ibidem, p. 149-175.

[46] Uma excelente síntese sobre este tema baseada em Juan Luis SEGUNDO pode ser encontrada in: GARCÍA RUBIO, A., op. cit., cap. cit., p. 653-658.

[47] Em oposição à *entropia*, que é a degradação de energia e tendência para sínteses mais fáceis e quantitativamente majoritárias, a nega-entropia é a concentração de energia quantitativamente minoritária, requerendo maior esforço para o seu deslocamento.

[48] "Altruísmo é qualquer comportamento, no âmbito animal ou humano, através do qual

e indica exemplos como celibatários e Madre Tereza que deram a vida pelo bem dos outros e do mundo e não deixaram genes para a próxima geração; todavia, o bem proporcionado àquelas vidas será transmitido às gerações futuras, incluindo os traços genéticos do seu altruísmo. Segundo esse autor, a explicação darwiniana parece ser capaz até de justificar o comportamento ético e religioso.

Jesus viveu o ápice do altruísmo, da nega-entropia, da ética da responsabilidade, do amor ao semelhante, da dedicação aos mais fracos. Os evangelhos atestam suas atitudes de compaixão para com os pobres, os perdidos, os marginalizados. Parábolas como a da ovelha perdida (cf. Lc 15,4-7), do bom samaritano (cf. Lc 10,29-37), do pai misericordioso (cf. Lc 15,11-31), do bom pastor (cf. Jo 10), da pecadora perdoada (cf. Lc 7,36-50), a cura de um paralítico (cf. Mc 2,1-12) e a cura da filha de uma mulher sírio-fenícia (cf. Mc 7,24-30) são alguns exemplos do amor de Jesus para com os excluídos e os mais fracos de seu tempo. A atitude de Jesus diante da sua condenação e morte por crucifixão dá-nos a dimensão de a que ponto pode chegar o altruísmo, a nega-entropia, e aonde pode levar o desejo e a força humana de elaborar sínteses mais difíceis.

Duas passagens podem exemplificar a responsabilidade ética de Jesus assumida no seu contexto histórico diante do Pai – Abbá. Ao ser comunicado que sua mãe e seus irmãos o procuravam e estavam à porta, Jesus ultrapassa as fronteiras da consanguinidade e os estreitos laços familiares, respondendo fazer parte de uma família maior: a família humana dos que cumprem a vontade do Pai e à qual dedicava o seu ardor missionário (cf. Mc 4,31-35). De outra feita, em oração, rogava ao Pai pelos que ele lhe dera: eram do Pai e ele os deu ao Filho (cf. Jo 17,6.9-26). Trata-se de um pedido sofrido, apaixonado, por todos os seres humanos, seus irmãos, presente do Pai ao Filho, juntamente com toda a criação – *por ele, para ele e nele tudo foi feito* (cf. Cl 1,16) –, por isso Jesus se responsabiliza por nós. Nosso futuro e nosso destino, como também os do cosmo, são o alvo do seu projeto, da sua missão que resultou na sua morte.

No diálogo com a ciência da evolução, a teologia cristã ganha respaldo e argumentos sólidos que corroboram o discurso e o anúncio do Reino de Deus já instaurado e realizado na história humana por Jesus,

---

um organismo sacrifica o seu futuro genético por outros organismos, normalmente relacionados com ele." Cf. HAUGHT, J. F. *Cristianismo e evolucionismo...*, op. cit., p. 64.

mas ainda a caminho da perfeição, da plenitude, do futuro esperado e sonhado que somos chamados a criar. Todavia, para além de uma postura responsável de uns para com os outros, desafia-nos outra perspectiva ética. Esta necessita um pouco mais de concentração de energia, de nega-entropia, pois resultará no aparecimento de pessoas mais humanas, mais aptas a fazerem parte da proposta inicial do projeto salvífico da criação. É uma postura evangélica, vivida por Jesus e referência para a conduta cristã.

4.2.2. Ética da misericórdia, da compaixão, do cuidado

A misericórdia de Deus é um tema bíblico muito bonito e questionante. Por misericórdia compreende-se o movimento de colocar o coração junto, ao lado, na mesma direção, no mesmo lugar do *miserável*, da *miséria* do *outro*. Os textos bíblicos estão cheios de belíssimas passagens que ilustram a misericórdia do nosso Deus ao longo da história da salvação (cf., p. ex., Ex 3,7ss; 1Cr 16,34; Sl 100,5; Pr 19,22; Jr 9,24), e a vida de Jesus, nosso Deus encarnado, também reflete essa mesma dinâmica misericordiosa de Iahweh.

Jesus teve misericórdia para com os pecadores, para com os excluídos, doentes, pequenos; para com os pobres, com as mulheres e crianças, para com todos os que de alguma forma possuíam o seu quinhão de miséria humana. Todavia, mais que *ser* misericordioso ele colocou a misericórdia como parâmetro/critério, como forma de agradar a Deus: "*Ide, pois, e aprendei o que significa:* 'Misericórdia é que eu quero e não sacrifício', eu não vim chamar justos, mas pecadores" (Mt 9,13).

Corre-se o perigo de interpretar misericórdia como piedade, dó, pena, isolada de uma práxis libertadora que atinja a raiz, a causa da miséria detectada. Jon Sobrino alerta para isso e propõe o *princípio misericórdia*: ter a misericórdia como princípio norteador das ações de amor que praticamos ao longo da vida.[49] Foi assim com o nosso Deus: ele viu e ouviu o clamor de um povo sofredor e, movido pela misericórdia, teve compaixão, teve cuidado e ainda cuida dele. Na pessoa de Jesus encontramos a configuração humana da misericórdia de Deus. O ser humano, criado a sua imagem, que caminha para a perfeição, para a plenitude, evoluindo como humano, atinge esse objetivo ao ser misericordioso (cf. Lc 10,29-37). Desmontando os sistemas convencionais da ética de seu

---

[49] Cf. SOBRINO, J. *O princípio misericórdia*. Descer da cruz os povos crucificados. Petrópolis, Vozes, 1994, p. 31-38.

tempo, Jesus convida a *ser próximo* – muito mais que ver e reconhecer o outro como seu próximo! –; é um movimento no sentido contrário (cf. DA n. 135; 140), pois consiste em *re-agir*, em interiorizar em suas entranhas – *rahamim* – e em seu coração o sofrimento do outro. A parábola do samaritano é muito clara: este não socorreu o ferido *para* cumprir um mandamento, mas, movido *por* compaixão, cuidou dele!

> É uma atitude fundamental perante o sofrimento alheio, em virtude da qual se reage para erradicá-lo, pela única razão de tal sofrimento existir e com a convicção de que, nessa reação diante do não dever-ser do sofrimento alheio, se decide, sem escapatória possível o próprio ser.[50]

Compaixão implica assumir a paixão do outro; transladar-se ao lugar do outro para estar junto, para sofrer junto, chorar e alegrar-se com o outro. E esse *estar junto* pode significar quilométricas distâncias geográficas, mas o coração está ao lado, junto, solidária e compassivamente. A dinâmica básica do ser humano é a compaixão e o cuidado; ele é essencialmente *pathos*, o sentimento e a lógica do coração, e não a razão.[51] Segundo Heidegger, em sua essência ser-no-mundo é cuidado, forma a substância do humano. E como deduz L. Boff: "Se o cuidado é a constituição ontológico-existencial mais original do humano, então ele oferece a base mais segura para entender a compaixão em seu sentido fundamental",[52] pois a compaixão não é passiva, é uma atitude, é ação de *com-partilhar* a própria paixão com a paixão do outro, para alegrar-se junto, caminhar, chorar, viver. Em termos de vida, compaixão significa amor e sinergia com todos os seres vivos do planeta, não só o ser humano.

Portanto, a misericórdia, a compaixão e o cuidado são dados antropológicos que configuram e definem o humano, caracterizam-no, sendo apresentados por Jesus como critérios salvíficos (cf. Mt 25,31-46), e definirão nosso destino final: o que fizermos ou deixarmos de fazer a um dos pequeninos – e hoje são tantos! – foi a ele que fizemos ou deixamos de fazer.

A ética da misericórdia, da compaixão e do cuidado, que não são três éticas separadas e independentes, mas elementos de um mesmo processo, pode ser o movimento que capacita *os menos aptos* para sín-

---

[50]   SOBRINO, J., op. cit., p. 36.
[51]   Cf. BOFF, L. *Princípio de compaixão e cuidado*. 2 ed. Petrópolis, Vozes, 2001, p. 13.
[52]   Cf. ibidem, p. 14-15. Sobre este tema ver também: Idem. *Saber cuidar*. Ética do humano – compaixão pela terra. 6 ed. Petrópolis, Vozes, 2000.

teses superiores da evolução, tornando-os fortes para, gradativamente, irem vencendo a entropia, como foi visto, tendência para a degradação de energia. Se na teoria evolucionista darwiniana *os menos aptos* servem de suporte necessário para a evolução dos mais fortes, em termos ético-morais, *os mais fortes* são convocados a conduzir o processo evolutivo a cabo, sem que ninguém se perca, perpetuando o processo da *kénose*, assumido por Jesus, sendo suporte para que os mais fracos não sejam excluídos do processo (cf. Mt 10,6; Lc 15,4; Jo 10,15). Isso não é utopia, é possibilidade real, pois o ser humano é dotado de liberdade e pode fazê-lo. A misericórdia de Deus, do qual somos imagem, move o processo evolutivo do cosmo, da natureza e do ser humano, no seu interior, respeitando nossas decisões, às vezes não muito éticas.

As obras de misericórdia, ou *amor de misericórdia*, devem atentar para que a dignidade do ser humano seja respeitada, sobretudo a daqueles que têm suas vidas vulnerabilizadas por estruturas sociais, políticas e econômicas que os impedem de ter as suas necessidades básicas atendidas (cf. DA n. 384-385). Mais ainda, deve-se *cuidar* para erradicar a pobreza, a miséria, a violência e para que haja oportunidades para todos, inaugurando uma nova ordem social, pois um outro mundo é possível: *Em tempo de farinha pouca, o pirão deve ser partilhado!*

A sobrevivência *dos mais fortes*, tese fundamental da teoria de Darwin aplicada à esfera biológica, não deve ser aplicada no âmbito ético-moral. Sabemos que o caminho é outro! Implica uma retomada apaixonada da causa dos mais fracos, uma cuidadosa atenção aos seus apelos, um coração solidário com o sofrimento provocado por sua miséria. Significa ajudá-los no seu fortalecimento, sendo sujeitos de sua própria evolução e crescimento, autônomos e livres, pois nosso Deus quer a libertação e salvação de todos. Isso nos desafia a um novo olhar sobre o outro. Como Jesus disse a Nicodemos que é necessário nascer de novo para ver o Reino de Deus (cf. Jo 3,3), também aqui faz-se necessária uma mudança de olhar, um olhar novo sobre o Outro. Só uma real mudança na maneira de ver o Outro provocará o *éthos* para uma práxis transformadora que, movida pela compaixão, despertará a misericórdia e, consequentemente, levará ao cuidado, ao serviço.

4.2.3. Ética da alteridade

Por alteridade entende-se uma mudança de olhar sobre Outro – sempre com maiúscula por ser um nome próprio, pessoa única –, um Rosto que se aproxima, revela-se, questiona-me, interpela-me, diz sem falar. Alteridade é a consciência do Outro na minha vida, mas uma consciência que, muito mais que uma constatação, implica uma relação afetuosa que independe de laços de amizade, pois se instala a partir da convicção de sua importância como membro da raça humana. Alteridade não é só respeito pelo Outro, pois pode-se ser respeitoso sem entrar na dinâmica da alteridade. Alteridade é o caminho de conversão do olhar que aquece o coração e provoca contrações em nossas entranhas... Fazer a experiência da alteridade é ver no Outro, no seu Rosto, a imagem do infinito, o vestígio de Deus e a origem da ética. Em seu Rosto inscreve-se o mandamento que é a síntese inaugural de todos os outros: *Não matarás!*

Lévinas, inspirador dessa reflexão,[53] remonta à quatríade bíblica: o pobre, o órfão, o estrangeiro e a viúva e apresenta-os como estereótipos privilegiados da experiência ética veterotestamentária. Estes representam os mais fracos, os não aptos, mas é para eles que Iahweh solicita o acolhimento, cujo gesto será abençoado (cf. Dt 14,29; Jó 29,12). Na mesma linha, Jesus optou por aqueles que nada ou pouco tinham e toda a sua vida foi integrá-los, incluí-los no seu contexto social e religioso (cf. Lc 17,12-14).

A proposta de uma ética alicerçada na alteridade fundamenta-se no mandamento primeiro do amor ao próximo, um próximo-Outro que não aceita a minha vontade de domínio e sede de poder, que desafia o *meu poder de poder*! Por isso convida-me a uma relação única, *obriga-me* sem obrigar, a ser responsável, misericordioso, compassivo e cuidadoso. Este é o imperativo ético da alteridade, pois *o Outro é a ótica da ética.* Queiramos ou não, o Outro, ainda que estranho, é irmão; permanecerá sempre transcendente, recusando-se a ser coisa, número, teoria e, assim, interpela-me.

O *altruísmo* de Haught assemelha-se bastante ao que dizemos ser alteridade; a ideia parece ser a mesma: "[...] o tão difundido ideal de altruísmo na vida humana nos coloca muito para além da esfera da biologia evolucionária [...] e acrescenta ainda de forma contundente [...] a nossa relativamente recente compreensão do papel que os genes têm

---

[53]   Cf. FERNANDES PINTO, M. J. "Alteridade e Bioética: um novo olhar sobre o Outro e sobre a Vida". In: *Repensar* n.1 (2005), 49-65. Sugiro também a reflexão de PIVATTO, P. S. "Ética da Alteridade". In: OLIVEIRA, Manfredo A. (Org.) *Correntes fundamentais da ética contemporânea.* 2 ed. Petrópolis, Vozes, 2001, p. 79-97. Trata-se de um resumo extremamente benfeito da gigantesca reflexão sobre alteridade desenvolvida por Emmanuel Lévinas.

na evolução permite-nos estender a explicação darwiniana mesmo para os domínios da ética e da religião".[54] Essa perspectiva insere o darwinismo numa compreensão mais inclusiva do que a mera *aptidão* reprodutiva, abrindo horizontes para a teologia, a filosofia e a religião.

Enfim, o *fiasco humano*, atestado pela realidade de crises nos tempos atuais, leva à procura de um novo paradigma e, a partir disso Lévinas propõe a experiência originária do encontro humano e, assim, a ética instaura-se na relação intersubjetiva; "a ética é o sentido profundo do humano e precede a ontologia".[55]

As relações humanas estão pautadas por um mandamento e este está ligado às fortes raízes bíblicas da Aliança-Iahweh-Israel. Esse mandamento é o conteúdo da Revelação e da aliança entre Deus e a humanidade. "O mandamento é ético e por ser ético não cerceia a minha liberdade, como apregoavam os filósofos. A relação ética é anterior à oposição de liberdades [...]".[56] A ética da alteridade postula um retorno às nossas raízes bíblicas, às nossas origens, ao sonho inicial da criação plasticamente mostrado em Gn 1-2. Um sonho do qual somos colaboradores criativos; como todo sonho, ainda está em processo, a caminho de sua realização plena.

Se a Pós-Modernidade com suas características e os valores que lhe são inerentes não conseguiu responder satisfatoriamente aos desafios éticos que hoje nos são apresentados, a mensagem cristã oferece caminhos eficazes para uma ética sustentável:

- Para a ética do relativismo – a ética da responsabilidade.
- Para a ética do mais adaptado ou do mais forte – a ética da alteridade.
- Para a ética da ordem – a ética da compaixão/cuidado/misericórdia.

E todas elas devem nortear *os princípios da bioética* por estarem relacionados e sem possibilidade de dissociação. A bioética é uma arrojada proposta ética para o nosso tempo, que tem *a vida como bem maior* a ser resguardado das inovadoras descobertas científicas e dos sofisticados avanços da biociência e da biotecnologia, uma vez que podem estar, ideologicamente, a serviço dos mais fortes, dos mais ricos e dos mais poderosos, em detrimento dos pobres, dos fracos e dos excluídos.

---

[54] HAUGHT, J., *Cristianismo...*, op. cit., p. 64.
[55] PIVATTO, P., art. cit., p. 81.
[56] Ibidem, p. 57.

Conclusão – Terra sem males: a vitória da beleza e suspensão da ética

O papel da ética é conduzir o universo, o cosmo, a criação, a evolução – seja qual for o nome mais apropriado – para instaurar o *dever-ser*. Numa linguagem teológica, este é o processo de superação do mal e do pecado; é o Sentido Último de toda criação, o *porquê* e o *para que* da redenção oferecida por Jesus Cristo. Diferentemente da concepção de um mundo que está à mercê do acaso, a fé cristã diz que o futuro da criação é uma Terra sem males! Afirma também que, em Jesus, nada se perdeu, a sua ressurreição regenera o mal, resgata o sofrimento humano e o do cosmo, instaura uma vida qualitativamente nova.

O sonho do fim do sofrimento e do mal é alimentado por diferentes povos, culturas e religiões. O cristianismo sustenta que "Todo o sofrimento, luta, perda e triunfo do universo em evolução são finalmente dotados de significado eterno. Qualquer coisa que ocorra no universo em evolução pode contribuir para a beleza [...], que toma forma no abraço compassivo de Deus".[57] Pode ser que o sentido do universo seja a produção de uma beleza que para Deus é eterna. A ética, nesse processo, é a postura que tornará possível configurar essa beleza, sua colaboradora mais direta, mais íntima e fiel.

A natureza apresenta uma assombrosa diversidade de beleza, nos mais diferentes e diversos padrões, representada por infinitos e belos detalhes. A complexidade de tal beleza leva *a teologia a suspeitar da discreta presença desse significado*; mais ainda, que a *indicação religiosa* é coerente com a evolução cósmica. Estudos demonstram que mesmo os acontecimentos cercados de dor, de sofrimento, desperdício e morte não depõem contra o equilíbrio do cosmo, que mantém a vida em vez de aniquilá-la.

Parece que somente a perspectiva ética não dá conta de apontar o significado que está subjacente ao sentido do universo. A perspectiva estética, entretanto, pode armazenar as *contradições que ofendem nossa sensibilidade moral*, porque permite uma *visão mais ampla*. Em outras palavras, a beleza como meta cósmica pode oferecer um sentido ao qual podemos unir nossos atos ético-morais. Mas definir beleza, nesse contexto, é muito complexo, pois as usuais ideias de beleza são muitas vezes conceitos culturais, tendenciosos e ideologizados. E o conceito

---

[57] HAUGHT, J. *Deus após Darwin...*, op. cit., p. 156.

de beleza é paradoxal: é um frágil equilíbrio entre forma e conteúdo; a combinação de unidade e multiplicidade; harmonia de contrastes; ordenação da novidade. É uma síntese equilibrada de dois polos extremos: beleza é a delicada síntese de unidade e complexidade, estabilidade e movimento, forma e dinâmica. Assim, "[...] a ética evolucionista pode consistir simplesmente de levarmos adiante, no nível humano da vida, o incessante impulso do universo para a intensificação e expansão da beleza".[58] Eis o ponto: nossa conduta contribui, de certo modo, para a criação de beleza cósmica, beleza esta revestida do amor. E só por causa dessa visão evolutiva do cosmo – em oposição à visão fixista – é possível inserir o humano e sua conduta moral no horizonte de coparceria com o Deus criador.

Sabemos do desafio que tudo isso traz para a ética da ordem pre-estabelecida. Qualquer inovação traz consigo a insegurança, a tentação do comodismo e o medo de interferir no *status quo* dominante. A perspectiva da beleza aplicada à ética faz-nos sonhar com uma *Terra sem males*, mas sonhar acordados, ativos, em movimento, convencidos de que vale a pena ser virtuoso e acreditar na força do bem, pois o amor é seu princípio norteador. Mais ainda, nossa postura ética pode convencer os outros de que pelas nossas ações o mundo encontra-se em contínua criação. Não percamos a consciência da nossa fragilidade para tão arrojado projeto... Mas, sobretudo, não percamos a capacidade de sonhar, de acreditar na utopia! Nosso Deus nos capacita para a realização de utopias e desde o início ele nos delegou esta tarefa: "Sede fecundos, multiplicai-vos, enchei a terra e submetei-a; dominai os peixes do mar, as aves do céu, os animais domésticos e todos os répteis" (Gn 1,28), submetei-a ao bem, ao dever-ser, ao amor. E o amor deixa sempre lugar para que o Outro seja ele próprio e, nesse sentido, a *kénose* de Deus no processo evolutivo é o ápice da ética, a inauguração de uma *Terra sem males* onde a ética tornar-se-á desnecessária, pois cederá lugar ao amor, que é a eterna beleza.

---

[58] Ibidem, p. 161.

O futuro que se abre ao presente em evolução: encontro entre teologia e teoria da evolução no discurso escatológico

Celso Pinto Carias*

Introdução

O conhecido físico brasileiro Marcelo Gleiser, em seu belo livro *Criação imperfeita*[1], afirma, várias vezes, que só podemos saber aquilo que se pode medir. Mas toda medição está sujeita ao erro, pois esta não existe em si, e sim no olhar do observador que mede, isto é, o ser humano. Acreditamos que o cientista Marcelo Gleiser não ficaria ofendido, se disséssemos que a Bíblia nos ensina a mesma cautela recomendada pela ciência. O fato de CRER, ter fé em um Deus criador, não faz as nossas perguntas e respostas terem algum privilégio diante de qualquer situação sociocultural. A teologia precisa ter consciência de que ela é um saber hermenêutico e suas palavras não dão conta de toda realidade. A passagem do imanente para o transcendente deve ser feita sempre com muita cautela.

---

* Doutor em Teologia Sistemático-Pastoral pela PUC-Rio. Professor dos cursos de Cultura Religiosa nesta mesma Universidade. Coordenador do Centro avançado da PUC-Rio em Duque de Caxias.

[1] GLEISER, M. *Criação imperfeita* – Cosmo, vida e o código oculto da natureza. Rio de Janeiro/São Paulo, Record, 2010.

Este capítulo talvez tenha mais perguntas do que respostas, pois ainda caminhamos com muito cuidado no interior da herança conceitual que a ciência moderna tem-nos oferecido. Porém, não podemos nos omitir. A teologia precisa continuar o diálogo com os desafios que a ciência apresenta, como foi indicado por Alfonso García Rubio no primeiro capítulo deste livro.[2] *Não podemos simplesmente tentar uma adaptação linguística, precisamos buscar o encontro com conceitos que têm mudado o pensamento humano nos últimos tempos. Como continuar falando de futuro, vida eterna, ressurreição, sem levar em consideração aquilo que a ciência moderna tem afirmado sobre tempo e espaço, sobre a origem da vida e sua aleatoriedade? Como falar de tais convicções de fé, sem continuar caindo no dualismo?*

Este capítulo é um ensaio que apontará para a possibilidade de um falar escatológico, no interior do cristianismo, levando em consideração as mudanças conceituais que a teoria da evolução produziu nos últimos dois séculos. No entanto, é preciso afirmar que tal teoria não possui uma escatologia explícita. Enquanto teoria científica, não tem nenhum compromisso em buscar explicações para o futuro do ser humano, a não ser enquanto possibilidades de vida imanente à trajetória terrestre. Porém, as concepções evolucionistas nos obrigam a repensar o processo pelo qual concebemos o itinerário da vida, e nela especificamente a humana, na direção de algo que vá além do conhecido pela ciência, sem uma posição de exclusão entre ciência e fé. Sem precisar negar uma ou outra. O nosso esforço é justamente o de apontar possibilidades de articulação entre ambas na perspectiva escatológica.

Embora a preocupação de fundo seja representada pelo desafio que a *teoria da evolução* vem apresentando desde, sobretudo, a publicação de *A origem das espécies* de Charles Darwin (1859), não podemos deixar de levar em consideração alguns elementos da física. Como diz um especialista em cosmologia do Grupo de Pesquisas do Observatório do Vaticano (VORG), o padre jesuíta Willian Stoeger, "sem a evolução cósmica não haveria evolução biológica".[3] Na verdade trata-se de um diálogo com a biologia e a cosmologia.

Talvez o leitor ou a leitora de teologia possa estranhar o fato de não desenvolvermos mais abrangentemente elementos de escatologia cristã. Mas existe ampla literatura teológica sobre esse assunto. Nós mesmos

---

[2] GARCÍA RUBIO, A. *A teologia da criação desafiada pela visão evolucionista da vida e do cosmo*, neste livro.

[3] Título de entrevista concedida à revista IHU on-line, 306, ano IX, 31.08.2009, da Universidade do Vale do Rio dos Sinos (UNISINOS – http// www.unisinos.br/Ihu).

tivemos oportunidade, em outra obra conjunta como esta, de oferecer reflexão sobre o referido tema.[4] Percebe-se, portanto, que haverá o esforço de travar um diálogo interdisciplinar. Contudo, será preciso se aproximar mais dos conceitos vindos do saber não teológico, pois a teologia cristã ainda não foi capaz de absorver, de maneira mais ampla, o impacto dos novos paradigmas advindo das concepções modernas.

É preciso insistir que não é uma tarefa fácil. A própria ciência se vê em situação difícil no momento em que necessita descrever suas descobertas, utilizando o quadro conceitual disponível. O grande Albert Eisntein, apresentando o livro do estudioso de física, filosofia e história da ciência, Max Jammer, afirmou:

> Na tentativa de chegar a uma formulação conceitual, imerso no conjunto imensamente vasto dos dados da observação, o cientista serve-se de um arsenal de conceitos dos quais se imbuiu praticamente junto com o leite materno. Raras vezes ou mesmo nunca tem consciência do caráter eternamente problemático de seus conceitos... No entanto, a bem da ciência, é preciso nos empenharmos repetidas vezes na crítica desses conceitos fundamentais, para não sermos governados inconscientemente por eles.[5]

Cremos que a observação de Einstein se aplica também à teologia, pois a base filosófica, predominantemente grega, sob a qual vários conceitos teológicos foram constituídos deve, em muitos casos, ser revista. Dentre eles, destacamos os conceitos de tempo e espaço que são fundamentais na visão escatológica cristã.

1. Viajando pelo tempo e pelo espaço

Uma das dificuldades mais contundentes para o discurso escatológico se encontra na compreensão atual que temos de *tempo e espaço*.[6] Aqui, queremos realizar uma aproximação da fé cristã, resposta humana que se remete à plenitude do tempo e do espaço, com contribuições que a ciência trouxe à nossa compreensão atual. É bom lembrar que, quando a teologia elaborou as afirmações de fé sobre tal temática, ela tomou da

---

[4]   CARÍAS, C. P. "Vida e morte: dois lados da mesma moeda – Uma reflexão sobre o sentido da morte". In: GARCÍA RUBIO, A. e AMADO, J. P. *Espiritualidade cristã em temos de mudança.* Petrópolis, Vozes, 2009, p. 215-233.

[5]   JAMMER, M. *Conceitos de espaço* – A história das teorias do espaço na física. Rio de Janeiro, Contraponto & Ed. PUC-Rio, 2010, p. 15.

[6]   CARIAS, C. P., op. cit., p. 215-233, onde salientamos tal dificuldade.

filosofia os conceitos disponíveis naquele momento. Agora, sem alterar o núcleo fundamental, podemos fazer a mesma coisa. Porém, não é mais a filosofia que pensa com exclusividade a história, a vida e o cosmo.

O que é o tempo? – pergunta o físico inglês Stephen Hawking – "Um rio sempre a correr que leva embora todos os nossos sonhos, como nas palavras do antigo hino? Ou seria um trilho de trem? Talvez possa ter voltas e desvios, de modo que você possa continuar seguindo adiante e, mesmo assim, retornar a uma estação anterior da linha".[7] Evidentemente não pretendemos discorrer sobre a pergunta de Hawking no âmbito da física. Porém, podemos assumir uma configuração que nos permita apresentar a continuidade transcendente da vida, sem confundir eternidade com simples continuação de nosso tempo histórico.

A grande reflexão que a teologia deve fazer diz respeito à entrada de um ser criador na dinâmica de um tempo mensurável no qual o próprio Criador não pode ser identificado diretamente. Deus entra no *cronos* ou cria o cronos, ou ainda, deixa-se misturar ao cronos, para quê?[8] Por que, ao criar, estaria Deus buscando comunhão com um ser que possui enorme dificuldade de se relacionar com ele?[9] O ser humano, criado conforme o relato do Gênesis, à imagem e semelhança do próprio Criador, ao longo de toda história humana não tem encontrado facilidade para manter tal comunhão. Ao contrário, muitas vezes a relação dos seres humanos com Deus se dá de forma extremamente complexa e tensa.[10] No contexto atual a existência de um Criador não é imediatamente evidente para todos. E mesmo em tempos antigos podemos observar que alguns também não tinham tal imediatez. Houve um tempo no qual a humanidade não tinha sequer a ideia clara de Deus, conforme se pode constatar facilmente na história das religiões. Qual era a imagem de Deus, quatro mil anos antes de Cristo? Sabemos, por exemplo, que o monoteísmo não seu deu de forma imediata na história.

Continuar afirmando a existência de Deus diante das informações que hoje a física e a biologia nos fornecem exige o encontro com categorias que levem em consideração ao menos uma temporalidade muito maior. Estamos acostumados a falar de Deus dentro de uma linha his-

---

[7]   HAWKING, S. *O universo numa casca de noz*. São Paulo, Ediouro, 2009, p. 31.

[8]   Lembrando que *cronos* é a palavra grega para designar o tempo que se pode medir (ontem, hoje e amanhã).

[9]   Os primeiros capítulos do livro do Gênesis demonstram isso com muita acuidade: desobediência (Adão e Eva); irmão matando irmão (Caim e Abel) etc.

[10]   O livro de Jó é um dos melhores exemplos desta tensa relação.

tórica muito limitada em comparação com o que sabemos agora sobre a existência do universo e do planeta Terra.

É importante ressaltar que o processo redacional da Bíblia se deu em um contexto no qual o tempo não era pensado como em nossos dias. É preciso recuperar aquilo que o Novo Testamento chama de "kairós", isto é, um tempo não mensurável, qualitativamente diferente do *cronos*. Se lermos a Bíblia, auxiliados pela exegese moderna, não teremos grande dificuldade de assumir aquilo que hoje a ciência nos ensina quanto à dimensão temporal. Vamos lembrar alguns elementos.[11]

A partir de quando se pode afirmar que o *tempo* entrou no processo contábil? Marcelo Gleiser diz: "O tempo inicia a sua marcha, quando a bolha cósmica sobrevive e começa a evoluir, isto é, quando existem mudanças que podem ser quantificadas. Se nada muda, o tempo é desnecessário".[12] A entrada do *tempo*, segundo a ciência, se deu há cerca de 15 bilhões de anos, um estado primordial chamado pelo padre católico Georges Lemaître *átomo primordial*, ficando conhecido posteriormente como *Big Bang*.[13] E, nesse itinerário, a vida, no sentido mais elementar, penetrou na história há cerca de 4 bilhões de anos.[14] Os números, por certo, foram aqui arredondados.

Ora, a informação acima, ainda que possua muitas variantes,[15] leva-nos a uma conclusão consensual: não podemos identificar, de imediato,

---

[11] É bom reiterar: trata-se de uma aproximação feita por um não especialista. Porém, aqui está a questão. Mesmo correndo o risco de não descrever com exatidão, o leitor poderá observar a influência das contribuições científicas sobre a mentalidade das pessoas que vivem no século XXI. Durante muitos séculos a filosofia grega influenciou o Ocidente, e ainda influencia, mas quantos conhecem Platão e Aristóteles com profundidade, por exemplo? O cristianismo não pode tomar a metafísica grega como se fosse revelação divina.

[12] GLEISER, M., op. cit., p. 23. No primeiro capítulo deste livro, Alfonso García Rúbio já indicou tal realidade, mas se faz necessário relembrar aqui.

[13] Cf. HAWKING, S., op. cit., p. 22.

[14] Afirma Richard DAWKINS, no livro *A grande história da Evolução*. São Paulo, Companhia da Letras, 2009, na p. 25: "[...] A ortodoxia atual, em seus livros didáticos, situa os mais antigos fósseis de bactéria em cerca de 3,5 bilhões de anos atrás; portanto, a origem da vida poderá ser no mínimo mais antiga do que isso".

[15] O pesquisador brasileiro de Astrofísica Mario NOVELLO, no livro *Do Big Bang ao universo eterno*. Rio de Janeiro, Jorge Zahar, 2010, p. 18, levanta questionamento sobre a origem singular do universo. Ele questiona: "A pergunta que deve ser feita é esta: pode a ciência produzir uma explicação racional para a evolução do universo se o Big Bang for identificado com o começo de tudo que existe?". Cf. idem. *Máquina do tempo, um olhar científico*. Rio de Janeiro, Jorge Zahar, 2005; e Idem. *O que é cosmologia?* A revolução do pensamento cosmológico. Rio de Janeiro, Jorge Zahar, 2006.

o tempo da criação divina com o tempo histórico relatado na Bíblia. Se levarmos em consideração, conforme foi indicado, que a fé cristã oficial, hoje, está consciente da não necessidade de uma leitura literal dos textos bíblicos,[16] *não teremos dificuldade em assumir o conceito de tempo que a ciência nos propõe.*

Portanto, a reflexão aqui apresentada tomará como pressuposto um conceito de tempo histórico mediante o qual os acontecimentos fazem parte de um longo processo evolutivo. Um tempo interligado por diversos fatores, trazendo consequências para a configuração do espaço. Tal procedimento nos permitirá apresentar o conceito de eternidade com alguma plausibilidade para a situação atual. Contudo, precisamos, agora, verificar como, dentro desse tempo, a vida foi se desenvolvendo e quais as possíveis questões que tal concepção pode trazer para a fé e, consequentemente, para a teologia.

2. No tempo surge a vida

Mesmo sendo possível realizar uma aproximação temporal da origem da vida, como já foi indicado, trata-se de um período no qual a contagem dos anos não pode ser feita dentro de uma linha histórica reduzida, levando-se em consideração, naturalmente, o processo biológico. Não se pode catalogar a vida nem mesmo em milhares de anos. Fala-se em *bilhões*. Evidentemente que se trata dos elementos nucleares da origem da vida. A vida biológica, da forma como agora se apresenta, não surge exatamente há 4 bilhões de anos, mas mesmo assim, ainda não se pode falar sequer em milhares de anos, mas em milhões.[17]

---

[16] Em 2009, no Vaticano, a Igreja Católica fez um simpósio sobre *A origem das espécies* para debater e aprofundar a teoria da evolução, que já tinha sido aceita há algum tempo pela Igreja.

[17] A título de ilustração cito um trecho do livro de um reconhecido biólogo falecido em 2005, MAYR, E. *O que é evolução?*. Rio de Janeiro, Rocco, 2009, p. 84: "Inicialmente, todos os seres vivos da Terra eram aquáticos. As primeiras plantas terrestres datam de aproximadamente 450 milhões de anos atrás e as primeiras plantas floríferas (angiospermas) apareceram no período Triássico, há mais de 200 milhões de anos. Os insetos, atualmente o grupo de organismos superiores com maior número de espécies, surgiram há pelo menos 380 milhões de anos. Embora os cordados tenham surgido há mais ou menos 600 milhões de anos, os vertebrados terrestres (anfíbios) mais antigos foram encontrados em estratos de 460 milhões de anos. Em pouco tempo deram origem aos répteis e estes, mais de 200 milhões de anos atrás aos pássaros e aos mamíferos".

Não se pretende, neste capítulo, realizar uma síntese daquilo que a biologia afirma sobre tal processo. No entanto, levando-se em consideração que muitos leitores não tenham familiaridade com a temática, apresentaremos alguns aspectos que exigem uma mudança no falar teológico. O que a ciência vem afirmando, nos últimos dois séculos, não exige apenas uma adaptação de linguagem, mas uma *ressignificação* de muitos conceitos utilizados para explicar a vida e o seu sentido. Também não pretendemos realizar esse grandioso trabalho, mas sim apontar, com força, para a necessidade de ouvir a interpelação das considerações que a ciência nos faz.

Alguns cientistas afirmam que, diante de certas conclusões da biologia e da física atual, não existe mais razão, segundo eles, se quisermos manter a honestidade, para afirmar uma fé em um Criador,[18] como também já foi indicado no primeiro capítulo deste livro. Mas voltemos a alguns pontos provocados pela perspectiva escatológica que a teologia cristã trabalha.

Ao tentar responder, é preciso considerar que a vida humana faz parte de um processo biológico que precisou de alguns bilhões de anos para chegar ao estágio que conhecemos hoje. Se quisermos tratar a temática escatológica com honestidade, não podemos identificar uma entrada de Deus na história, descolada de tal processo. Assim sendo, pode-se perguntar: quando se inicia a criação propriamente dita? Deus realizou experiências até chegar, com sucesso, ao ser humano? Se o processo de criação é tão longo, como falar do que vai acontecer ainda?

No cristianismo ainda temos um dado muito relevante: o próprio Deus se fez homem. O humano Jesus de Nazaré, do ponto de vista biológico, também foi o resultado da evolução. Assim sendo, em Jesus, Deus assumiu a vida com tudo aquilo que ela é. A encarnação assumiu a biologia. O fato de a fé cristã afirmar que a concepção foi obra do Espírito Santo, não elimina a participação de sua mãe Maria. Ora, se houve da parte de Deus tal propósito, devemos pensar que a eternidade deve conter algo da matéria que compõe a realidade biológica. Não temos condição de afirmar como ou o que, mas podemos pressupor a continuidade eterna, na dinâmica do transcendente, de elementos de tal realidade. De certa forma, as reflexões da física quântica, que não

---

18 É o caso do biólogo Richard Dawking, já citado neste capítulo. Uma obra muito contundente é a do filósofo Americano DENNETT, D. *Darwin's Dangerous Idea* – Evolution and the Meaning of life, New York, Simon & Schuster, 1995; e idem. *Quebrando o encanto:* a religião como fenômeno natural. São Paulo, Globo, 2006.

podem ser usadas indiscriminadamente como uma espécie de concordismo, dão uma indicação do processo de transformação da matéria. E como diz o cientista Lothar Schäfer: "a base do mundo material é não material".[19] E aplicando o velho adágio teológico a essa base não material, isto é, *aquilo que não é assumido não pode ser salvo*, pode-se ampliar enormemente o âmbito da reflexão sobre Deus, abrindo espaço para assumir, na dimensão transcendente, aquilo que hoje se afirma sobre o mundo não material.

A base não material do mundo nos conduz também a pensar o caráter espacial da história humana de outro modo. Séculos de cultura helênica a formar o pensamento ocidental, na qual desde Aristóteles espaço e lugar são considerados a mesma coisa,[20] induz-nos à forte tendência em transferir para a eternidade um sentido de localização vinculada à dimensão material. Céu, inferno, purgatório seriam "lugares" para os quais nos transportaríamos, depois da morte. A física moderna rompe com a definição aristotélica de espaço, pois a dimensão espaço-tempo não mais se restringe à permanência, e sim ao contínuo movimento de tudo e de todos. O *Princípio da incerteza* do físico alemão Werner Heisenberg (1901-1976) postulou bem tal movimento: não se pode saber com exatidão onde um *elétron* se encontra, pois o "lugar" depende do observador. Ora, não temos condições de desenvolver, de forma mais consistente, as afirmações da física, mas podemos deduzir, com facilidade, que todo o arcabouço filosófico construído pela *física aristotélica* foi desmontado. Então, deveríamos tomar muito cuidado com afirmações baseadas em tal pressuposto. Temos liberdade para afirmar que a própria teologia precisará refazer suas argumentações.

Um outro fator que não pode deixar de ser mencionado é a falta de finalidade[21] do processo evolutivo. Bondade e maldade, certo e errado, sofrimento, alegria, felicidade não são atributos necessários para a evolução. Como podemos continuar falando de vida eterna feliz, plena, realizada, no interior de um processo que parece indicar ausência de

---

[19] SCHÄFER, L. *A realidade quântica como base da visão de Teilhard de Chardin e uma nova concepção da evolução biológica*, Cadernos IHU ideias: ano 3(45) 2005, p. 2.

[20] "A teoria aristotélica do espaço aparece, sobretudo, nas "Categorias" e na "Física". Este último texto nos interessa mais. Nas Categorias, Aristóteles inicia sua breve exposição observando que a quantidade ou é discreta ou é contínua. O 'espaço', que pertence à categoria de quantidade, é uma quantidade contínua." JAMMER, M., op. cit., p. 40.

[21] As aspas se devem ao fato de que a concepção de finalidade não precisa ser exatamente da forma como compreendemos hoje, isto é, uma coisa à frente da outra até alcançar o objetivo previamente estabelecido. Voltaremos a esta questão posteriormente.

qualquer sentido para o surgimento da vida? Seria uma contradição afirmar a evolução e, ao mesmo tempo, a plenificação da *vida* na eternidade? O acaso e a necessidade negam, absolutamente, a ação criadora de Deus? De nossa parte, devemos afirmar que a escolha pura e simples do acaso é uma desistência de fazer ciência. Se não há explicação possível, ainda que falha, não há ciência. Assim sendo, há plausibilidade no discurso teológico que busca conciliar as conclusões da ciência, nos últimos anos, com as afirmações fundamentais da fé cristã.

Posta a problemática do tempo e do espaço, e da entrada da vida no tempo, reconhecendo que a metodologia científica nos demonstra, suficientemente, que muitas de suas conclusões são dignas de credibilidade, devemos procurar, a seguir, realizar uma *articulação de sentido entre ciência evolutiva e fé em Deus criador em perspectiva escatológica. É um enorme desafio hermenêutico.*

3. Caminhando na direção do futuro

A ciência busca entender a natureza e o cosmo, investigando o que se pode observar no presente e com os restos do passado que pode ser encontrado, como os fósseis, por exemplo. Não poderia ser diferente. Contudo seria contra a ciência perguntar se existe um sentido para a vida? Se responder a tal pergunta não significar negar, necessariamente, os procedimentos e conclusões científicas, por que deixar de lado uma questão tão fundamental para o ser humano?

Sabemos que o futuro é incerto. Existe a tendência ao desgaste energético, à chamada *entropia*. Mas seria cientificamente absurdo pensar a vida e o cosmo para além desse futuro de consumação energética? A ciência não é capaz de responder o que aconteceu antes do *Big Bang* e não tem condições de prever com exatidão o que acontecerá com toda a energia que está se consumindo ou se transformando. Entretanto, a filosofia e a teologia não têm o direito de perguntar sobre uma possível plenificação da vida, sem todavia entrar em contradição com as afirmações da ciência? O fato de não ser necessária, cientificamente, uma explicação que admita a existência de uma força criadora divina impede que seres humanos olhem para a frente e vivam na direção do futuro como algo mais? É um absurdo? Seria absurdo falar, como dizia Teilhard, de uma *energia espiritual?*

Uma bela composição da música brasileira, de Toquinho e Vinicius, chamada *Aquarela*, em uma parte da letra diz o seguinte: "E o futuro é uma astronave que tentamos pilotar, não tem tempo nem piedade, nem tem hora de chegar. Sem pedir licença muda nossa vida, depois convida a rir ou chorar." Ora, não estaria, aqui, a essência de uma motivação inerente à realidade humana? Mesmo sem saber exatamente o que virá, não temos de *tentar pilotar?*

A ciência não resolve o dilema do futuro que se abre ante o mistério da vida. Assim sendo, devemos pronunciar uma palavra que, respeitando a ciência, também aponte para a esperança. Podemos com o teólogo John F. Haught dizer que a natureza é uma promessa.[22] Nela Deus está ativo, respeitando a autonomia do ser humano e do processo evolutivo.

Na visão da ciência, qualquer que seja o cenário, o fim será sempre catastrófico para a vida.[23] Gleiser, de modo respeitoso e louvável, afirma que, se um dia fosse encontrado um princípio criador, ele não seria divino: "Em vez de perguntarmos 'Por que estamos aqui?', perguntaríamos 'Por que o universo nos criou?'... Nossa existência não precisa ser produto de algum plano para fazer sentido".[24] Segundo ainda o mesmo cientista, há necessidade de buscar preservar por muito tempo a nossa casa planetária, pela raridade que é a espécie humana e pela própria beleza contida nesta vida. Mas explicações finais não existem: "Após cinco milênios de buscas, é hora de deixar para trás a expectativa de que devemos achar explicações finais sobre o mundo, sejam elas científicas ou religiosas".[25]

---

[22] Cf. HAUGHT, J. F. *Deus após Darwin*. 2 ed. Rio de Janeiro. José Olympio, 2006, p. 10.

[23] Big Crunch (o universo em expansão se contrai até uma nova singularidade que marca o fim do tempo); Big Whimper (o universo se expande para sempre, ficando cada vez mais vazio e escuro, sofrendo uma *morte quente*); Big Rip (o universo se corta em pedaços); Big Freeze (o universo se enche com o *phantom energy*, alcança densidade infinita, enquanto se expande por apenas uma quantidade finita); Big Brake (uma violenta parada da expansão); e o Big Lurch (a matéria entra em frenesi, levando as forças de pressão para o infinito, uma calamidade que poderia acontecer em 9 milhões de anos); informações retiradas da revista *Scientific American Brasil*, outubro de 2010, p. 68.

[24] GLEISER, M., op. cit., p. 300-301.

[25] Ibidem, p. 335. Devo ser justo para com Gleiser. Fiz um recorte de sua apresentação bem elaborada e bem justificada. O objetivo é ressaltar a posição de que para viver com dignidade, segundo ele mesmo, não há necessidade de Deus. Por isso, coloco a seguir um trecho mais longo na intenção de diminuir a injustiça: "É hora de celebrarmos a vida e a nossa existência sem ter que elevá-las a um patamar divino. Afirmar que a vida é uma criação proposital de um cosmo autoconsciente é elevá-la a um estado de imunidade pseudorreligiosa, independente de nossas escolhas e de nossos atos. Para mim, este é um erro grave, pois nos livra da responsabilidade, como únicas criaturas

Ao contrário da palavra científica, a palavra teológica sobre o futuro é de esperança. Esperança fundada naquele que assumiu a vida como ela é: Jesus Cristo. Nele encontramos o anúncio de um futuro que não é rendição a uma ideia de vida sem contradições, mas vida constituída no Caminho.[26] Vida que experimenta alegria e dor, amizade e traição, realização e decepção, perdão e violência, tudo autenticamente humano. Tudo autenticamente vinculado ao processo evolutivo da vida e do cosmo.

A escatologia cristã não é, prioritariamente, uma reflexão que busca investigar o que vai acontecer no futuro. Ela é uma posição de fé na qual se compreende a vida como um contínuo encontro com Deus. Para narrar esse encontro procura-se descrevê-lo com categorias disponíveis na cultura humana. Categorias que sintetizam a experiência de um Deus que está sempre vindo. Na verdade se trata de uma profunda sensibilidade do entendimento humano em relação ao sentido escondido no processo físico-químico-biológico chamado *vida*.[27]

Por isso, a escatologia cristã também nos remete à ideia de um universo em construção, perfeitamente compatível com os aspectos aleatórios da evolução. Deus oferece possibilidades sem direcionar, sem determinar. Isso é liberdade. Deus oferece uma bondade sem limites, mas uma bondade de estar junto, como a mãe diante do filho a quem

---

autoconscientes (ao menos pelo que sabemos), de preservar a vida a todo custo. 'Certamente, se somos resultado de um propósito cósmico, devem existir outras criaturas autoconscientes', afirmariam alguns. 'Deve haver vida por toda a parte.' O problema é que não sabemos se existem outras inteligências cósmicas, e provavelmente continuaremos sem saber por muito, muito tempo. Talvez para sempre. Portanto, temos que agir por conta própria, e o mais rápido possível. Por ser rara e frágil, por ser o resultado de uma série de acidentes, a vida é ainda mais preciosa. Se não cuidarmos dela, tudo indica que o Universo também não cuidará". P. 305.

[26] A palavra *caminho* está com maiúscula para indicar o nome que os cristãos se davam logo no início. Exemplo: "Saulo, contudo, respirando ainda ameaças e morticínios contra os discípulos do Senhor, foi procurar o Sumo Sacerdote e pediu-lhe cartas para as sinagogas de Damasco, a fim de que, se encontrasse alguns adeptos do Caminho, homens ou mulheres, ele os trouxesse agrilhoados para Jerusalém" (At 9,1 – tradução: Bíblia de Jerusalém).

[27] O teólogo MOLTMANN, J. apresenta bem a questão: "A escatologia sempre teria a ver com o fim, com o último dia, a última palavra, o último ato: Deus tem a última palavra. Porém, se a escatologia fosse isto e apenas isto, então seria melhor despedir-se dela, pois as "últimas coisas" estragam o gosto pelas "penúltimas coisas" e o "fim da história" sonhado ou ansiado rouba-nos a liberdade nas muitas possibilidades da história e a tolerância em relação às suas imperfeições e provisoriedades". Cf. idem. *A vinda de Deus* – Escatologia cristã. São Leopoldo, Editora Unisinos, 2003, p. 11. Cf. também: J. BLANK, R. J. *Escatologia do mundo* – O projeto cósmico de Deus (Escatologia II). São Paulo, Paulus, 2002.

ela pode indicar o caminho, mas não pode caminhar por ele. E o ser humano não faz o caminho sozinho. Todo o cosmo deve ser incluído.

Mas assumir um Deus assim significa a necessidade de uma nova *conversão*. Como diz Haught, precisamos de nova metafísica, uma *metafísica do futuro*.[28] A *metafísica do ser*, calcada no mundo fixista grego, não se coaduna com a dinâmica da vida e do cosmo em evolução. Teilhard de Chardin já levantava tal problemática. Hoje teólogos como Jurgen Moltmann e Wolfhart Pannenberg[29] apontam em direção semelhante.

É verdade que a ciência não tem a obrigação de especular sobre um futuro que faça sentido para o ser humano. No entanto, o que os cristãos querem afirmar, possivelmente, fazem-no também outros que creem em Deus, é que o cosmo, e nele a vida, possui uma trajetória que não se justifica em si mesma. Alguém pode objetar que esta não é uma premissa necessária, pois podemos viver sem ela, como indica Marcelo Gleiser, por exemplo. Porém, quando afirmamos a realização da vida na perspectiva de um Deus que veio e vem ao nosso encontro, estamos nos envolvendo em um sentido que assume os mecanismos evolutivos no conjunto das relações que travamos ao longo da trajetória. O Deus que é *relação* nos remete a um futuro de realização, não porque evita dor e sofrimento, ou porque evita o mal, mas porque nos garante um equilíbrio existencial que a seleção natural não garante.[30]

A seleção natural garante a sobrevivência de qualidades que permitem à espécie vantagens que antes não se tinha.[31] Na realidade humana, incluímos, mesmo com muita dificuldade, aqueles que não possuem vantagem alguma. Por que não matar logo crianças com *síndrome de Down e outras deficiências?* A seleção natural não nos levaria a eliminar as pessoas com deficiência? Não matamos os mais fracos apenas por conta de um "gene cultural ético" que nos impede? Não estamos que-

---

[28]   Conferir, sobretudo, o capítulo 6 – Um Deus para a evolução – do livro: HAUGHT, J.F., op. cit.

[29]   Cf. W. PANNENBERG. *Fé e realidade*. São Paulo, Novo Século, 2004; MOTMANN, J., op. cit.

[30]   Cf. cap. 3 deste livro.

[31]   É bom lembrar que a seleção natural não é o único fator que justifica a evolução. O próprio Charles DARWIN afirmou: "Estou completamente convencido de que as espécies não são imutáveis e de que as que pertencem ao que se chama mesmo gênero são descendentes diretos de alguma outra espécie, geralmente extinta, da mesma maneira que as variedades reconhecidas de uma espécie são descendentes desta. Além do mais, estou convencido de que a seleção natural foi o meio mais importante, mas não o único, de modificação". Cf. Idem. *A origem das espécies*. São Paulo, Editora Escala, 2009, p. 17.

rendo aqui afirmar um *princípio antrópico* forte ou fraco que seja, isto é, que o processo evolutivo teria algum tipo de finalidade que conduziria necessariamente à realização humana, mas afirmar que no ser humano encontramos o reflexo de uma origem que vai muito além, pois nos aponta a todo o momento para uma novidade, para a surpresa que o futuro representa.

Trata-se de um futuro que se vive no presente com as incertezas do processo, mas com a certeza de um vínculo de comunhão com Deus, a natureza e o cosmo. É o que a narrativa da criação bíblica chama de imagem e semelhança de Deus. Não para colocar o ser humano como soberano, como um ser arrogante que tudo domina, e sim como um ser autoconsciente que precisa sim preservar o planeta, como um "Noé" (seres humanos) que constrói uma "Arca" (planeta Terra), põe nela todos os bichos (a natureza) e cuida com carinho, pois todos somos dependentes da articulação de tudo aquilo que nos compõe, química, física e biologicamente. Porém, o ser humano é o *único* que sabe disso. É o único que sabe que a vida está aberta ao *futuro*. É o único que pode tirar, conscientemente, vantagens no processo evolutivo ou usar indevidamente as vantagens para sua própria destruição. Deus nos envolve e nos atrai para criar comunhão com ele na liberdade de escolher a vida ou a morte: "Hoje tomo o céu e a terra como testemunhas contra vós: eu te propus a vida ou a morte, a bênção ou a maldição. Escolhe, pois, a vida, para que vivas tu e a tua descendência" (Dt 30,19).

4. Evoluir é ser atraído para Deus

> Assim, a coisa mais elevada que somos capazes de conceber, ou seja, a produção dos animais superiores resulta diretamente da guerra da natureza da fome e da morte. Há grandeza nesta concepção de que a vida, com suas diferentes forças, foi alentada pelo Criador num curto número de formas ou numa só e que, enquanto este planeta foi girando segundo a constante lei da gravitação, desenvolveram-se e se estão desenvolvendo, a partir de um princípio tão singelo, infinidade de formas as mais belas e portentosas.[32]

O trecho acima é a parte final do mais famoso livro de Darwin. Também um dos mais citados. De fato, o candidato a clérigo anglicano

---

[32]   Ibidem, p. 445.

na juventude,[33] embora não fale muito de religião, assunto do qual sempre procurou se esquivar, aponta para uma pequena possibilidade de diálogo entre evolução e criação divina. Ele afirma, literalmente, não ver nenhuma incompatibilidade entre a aceitação da teoria evolucionista e a crença em Deus.[34]

Ora, para o seu tempo, foi uma posição inteligente, pois evitou que seu trabalho fosse duramente perseguido. Mas sabemos que as controvérsias se deram e se dão ainda.[35] O jesuíta Teilhard de Chardin enfrentou com ousadia a controvérsia, mas não viveu o bastante para ver suas teses louvadas.[36] Contudo, como já foi indicado por Alfonso García Rubio no primeiro capítulo deste livro, a teologia ainda precisa caminhar muito para realizar um diálogo profundo com o evolucionismo. Diálogo que inclua e não apenas aceite a evolução como um dado da ciência, dado que não interferiria na experiência de fé. Portanto, ensaiaremos algumas linhas que permitam vislumbrar, no processo evolutivo, uma dimensão escatológica.

Enquanto pessoas de fé, não somos impedidos de pensar o processo da existência humana mergulhada no mistério de um Ser Criador que conduz, de algum modo, a vida criada na direção de uma plenificação. Também estamos conscientes de que não basta afirmar que a evolução seria um modo possível de Deus criar. Estamos apenas querendo afirmar que não existe contradição científica em tal raciocínio, pois a afirmação de Deus não nega a ciência. É hora de celebrarmos a reconciliação de uma relação que começou problemática, mas que, a cada dia, se descortina, a respeito dela, mais possibilidade de encontro.

Uma concepção que precisa ser repensada pela teologia é a espera de um futuro distante, sem a percepção de que esse futuro deverá conter algo daquilo que conhecemos como condição para a existência da vida.

---

[33] Na edição de *A origem das espécies* que tenho em mãos, coloca-se no final a autobiografia de C. Darwin, biografia escrita já bem perto de sua morte.

[34] Este é trecho final de sua autobiografia: "Quanto aos meus sentimentos religiosos, acerca dos quais tantas vezes me tem perguntado, considero-os como assunto que a ninguém possa interessar senão a mim mesmo. Posso adiantar, porém, que não me parece haver qualquer incompatibilidade entre a aceitação da teoria evolucionista e a crença em Deus. Ao final, gostaria de encerrar com esta afirmação: Sistematicamente, evito colocar meu pensamento Religioso quando trato de Ciência, assim como o faço em relação à moral, quando trato de assuntos referentes à Sociedade". P. 462.

[35] Cf. REGNER, A. C. K. P. "Deus e a ciência: a controvérsia interna de Darwin". In: *IHUon-line, Revista do Instituto Humanitas Unisinos*. São Leopoldo, (306) agosto/2009, p. 28-35.

[36] Conferir, neste livro, o capítulo 2.

Não se trata de um lá, sem o aqui. Podemos pensar que o envolvimento de Deus com a criação pode passar por formas diversificadas e que a nossa capacidade de entendê-la seja, como é, sempre limitada. Por que a fé precisa afirmar, por exemplo, uma transcendência em que se rompa completamente com a composição físico-química da vida? Não há nada, do ponto de vista teológico, que impeça propor uma dimensão transcendente que carregue algo conhecido e experimentado na vida humana. Se o que continua, conforme a escatologia cristã é o *eu* profundo,[37] este pode estar vinculado a elementos que constituem a afirmação do próprio *eu*, pois não há consciência de um *eu* desvinculado da matéria. A consciência humana precisa de ondas cerebrais para ser invocada, e a mesma consciência não pode ser tratada apenas como epifenômeno evolutivo, isto é, uma consequência de processos neurológicos construídos pela seleção natural. Tal reducionismo carece de maior investigação. Concluir, pelos padrões da própria ciência atual, que a consciência não possui funções que ultrapassem critérios orgânicos, não se justifica, pois não há estudo suficiente para tanto.

Mesmo os textos bíblicos, como muitas vezes se afirma por conta do desconhecimento do seu processo redacional, no qual, para nós cristãos a inspiração divina acontece, não permitem negar uma transcendência que carregue algo do imanente. Quando nos aproximamos da Bíblia, sem literalismo, podemos facilmente entender que ali não há uma concepção fixista de Deus. Nada há na Bíblia que impossibilite nexos entre o mundo orgânico e um futuro escatalógico, concebido por alguma força energética presente em nossa vida e no cosmo. Sabiamente, o teólogo A. Heschel chama a Bíblia de *antropologia de Deus*: "não é a visão que o homem tem de Deus, e sim a visão que Deus tem do homem. [...] A Bíblia não é a teologia do homem, mas a antropologia de Deus que se ocupa do homem e do que este lhe pede".[38] Para que o diálogo aconteça, também muitos cientistas precisam perceber que existem outras possibilidades de ler a Bíblia. Muitas vezes suas críticas são dirigidas

---

[37] Cf. BLANK, R. J. *Escatologia da Pessoa* – Vida, morte e ressurreição. São Paulo, Paulus, 2000, p. 120: "No homem, porém, há outras dimensões energéticas que também não podem desaparecer. Devem continuar de uma ou de outra maneira. Nem a física, nem a biologia, nem a química nos podem explicar como continuarão estes potenciais, mas devem continuar, não podem desaparecer, porque seria contra uma das leis mais fundamentais conhecidas pela ciência. Aquele pontencial energético que diz EU não pode desaparecer."

[38] Citado por FORTE, B. *A teologia como companhia, memória e profecia*. São Paulo, Paulinas, 1991, p. 177.

a um modelo que, mesmo sendo ainda predominante, não é a forma adequada de realizar a aproximação aos textos.[39]

Para a escatologia cristã, o futuro começa no presente e se envolve com a vida com todas as suas possibilidades, sejam elas carregadas de realização ou de dor. No processo evolutivo, o ser humano é um animal que toma consciência daquilo que o conduz para o encontro definitivo com o Criador. Toma consciência de sua interligação com tudo o que é necessário para o acontecimento da vida e, por isso, pode celebrar cada passo como uma contínua atração divina, como um contínuo envolvimento com o Criador. É o estabelecimento de uma comunhão pela qual se pode verificar, como dizia Teilhard, que *o futuro é melhor que qualquer passado*.[40] Um futuro que se constrói na história.

A tradição judaico-cristã valoriza a história. A relação com Deus se dá sempre em seu interior. No cristianismo tal valorização chegou ao ponto de assumir a própria condição humana: Jesus de Nazaré, isto é, Deus se faz história. Ora, por que não poderíamos assumir a natureza e o cosmo como *história*, como o envolvimento do Criador com a criação? Uma história que caminha em processo evolutivo rumo ao futuro. Um futuro no qual há um movimento dialético de um Deus que vem e da vida que vai, e no interior da vida, o humano, imagem e semelhança do Criador, que vai conscientemente. É o estabelecimento de uma *comunhão* que se dá em meio a lutas, contradições, decepções, retrocessos, avanços, alegrias e superações, mas na qual se pode experimentar um sentido.

A natureza não aponta, em si mesma, para um *sentido* no qual se possa encontrar bem-estar para todos os que dela fazem parte. Quando um crocodilo salta rapidamente no pescoço de um cervo que mata a sua sede calmamente na beira de um rio, ou de um urso polar que dá um bote em uma foca, como se pode ver em cenas de documentários da *National Geographic*, assistimos a uma situação de luta pela sobrevivência na qual se faz necessária uma profunda sensibilidade para tudo o que está acontecendo em volta. A morte do cervo e da foca não significa o fim da espécie, mas a circulação do processo evolutivo em que cervos e focas "aprendem" que precisam de atenção para sobreviver. Sem tal "aprendizado" as referidas espécies se extinguiriam, pois se tornariam

---

[39] É o caso do filósofo francês ONFRAY, M. *Tratado de Ateologia*. São Paulo, Martins Fontes, 2007.

[40] Frase encontrada no livro de um físico italiano, já falecido, que buscou unir ciência e fé: PASOLINI, P. *O futuro: melhor que qualquer passado* – Evolução ciência e fé. São Paulo, Cidade Nova, 1982, p. 204.

presas fáceis para qualquer predador. Mal comparando, assim também se dá na história humana.

O sentido existencial humano nunca foi construído por meio de uma estrada reta. Tudo o que acumulamos, ao longo da nossa humana história, vem carregado das mesmas ambiguidades contidas no processo evolutivo. Porém, os religiosos de um modo geral e nós cristãos especificamente não vivemos tais experiências como um princípio casual sem rumo e direção. Olhamos para a cruz de Jesus de Nazaré, por exemplo, e identificamos que é possível viver algo que não se esgota na morte. Que não se esgota em um fim energético que se consome nele mesmo. Afirmamos uma passagem para o futuro que se dá em outra esfera: *o transcendente*. Configurando o raciocínio a partir de uma *metafísica do futuro* e não da *metafísica do ser* calcada em um ideal de perfeição retilíneo, podemos viver as ambiguidades da história.[41] Para afirmar que a vida caminha para uma plenitude, não precisamos traçar uma história linear, sem curvas, sem pedras, sem desafios, até porque não existe tal linearidade na história.

O futuro pode ser inclusive pensado assimetricamente, como diz Marcelo Gleiser, pois o conceito de perfeição não está configurado por uma teoria unificadora ou uniformizadora, mas pelo *amor*. Só que, diferentemente de Gleiser, pela fé, afirmamos que não existe uma *solidão cósmica*. Somos envolvidos e atraídos para Deus e confirmamos isso em nossa liturgia exclamando: *Ele está no meio de nós*. E é a morte a porta que nos conduz ao estado de comunhão definitiva com o transcendente.

5. Morte: entrada na relatividade do tempo e na dinâmica da eternidade

Sabemos que a imagem da *porta* usada no item anterior para significar a morte é imperfeita do ponto de vista da biologia, pois o que acontece na morte pode ser verificado através do processo de transformação metabólica. Portanto, nada do que acontece na vida nos permite, por análise científica, verificar algo que ultrapasse tal análise. Quando se está diante de um cadáver, se está diante de um composto que sai de um estado e entra em outro perfeitamente observável. Como diria

---

[41] Lembro ao leitor e à leitora o texto de HAUGHT, J. F. *Deus após Darwin*, já citado, e bem sintetizado por Alfonso García Rubio no primeiro capítulo deste livro.

304 O futuro que se abre ao presente em evolução

o poeta brasileiro Augusto dos Anjos, "há de sobrar apenas os cabelos na terra fria".[42]

No entanto, temos o direito, sempre respeitando a ciência, de ir além do que pode ser observado diretamente pelos sentidos. A própria ciência, como já foi indicado, ainda não foi a fundo nas pesquisas sobre a consciência humana, sobre seu funcionamento e suas consequências para o desdobramento da vida. Podemos afirmar que o *mundo espiritual* pode ser observado na vida humana através do comportamento, das atitudes, dos valores, do que é produzido enquanto cultura. Assim sendo, a imagem da *porta* é um mecanismo simbólico no qual enfatizamos um processo de transformação da vida que se completa no encontro com aquele que chamamos *Deus*.

Certamente, aqui existe uma fronteira. Fronteira feita pela fé.[43] Ninguém está obrigado a admitir um ser criador como origem da vida e do universo, e, ao mesmo tempo, o sentido e fim, na linguagem bíblica usada por Teilhard, o *Alfa e o Ômega* (cf. Ap 1,8), mas também ninguém está obrigado a se render ao acaso e à necessidade que não dão conta de uma existência consciente, a todo momento, de que a manifestação do futuro não se esgota em uma explicação bem fundamentada da ciência.

Portanto, podemos sim exclamar com o Apóstolo Paulo: "Morte, onde está tua vitória?" (1Cor 15,55). Se tempo e espaço, sobretudo depois de Albert Einstein (1879-1955) e a teoria da relatividade, não podem mais ser medidos pelas categorias fixistas do passado, a morte biológica do ser humano, que tem capacidade de experimentar conscientemente a vida, também não precisa ser reduzida ao esgotamento da mesma consciência em um fenômeno exclusivamente orgânico.[44] A afirmação

---

[42] Vale a pena lembrar o trecho inteiro: "Eu, filho do carbono e do amoníaco,/ Monstro de escuridão e rutilância, sofro, desde a epigênese da infância,/ A influência má dos signos do zodíaco./ Profundissimamente hipocondríaco,/ Este ambiente me causa repugnância.../ Sobe-me à boca uma ânsia análoga à ânsia/ Que se escapa da boca de um cardíaco./ Já o verme – este operário das ruínas – / Que o sangue podre das carnificinas come, e à vida em geral declara guerra,/ Anda a espreitar meus olhos para roê-los/ E há de deixar-me apenas os cabelos/ Na frialdade inorgânica da terra! Cf. http://www.dominiopublico.gov.br/download/texto/bn00054a.pdf.

[43] Tivemos oportunidade, em outra publicação, de desenvolver mais a temática da fé: CARIAS, C. P. "Fé cristã: resposta humana à iniciativa amorosa de Deus". *In:* GARCÍA RUBIO, A. *O humano integrado* – Abordagens de antropologia teológica. Petrópolis, Vozes, p. 69-91.

[44] Cf. HARING. B. "A teoria da evolução como megateoria do pensamento ocidental". In: *Concilium*, (284) 2000/1, p. 26-40. Todo este número da revista é dedicado à relação entre evolução e fé.

da transcendência não pode ser catalogada como um absurdo, e sim como uma possibilidade de transformação plena de tudo o que somos e que temos. Na morte e pela morte, através do que chamamos pela fé de ressurreição, entramos na *relatividade do tempo: a eternidade*. E ninguém, nem mesmo o melhor dos cientistas, pode negar que existe, no mínimo, uma continuação energética da vida que não se esgota na morte biológica. Seria tal afirmação suficiente para afirmar, pela fé, uma vida eterna em Deus? Evidentemente que não. Porém, ela aponta com força para algo que pode ser vislumbrado como a flecha de um sentido que vai à direção do inesgotável: o *amor* – a *caridade* – o *ágape*.

> Ainda que eu tivesse o dom da profecia, o conhecimento de todos os mistérios e de toda a ciência, ainda que tivesse toda a fé, a ponto de transportar os montes, se não tivesse a caridade, eu nada seria (1Cor 13,2).

A nossa capacidade mental não é capaz de alcançar toda a abrangência desse processo realizado em evolução. Talvez o ser humano jamais dê conta daquilo que falta no quebra-cabeça das explicações sobre a vida e o seu futuro. Qualquer abordagem científica disponível hoje aponta, do ponto de vista daquilo que se pode medir, para milhões, bilhões de anos, tornando qualquer prognóstico um grande exercício de futurologia.

Quando, portanto, referimo-nos à eternidade, não podemos descrever detalhes sobre o estado da vida em tal situação. Contudo, também não se deve imaginá-la como um lugar estático onde anjos estão a tocar harpa para as *almas* que chegaram ao *céu*. Como já foi insistentemente indicado, categorias de tempo e espaço, no contexto de uma história mensurável, são completamente inócuas para descrever o futuro absoluto. Tais categorias serão sempre provisórias, ainda que necessárias dentro do contexto da vida como a experimentamos. Certamente, a transcendência não elimina a complexidade dos processos vitais, mas os transforma, possibilitando que se constitua um sentido no meio da desordem promovida pela segunda lei da termodinâmica: a entropia.

Teologicamente, mesmo com plena consciência que, metodologicamente, não devemos passar da ciência para a teologia, porém, seguindo a proposta de J. Haught, qual seja aquela que procura uma *articulação de sentido*, como foi mencionado por Alfonso García Rubio, podemos enriquecer o caminho humano com uma escatologia que valorize a vida no presente.

Podemos contemplar um futuro construído pela valorização das relações de harmonia entre seres humanos, a natureza e o cosmo. Não existe nenhum imperativo evolucionista que nos obrigue a aceitar um *darwinismo social* do qual, certamente, o próprio Charles Darwin não foi o autor. A luta pela sobrevivência, no campo humano, justamente por causa da consciência, não precisa se dar pela destruição do hipoteticamente mais fraco. E esta não é uma constatação feita só pelos crentes. Quantos ateus não possuem compaixão pelos mais fracos? Ora, seria tal sentimento um impedimento para realizar a trajetória humana?

Acreditar que existe um Criador nos remete, humildemente, para acolher a complexidade da vida na construção da paz, na contribuição para uma sociedade justa, na consciência de que somos parte de uma natureza em processo e que não temos o direito de promover um desequilíbrio ecológico através de nosso desejo arrogante de poder. Se, por exemplo, um Francisco de Assis foi capaz de viver a fé, em sintonia com a natureza, em uma época na qual pouco se sabia sobre a nossa dependência e interligação com ela, certamente tal experiência se tornou possível porque na tradição judaico-cristã não existe oposição entre Deus e a vida, entre Deus e o ser humano, entre Deus e tudo aquilo que nos ajuda a fazer o caminho, com mais harmonia.

Chega de *dualismo*, devemos gritar bem alto. Estamos todos juntos rumo ao encontro definitivo com Deus. O nosso *"kairos" não pode ser feito assumindo posturas discriminatórias, arrogantes, de um saber que queira dominar todas as culturas e a natureza toda, mas sim como um saber que aponta para uma plenitude que pode ser esperada com tranquilidade até que Deus seja tudo em todos* (cf. 1Cor 15,28). Mergulhamos, pela fé, no caminho escatológico que Jesus Cristo nos apresentou, com aquelas palavras do livro do Apocalipse (cf. 21,1-4):

> Vi então um céu novo e uma nova terra
> Pois o primeiro céu e a primeira terra se foram,
> E o mar já não mais existe. Vi também descer do céu, de junto de Deus, a Cidade santa,
> Uma Jerusalém nova, pronta como uma esposa que se enfeitou para o marido.
> Nisto ouvi uma voz forte que, do trono, dizia: "Eis a tenda de Deus com os homens.
> Ele habitará com eles; Eles serão o seu povo,
> E ele, Deus-com-eles, será o seu Deus.
> Ele enxugará toda lágrima dos seus olhos,
> Pois nunca mais haverá morte,
> Nem luto, nem clamor, e nem dor haverá mais.
> SIM! AS COISAS ANTIGAS SE FORAM!"

Uma Igreja em *kénose*: o lugar da humildade como condição para o diálogo com o pensamento evolucionista

Ana Maria de Azeredo Lopes Tepedino*

Introdução

Ao longo deste livro, refletimos sobre as interpelações que o evolucionismo está trazendo para a teologia. Dois desafios básicos aparecem para a reflexão atual.

1. A tarefa de repensar a imagem de Deus, com consequências para a imagem do ser humano e das relações entre todos.

2. A prioridade concedida ao futuro.[1]

Os dois desafios incidem diretamente sobre a realidade que é a Igreja. O fato de Deus ser compreendido a partir da *kénose*[2] significa que se trata de um Deus que, sendo todo-poderoso exerce seu poder mediante o amor humilde, nunca mediante a dominação e coerção. Um Deus relacional, efusão da bondade e do amor,[3] essa é a essência da Revelação. Essa compreensão de Deus, tão própria da Revelação, torna-se referência contínua para a compreensão da Igreja, em todos os seus aspectos, especialmente no que diz respeito ao exercício do poder e à

---

[*]   Doutora em Teologia Sistemático-Pastoral pela PUC-Rio. Pós-doutora pela Sorbonne-Paris em Sociologia. Professora de Eclesiologia e Teologia do Matrimônio na PUC-Rio.

[1]   Ver o 1º capítulo deste livro.

[2]   Várias vezes esta palavra foi utilizada nos capítulos anteriores deste livro. Significa "esvaziar-se", "rebaixar-se" e refere-se ao amor autoesvaziado de Deus, para se encarnar na humanidade.

[3]   Cf. capítulo 4 deste livro.

relação com o passado.[4] Não existem tempo nem lugar ideais para a Igreja, pois ela é sempre convocada a rever-se no caminho da fidelidade àquele a quem anuncia. É o que acontece, atualmente, na medida em que a Igreja se depara com o pensamento evolucionista. Em nossos dias, a Igreja é desafiada a viver também a *kénose*, sendo solicitada a modificar a sua posição diante das interpelações dos povos e das culturas. É urgente desenvolver uma nova imagem de Igreja, mais frágil, mais humilde, mais ágil, mais vulnerável, mais aberta ao futuro. Certamente, ao se encarnar neste tempo novo, o desafio para a Igreja é não perder sua identidade mais profunda.[5]

A Igreja se concretiza em diversos modelos O modelo de cristandade que tem dificuldade de dialogar com o pensamento evolucionista, não é o único. Para responder ao novo momento, tão rico em interpelações, é preciso encontrar um outro modelo. Essa busca não pode ser vista como heresia. Ao contrário, faz parte integrante do próprio ser da Igreja sempre em transformação. No momento histórico atual, essa revisão e reforma são necessárias por vários motivos: a urgência de uma inculturação real no mundo moderno/pós-moderno, os desafios da globalização, a superação de perspectivas teológico-pastorais de cristandade, os questionamentos da ciência. Entre estes, sobressai, de modo especial, a interpelação que a visão evolucionista da vida e do cosmo levanta para toda expressão teológica. A visão evolucionista é mais um importante motivo que torna urgente a tarefa de empreender reformas dentro da Igreja.[6]

O objetivo deste capítulo é refletir sobre a mudança de perspectiva que o pensamento evolucionista provoca na autocompreensão da Igreja, e para isso vou seguir os seguintes passos:

a) O contexto atual visto a partir do documento de Aparecida e de alguns teólogos e sociólogos da atualidade.

b) Breve panorama histórico: mudanças nas imagens da Igreja, explicitando os principais modelos eclesiológicos presentes na história.

c) A reviravolta do Concílio Vaticano II e da Igreja na América Latina.

d) Perspectivas para a Igreja atual.

---

[4]   Cf. HAUGHT, J. F. *Cristianismo e ciência*: para uma teologia da natureza. São Paulo, Paulinas, 2010, p. 69-79.

[5]   Cf. DUQUOC, C. "Creo en la Iglesia. Reino de Dios y precariedad institucional". Santander, Sal Terrae, 1999, p. 65.

[6]   Cf. ibidem, p. 17.

1. Contexto atual visto a partir do Documento de Aparecida e de alguns teólogos e sociólogos da atualidade

No Documento de Aparecida (DAp), encontramos uma visão panorâmica dos desafios que a Igreja é chamada a enfrentar, hoje. Vivemos, atualmente, uma mudança de época contraditória, paradoxal. Para compreendê-la é preciso olhar o real, como ele aparece, e não como gostaríamos que fosse. Um *saber encarnado*, que parte da experiência, e da observação das vidas concretas com suas éticas variadas. Trata-se de buscar, na complexidade viva, as pequenas verdades cotidianas, que constituem o pluralismo cultural. A Modernidade que considerávamos tão sólida se desmancha no ar! Igrejas, famílias, sistemas jurídico, educacional, econômico, político e religioso se encontram fortemente abalados. A constatação dessa realidade exige de nós uma abertura ao novo, um *olhar empático*, que valorize as experiências, as emoções comuns, as relações e afetos. Não dá para ficarmos parados na mera lamentação, por causa do abalo das instituições.[7] Esses grandes desafios afetam nossas vidas,[8] especialmente, porque apresentam um caráter global atingindo o mundo inteiro, com sua capacidade de criar redes de comunicação de alcance mundial, que interagem em tempo real não obstante as distâncias geográficas.[9]

A realidade se torna mais complexa, a rede de informações aumenta e precisamos ser humildes diante desse novo contexto que nos interpela. Tomamos consciência de um grande pluralismo cultural. As visões globais entram em crise. Parece que só podemos dispor de verdades parciais, que possam ajudar-nos a entender o que existe. Diante dessa realidade fragmentada e limitada, muitas pessoas ficam decepcionadas,[10] angustiadas, ansiosas, inseguras,[11] com uma forte sensação de mal-estar. Isso provoca uma crise de sentido do global da existência, aquele que dá unidade à vida das pessoas, o sentido religioso.[12]

A Igreja Católica, mediante a qual recebemos e acolhemos a Revelação, manifesta-se burocratizada e encontra dificuldades para enfrentar seus problemas pastorais e institucionais. Como consequência, muitos

---

[7]   Cf. Documento de Aparecida (DAp) 35.
[8]   Cf. ibidem 33.
[9]   Cf. ibidem 34.
[10] Cf. LIPOVETSKY,G. *A era do vazio*. Lisboa, Relógio d'Água, 1983, p. 8.
[11] Cf. DAp 36.
[12] Cf. DAp 37.

fiéis entram em crise e abandonam a Igreja e, muitas vezes, a fé católica.[13] Atualmente, a experiência religiosa é difícil de ser transmitida em família, através da educação e das tradições culturais. Os meios de comunicação ocupam os espaços que antes eram ocupados pelas conversas familiares. Além disso, nossas tradições culturais não são mais transmitidas de uma geração a outra, isso inclui a experiência religiosa e eclesial, e afetam poderosamente as relações familiares que não conseguem mais passar seus valores.[14]

Vivemos uma mudança epocal cujo eixo mais profundo é o cultural. Dissolve-se a compreensão integral do ser humano, sua relação com o mundo e com Deus. O consumismo entra nas igrejas, e percebe-se que as relações dos fiéis são mais de freguesia do que de membresia. Frequentam as igrejas para sentirem-se bem, como visitantes, quando precisam de um serviço religioso, mas sem nenhum compromisso grupal, como se fosse uma loja comercial, onde consomem os bens sagrados e se vão. O que vale é o que é importante para mim naquele momento! Enfatiza-se o individualismo e, ao mesmo tempo, acentuam-se as emoções comuns, o olhar estético, propondo uma mudança de tempo e espaço, dando papel primordial ao imaginário.[15] O que vale é o tempo presente, vivido aqui e agora de forma intensa, junto com outros. Projetos de futuro não interessam, passou o tempo do compromisso sociotransformador. Hoje é tempo de gozar, de aproveitar a vida. Deixa-se de lado a preocupação com o bem comum (*Indiferenci-ação*)[16] e falta atenção à alteridade, para dar lugar à realização imediata dos próprios desejos, sem preocupação ética. Esta depende da situação, não obedece a uma regra geral.[17] Nada é seguro a *priori*, nada é sabido de uma vez por todas, tudo se ajusta passo a passo, daí a ambivalência do imediato, a impermanência.

A ciência e a técnica são colocadas quase exclusivamente a serviço do mercado, valorizando apenas a eficácia, a rentabilidade e o funcional,

---

[13] Cf. CERIS. *Desafios do catolicismo na cidade*. São Paulo, Paulus 2002, p. 61-69, apresenta a mobilidade religiosa em curso no país. No censo de 1980, 88% da população brasileira se declarava católica; em 1990, 76,2%; em 1994, 74,9%; em 1999, quando foi feita a pesquisa, já havia caído para 67%. Ao mesmo tempo cresce a adesão ao Pentecostalismo.

[14] Cf. DAp 38-39.

[15] Cf. DAp 44.

[16] CF. BAUMANN, Z. La *vie en miettes*. Expérience postmoderne et moralité. Paris, Hachette, 2003, p. 330-338; cf. tb. LIPOVETSKY, G., op. cit., p. 33-46.

[17] Cf. MAFFESOLI, M. *O tempo das tribos*. O declínio do individualismo nas sociedades de massa. Rio de Janeiro, Forense Universitária, 2006, p. 102-104.

criando, dessa forma, uma nova visão da realidade. A utilização dos meios de comunicação de massa está introduzindo um sentido novo de felicidade, um novo sentido estético, uma percepção da realidade e uma linguagem que querem impor-se como a autêntica cultura.[18] As relações humanas pessoais e coletivas tendem a desvalorizar-se, consideradas objeto de consumo, o que prejudica as relações afetivas, que tendem a ser descomprometidas, irresponsáveis e passageiras.[19] As pessoas que sofrem mais são sempre as mulheres, que, desde crianças e adolescentes, são submetidas a múltiplas formas de violência dentro e fora de casa: tráfico, violação, escravização e assédio sexual. As desigualdades continuam fortemente presentes na esfera pessoal, no trabalho, na economia; elas são exploradas pela publicidade por parte da mídia, que as tratam como objeto de lucro.[20]

A avidez do mercado, através da publicidade, descontrola o desejo das crianças e dos adultos.[21] Os jovens, especialmente, são afetados por essa cultura do consumo. Participam da *lógica da vida como espetáculo*, considerando o corpo e a moda como pontos de referência de sua realidade presente. Crescem sem referência aos valores religiosos.

Por outro lado, em meio à realidade de mudança cultural, emergem novos sujeitos, com novos estilos, maneiras de pensar, de sentir e de perceber e com novas formas de se relacionar. São produtores e atores de uma nova cultura.[22] Por isso, podemos afirmar que nem tudo está perdido, pois, dentro da mudança cultural global, aparece, também, o valor fundamental da pessoa, de sua consciência e experiência. Para dar resposta mais profunda à busca do significado da vida, o fracasso das ideologias dominantes acabou por fazer surgir, como valor, uma simplicidade e um reconhecimento do fraco e do pequeno.[23] Os grupos denominados tribos [24] reúnem-se pelo afeto, por interesses comuns (música, esporte etc.), ou para se proteger. Escolhem um lugar de encontro, um espaço dentro da geografia da cidade, praticam rituais que consolidam a pertença ao grupo.

---

[18] Cf. DAp 45.
[19] Cf. DAp 46.
[20] Cf. DAp 48.
[21] Cf. DAp 50.
[22] Cf. DAp 51.
[23] Cf. DAp 52.
[24] Cf. MAFFESOLI, M. *O tempo das tribos*, op. cit., p. 126-170.

Essa segunda orientação da sensibilidade pós-moderna busca articular o pensamento lógico com o afetivo, com o sensível, com o senso comum, com a intuição, com a imaginação, numa chave relacional que ajuda na conexão entre as pessoas, seja virtual, seja real.[25] A necessidade de construir o próprio destino e o desejo de encontrar-se com outros e de compartilhar o vivido, a experiência pessoal, tudo isso faz com que se reúnam. Nesse espaço, o testemunho pode colaborar para a vivência da fé.[26]

As culturas autóctones, indígenas e afro-latino-americanas, camponesas e mestiças, mais os antigos colonizadores e os posteriores imigrantes europeus, coexistem em condições desiguais com a cultura globalizada. Aquelas são mais comunitárias, valorizam a família, são abertas ao transcendente e à solidariedade.[27]

As culturas urbanas são híbridas, dinâmicas e mutáveis, pois constituem um amálgama de múltiplas formas, valores e estilos de vida que afetam todas as coletividades. As culturas suburbanas são fruto de grandes migrações de população, em sua maioria pobre, que se estabeleceu ao redor das cidades, criando cinturões de miséria, onde os problemas de identidade e pertença, de relações, de espaço vital, de lar são cada vez mais complexos.[28] Toda essa diversidade cultural tende a superar os discursos que pretendem uniformizar a cultura, com enfoques baseados em modelos únicos,[29] e desafia a experiência eclesial.

Considerando o quadro acima, percebe-se um desinteresse pelo institucional e uma ênfase no subjetivismo, naquilo que é bom para mim. Esse subejetivismo afeta negativamente o compromisso ético, o compromisso com o outro.[30] Novas experiências, novas vivências são mais atrativas, especialmente se respondem ao presente imediato, à vida cotidiana, à materialidade de estar junto. De acordo com o tempo atual, predomina um tipo de sensibilidade, um tipo de estilo destinado a especificar as relações que estabelecemos com os outros, mais do tipo fusão no grupo, uma relação tátil: porque na massa nos cruzamos, interações se estabelecem, grupos se formam, acentuando a dimensão

---

[25] Cf. Idem. *Elogio da razão sensível.* Petrópolis, Vozes, 1996, p. 159-176.

[26] Cf. DAp 55; cf. tb. HERVIEU-LÉGER, D. & CHAMPION, F. *Vers un nouveau christianisme.* Paris, Cerf, 2008, p. 153.

[27] Cf. DAp 57.

[28] Cf. DAp 58.

[29] Cf. DAp 59.

[30] Cf. LIPOVETSKY, G., op. cit., p. 9-14.

afetiva e sensível. Apesar da insensibilidade em relação ao outro, dentro do tempo contraditório atual, se conseguem ver redes de solidariedade, redes de sintonia, que se fazem, desfazem, refazem, dependendo do envolvimento emocional. Nelas as pessoas representam papéis, mudando seu figurino. Elas assumem seu lugar nas diversas peças do *theatrum mundi*.[31]

A estética é não só um meio de experimentar, de sentir em comum, mas, também, um meio de reconhecer-se. Por exemplo, na Igreja atual logo se reconhecem grupos, como, por exemplo, os Arautos do Evangelho ou a Toca de Assis. Junto com a desinstitucionalização desenvolve-se uma religião que articula intimamente o emocional e a expressão religiosa.[32] Max Weber, seguido por D. Hervieu Leger, fala em *comunidades emocionais*, comunidades de vizinhança, que apresentam uma pluralidade e instabilidade de expressões, embora exista uma propensão ao reagrupamento.

O quadro é fragmentário e contraditório. Dentro dele, como vamos expressar nossa fé, como a Igreja poderá atuar? Talvez olhar um pouco de história nos ajude a entender melhor.

2. Rápida panorâmica histórica

Observando a topografia da Igreja, nos primeiros tempos, percebemos que sua imagem não é fixa, seu conceito não é estático, mas muda de acordo com cada contexto, com cada grupo social e geográfico, de modo que podemos afirmar que há uma evolução do olhar e do sentir a experiência eclesial que contempla sua existência histórica. Cada comunidade revelada pelos evangelistas demonstra uma autonomia e independência com relação às outras, embora o eixo central seja, sempre, a presença do Jesus Cristo e do Espírito Santo, junto com uma experiência encarnada na história e solidária com os pobres. Essas características estão presentes em todas as épocas.[33]

A Igreja toma diferentes formas, de tempos em tempos, conforme a imagem e a figura histórica que melhor podem representá-la. A esse

---

[31]   Cf. ibidem, p. 133.
[32]   Cf. Ibidem, p. 134; HERVIEU- LÈGER, D. *De l´émotion en réligion*. Paris, Cerf, 1990, p. 51.
[33]   Cf. BROWN, R. *A Igreja dos apóstolos*. São Paulo, Paulinas, 1984, p. 84.

respeito, o teólogo Christian Duquoc chama a atenção para as tensões entre o conteúdo da fé eclesial e sua visibilidade histórica.[34]

Nos primeiros séculos (II a IV), os Santos Padres utilizam imagens que expressam o sentir de sua experiência: repetem as imagens paulinas de Povo de Deus, Corpo de Cristo, Templo do Espírito, e acrescentam as imagens da Mãe, coluna da verdade, *mysterium lunae*, a metáfora do navio (nau de) Pedro, e ainda a de *casta meretrix* isto é, santa e pecadora Essa tentativa de falar em imagens que expressam a experiência de fé, a dinâmica do momento e a *ligação forte da comunidade com o Espírito Santo, faz com que essa época seja chamada de Igreja-Mistério:* diversa, variada, plural em suas concretizações. Essa visão é bem diferente daquela que posteriormente vai preponderar, a de uma Igreja monolítica e uniforme.

Quando a Igreja sai do mundo semita e entra no mundo grego, opera-se uma mudança. Nela vai dar-se o encontro da Revelação cristã com a cultura helenística mediterrânea.[35] Quando o imperador Constantino proclama a religião cristã como *Religio licita*, ela sai das catacumbas.[36] E quando o imperador Teodósio passa a considerá-la a *religião oficial do Império Romano*, ela vai ser considerada Igreja-Império. Sua imagem passará a ser *Domina et Imperatrix* (senhora e imperatriz). O Papa torna-se o segundo homem do Império, e o Imperador intenta influir na Igreja. Desaparece a distinção com relação ao mundo, pois o mundo se torna cristão. A *eclesiologia dominante passa a ser a da Igreja-massa, Igreja de cristandade. Populus Dei* é igual a *populus christianum* e este se transforma num conceito cultural, sociológico e político.[37] Esse processo de institucionalização tende a desvirtuar os aspectos mais profundos da mensagem cristã,[38] não apenas da vida interna, mas de sua presença na ordem temporal. Os novos membros não entram no cristianismo por conversão pessoal, mas por nascimento.

Por outro lado, no século IV, ocorre uma reação profética a esse modelo unificado. Outra experiência eclesial tomava forma. Santo Antão junto com muitos cristãos partem para o deserto e fundam-se mosteiros

---

[34] Cf. DUQUOC, C. *Creo en la Iglesia*. Precariedade eclesial e visibilidade histórica. Santander, Sal Terrae, 2001, p. 21-33; cf. também o cap. 1 deste livro.

[35] Cf. LAFONT, G. *Imaginar a Igreja Católica*. São Paulo, Loyola, 2002, p. 25.

[36] Cf. BUKKHART. *The civilization of the Renaissance in Italy*. New York, The Mac Milan Co., 1929, apud SEGUNDO, J. L., op. cit., p. 59.

[37] Cf. ibidem.

[38] Cf. SEGUNDO, J. L., op. cit., p. 60-61.

com a finalidade de viver a radicalidade cristã, uma vida mais evangélica, *uma Igreja-sinal*, em contraposição com a corrente principal. Expressavam o desejo de uma vida cristã em continuidade com os mártires.

No século XI, desencadeou-se um movimento que levou à *prevalência do Sacerdotium contra o Imperium*, do papado contra os imperadores (papacesarismo). Esse modelo faz alusão à reforma ligada ao mosteiro de Cluny, que baseada na regra de São Bento buscava a libertação da decadência moral e religiosa Essa reforma tomou força, especialmente por causa do monge Hildebrando, que se tornou o Papa Gregório VII (+1085), e implementou uma profunda e radical transformação na Igreja. O Papa reivindicava ser *origo, caput et radix* – origem, cabeça e raiz – de todo o poder.[39] Inicia-se o *modelo gregoriano de Igreja*, que só vai mudar com o Vaticano II.[40]

Mesmo nessa época de absolutismo, a outra eclesiologia (Igreja-sinal) reage contra o centralismo, o clericalismo, a mundanização e aparece uma série de movimentos, na maioria, leigos e populares, que insistem na volta à pobreza evangélica, à comunidade, à Palavra de Deus. Com forte componente espiritual, escatológico, anti-institucional, foram alguns considerados heréticos como os cátaros, os valdenses, os albigenses. As ordens mendicantes, franciscanos e dominicanos, pertencem a esses movimentos e coincidem com muitas das suas aspirações, em direção a uma Igreja mais pobre, comunitária e evangélica, mas se diferenciam dos anteriores por sua obediência e vinculação ao Papa.

Deixando de lado certo pessimismo platônico, aos poucos começa a emergir a consciência do mundo como criação, bom em si mesmo, dado aos homens, animados pela realidade do progresso. Embora ainda se estivesse na Idade Média, inicia-se a primeira etapa da Modernidade, a Antropológica (século XI), valorizando a razão humana para avaliar e aprofundar os valores e definir a partir deles a prática e a técnica. Ao lado da civilização rural e tradicional, novas relações se desenvolvem entre os homens e mulheres e a natureza, entre eles e elas, entre si e com Deus.[41] A segunda etapa modifica a ideia de espaço. É a virada cosmológica. O sistema solar substitui a imagem clássica do mundo (Galileu). Essa ideia rejeita a visão das mediações ascendentes e descendentes que unem Céu e Terra. Na terceira etapa (século XVIII), a

---

[39]   Cf. FRIES. "Modificação e evolução histórica e dogmática da imagem da Igreja". In: *MS* (*Mysterium Salutis*), IV/2, Petrópolis, Vozes, p. 5-59. Aqui p. 21.

[40]   Cf. LAFONT, G., op. cit., p. 73.

[41]   Ibidem, p. 74.

316 Uma Igreja em kénose

ideia de tempo sofre a mudança e traz o desenvolvimento da história, da liberdade e do político. A razão humana adquire uma importância até então desconhecida, e a autonomia da ciência junto com a realidade histórica passam a ser governadas pela liberdade, em conexão com o nascimento de formas políticas chamadas democráticas.[42] Opondo-se à Modernidade, a Igreja, que não mais podia governar, vai atribuir-se a imagem *de Mater et Magistra*, dentro de um modelo de Igreja que se considerava sociedade perfeita. A Modernidade, com suas instituições, entra em crise na metade do século XX, porque não conseguiu realizar as promessas messiânicas, a que se propunha.

Este breve panorama mostra o quanto foram mudando as imagens da Igreja até chegar ao Concílio Vaticano II, com esperanças de um lado e preocupações de outro, estando sempre presentes as várias eclesiologias.

3. A reviravolta do Concílio Vaticano II

O teólogo G. Lafont[43] comenta que a instituição eclesial se apresentava, na metade do século XX, atravessada por movimentos opostos: não vacila sobre sua fé primeira e a experiência fundante, mas se atrapalha no modo de expressá-las, num contexto em que vê diminuir sua influência.[44] A fratura entre o exercício da autoridade e o desejo dos cristãos provoca deserção e também sedução de espiritualidades descomprometidas.[45] Essa crise de sentido afeta todos os aspectos da vida humana e social.

Nesse contexto de angústia e mal-estar, o Papa João XXIII resolve, em 1959, convocar o Concílio Vaticano II (1962-1965), para refletir sobre a renovação da Igreja Católica e para tentar descobrir o que ela poderia, junto com outras instituições internacionais, fazer pelo mundo. Deixa de viver em função de si mesma e se coloca a serviço dos(as) outros(as). Ela reconhece que sua missão é a solidariedade, a salvação e libertação integral de todos os homens e mulheres, cristãos e não cristãos. O mundo muda e o modelo de Igreja conhecido, *Mater et Magistra*, Mãe e Mestra, que vinha desde o século das Luzes, perde sua força.

---

[42]   Ibidem, p. 85.
[43]   Ibidem.
[44]   Cf. DUQUOC, C., op. cit., p. 21.
[45]   Ibidem, p. 23.

O Concílio Vaticano II suscitou, por um lado, muitas esperanças e, por outro, muitas críticas. Nele duas correntes, "a Igreja sinal" e "a Igreja de cristandade", de que já falamos, reaparecem. A ala mais otimista e esperançosa (Igreja sinal) afirma que o Vaticano II foi uma revolução, uma reviravolta que a Igreja deu sobre si mesma, para encarar o mundo, valorizar as realidades terrestres na sua autonomia, fazendo aparecer uma nova forma eclesiológica, mais participativa e comunional. Trata-se de uma profunda conversão eclesial: de uma Igreja em que se valorizava primeiro a hierarquia, passa-se a uma compreensão de Igreja, entendida como nos primórdios como Povo de Deus Nessa compreensão, todos(as) são iguais graças ao *sacerdócio comum dos fiéis* concedido pelo sacramento do batismo (embora com carismas, ministérios e funções diversificadas) e todos(as) são chamados-as a viver sua vocação e sua missão de levar ao mundo a Boa-Nova de Jesus.

Uma Igreja que deseja servir e aprender do homem, da mulher e do mundo, atuando de forma dinâmica, ágil, humilde; que descobre a importância de viver o amor e a misericórdia. Uma Igreja sinal vivo do Reino de Deus, que valoriza as pessoas comuns em suas vidas cotidianas, tentando buscar solução para seus pequenos e grandes problemas. O Concílio realizou um movimento de conversão radical: a ligação ao impulso do Deus que age desde a criação, do Deus que é Espírito, do Deus que nos chama para a frente. Naquela ocasião, a Igreja Católica sentiu a necessidade de se libertar do peso negativo de sua história, e do seu autocentramento para reencontrar a inspiração da Bíblia, do Evangelho e da vida, morte e ressurreição de Jesus Cristo.

O Vaticano II viveu, entusiasticamente, a dinâmica: memória-identidade-projeto, voltou às origens, ressignificou a Igreja primitiva e operou várias transformações, entre elas mudou a linguagem. Considerou como melhor forma de comunicação *a simbólica* e voltou a falar em *metáforas*: o redil, a lavoura, a família, tão comuns nos primeiros tempos da Igreja, que haviam sido deixadas de lado a favor de uma linguagem conceitual e filosófica.[46] Acentua o Mistério de Comunhão e, para falar de Deus, utiliza a linguagem trinitária, fala do Pai, do Filho e do Espírito Santo[47] e sublinha a categoria da *relacionalidade*, das relações entre eles e nós e entre nós, uma linguagem que aponta para as relações, como eixo central, para a antropologia e para a epistemologia.[48] O Vaticano II apresentou a

---

[46] Cf. LAFONT, G., op. cit., p. 95.
[47] Cf. LG 1.
[48] Cf. LAFONT, G., op. cit., p. 96.

Igreja como sinal de salvação, como sacramento que aponta para uma outra realidade, que abre simbolicamente um futuro de esperança.

O Concílio foi reinterpretado na América Latina de forma criativa, através das conferências episcopais, que lhe deram um colorido todo especial, procurando respostas novas para o contexto latino-americano e caribenho. Na América Latina, a Conferência de Medellín (1968) busca colocar em prática a Igreja que fazia opção pelos pobres e procurava novas respostas para a transformação de si mesma e da sociedade, descobrindo e valorizando novos ministérios e serviços, articulados com outras instituições da sociedade civil. Essa perspectiva eclesial latino-americana é continuada através das outras conferências episcopais: de Puebla (1979), com sua eclesiologia de comunhão buscava a participação de todos(as); de Santo Domingo (1992), preocupada com a inculturação e as grandes cidades, e de Aparecida (2007), chamando-nos para sermos discípulos(as) e missionários(as) para anunciar a Boa-Nova de Jesus.

No entanto, até hoje, passados praticamente 50 anos do Concílio Vaticano II, ele ainda não foi vivido em sua plenitude. Muita coisa aconteceu, porém a renovação eclesial não pôde ocorrer de forma plena, pois a eclesiologia de cristandade criou muitos obstáculos!

A evangelização necessita que seja criativa e dinâmica, que se desinstale, que olhe de frente para muitas de suas estruturas obsoletas[49] e que recupere a confiança das pessoas. Algo tem de morrer para que algo novo possa nascer. A instituição experimenta um paradoxo: apesar de viver a missão através de movimentos apostólicos sensíveis à conjuntura humana, de buscar a santidade com exemplos de vida com qualidade cristã e apostólica; uma época rica da inteligência e reflexão (desde o século XVIII até meados do século XX), progredindo tanto na teologia, como na Bíblia e nas ciências humanas, ela parece não iluminar mais o mundo dos homens. Perde seus membros, se torna minoritária, não é mais arauto do evangelho para a humanidade![50]

Na segunda metade do século XX, vive um momento de mudança em que é transformada a perspectiva do poder, a mudança de uma Igreja que se considerava "uma sociedade perfeita" para uma Igreja *frágil, humilde*, que reconhece seus problemas e desafios e busca se transformar; que assume a criação, o cosmo, preocupada com a vida de todos os seres e do mundo, que vive sob a luz do Espírito, assumindo que somos vasos

---

[49]   Cf. DUQUOC, C., op. cit., p. 23.
[50]   Cf. LAFONT, C., op. cit., p. 89.

de barro, que contém um líquido precioso. Por isso, nossa precariedade institucional nos leva a questionar, a reconhecer e a buscar mudar nossas estruturas obsoletas. Portanto, perguntamos que estruturas deveria a Igreja adotar para ser fiel a sua missão evangelizadora e para ajudar a comunidade humana a inventar suas próprias organizações, em vista de uma unidade de convergências de suas diversidades?

4. Perspectivas para o momento atual

Não é sobre a Igreja que devemos nos apoiar, mas sim sobre quem constitui o apoio da própria Igreja, a única fonte de sua força, o Espírito de Deus, que a chama constantemente à conversão. A Igreja não tem sua razão de ser em si mesma. Só pode viver em relação ao Reino, esvaziando-se de si mesma, renunciando a si mesma para que o Espírito Santo a inspire, impulsione, preencha; a exemplo de Jesus Cristo (cf. Fl 2,5-11), viver para fora, viver para os(as) outros(as), viver a missão, colocar o Evangelho no coração da sua ação transformadora, respondendo aos desafios que a realidade atual apresenta.[51]

De forma generalizada, o agir da Igreja exige de nós, teólogos(as) e agentes de pastoral, uma postura positiva, não de crítica ou recriminações. Exige de nós colaboração no tão necessário processo de transformação institucional para poder corresponder aos desafios do tempo presente.

Tomamos consciência do grande pluralismo cultural. Por causa da fragmentação, cada grupo cultural, os de fé tradicional, os progressistas, os transgressores, os das novas experiências, as comunidades e os movimentos, os pobres em geral, todos precisam encontrar um espaço para ser ouvidos e compreendidos, o que não acontecia na Modernidade, com seu pensamento racional homogêneo.

O teólogo Agenor Brighenti aponta características para uma renovação institucional: saber inovar, ou seja, ter uma mentalidade de mudança, que nos permita relativizar a verdade identificada. Saber desconstruir, desmontar o obsoleto, o a-histórico, as estruturas defasadas pelo tempo, senão é impossível se abrir ao novo. "Desconstruir é potenciar um futuro, já no presente, alicerçado nos sólidos fundamentos da experiência do passado."[52] Saber reconstruir é sempre busca e discernimento conjunto.

---

[51] Cf. cap. 4 deste livro.
[52] BRIGHENTI, A. *A Igreja perplexa*: a novas perguntas, novas respostas. São Paulo, SOTER/

Foi isso que o Vaticano II procurou realizar. Não utiliza os grandes relatos, mas o pequeno relato e o poema, uma vez que o discurso cristão é objetivo e subjetivo, pois a Igreja é algo fora de nós, mas também dentro do mais íntimo de nós. Remete ao passado, às experiências vividas, não para se fixar nelas, mas para ajudar a descobrir a identidade, hoje, e ajudar a pensar no futuro. Portanto, a memória é necessária para a inteligência do presente e do futuro que é esperado e que dá o sentido definitivo: a volta de Cristo e a comunhão com Deus.[53]

A ação do Espírito Santo continua, hoje, a nos inspirar, impulsionar, encorajar; pessoal e comunitariamente. O Espírito nos revela que o amor de Deus esteve, está e estará presente no processo do devir histórico da humanidade rumo a um caminho de futuridade aberto pela ressurreição de Jesus.[54] Temos convicção da presença do Espírito Santo nesta nossa realidade, por causa da promessa "Ele permanecerá convosco até os fins dos tempos" (Jo 14,16).

A um Deus poderoso apenas no amor, a um filho de Deus que se encarna para nos ensinar a viver,[55] a um homem e a uma mulher comuns, que se preocupam, especialmente, com a vida cotidiana, a um pensamento considerado *debole*,[56] porque valoriza a sensibilidade, a emoção, a intuição junto da razão, corresponde uma Igreja humilde, frágil, *kenótica*. A fé descobre outra perspectiva histórica, isto é, a humildade, para buscar parceiros nas outras ciências, pois é um tempo de interdisciplinaridade. A cada dia é mais importante e possível o diálogo fé-ciência. Humildade e respeito para buscar diálogo com as outras religiões, para descobrir um caminho comum. Portanto, humildade para superar a tendência a possuir a verdade, assim como uma certa tendência restauradora; o perigo da nostalgia de uma época imaginária de perfeição e a predominância concedida ao passado[57] são tentações sempre presentes. É tempo de arriscar!

Olhando com amor esclarecido as instituições clássicas que organizam a socialização dos católicos – paróquias, movimentos de devoção, congregações –, verificamos que se apresentam em crise.[58] Assim, o

---

Paulinas, 2004, p. 142.

[53] Cf. ibidem, p. 97.

[54] Cf. HAUGHT, J., op. cit., p. 72.

[55] GS 22.

[56] Cf. VATTIMO, G. *"O fim da modernidade: nihilismo e hermenêutica na cultura pós-moderna"*; São Paulo, Martins Fontes, 1996.

[57] Cf. HAUGHT, J. F., op. cit., p. 151-153.

[58] Cf. HERVIEU-LÉGER, D. *"Catholicisme, La fin d'un monde"*. Paris, Bayard, 2003, p. 276: apresenta um quadro bastante mais sombrio da realidade francesa.

Documento de Aparecida aponta como a sociabilidade católica está presente em pequenos grupos, fraternidades de partilha espiritual, grupos de oração, em redes reais e virtuais, ora de maneira meio solta, ora em estruturas organizadas: movimentos espirituais, novas comunidades de vida, CEBs, variadas iniciativas autogeradas, ONGs cristãs, centros de devoção, peregrinações. Pessoas unidas por características afetivas, interesses, solidariedades e afinidades testemunham suas experiências de conversão. Nesses centros de comunhão, testemunham e aprofundam a fé. Falam sobre o que mudou em suas vidas, sentem necessidade de partilhá-las com outros, a fim de contar a revelação que lhes abriu os olhos. O testemunho é uma peça chave para ajudar a despertar uma novidade! Essa Boa-Nova da vida, concretizada na família, nos grupos, na espiritualidade vivida pessoal e comunitariamente, na formação tu a tu, que respeita o tempo dos processos pessoais, e concretizada, sobretudo, numa Igreja Samaritana, que quer ser casa dos pobres. O documento enfatiza o afeto na hora das opções pastorais, afirmando que temos de ser amigos dos pobres!

Entre as várias experiências pastorais, um fenômeno contemporâneo com duas vertentes chama nossa atenção: os Movimentos, pentecostais e carismáticos. A imagem que aparece nessas experiências é a proximidade pessoal com o Sagrado, sem mediações, possibilitando um crescimento na autoestima.

Também se percebe a mobilidade, a aleatoriedade, a autonomia, a não institucionalização, a contingência, o se deixar levar pela correnteza. Todas essas características apontam para o processo, para uma dinâmica evolutiva. Ficou para trás a imagem parada no passado! Trata-se de uma explosão, que muda o tempo e o espaço, as relações e as convicções. Porém, é o que atrai e congrega. Neste tempo de fragmentação, as características dos grupos se constituem, se desfazem, se refazem, isto é, se disseminam, mas sem alarde. Por toda parte, existem pequenos grupos espalhados, mas, certamente, não estão nos lugares que a Igreja, os(as) teólogos(as), os(as) agentes de pastoral os esperam.

A socióloga D. Hervieu-Léger[59] apresenta uma religiosidade plástica, que atravessa as delimitações confessionais e se impõe no coração do catolicismo, bem dentro da característica pós-moderna de produzir por si mesmo as significações da sua própria existência através da diversidade

---

[59] Cf. idem. *Le pélerin et Le converti*. La rél(g)ion en mouvement. Paris, Flammmarion, 1999, p. 29.

de experiências. Se o caminho faz sentido, a pessoa continua nesse grupo, nessa rede, mas sabendo que outros encontros podem reorientar o percurso em outras direções. Nossa autora afirma que o discurso sobre a fé, que é elaborado, é fluido; ao mesmo tempo, que a incerteza das pertenças comunitárias às quais pode dar lugar é frágil.[60]

No entanto, nessa paisagem contraditória, percebe-se a presença constante de leigos, que realizam o papel de fundadores, ou de "educadores pastorais",[61] personagens que orientam a prática comunitária e o caminho individual dos adeptos.[62] O Vaticano II começou a valorizar os leigos, estes(as) têm grande relevância para o momento atual, pois realizam um papel fundamental na constituição deste novo modelo que está surgindo. Hervieu-Léger chama de "jogo do carisma" ao dom que essas pessoas possuem, e afirma ser um traço de renovação, de grande pertinência para o tema que estamos tratando. É algo que ocorre no interior mesmo das grandes Igrejas;[63] dentro dos movimentos carismáticos, nas paróquias, movimentos, organizações, obras nas quais os responsáveis, clero ou leigos, atraem com seus dons pessoais e através de uma pedagogia respeitosa da alteridade, de uma linguagem e experiência aderente ao grupo e para fazer caminho juntos na experiência de Deus (mistagogia). Poderíamos falar de "uma eclesiologia da alteridade".

Nossa socióloga afirma que não se trata de um fenômeno novo no cristianismo, porque é o papel que tiveram os profetas, os renovadores, os fundadores de ordens, os iniciadores de missões, que apresentam esses traços carismáticos.[64] Esta é a Igreja-sinal que emerge, de mansinho, sem fazer alarde, ou, quem sabe, fazendo muito barulho, mas presente e atuante. A fé está descobrindo outra perspectiva histórica. O carisma só opera através dos fenômenos de adesão que ele produz. Ao redor do portador do carisma profético se agrega o grupo de discípulos que Max Weber designa como uma *comunidade emocional*.[65] As características que apresentam são: religião de grupos voluntários, na qual se entra

---

[60] Cf. HERVIEU-LÉGER, D. & CHAMPION, F. *Vers un nouveau cristianisme*. Paris, Cerf, 2008, p. 139-186.

[61] Esta expressão foi cunhada por Cássia Quelho Tavares em sua tese de doutorado *Sexualidade humana: educação para o amor*, defendida na PUC-Rio, 08/04/2011.

[62] Cf. HERVIEU-LÉGER, D. & CHAMPION F., op. cit., p. 343.

[63] Cf. ibidem, p. 345.

[64] Cf. ibidem.

[65] Cf. WEBER, M. *Économie et societé*, t. 1, Paris, Plon, 1971, cap. V, "Sociologie de la religion", p. 251.

por uma escolha explícita, o que não implica uma conversão,[66] mas supõe um acolhimento, um acompanhamento e um engajamento no grupo. Essa adesão fortemente personalizada tem na dimensão afetiva, relacional, uma dimensão muito importante no caso de comunidades. Nessa mesma linha, H. Léger enfatiza a importância da emoção para a religião. Ocorre uma interiorização afetiva do divino,[67] experimentada individual e coletivamente, promovida por um profeta que cria laços fortes com a comunidade e entre cada um dos seus membros; cada encontro, cada reunião, é uma reafirmação pública dessa escolha, livre, enraizada na experiência do interessado. Algumas dessas comunidades têm a prática dos cantos, da dança, da glossolalia, da oração corporal etc. que provocam um grau de excitação coletiva, próxima do transe.[68]

Hoje, o Pentecostalismo protestante (já celebrando 100 anos no Brasil) e o católico, a Renovação Carismática (já com quase 50 anos), encontram grande acolhida entre os fiéis e vivem um expressivo desenvolvimento baseado na experiência da oração, da bênção e do batismo no Espírito, na reza dos salmos, que transforma os crentes em "novas criaturas" e em missionários audaciosos, falando, com coragem e sem pudor, da experiência que vivenciaram! A Renovação Carismática Católica (RCC) se espalha com um crescente dinamismo desde 1967 e tem um grande significado para nosso tempo. Sem dúvida, é uma resposta ao formalismo religioso da Igreja Católica, uma explosão do espaço institucional. O Espírito Santo está falando nessa fluência e na contingência desses movimentos, apontando para a vida, morte e ressurreição de Jesus e trazendo, para o hoje, sinais de ressurreição.

Essa mobilidade toda apresenta pontos positivos, mas também deficiências graves, como a falta de compromisso social e político. Na tentativa de abertura ao futuro, sem saber muito como, a Igreja redescobre sua origem e seu lugar natural: procede do Deus humilde e é chamada a participar da sua ação, como instrumento disponível e fiel. A imagem atual para a Igreja que expressa melhor sua realidade talvez seja a do "mar", onde não há caminhos, mas correntezas. Uma Igreja

---

[66] Conversão, para D. Hervieu Léger, significa uma opção buscada e encontrada no processo de mobilidade religiosa, através de um caminho longo e sinuoso que se estabiliza. Cf. idem. *Le pèlerin et Le converti*, op. cit., p. 119-155.

[67] Cf. HERVIEU-LÉGER, D. *La religion en miettes, ou la question des sectes*. Paris, Calmann-Lévy, 2001, p. 115.

[68] Cf. idem, op. cit., p. 350; cf. CARRANZA, B. *Renovação Carismática Católica*: origens, mudanças, tendências. São Paulo, Aparecida, 2000, p. 24.

que vive a esperança de forma ativa, buscando as correntezas por onde nadar, ou quem sabe se entregar, sabendo esperar os acontecimentos.

Conclusões

Na verdade, hoje, como na Igreja primitiva, somos chamados(as) a redescobrir um modelo de Igreja inspirado pelo Espírito Santo, apto a dialogar com o pluralismo, a mobilidade e o pensamento evolucionista. Não se trata de negar a importância da autoridade e da institucionaliza-ção na Igreja, mas de repensar a sua prática: uma autoridade humilde, amorosa, a serviço das pessoas concretas, uma autoridade que aponte para o Deus da *kénose* e para o esvaziamento do Senhor Jesus Cristo.

Ao que tudo indica, a nova configuração da Igreja, que está para surgir, é chamada a valorizar ainda mais *a relacionalidade que respeita a alteridade, que não busca dominar, mas possibilitar ao(à) outro(a), distinto(a) de mim, ser ele(ela) mesmo(a)*. Essa perspectiva é dinâmica, processual, evolutiva e corajosa, não dominadora nem marginalizadora. Redescobre a perspectiva kenótica, que aponta para o futuro. Uma Igreja encarna-da na história, atenta aos sinais do Espírito Santo, especialmente às necessidade daqueles(as) que são considerados(as) *insignificantes*,[69] os excluídos, os pobres.

Nessa rodada epocal da evolução há muita ambiguidade. Como viver uma missão nova, como nos solicita o Documento de Aparecida, com estruturas velhas? A mudança de época que está aí apresenta uns contor-nos claro-escuros esfumaçados, semelhantes a um quadro barroco. Nesse quadro barroco da Igreja, semelhante a um útero onde todos cabem, há diferentes grupos. Neles percebe-se a evolução, se valoriza a adesão, o primado da experiência, do acolhimento e do acompanhamento; uma autonomia que gera um novo tempo e um novo espaço; testemunho, oração, ritos, numa subjetivação das crenças e fluidez de engajamentos comunitários. A solidariedade está presente, não como compromisso continuado, mas respondendo aos desastres e desafios do momento. O presente vivido junto é o que vale, a vida cotidiana é o que conta, a vida na América Latina, especialmente dos pobres (fala-se da nova face da pobreza), com seus grandes e pequenos problemas e alegrias que marcam o fim da religiosidade meramente herdada e valorizam a opção

---

[69] Expressão cunhada por GUTIERREZ, G. *Beber no próprio poço*. Petrópolis, Vozes, 1985.

religiosa, com a qual os crentes se identificam e em que se agrupam, numa dinâmica de inovação religiosa.

Nessa pós-modernidade sem utopia, o cristianismo parece estar em suspenso, sem saber como aproveitar essas estruturas novas, com capacidade de oferecer acolhimento contra os medos, as nostalgias, as esperas. A expansão da religião das comunidades emocionais corresponde à busca de um novo tipo de compromisso, no terreno da realização pessoal.[70] Não podemos deixar de lado essas experiências, e sim aproveitá-las para fazer emergir o vinho novo, a comunidade de Deus sem fronteiras, fraterna e solidária. Pneumática, dialogante, ministerial, valorizadora dos diferentes carismas, humilde e frágil, amorosa e mistagógica, profética, audaciosa, mais focada na vida do que na doutrina, mais simbólica, mais celebrativa, mais lúdica, mais alegre, mais aberta às interpelações da realidade, mais plural, mais misericordiosa.[71]

Então, como afeta a Igreja o paradigma da evolução? O que ela é chamada a fazer? Não nos esqueçamos do desafio que a visão evolucionista coloca para a eclesiologia: uma nova imagem de Deus e a abertura ao futuro. O paradigma da evolução nos fez perceber melhor que esta é a Igreja que necessitamos hoje! Uma Igreja com olhos e ouvidos abertos ao momento atual, que aprenda das pessoas e dos contextos, que vá evoluindo na compreensão própria e que valoriza o passado, mas se projeta no futuro. Uma Igreja humilde, que reconhece não saber todas as respostas, por isso, sempre e cada vez mais, tem de se colocar à escuta do Espírito para poder seguir a correnteza em busca de sinalizar que Deus está presente neste mundo (o Deus Trindade, o Deus da *kénose*), vivendo constantemente alimentada pela esperança.

"Sem nenhum medo, pois o Senhor está presente. Um novo tempo começou."[72]

---

[70] Cf. ibidem, p. 359.
[71] Cf. BOFF, C. *Uma Igreja para o próximo milénio*. São Paulo, Paulus, 1978.
[72] Cf. João XXIII, alocução de abertura do Concílio Vaticano II, Roma, 1962.

Impresso na gráfica da
Pia Sociedade Filhas de São Paulo
Via Raposo Tavares, km 19,145
05577-300 - São Paulo, SP - Brasil - 2012